金融
投资学通识

彭兴韵——著

中信出版集团｜北京

图书在版编目（CIP）数据

金融投资学通识 / 彭兴韵著. -- 北京：中信出版社，2022.6
ISBN 978-7-5217-4398-2

Ⅰ.①金… Ⅱ.①彭… Ⅲ.①金融投资 Ⅳ.① F830.59

中国版本图书馆 CIP 数据核字（2022）第 078550 号

金融投资学通识

著者：彭兴韵
出版发行：中信出版集团股份有限公司
（北京市朝阳区惠新东街甲 4 号富盛大厦 2 座　邮编　100029）
承印者：北京诚信伟业印刷有限公司

开本：787mm×1092mm 1/16　　印张：30.25　　字数：365 千字
版次：2022 年 6 月第 1 版　　印次：2022 年 6 月第 1 次印刷
书号：ISBN 978-7-5217-4398-2
定价：98.00 元

版权所有·侵权必究
如有印刷、装订问题，本公司负责调换。
服务热线：400-600-8099
投稿邮箱：author@citicpub.com

前言

培根说:"不要爱惜小钱,钱财是有翅膀的,有时它自己会飞去,有时你必须放它去飞,好招引更多的钱财来。"培根道出了投资的真谛:投资就是把钱财放出去"飞"一会儿,日后带着本金和回报"飞"回来。

我国已经进入了金融投资意识觉醒的年代。随着我国人均收入水平的大幅提高,居民日益增多的庞大储蓄资产需要做多样化的资产配置,而不是像以往那样把钱压在箱底或全部以存款的形式放在银行。近些年,政府也一直在倡导提高居民的财产性收入。这里的"财产性收入",通俗地讲,就是指通过金融投资而增加的收入。

我国金融市场的深化、金融结构的多元化,股票、基金、银行理财产品、债券甚至五花八门的结构化产品,已进入了寻常百姓的生活。老百姓对多样化的资产配置,不仅有着迫切的现实需要,而且也有了实现的条件。

然而,现实的矛盾在于,许多老百姓的金融投资知识储备,不能满足其日益增长的对专业金融投资知识的需求。投资需要专业分析、前瞻性判断和大局观,也需要艰难地克服人性中的诸多弱点,否则,理财就会蜕变成纯粹靠运气的赌博式投机。尼尔·弗格森在《货币崛起》中就曾指出,世界金融市场一体化越强,金融知识丰富的人机会就越大,金融文盲趋于贫困的风险也越大。

尽管很多大学都开设了"金融投资学"这样的热门专业,但以培养"金融投资专门高级管理人才"为目标的知识体系，充斥着数学模型、概率统计，这种象牙塔里的金融投资学，令人望而生畏，它们既高深，又常常与实践脱节，并不适于老百姓的阅读和学习。我始终觉得，在国家大力发展普惠金融之际，作为一名研究者，有责任让金融投资学具有普惠性。

本书是如何让金融投资学专业知识从象牙塔走进寻常百姓家的呢？

先讲一个鼠小妹做松饼的故事。有一天，鼠小妹请来了大象、松鼠、兔子、猫等，它们要吃鼠小妹做的松饼，但大象要吃香蕉松饼、松鼠要吃核桃松饼、兔子要吃胡萝卜松饼、猫要吃鱼松饼。开始，鼠小妹很为难，但她灵机一动，说："我得做点不一样的松饼。"最终，她分别做了香蕉状、核桃状、胡萝卜状和鱼状的松饼，满足了"众口难调"的要求。

就像鼠小妹既要满足不同个体对松饼的不同要求，同时又不改变松饼的实质一样，金融投资学也可做出"不一样的松饼"来。针对老百姓多元化的知识层次、多样化的金融投资知识的需求，我们需要摒弃学院派教材对知识的表达和呈现方式，但又要覆盖最基本的、最经典的金融投资学理论，本书抛弃了那些让人如堕五里雾中的公式和数学模型，将金融与人们耳熟能详的生动故事、日常生活融为一体，力求深入浅出，通俗易懂。

写作本书，我秉持的理念是：简单是美！本书有以下几个特点。

第一，有趣。

大学里的金融投资学教材，复杂的数学模型让人读起来"乏味"，晦涩的公式让许多人觉得金融投资学"太难了"，无情地浇灭了学习的兴趣。本书则通过人们所熟知的历史与寓言故事，聊天式地解释了金融投资学的原理与概念，读起来不仅有趣，而且在"故事"的重新解读中领悟到那些原本"高深"的金融投资知识。

第二，有料。

本书内容饱满，素材丰富多样，对金融投资知识的阐释是立体的、全方位的，既有历史的视角，通过金融简史洞悉金融与经济社会发展的关系，从不同金融机构、市场与工具的产生中理解它们的底层逻辑，也有现实的视角，从一个个具体的、简单的生活案例中逐渐引出原本是抽象的概念和理论知识，将读者带入丰富的投资活动场景中，可谓"干货"不少。

第三，有用。

理论是灰色的，实践之树常青。金融投资学不仅是躺在纸上的学问，更是实实在在的致用之学。有用的金融投资学通识，不仅要帮助读者掌握和理解基本概念，更重要的是，有助于读者厘清投资的思路，建立一套体系化的投资分析框架。是故，本书更强调，读者应当在掌握金融投资学一般性原理的基础上，能够灵活应用于投资的实战之中，进而，实践性与应用性所占有的地位，在本书中就远甚于说教式的理论介绍。金融投资学的基本原理或许简单，但投资的实践则是变化多端。

尽管实践变化无穷，但好在"万变不离其宗"，这里的"变"，就是指人们面对的投资工具、内外环境的各异，"宗"无非就是"收益、风险、流动性"等金融投资学的内核。当然，我们期望的"有用"，并非简单的操作指南，而是分析风险与收益的实践精华。这些实践精华，有助于我们在宏观上，更好地认识和理解经济与社会发展；在微观上，更通透地看穿人性和心理，更理性地规划投资。

本书共分四篇。

第一篇是金融功能篇。本篇介绍了货币与金融对经济发展的主要作用及其途径。

金融投资的本质是货币资金的流动，学习金融投资首先要认识货币。第一章从货币"印象"出发，介绍了货币在经济社会发展中的重要职能，货币如何从贝币等实物货币演变成当下的数字货币，帮助读者厘清了经常在媒体上读到的 M0、M1 和 M2，也可以清楚地理解央行、商业银行在货币供给过程中的不同地位和作用。

大到一个国家乃至世界，小到个人都离不开金融。金融的实质是什么？为什么通过金融实现资源的空间转移和重新配置至关重要？金融体系是如何帮助人们转移和分担风险的？金融体系是如何提供激励和监督的？这些问题看似很"宏观"，涉及金融在经济与社会发展中的诸多功能，但这些问题实际上又与老百姓的日常生活、金融投资息息相关，毕竟，每个人的投资都是对资源在时空上的重新配置。第二章就将揭开这些问题的答案。

第二篇是金融支柱篇。金融体系的诸多功能要能得到比较充分地发挥，需要有三大支柱，那就是金融机构、金融市场和金融工具。

第三章专门介绍了金融机构。不同类型的金融机构所发挥的作用是不同的，与老百姓关系最密切的金融机构分别是商业银行、保险公司、证券公司（投资银行）和央行。本章分别讲述这些金融机构在老百姓的金融投资中所扮演的角色。

根据组织方式和交易品种的不同，金融市场有不同的分类。第四章就分别介绍了场内与场外金融市场、证券交易所、货币与外汇市场和衍生金融市场等。这些金融市场有一个共通点，那就是定价、交易和变现。

金融机构和金融市场，通过金融工具与老百姓建立联系，老百姓在投资中购买各类金融工具就形成了自己的金融资产。第五章就介绍了各类金融工具，包括债务（权）性金融工具、股票、各种类型的证券投资基金、衍生金融工具，等等。充分地认识和理解不同类型金融工具的风险特点，对投资收益至关重要。

金融体系的这三大支柱是如何演变的？影响它们发展变化的主要因素有哪些？第六章专门介绍了历史长河中影响金融发展的诸种重要因素，如宗教改革、产权保护、技术变革、监管套利等。

第三篇是投资决策篇。

第七章先介绍了完美市场中的定价问题。各类指数化的投资工具（比如沪深300ETF）为什么会兴起？购买指数化的理财产品能否获得超额收益？对这些问题的回答，取决于你信奉什么样的金融理论。有效市场理论就认为，金融市场的价格是不可预测的，投资者不能打败市场，只能获得市场平均收益，于是，就兴起了指数化的投资工具。本章特别讨论了有效市场理论的几个重要前提、违背有效市场理论的几种重要的市场现象，都是值得特别注意的。

显然，投资者的情绪与心理因素对定价与决策有极其重要的影响，这就是本书第八章的内容。背景与框架、过度自信、启发式决策、羊群效应等都是行为金融的核心，它们会导致人们的认识与决策偏差，让人们在投资中承担了过多的风险。比如，为什么投资者在投资中总爱听小道消息、过度集中持仓或频繁交易？为什么投资者总爱去追热门股或买"爆款"基金，它们对投资又会带来什么样的伤害？诸如此类的问题，在这一章内都能找到答案。

第九章专门从净现金流的角度来讨论了资产的内在价值。本章从日常生活中的存款引出复利与现金流折现的一般原理，进而指出，决定金融资产价格长期趋势的基本力量是它未来所能创造的现金流，或者说，企业的持续盈利能力。这是形成和坚持价值投资理念的基础。理解了内在价值后，本章紧接着介绍了价值投资中的一个重要概念，那就是安全边际。如何判断企业能否保持盈利能力和拥有较高的安全边际呢？这又自然而然地引出了企业护城河的分析框架。有了安全边际的铺垫，本章又从几个维度区分了投资和投机。

现金流贴现的重要因素就是利率，利率也决定了资产定价。为什么一个国家在不同时期的利率会有不同？通胀率与利率之间的走势为什么在长期是一致的？短期利率的变动如何影响长期利率？所有这些问题都将在第十章找到答案。实际上，这些问题对投资具有重要影响，尤其是，债券价格与市场利率是反向变动的，也就是说，市场利率上升，对应着债券价格下跌。因此，在利率上升的环境里，你要去购买债券基金，就可能遭受一些损失。

资产定价和对资产未来价格趋势的判断，都是为投资服务的。投资涉及资产配置与组合管理，这就是第十一章的核心内容。在资产配置中，首先要识别各类资产的收益与风险特征，本章对股票、债权与货币资产、基金等大类资产做了比较。在资产配置中要考虑哪些因素？资产配置有哪些策略？如何顺应经济周期进行资产配置？投资组合有哪些不同的策略？这些问题在本章中都做了比较详细的回答。

第十二章集中介绍了投资大师们的思想精髓，包括凯恩斯、格雷厄姆、菲利普·费雪、巴菲特、彼得·林奇等，他们都是价值投资的倡导者、实践者，将理论与实践完美地融合在了一起。凯恩斯是一位伟大的经济学家，但他还是一位投资大师。格雷厄姆最早主张价值投资，创造了价值投资中"安全边际"这一极其重要的概念，塑造了"市场先生"这一重要的角色。菲利普·费雪进一步发展了格雷厄姆的价值投资理念，在他看来，成长性投资与价值投资并不矛盾，并为投资者如何选择成长股提供了若干"真经"。今天的巴菲特是价值投资实践的集大成者，在价值投资中，他挑选企业有哪些准则和原则？都将在本章中娓娓道来。

第四篇是金融风险篇。

人们参与投资活动面临的困境之一，就是信息不对称，老百姓在投资中承担的许多风险，都是因信息不对称而起，比如，在投资理财中被诈骗、上市公司财务造假等。第十三章就专门介绍了信息不对称及其后果，并为在投资中处于信息劣势地位的老百姓提供解决信息不对称的措施。

金融风险无处不在，投资必与风险共处。第十四章从老百姓的实际感受出发，定义了风险，然后分别介绍了信用风险、市场风险、流动性风险和操作风险等具体的风险形式。重要的是，不同形式的风险并不是孤立的，而是会相互转化和传染，理解这些，也有助于在投资中管理和应对风险。

风险爆发的极端形式是危机。第十五章介绍了历史上有名的泡沫及其破灭的危机，包括郁金香泡沫、南海泡沫、密西西比泡沫、大萧条、新千年以来的泡沫等，总结了历史上泡沫形成的原因与破灭的教训。

目录

第一篇　金融功能

第一章　让桌子跳舞：神秘的货币　003
货币"印象"　003
货币的职能　005
货币的演化　011
货币制度　017
货币照进现实　022

第二章　现在与未来的交换：国家兴盛的金融密码　025
以时间换空间：资源跨期配置　025
把钱借给那些最有能力的人：资源空间转移　028
降低交易费用与提供流动性：金融机构的作用　037
分担和转移风险：金融的重要功能　038
省去携带货币的麻烦：支付方式变革　040
激励　042
监督　045
金融的另一面：贪婪与恶魔　050

第二篇　金融支柱

第三章　权力构筑者：金融机构　　055
金融百货公司：商业银行　　055
风险购买者：保险公司　　064
资本"红娘"：投资银行　　071
印钞者与救火者：央行　　079

第四章　玩的是心跳：金融市场　　087
场内与场外金融市场　　087
证券交易所　　092
货币与外汇市场　　100
天使与魔鬼：金融衍生市场　　108

第五章　有凭有据：金融工具　　115
有借有还，再借不难：债务工具　　115
企业所有权的证书：股票　　122
收益共享，风险共担：证券投资基金　　127
风险的买卖：金融衍生工具　　135

第六章　历史长河：金融何以成长　　147
解除金融的枷锁：宗教改革　　147
金融离不开产权与制度保护　　151
信息技术革命与金融　　159
猫鼠游戏——金融如何在监管中发展　　163
总有破茧的欲望：内驱力　　166

第三篇　投资决策

第七章　猩猩PK"研究猿"：完美市场　173
- 新古典经济学　173
- 系统性与非系统性风险　180
- 完美市场中的投资组合　182
- 预期与金融市场有效性　188
- 有效市场假说的前提　192
- 市场异常　197

第八章　投资如选美：行为金融　201
- 被带节奏很危险：背景与框架　201
- 过度自信——为什么要敬畏市场　206
- 启发式决策——为什么过去的经验不灵了　214
- 羊群效应——为什么独立思考很重要　224
- 打酱油的钱绝不用于买醋：心理账户　230
- 厌恶损失与懊悔　233
- 赌场资金与盈亏平衡效应　235
- 克服心理偏差　237

第九章　金融引力：内在价值　241
- 人类伟大的发明：复利　241
- 内在价值：现金流贴现　245
- 股利折现的替代方法　251
- 安全边际与护城河　254
- 基于安全边际的标准：投资与投机　262

第十章　不耐的代价：利率　　273
　　储蓄、投资与利率　　273
　　货币供求与利率　　279
　　人性不耐与利率　　287
　　为什么不同债券的利率悬殊　　291
　　为什么长短期利率不同但会同时变动　　297

第十一章　金融实战：组合管理　　301
　　资产配置　　301
　　投资组合策略　　318

第十二章　他山之玉：大师的投资思想　　331
　　凯恩斯：动物精神　　331
　　格雷厄姆：价值投资之父　　337
　　菲利普·费雪：成长的价值　　342
　　巴菲特：价值投资之大成　　349
　　林奇：战胜华尔街　　358

第四篇　金融风险

第十三章　知面不知心：信息不对称　　369
　　无处不在的信息不对称　　369
　　信息不对称的后果：碎玉平铺作陷坑　　371
　　信息优势方如何发挥优势　　378
　　信息劣势方如何应对　　387
　　第三方的作用　　394

第十四章　**富贵险中求：逃不掉的风险**　399
没有十拿九稳的事：风险　399
背信弃义：信用风险　404
刺激又紧张：市场风险　410
烫手山芋：流动性风险　415
乌龙指：操作风险　418
风险的相互转化与传染　422
周旋于虎狼之间：应对风险　427

第十五章　**危机魅影：破灭的泡沫**　433
郁金香泡沫　433
南海泡沫　435
密西西比泡沫　438
大萧条　440
失去的20年：日本泡沫　446
不太平的新千年　450
中国股市的泡沫　457
我们从多次危机中学到什么　460

后记　463

第一篇
金融功能

第一章
让桌子跳舞：神秘的货币

一说起金融，人们首先想到的是"钱"或"货币"，然后想到银行门口被荷枪实弹的武装人员押运的现钞，还有金碧辉煌的银行大楼里流动着的金钱。德莱塞在《金融家》中写道："学金融的人曾经发现，金钱是最敏感的东西，而金融界的人士多半是参与金钱有关的一类事业的。"由此可知，学习金融，就要先理解货币。

货币"印象"

不夸张地说，货币或金钱是人类生活的重要因素，但是对于金钱的评价一直莫衷一是。有人把金钱当成权力、幸福和真理的源泉，也有人把金钱视为罪恶之渊薮。梭伦说："钱财万贯，富贵无边。"正是这样，货币或金钱让人十分向往，马克思甚至说："货币可以神奇地让桌子跳舞！"

货币不仅是物质的，也是精神的，人与人的关系，也因货币而联系着、改变着。马克思和恩格斯说，货币使本来温情的家庭关系，也变成了冷酷无情的现金交易。巴尔扎克在《幻灭》中刻画的老赛夏就对货币做了生动的注脚，他酝酿多年，与儿子大卫做一笔买卖。他总是琢磨，"老子要赚钱，儿子势必要吃亏"，但"做买卖根本谈不上父子"。

唐朝的张说在《钱本草》中对金钱的解读相对中庸，全靠人们如何运用它。译成白话文，大致是，"钱，味甜，性热有毒，却能预防衰老，驻容养颜。可治疗饥饿寒冷，解决困难。可有利于国家和百姓，可污损贤达，害怕清廉。若过度服用，则冷热不均，引发霍乱。这味药，没有固定采摘时节，无量采摘会让人精神损伤。如果只积攒，不发散，会有水火盗贼等灾难；如果只发散，不积攒，会有饥寒困顿等祸患。既积攒，又发散，才是正道。不视其为珍宝，称为德；取予适宜，称为义；使用正当，称为礼；接济大众，称为仁；支出有度，称为信；得不伤己，称为智"。

可见，货币对人们的影响实在太复杂。它与我们无时无刻不发生着联系，你在夏天开着空调、冬天开着暖气睡觉的时候，你在出行或洗去尘杂的时候，货币都在不经意地流动着。就连小孩都明白货币的用处，可用它买个棒棒糖或玩具。不过，在人们通常看来，所谓"货币"，无非就是可以用来购买自己所需物品的人民币、美元或英镑等。这个"货币"，其实是指"钱"，即经过特殊技术处理、印上专有图案、人见人爱的现金。

其实，这样定义货币并不准确。在今天，并不是只有用现金才能买到商品或服务。随着移动互联网的兴起，即使不带现金和银行卡，也可日行千里、购物或享受其他服务。更尖端前沿的是，网络虚拟币日渐时兴，它们也在互联网的社区流通着，在那个圈子里，不用央行发行的货币，也可进行一些交换。

经济学家将被人们普遍接受的，可充当交换媒介、价值尺度、支付手段和价值贮藏的物品，都看成是货币。根据这种定义，货币并不是狭义的现金，凡是具备上述 4 个职能的物品，都是货币。不过，充当货币的"物品",既可以是有形的(如金币、银币),也可以是看不见、摸不着、闻不到的观念上的存在,只要它具有上面4个方面的职能,都叫货币。有些物品,如古董、文物,甚至窖藏的白酒,虽可作为价值的保持物,但不能作为价值尺度,也不能作为普遍的交换媒介,就不在货币之列。

既然经济学是从货币的职能来定义货币的,那我们就先来详细地看看货币的职能。

货币的职能

设想你今天在商场花1 000元买了件漂亮的衣服,用200元做了个炫酷的发型;或是,公司给你发了工资,工资条里还清楚地显示一项,扣除个税5 000元;你对到手的工资做了一个重要的安排,将一半存起来,另一半用来买基金或做其他投资等。

这几个不经意的行为,实际上已经充分展现了货币普通但又神通的职能。说它"普通",是因为我们每天都在使用它,乃至我们从来都没有考虑支配货币于不同方面时的不同功用。说它"神通",是因为货币不仅能够俘虏人的心灵,让人为之精神一振,更重要的是,抛开道德上的锁链不谈,经济社会发展实在离不开货币。

交易以货币为媒介

你用取得的货币去购买衣服时,货币就行使着交换媒介的职能。在货币出现之前,商品交易是"以物易物"。譬如,以10个鸡蛋换回二两[①]茶叶,是以物易物。

[①] 1两=0.05千克;1斤=0.5千克。——编者注

但以物易物的效率非常低。它需要"需求的双重耦合"。在物物交易中，双方拥有的商品必须是互补的。养殖户有鸡蛋，他需要茶叶；茶农有茶叶，正巧需要鸡蛋，他们俩就可能交换。否则，他们之间就不可能直接交换。

在物物交易中，还要求交换的商品价值量要相当，否则，交易也不可能完成。养殖户有一头耕牛，尽管他需要茶叶，茶农确有茶叶，也需要耕牛，但茶农只有两斤茶叶，以一头耕牛换两斤茶叶，明摆着茶农赚大发了，养殖户是不会"吃这个亏"的。

因此，只有当劳动分工不复杂、交易地域范围非常狭小时，才可进行有限的物物交易。

以物易物的低效率，使得间接交易成为可能。间接交易是指，人们并不直接用自己的物品去换所需之物，而是用拥有的货物或服务，去换取被别人普遍接受的物品。经济学的鼻祖亚当·斯密就说，物物交易的不便，迫使那些"有思虑的人"随时携带在交换中被他人广泛接受的产品，通用的交换媒介便随之产生了。一种物品的普遍接受性越强，人们接受它的愿望也就越强烈，它就取得了超越其他物品的特权而成了货币。

当然，货币是否起源于以物易物，又有另一说。特别是，一些人类学家认为，货币本不是源于分工和交易，而是源于借贷关系，货币不过是表现债权债务关系的借贷凭证。

交换媒介是货币最基本的职能。人们之所以喜欢金钱、追求货币，无非是因为它能够满足生活之需，解燃眉之急。如果不能用手持的货币买到所需要的商品或服务，那它就毫无用处。笛福笔下的鲁滨孙到了孤岛后，尽管他有一包钱币，但岛上只有他一人，没有分工、没有交换，他就感叹："这些倒霉无用的东西，至今还放在那里，对我来说一点用都没有。我常常想，我情愿用一大把钱换一只烟斗或一个磨谷子的手磨。……可是现在,我却从它们那里得不到一点便利或好处。"

老百姓日常生活需要货币充当交换媒介,经济发展更离不开货币的这一职能。

货币作为交换媒介,可极大地提高交易效率或降低交易成本。因为,货币使买卖成为两个相互分离的环节。设想,拥有茶叶的茶农,想要鸡蛋时,他就必须去寻找那个拥有鸡蛋的养殖户。货币就使交易不再受"需求的双重耦合"限制。拥有鸡蛋但半年后才需要茶叶的养殖户,现在就可将鸡蛋卖出,实现鸡蛋"从商品到货币的惊险一跃",等半年后,再换回他所需的茶叶。于是,买和卖分离为相互独立的环节,价值就有了独立的表现和存在形式,也才有了价值的转移(资本的流动),这正是金融的基础。

货币作为交换媒介,极大地推动了社会分工。老子理想中的大同社会是小国寡民,"邻国相望,……民至老死不相往来"的社会,没有交易,自然也没有分工,人类只能生活在低水平的自然经济之中。亚当·斯密认为,分工恰恰促进了技术进步和生产率的提高。管子也曾说:"万物通则万物运,万物运则万物贱。"交易带来了更丰富的商品和更低廉的价格。这其中,货币的功劳怎么说都不为过,因为正如弗格森所言,"货币不能使地球旋转,恰恰相反,货币令人吃惊地让人员、货物和服务融入世界各地"。

货币扩展了人类的合作范围。现代社会里,货币把全世界互不认识的人们紧密地联系在了一起,使人类社会构成了庞大的分工和协作网络,扩大了人类交换和选择的范围,扩展了人类自由。

万物以货币为价值尺度

价值尺度,即用来比较价值的工具。你花1 000元买件衣服,货币就同时发挥着交换媒介和价值尺度的职能。不用多说,在前面的例子中，你很清楚，一件衣服的价值是做一次发型的5倍。

用货币单位，例如人民币的"元"来衡量并表示商品和劳务的价值，就像用"米"来表示长度，用"斤"和"两"来衡量物品的质量一样。我们可用价格来比较物品、劳务、财富价值。许多物品或财富，具有很好的价值保持功能，但其价值的多少和涨跌，是由货币尺度来衡量的。一套房值多少钱，买一辆新车花多少钱，房贵还是车贵，全以货币为比较的标尺。假如张三向朋友说，他的房子值若干头猪，他的新车值若干斤大米，他的朋友会有什么反应呢？

作为价值尺度，货币大大简化了交易的次数和价格体系。若只有两种商品相交换，那就只有1个交换比率；若有3种商品相互交换，则需要3个交换比率；若有10种商品相互交换，那就需要45个交换比率。当商品数量足够多时，就像现代市场经济，采用物物交易，交换比率就不胜枚举。若以某种商品充当价值尺度，就大大简化了价值的比较。

货币作为价值尺度还极大地简化了簿记，便利了成本效益的核算，也为企业管理提供了方便。就拿生产一包方便面来说，除了面粉、包装、调味品等，还要投入劳动、设备、运输等。若没有货币将各种投入品的价值标准统一起来，就很难核算方便面生产者的财务状况。对于电脑和智能手机的生产，供应链相当复杂，不仅上下游企业众多，还分布在不同国家和地区，若没有统一的价值标准来对不同零部件的成本加以计算和比较，企业不仅难以合理地评价经营绩效，也难以管理和维系客户关系。因此，货币是现代企业管理的价值基础。

货币作为价值尺度的影响绝不仅仅局限于人类经济生活。《千年金融史》就认为，民主制度与货币有着密切的关系。古希腊哲学家阿契塔说，以货币计算成本和收益，是政治制度得以建立的基础思想工具，因为通过定量评估，可以增加共识和减少民事纠纷，雅典人基于货币的计算能力，不只是商业成功的必备技能，还是民主的依靠。当经济交易的潜在价值通过货币加以量化时，人们就会变得更加自主，更少地依赖传统社会互助机构，更多地依赖对以货币为标尺的利润的追逐和内在激励。

债务需以货币为支付手段

设想，小王在大型养猪场工作，老板应该用什么来给他付工资呢？一种可能的办法是，每个月付给他两头猪。这会给小王带来什么样的不便呢？到该发工资的时候，他得赶两头猪回家，他该把猪放在哪里呢？有"存"猪的银行吗？到煮饭的时候，就到猪身上去割一刀，又该是怎样的生活场景？虽说"三月不知肉之味"的生活很清苦，但要天天都只吃猪肉而没有其他食物，那一定也是索然无味的了。况且，若他一个月所得，达到了缴纳个人所得税的标准，他就只能赶头猪去纳税，这又会给国家财政带来多大的不便！

马丁·迈耶在《大银行家》中说，19世纪的英国经济学家杰文斯讲述了一个没有货币支付的麻烦故事。巴黎利里克剧院的泽丽在社会群岛的一场演出中，共演唱了5首歌曲，获得了总收入的1/3，与150年后帕瓦罗蒂演出的收入比例相当。但由于社会群岛货币十分稀缺，只能用实物来付出场费。给泽丽的演出费是3头猪、23只火鸡、44只鸡、500个可可果子，另外还有大量的香蕉、柠檬和橘子。这些牲畜和水果大约值4 000法郎。在那个时代，对张开嗓子唱5首歌而言，这份报酬十分丰厚。但泽丽自己是不可能全部消费掉这些东西的，最后，泽丽只能用水果来喂养牲畜和家禽。

类似地，在《天龙八部》里，非货币支付差点引起了冲突和战争。萧峰到长白山后，帮助完颜阿骨打打败了耶律洪基，萧峰放了他一马。耶律洪基许诺，回去后给10倍的赎金。所谓赎金，并不是今天的人民币或美元，而是实实在在的物品，包括"……上等麦子1 000石，肥牛1 000头，肥羊5 000只，骏马3 000匹……"。耶律洪基没有食言，还担心牛马牲口在途中走失，将牛马多备了一成。结果，当耶律洪基的人赶着牛马来"支付"给萧峰时，尘土大起，让萧峰这边以为又是敌人来袭，差点引起了另一场战争。好在双方及时消解了误会。

有了货币，工资、纳税和借贷，都很方便了，一切合约，都可以用货币来签订，也都可以通过货币的转移来履行。

货币是购买力的暂栖所

货币产生以后，买和卖就相互独立了。在卖出商品或劳务到买入商品之间的这一段时间里，货币就起到了价值贮藏的作用。在前面那个例子中，你将收入的一半存起来时，货币就在行使着它的价值贮藏职能，也就是"购买力的暂栖所"。

货币作为价值贮藏，不需要或仅需要极少的成本。若一个人用实物来贮藏财富，就必须动用其收入的货币去购买这种实物资产，以后当他想用其他资产代替这种实物资产时，又必须把手里的实物资产转换为货币。实物储蓄还需要保管费用。农民储藏粮食就需要建粮仓，老鼠还会偷食。试想，那个在养猪场工作的小王，若要用猪作为价值贮藏，他要在北京买一套房，得存多少头猪？在买房前，他又将那些拱食的猪"存"在哪里呢？更何况，猪一日至少需要两餐，否则，猪瘦了，价值也就跟着缩水了。

用实物作为价值贮藏，还受到折旧的影响。假如你在若干年前买了一台电脑作为价值贮藏，它不仅有一个巨大的显示器，而且主机噪声很大，这样一台电脑，当年至少需要1万元。现在，你决定将它卖出，购买一部手机。即使你从未用过这台电脑，现在出价100元也不会有人要了。技术进步导致许多实物产品无法发挥价值贮藏的职能。

货币作为价值贮藏的手段，恰恰可以克服这些不足。巴菲特和比尔·盖茨都是大富翁，他们的财富就是以价值符号的形式体现在账户里的，因此，他们既不需要建大仓库，也从不担心其财富因技术进步而缩水。但货币履行价值贮藏的职能，需要币值稳定。在高通胀的环境里，如果辛辛苦苦积攒的钱不断贬值的话，货币就起不到价值贮藏的作用，人们可能会转而囤积实物，包括食品和大宗商品等。

货币作为价值贮藏手段对经济发展具有重要的意义。有了货币的价值贮藏职能，大规模的资本积累和转移才有了可能。在经济社会中，有人很有钱（比如继承而来的），但缺乏经营管理能力；有人天生就有很高的组织管理、市场开拓和业务创新能力，但没有资本。如果能将才能与资本相结合，将会为社会创造巨大价值，比如乔布斯造就了苹果帝国。可见，货币的价值贮藏和重新分配，可将众多的储蓄细流，汇集成资本的汪洋，并交给有经营管理才能的人去使用，实现生产规模化，促进技术进步，推动经济发展。金融正是建立在货币价值贮藏之上的。

良好的货币有益于经济社会发展，增进人类福祉。反之，货币不健全则会使经济遭殃。凯恩斯就曾说："没有比消灭货币更为微妙和保险的手段来推翻现存的社会基础，这一过程会以一种难以预料的方式，把经济法则的所有隐蔽力量推向毁灭。"

货币的演化

今天的货币形式与100年前的有着很大的不同，100年前的货币形式又与500年前的有着很大的不同，货币形式随着人类技术进步而不断变化。

实物货币

人类最早的货币是实物货币。任何一种货币，若它作为商品的价值和作为交换媒介的价值完全相等，那它就是实物货币。

在历史上，很多商品，如布、贝壳、龟壳、蚌珠、皮革等都曾充当过货币。据资料记载，货币始于公元前 2000 年至前 1000 年的中国贝币。贝币计量单位是"朋"，将五个贝币穿一串，两串就是"一朋"。西周帝王常将贝壳赏赐给功臣，称为"赐朋"。作为贝币单位的"朋"，恰与"朋友"的"朋"相通，是否正应了那句话："没有永远的朋友，只有永远的利益"呢？

曼昆在《经济学原理》中，讲到了南太平洋雅普岛的货币居然是石头。早在 1 500 年至 2 000 年前，安因曼从邻近的帕卢岛上的石灰岩洞带回一块石头后，那里的人就一直用石头充当货币。受到圆月的启示，他们把石头磨成圆的石轮。大多数石轮，直径达 75～150 厘米，非常沉重。如何在交易中转移如此笨重的石轮呢？他们就在石轮中间开了个洞，真是"石洞大开"，用槟榔树穿过洞将石轮"滚"走。这样的石轮货币"印刷"起来要费很大工夫，所以，那里的货币供应十分稳定，全岛只有 6 600 个石轮货币，根本不用担心通胀。

《荷马史诗》中写道，迪奥米德的铠甲仅值 9 头牛，格劳克斯的铠甲值 100 头牛，牲口也充当过实物货币。要以"牛"作为货币，那真的是要骑牛赶集了。但要以牛作为交换媒介，却有诸多不便，因为牛的价值较大，要用它来交换一只鸡或鸭，就很麻烦了。若"牛"只作为纯粹肉类消费品，那还好办，宰了它，像庖丁那样可将其不断分割，但这时，"牛"就不能被称为"牛"了，而是变成了餐桌上的"牛肉"。"牛"之所以为"牛"，是因为它可作为畜力，充当活的"资本"，为人类服务。

这种在物理上分割后使用价值会发生根本变化的实物，就非常不宜充当货币。实物货币，要么体积笨重，要么不易分割，或携带不便，或易腐烂磨损，最终都被金属货币取代了。历史上，铜、白银和黄金等都具有价值相对稳定、轻便、易分割等特征，它们都曾充当交换媒介。我们形容一个人节俭，"将一个铜板掰成两半花"，这个铜板，就是中国古时候用铜铸成的货币。中国人也常常把钱称作"银子"，就是因为，中国曾将白银铸成货币，乃至现在的商场结账场所被叫作"收银台"。不过，印加人认为，黄金是"太阳的汗水"，白银是"月亮的眼泪"，不能作为货币。

代用货币

随着经济的发展，商品交易量越来越大，金属货币已很难满足交换的需要了，于是，金属货币就过渡到了代用货币。代用货币是政府或特定机构发行的有金属作为支撑的纸币，以代替金属来充当交易媒介。19世纪，英国贵族巴伦·奥费斯迪宣称，纸币之所以成为货币，是因为它们代表贵金属货币，否则，就是诈骗。

想象一下，在远距离的贸易中，要用沉重的金属货币（比如铜币、铁币）直接作为交易的媒介，一路会是多么沉重的包袱。代用货币自身的价值远低于其所代表的金属的价值，但持有者可随时按一定比率，将其兑换成它所代表的贵金属。例如，我们会看到，金币本位制下，纸币持有者就可将纸币按约定的比率换成黄金，纸币实际上就是代用货币。

宋朝的交子，实际上就是代用货币。宋朝商业已比较发达，要求使用大量轻便的货币，但四川使用铁钱，笨重不便。大铁钱每枚重25斤，价值又极低。商旅买卖，得用车载铁钱。这种笨重的铁币，对商品交易反而构成了新的大障碍。于是，成都16家商号制作了一种纸券,即"交子",以代替铁钱流通。交子券面上印有相应的图案,发行商号签了押,制作暗记(加密技术),临时填写金额,领用者交来多少现钱,就给开出多少数目的交子,持有人可随时用它向发行商号兑换成铁钱,因此,交子实际上就是铁钱的兑换券,它是代替铁钱流通的代用货币。

信用货币

　　信用货币是代用货币的进一步发展,它不再代表任何贵金属,其本身的价值低于其所代表的价值。广义来说,若货币作为商品的价值,低于它作为货币所代表的价值,那么,这种货币就是信用货币。当今无论是人民币,还是美元、欧元、英镑,都是信用货币,它们的价值完全取决于公众对政府的信任和信心。

　　由此可见,信用货币只是一种符号或标志,它赋予持有者支取不特定商品、享有服务或支配其他资产的权利。作为信用货币,只要有国家强制力来维护它,并且人们普遍接受它就可以了,至于它自身有多少价值,以什么样的形式存在,并不重要。实际上,作为符号的货币本身,并不能直接给人们带来什么效用或享受,就像你不能吞下钱来充饥,也不能将一张钞票顶在头上来遮风蔽日。我们之所以愿意持有它,是因为饥饿时可用它买吃的,天变冷时,可用它买穿的。

　　信用货币促进了商品交换的发展,满足了大规模交换的需要。无论是实物货币、金属货币还是代用货币,它都受到自然资源的约束。雅普岛上的石轮货币之所以有限,是因为那里的石头有限;若一国黄金储量丰富,那该国货币供应就会很丰富,否则货币就会不足。由于信用货币完全是一种符号,政府可不受自然资源的约束而扩大或减少货币供应。当然,无节制地扩张货币会产生恶性通货膨胀,公众就会对其丧失信心。亚当·斯密就曾生动地说:"以纸币代金银,比喻得过火一点，简直有些像驾空为轨，使昔日的大多数通衢大道，化为良好的牧场和稻田……但……和足踏金银铺成的实地相比，这样由纸币的飞翼飘然吊在半空，是危险得多的。"

电子货币

随着计算机和信息技术的发展，电子货币已是现代货币的普遍表现形式。人们通常是利用储值卡进行支付和转账。如今，电子支付方式非常普遍，小到在路边买瓶饮料，大到宾馆住宿、购买机票等，都可以使用电子支付方式完成交易。这些支付方式都是电子货币发展的结果，它们只是记录人们存款账户的具体数字而已。

严格来讲，电子货币还是信用货币，只不过它已没有任何看得见、摸得着的实体，纯粹是观念上的符号。但不管怎样，电子货币还得依赖于持卡人的账户余额，它随人们银行账户上的余额增减而变化。若账户已没有了"余额"，无论你持有多少张银行卡，也无论绑定了多少个账户，交易时都会提醒你："余额不足！"

因此，电子货币只是取代了流通中那张薄薄的、魅力无穷的现钞，并没有取代银行存款，仍是以信用形式存在的。这是基于双重的信任：首先是基于对政府的信任，它不会让你的货币价值化为泡影；其次是基于对银行的信任，银行不会监守自盗，让你的存款不翼而飞。

随着现代信息技术的发展，电子货币正在向加密数字货币迈进。加密数字货币是将现代密码学和计算机程序有机地融合起来，在互联网上发行并存储的一种观念上的货币。

一提起加密数字货币，人们都会想到比特币。一个名叫中本聪的神秘人物开发、设计了比特币，它依据特定而复杂的算法产生，通过互联网中不计其数的节点构成的分布式数据库来确认并记录所有交易。比特币的数量被限定在 2 100 万枚，且比特币在交易过程中具有隐匿性，其他人无法辨认用户身份。它产生后，便迅速受到了全球投资者的追捧，一枚比特币的价格在 2021 年年初一度超过 6 万美元。比特币价格高歌猛进的财富效应，催生了其他一些数字加密货币，比如狗狗币、以太币等，不一而足。

不过，诸如比特币之类的数字加密货币，虽然被戴上了"币"的高帽，但至少到目前为止，极少有国家承认它可作为商品和服务的价值尺度，也不能作为被人们普遍接受的支付工具，与其说它是货币，不如说它是资产的一种记录形式。

就在比特币被人们作为疯狂的投资（机）对象时，脸书创始人扎克伯格准备掀起一场数字货币革命。

2019 年，脸书发布加密数字货币白皮书，引起了全球轰动。它雄心勃勃地要推出一种全新的加密数字货币，叫 Libra（天秤币）。

在扎克伯格看来，世界需要一种全球性的数字原生货币，它集世界上最佳货币的特征于一体：稳定性、低通胀率、全球普遍接受和可互换性。天秤币的目标就是成为一种稳定的加密数字货币，将全部使用真实资产储备（称为"天秤储备"）担保。为此，对于每个新创建的天秤加密货币，在天秤储备中都有相对应的一篮子存款和政府债券，以此建立人们对其内在价值的信任，维持天秤币的价值稳定，确保其不会剧烈波动。

不过，天秤币仍然在"难产"之中。

纵观全球，央行对数字货币情有独钟的，非中国人民银行莫属。

由央行来发行加密数字货币，中国走在了世界的前列。我国央行拟推出数字货币 DCEP。根据设计原理，它有以下几个特点：

- DCEP 与人民币可以 1∶1 自由兑换，支持连接央行。
- 采用双层运营体系，即央行先把 DCEP 兑换给银行或其他金融机构，再由后者兑换给公众。
- DCEP 是由央行发行的主权货币，是纸质人民币的替代，具有无限法偿性，人们在用它来购买商品或服务时，商家不能拒绝。
- DCEP 可以基于特殊设计，可不依赖于网络进行点对点的交易，因此，它的功能和属性跟纸钞完全一样，只不过它的形态是数字化的。

这样看来，数字货币是具有价值特征的数字支付工具，不需要账户就能够实现价值转移。这与人们习惯的纸币非常相似。在日常生活中，你拿着纸币去买东西时，并不需要账户，DCEP 也是这样。想象一下，只要智能手机上装有 DCEP 的数字钱包，只要手机有电，即便没有网络，手机碰一碰，张三就能把手机数字钱包里的货币转给李四。因此，数字货币是纸币的数字化替代。

货币制度

没有规矩，无以成方圆。货币的规矩就是货币制度，它是用来约束货币发行，维持人们信任的规尺。了解货币制度的演变，也有助于我们更好地理解货币与金融。

金本位制

金本位制是指以黄金作为本位货币的货币制度。不少国家都曾实行过金本位制。在牛顿生活的时代，英国就规定每盎司黄金（约31克）兑换 3 英镑 17 先令 10.5 便士。美国在 1834 年采纳了英国的金本位制。1897 年，麦金莱就任美国总统，上任后的第一件事就是签署《金本位法案》，就这样，黄金在美国便成了所有货物的一般等价物。

金本位制有几种不同的变体：金币本位制、金块本位制和金汇兑本位制。

金币本位制是以黄金为货币的典型金本位制。在金币本位制下，金币可自由铸造和熔化。左拉在《金钱》中就描写了熔化金币的场景，"从早到晚，只要是铸造的日子，便有一种金元的清脆声音从地下发出来，因为那是铲子在箱子中把金元铲起来抛到坩埚里的声音。……对这样一种音乐，萨加尔满意地笑了……这是他的幸运预兆"。

在金币本位制下，直接以政府铸造的金币作为交易和支付工具。为了铸造金币，就需要有铸币厂。牛顿不仅是伟大的物理学家，还曾担任过英国铸币厂的厂长，负责铸造金币。

但要直接将黄金铸造成金币，会占用大量黄金。黄金不足就会制约货币供给，带来通货紧缩。美国在19世纪后期就出现了这种情况，物价持续下跌给农民造成了极为不利的影响，布莱恩在总统竞选中称金本位制就是"黄金十字架"，凯恩斯斥责金本位制是"野蛮的残余"，加利福尼亚大学伯克利分校的艾肯格林称它是"金色的镣铐"。

于是，人们就想出了另一种办法，那就是，黄金不直接流通，而是由央行发行以金块为支撑的纸币，这就是金块本位制。这时，充当货币的是纸币，不是金块，纸币是金块的化身，一个成功的纸币，背后一定有一个默默支持它的金块！

金块本位制有两个重要的特点：其一，金块本位制以纸币作为流通货币，不再铸造、流通金币，但政府规定了纸币的含金量，纸币可兑换为黄金。其二，政府集中持有黄金储备。根据《伟大的博弈》，美国财政部在1879年就按要求持有至少1亿美元黄金，以随时满足黄金兑换的需求。但在1893年发生了恐慌，人们对纸币信心下降，纷纷要求用纸币兑换黄金，导致财政部持有的黄金储备大幅下降，1895年2月初就只剩下相当于4 500万美元的黄金了。是故，在金块本位制下，纸币不过是黄金的影子。

但人们要将持有的纸币兑换成黄金，也并不总能成功。拿破仑发动战争后，英格兰银行的黄金就被大量挤兑，但英国政府却拒绝黄金兑付。1797年，吉尔雷就给英国首相皮特画了一幅讽刺漫画，皮特正在亲吻一位又老又丑的妇人（象征英格兰银行），又因英格兰银行于1734年迁到了伦敦金融城的针线街，于是，它便得到了"针线街的老妇人"的绰号。

金汇兑本位制是指以银行券为流通货币，通过外汇间接兑换黄金的货币制度。1945年建立的布雷顿森林体系，就是典型的金汇兑本位制。参加该体系的各国，将本币与美元挂钩，实行固定汇率，美元则与黄金之间固定兑换比率，这样，各国货币就与黄金实现了间接挂钩。当时规定，每盎司黄金的价格为35美元，美国的央行——美联储有义务以该价格将黄金卖给其他国家。在该体系下，美元处在与黄金等价的地位，美联储也必须在金库里保存大量黄金，乃至特里芬讽刺道，"人们走遍天涯寻找和开采黄金，竟然是为了把它们埋入更为壁垒森严的地窖"。

不过，这个制度非常脆弱。

原因就在于，市场上的黄金价格并不总是固定的。实际上，随着需求和通胀上升，黄金的市场价格水涨船高。当金价超过35美元时，就产生了套利空间。其他国家央行先拿美元从美联储以35美元的价格买入黄金，再到市场上以更高的价格卖掉。如此往复，以很少的美元就能把美国所有的黄金消耗掉。那时，法兰西银行就是这么干的，更何况，戴高乐总统一直攻击美元是"嚣张的特权"。法国这么一来，美国又不干了，尼克松干脆关闭了黄金窗口，其他国家要来换黄金，门儿都没有了！

布雷顿森林体系也就这样瓦解了。

银本位制

银本位制是指以白银为本位货币的一种货币制度。银本位制的运行原理类似于金本位制，主要不同点在于，它以白银作为本位币币材，银币具有无限法偿能力，其名义价值与实际含有的白银价值一致。

比如，美国1792年颁布的《铸币法案》主要以白银重量而非黄金重量来界定美元的价值，当时规定，1美元相当于371.25格令白银，1格令相当于0.06克。实际上，在整个中世纪，白银是世界上的主导货币，只是到了18世纪，金币才后来居上。

中国曾实行过银本位制。早在汉朝，白银就已逐渐成为货币金属，到明朝，白银已真正货币化，中国也成为全球的用银之国。不过，中国实行称量货币，也就是以白银重量来计值，通常称为银两。宣统二年（公元1910年），货币单位改为"元"，名为大清银币。辛亥革命后，银币上镌刻着袁世凯的头像，就叫"袁大头"。此后，国民政府也一直实行银本位制，发行全国统一的镌有孙中山头像的银圆，一切公私交易，用银币授受。直到1935年，国民政府进行币制改革，才宣布废除银本位制。

复本位制

复本位制指同时规定金和银为本位币的货币制度。在复本位制下，金与银可以自由买卖、自由铸造与熔化、自由输出输入。

复本位制是一种具有内在不稳定性的货币制度。

比如，法国实行复本位制时，金和白银的铸造比率是15.5∶1——人们可从铸币厂获得含有等值的黄金，或可用一定数量金币换取其15.5倍的白银。若世界黄金价格上升到了铸造比率之上，就产生了套利的激励。若金价上升到了只有用18克银才能换取1克金，人们就会进口 15.5 克银，将它造成银币，然后用银币换取含有 1 克黄金的金币，并将其出口，在国外市场上再换回 18 克白银。不考虑交易成本，通过套利，不仅收回了投资，还额外获得了 2.5 克银。只要市场比价明显高于官方规定的铸币比率，就会一直存在套利激励：套利者输入白银，输出黄金，直到该国所有金币都被输出到国外为止。

相反，若市场比价跌落到铸造比率之下，套利者就会输入黄金，输出白银，直到后者从流通中消失为止。在复本位制下，"贵"金属最终会退出流通，这就是"格雷欣法则"，俗称"劣币驱逐良币"。

信用本位制

以贵金属作为货币或货币发行的准备，使得货币发行量受制于贵金属的拥有量。随着商品交易范围和交易量的扩大，金属本位货币就难以适应经济发展的需要了，于是，纸币本位便应运而生。纸币没有任何商品或贵金属作为价值的支撑，纯粹以国家强制力及其信用为后盾，人们在观念上普遍接受，并以其作为交换媒介，它本身没有任何内在价值，它的诸多职能，完全取决于公众对纸币发行人的信心，发行人对公众信心的维护和自身信用的坚守。

由于纸币发行不需要持有贵金属作为准备，且纸币的印刷成本极低，纸币给政府通过调节货币量影响经济活动提供了便利，但那些无节制发行钞票的政府，通过恶性通胀掠夺民间财富。2008 年津巴布韦就因过度发行货币而造成了恶性通胀，当地老百姓抬一箱子的沉重现钞，只能换回一瓶啤酒。随着现代信息技术的发展，纸币又正在向电子货币过渡，货币纯粹是账户的数字符号，人们在生活中也并不真正用纸币作为交换和支付的工具，在发工资的日子里，公司的财务人员也不会让员工去领取现金。

从这些意义上说，现代货币制度演变成了纯粹政府信用本位货币，它全然以信任为基础。正如英国历史学家尼尔·弗格森所说，货币已不是金属，而是一种记名信托。在这个电子时代，没有什么东西不可以充当货币。

货币照进现实

货币的"三六九等"

现实中，各个国家都对货币划分了不同的层次。中国对货币层次的划分同样是以货币的流动性为标准的，主要划分为 3 个层次。

M0 ＝ 流通中的现金

M1 ＝ M0 ＋ 单位活期存款

M2 ＝ M1 ＋ 单位定期存款 ＋ 个人存款 ＋ 其他存款

其中，其他存款是指证券公司的客户保证金。

从持有者的角度来讲，构成各个层次的货币的内容都是资产。但并不是所有的资产都可被纳入货币之列，房地产、车船、工厂设备等实物资产都没有被纳入货币范畴。股票、企业债券、基金等金融资产，也没有被统计为货币。

为什么同样是资产，有的被纳入货币统计的范围，其他则没有呢？

这是因为不同的资产具有不同的流动性。所谓流动性，就是指将一项资产转换为现金而不受损失的能力。资产的流动性越高，货币性就越强；反之，流动性越低，货币性也就越弱。现金和活期存款的流动性最高,可以直接用现金和活期存款购买所需的商品和服务,所以统计上它们是货币。构成 M2 的定期存款、储蓄存款和其他存款的流动性较低,它们不能直接用作交换的媒介,所以它们只是准货币。

货币供给并非央行的独奏

我们常常说,央行垄断了货币发行。这大抵是没错的。但这是否意味着,货币供给就是央行的独唱音乐会呢?

其实不是这样。货币供给过程是一个合唱团的演出,所有家庭、企业和银行等都是这个合唱团中的重要成员。而且,商业银行、企业和家庭在其中的唱词实际上远多于央行。在这个意义上,与其说央行是货币供给的领唱,不如说它是合唱团的指挥更恰当。

为什么这样说呢?看看货币供给这个合唱团是怎么表演的吧。

假设央行觉得,现在经济需要刺激,于是,它就增加货币。其通常方式,并不是直接开动印钞机,现在还有多少人随身带着大量现金去购物呢?它增加货币供给的方式之一,就是向商业银行(比如工商银行)提供一笔贷款,比如 100 亿元。工商银行从央行那里得到这笔贷款,当然不是跑到北京成方街 32 号去用运钞车拉走 100 亿元现金,只不过体现为它在央行那里多了 100 亿元存款,当然,同时也等额地增加了它对央行的欠款(负债)。这时,工商银行在央行这里的 100 亿元存款,就叫基础货币。

为什么叫基础货币呢?这不仅因为有了这 100 亿元,工商银行就可以进一步向企业发放贷款了,还因为它可像变魔术一样,创造出多倍的存款来。比如,它向一家超级企业甲放款 100 亿元。甲不会将得到的贷款取现金,而是把它存在银行账户上,在需要采购原料、支付工资时,直接转账就可以了。这正是现代货币供给的一个核心环节。

假如说,甲的账户在另一家叫"存吧"的银行。"存吧"就有了

100亿元（活期）存款。这恰恰是我们前面讲的 M1 的构成部分。"存吧"吸收了这笔存款，它又可以向其他企业或个人提供贷款了。但它并不能把这 100 亿元全部贷出去。它可以放出去多少，首先取决于借款需求，若借款需求不足，它能放出去的自然就少。另外还受"法定存款准备金"的约束，也就是，央行强制性地要求商业银行把存款的一部分存到它那里去。缴纳的准备金额与存款之间的比率，就是法定存款准备金率。若法定存款准备金率为 10%，"存吧"就要存 10 亿元到央行去，只能剩下 90 亿元用于贷款。若它全部放出去了，就又会通过贷款创造另外 90 亿元的存款。依次类推，往复不已。

因此，若把货币供给过程比喻成合唱团的演出，那央行实际上是指挥，指挥棒就是"央行贷款"和"法定存款准备金率"。银行、企业和个人在不同的声部发挥着各自所长。当然，这个演出，并非场场都赢得掌声和喝彩，演砸了而陷入混乱的场面，也时有发生。

第二章
现在与未来的交换：国家兴盛的金融密码

金融是现代市场经济的核心，一国经济的正常运转离不开一个健全的金融系统。理查德·塞拉在《美国经济史新论》中写道："1688年光荣革命后，英国吸收并拓展了荷兰的金融创新，对英国在18世纪一举成为政治和经济强国起了重大作用。一个世纪后，独立的美国也开始迅速采用荷兰和英国的发展模式，由金融创新引领而成为经济和政治强国。"可见，金融与个人自由、企业成败和国家兴衰休戚相关。

以时间换空间：资源跨期配置

资源的跨期配置有两种基本方式，一种就是，将当期取得的收入延迟到未来消费，这就是储蓄。当你把工资和奖金的一部分存入银行、购买基金或股票时，实际上表明你已把一部分收入安排在未来支出。另一种就是将未来的收入提前到现在支出，这就是负债。

把当期收入借给未来

我们先来看看动物界。小松鼠往往会在夏秋收集干果，藏在自己的洞里，以供冬天享用；而且，为了分散风险，它们还会把干果藏在多个洞里。法国人受到松鼠的启发，建立了"松鼠储蓄银行"，其标识就是一只翘着大尾巴的松鼠。还有一些冬眠的动物，在冬眠之前，把自己吃得膘肥体壮，冬眠后便慢慢消耗体内脂肪，度过漫漫严冬。实现资源的跨期配置，是很多动物的本能之一。

人类利用金融系统可以更好地实现资源的跨期配置，更合理地安排生命期内的收支。在人的一生中，收入与支出在时间上是不均匀的。若预期未来某段时间收入将下降，那就不得不未雨绸缪，早做准备。在中国古代社会，金融体系极度落后，老百姓实现资源跨期配置的基本方式就是"养儿防老"。但随着金融发展，将当期剩余收入用于存款，购买股票、债券、基金、理财产品、养老保险等，成了人们最主要的跨期配置方式。若没有金融系统参与运作的退休金制度，我们退休以后的生活是不堪设想的。金融体系提供的这一资源跨期配置，很快颠覆了我们根深蒂固的"养儿防老"观念。

利用金融机构来储蓄的效率更高，也更安全。若不利用金融机构来储蓄，总会感到不放心。在银行出现以前，大户人家存钱的方式可能是在院落里不起眼的地方挖个坑，把钱财埋藏在地下。"此地无银三百两"就是一个写照。莫里哀的《吝啬鬼》中，阿巴贡把自己的钱财都埋在花园里，总担心钱财被盗，每天在那里转悠，结果泄露了埋钱的位置，让窃贼得手。这是法国版的"此地无银三百两"！

不利用金融机构来储蓄，不仅不安全，而且也可能变得麻烦、累赘。有一次，我在旅行中，导游讲了一个故事。游牧人居无定所，将牛羊卖了后所得的钱财，既不能像"此地无银"那样埋在地下，也没有银行可存，怎么办呢？那就只好随身携带，所以他们总是穿金戴银。但把钱财穿多了、戴多了，又有炫富之嫌，恐遭人忌恨，于是，他们就把服饰一部分故意敞露开来，"穿一手，露一手"。即便如此，也还是有些不安全，为了防止被打劫，他们就随身背一口大刀。导游所讲的，固然不全是真实写照，但也很好说明了，没有金融体系来安排储蓄，不仅非常不便利，而且也对文化有极大的影响。

寅吃卯粮

在莎士比亚的戏剧《哈姆莱特》中，波洛涅斯对雷欧提斯说，"不要向人告贷，也不要借钱给人；因为贷款放了出去，往往不但丢了本钱，还失去了朋友；向人告贷的结果，容易养成因循懒惰的习惯"。

尽管如此，将未来的收入交换到现期来使用，寅吃卯粮，正是资源跨期配置的另一种方式。在参加工作前，我们一般没有收入，刚工作时，收入也会较低，但一天也离不开吃喝的支出。人作为经济动物，便会通过借贷，将未来收入转换为现期的支出或消费。懂得寅吃卯粮、相互借贷，正是人类与动物在资源跨期配置上的根本差异。若没有机会获得助学贷款，很多家境贫寒的学生，就会因无力支付各项费用而不得不辍学，放弃高等教育的机会。有了助学贷款，再加上自己的勤奋，"寒门"也能出"贵子"了。再如，若没有金融机构，人们购买住宅时就只有依靠自己的积蓄了，要先攒够了钱才能买房，需要很长时间。通过金融机构提供抵押贷款，就能很好地解决这个矛盾，将购房支出均匀地分摊在未来相当长的一段时间里，居者有其屋的美好生活向往得以成为现实。

在 20 世纪 90 年代中期，人们常常讲一个中国老太太与一个美国老太太买房的故事，她们死后在天堂相遇。中国老太太说："唉，我好不容易存了一辈子的钱，刚好够买房了，结果进天堂了。"美国老太太说："我刚把房贷还清，就来这儿了。"这个故事就说明，在 20 世纪 90 年代，中国与美国的金融体系为人们提供的资源跨期配置存在很大的差异。

那时候，我们的贷款渠道有限，并且缺少把未来收入提前到现在来消费的意识，为了买房，自己得先省吃俭用，费很长时间才能攒足买房的钱。遗憾的是，当这个阿婆终于可用其一生的积蓄买一套房时，却没来得及享用就离世了。这正应了那句小品台词：最可悲的是，人没了，钱还没用完。

但美国的银行体系却不同，它们很早就对老百姓提供消费和住房贷款等，所以美国老太太在年轻时，就通过银行贷款而拥有了自己的住宅。与中国人过去一生都在"存钱"相反，美国人一生都在"还贷"。

在生产领域，通过金融体系创造的资源跨期配置机制，可将短期资金聚合起来转化为长期投资。一个工厂的建设，可能需要好几年，要完全收回投资可能要10年以上的时间。要投资这类工厂的企业，是不会依靠一两年的短期资金来融资的，而一般家庭的存款期限都不会超过10年。但通过金融体系，便顺利地将短期资金转化成了长期投资，实现了期限转换。

把钱借给那些最有能力的人：资源空间转移

金融要促进经济发展和技术进步，还需要在空间上对资源进行重构和整合，把钱借给那些有能力的企业家去使用。

没有资本的生产与生活

我们只要接触经济增长的知识，都会被教导，促进经济增长的是3个核心要素：劳动力、资本和全要素生产率。资本最大的作用就在于，它突破了人类体力、肌肉力量的限制，正是资本与技术、劳动力的结合，才创造了丰富的物质产品。

但是，没有资本的生产和生活，是怎样的一番图景呢？

在工业革命之前，尽管人类朴实、勤劳，但技术水平低下，生产方式落后，人类的物质满足度非常低，交通靠走、通信靠吼、治安靠狗、取暖靠抖。

即便日出而作，日落而归，但依然食不果腹、衣不蔽体。

就拿我们每个人都熟悉不过的"愚公移山"和"铁杵磨成针"的故事来说，虽然都启示我们只要持之以恒，没有干不成的事，但并没有启示我们，依靠资本能把人类从繁重的体力劳动中解放出来。

资本是经济发展的重要力量。奥地利经济学家庞巴维克说，资本是迂回的生产方式。何谓迂回生产？中国人说，与其临渊羡鱼，不如退而结网。"退而结网"，就是迂回生产。在结网之前，我们可能去钓鱼，甚至跳到河里去抓鱼，可以想见，这是多么低效的捕鱼方式！但我们放弃一部分钓鱼的时间和精力，将它用来织一张渔网，捕鱼效率就会大大提高。可见，迂回生产可有效地克服人类直接体力劳动的局限。

有了资本积累的千年之后呢？

"一桥飞架南北，天堑变通途。更立西江石壁，截断巫山云雨，高峡出平湖。"也正如《天路》所唱的："一条条巨龙翻山越岭，为雪域高原送来安康……从此山不再高，路不再漫长。"当然，也几乎见不到"临行密密缝"了，虽说"儿行千里"仍是"母担忧"，但临行前的所有行囊，都是"买买买"，来自工厂。

这一切变化，均是因为人类创造的资本积累和技术进步。金融的重要功能，就是在资源的跨期配置中实现空间的转移和集中，促进技术进步和企业家精神的发扬。正如《变化中的资本主义》所说，1870—1900年，美国基于发电与炼钢业的"第二次工业革命"，是一场"钢梁与飞轮的技术变革"。比起原先基于皮带和滑轮的蒸汽动力，电气化与化工的应用，加倍扩大了工业产能，工业生产率以前所未有的速率增加。对产业技术的大规模资本投入促成了这一壮观景象，威尔士写道："迄今为止空前规模的资本组合，成为现代工商业方式的显著特征。"

两类转移机制

金融资源在空间上的重新配置，就把资金盈余部门与短缺部门紧密地联系起来了。在社会经济中，有些部门收入大于支出，有资金盈余；有些部门则支出大于收入，资金短缺。同一个人，同一个企业，在一个时期有资金盈余，在另一个时期又资金短缺。

那么，盈余部门的资金是怎样流向资金短缺部门而实现资源的空间转移的呢？

一般来说，这有财政机制和金融机制两类。

财政机制是由政府将社会的金融资源集中起来，然后再分配给其他部门使用。在封建社会，朝廷要兴修水利工程或皇家园林、宫殿，就通过徭役和苛捐杂税来完成。财政机制以国家强制力为后盾，是非自愿性机制。

孟姜女哭长城的民间传说，就生动地展现了财政机制的强制力、非自愿性。更重要的是，财政机制使用的是公共资金，容易铺张浪费，效率之低，不难想见。

在市场经济中，金融机制是实现资源空间转移的基本途径。它是基于预期回报的自愿机制，是在对资金使用权利的暂时有偿让渡中实现的。你把钱放出去，希望将来某一天它连本带利回到你的账户中来，而且任何人都不能强迫你这么做。正如培根所说，有时你不得不让钱财去飞，好招引更多的钱财来。

资金盈余通过诸如银行等金融机构流向短缺部门，这被称为间接金融。在间接金融中，人们将金融剩余存入银行，银行再向企业或个人发放贷款，存款和贷款是两份独立的合约。至于银行将吸收来的钱，什么时候放出去，贷给谁，存款人并不关心，也没有必要去关心。

直接金融通过金融市场将资金盈余部门与短缺部门联系起来，短缺者通过发行股票和债券等筹集所需资金。在直接金融中，只有一份独立的合约，把钱放出去了，就要直接承担企业经营上的各种风险。譬如，某公司以 5 元的价格发行新股，张三花了 10 万元认购 2 万股。一年以后，该公司披露，因决策失误导致了重大亏损，结果，公司股价跌到了 3 元，若张三在这一年当中没有卖掉股票，他就亏了 4 万元。

集中财力办大事

不仅人类会进行资源的时间配置，一些动物虽不懂得金融学，但也知道在时间上配置资源，而在空间上配置资源，似乎是人类独有的本事。亚当·斯密说，"你看不到两条狗交换骨头"，你也看不到一只（群）动物把其猎取的食物借给另一只（群）动物，约定过段时间再连本带利还回来。但人类会通过资源的空间转移，调剂资本余缺，实现资本集中。

为什么通过金融重新组织资本在地区间、行业间的配置很重要呢？

首先，资本在物理性质上是不可分割的，一旦被分割，使用价值就被彻底改变。一头活的水牛，可作为农业生产中的资本；一旦像庖丁那样，将牛身分解开来，作为价值量相对较小的部分，那水牛就不复为农业上的资本，只能作为餐桌上的"牛肉"了。

其次，人的经营才能分布是不均匀的，像比尔·盖茨、乔布斯、马斯克、任正非等，天生就是商业奇才，不仅善于技术创新，也善于管理；有的人，只知道乐享其成，不懂经营，一天天坐吃山空，消耗老本，无法创造社会财富。只有把资本分配给那些有经营才能的企业家去经营，才能为人类创造丰富的物质产品。

通过金融系统，将分散在社会各个角落的零星资本集中起来，便可实现大规模的投资，并且将有限的资本让渡给那些善于经营的有识之士去打理。北京的投资者足不出户，就可购买广东企业发行的股票；人们还可通过金融系统进行跨国投资，日本投资者可购买美国企业的债券或股票；中国的企业也越来越多地到华尔街发行股票以筹措资本。随着中国金融对外开放的加深，境外投资者也可越来越便利地购买中国的 A 股股票和债券。通过金融体系实现资源的空间转移，同时也是资本集中的过程，可以将分散的小额储蓄集中起来，形成大的资本。在此意义上，金融就是资本的黏合剂。所以，马克思说，如果没有股票，恐怕到现在世界上也还没有一条铁路。

没有金融，企业家终将怀才不遇

企业家通常是创新者。要把新发明引入经济之中，不仅需要有眼光、有胆量，敢于冒风险，而且要有组织能力。只有具备这些素质的人，才能成为企业家。经济发展离不开企业家，没有了企业家，新技术就不可能得到大规模的产业化应用。第一次工业革命后，才出现企业家。在西欧封建社会的城市经济中有"商人"，在海上贸易中又有"冒险家"，为什么那时没有"企业家"呢？因为，无论是技术还是企业组织和市场开拓方面的创新，主要是伴随工业革命而发生的。

社会发展是社会各个成员共同努力的结果，每个人都扮演着不同的角色。经济发展离不开企业家，就正如离不开科学家和广大劳动者一样。企业家是资本的组织者和牧羊人，如果没有企业家重新组织资本，再多的储蓄也只能"躺平"在那里，发挥不了生产性的作用。斯坦利·布德尔在《变化中的资本主义》中指出："企业家极大地重塑了世界，大大拓展了可供人类选择的职业与商品领域。"

然而，直到 19 世纪末，企业的高层管理者几乎都是那些创业者，美国和世界经济中的企业规模通常都很小，雇员数量几乎没有超过 100 人的，大多数企业都由所有者直接掌管，采用家族共享、子承父业的模式。但现在，在重要经济部门，职业经理人取代了企业所有者的亲自经营。

管理学大师阿尔弗雷德·钱德勒认为，交通（尤其是铁路）和通信（电报）的发展给商品开辟了巨大的市场，这又使制造商可迅速回收巨大的创办费用和投资，也导致了资本密集型的大型企业迅速扩张。它们积极采用新技术，降低成本。在采用将生铁熔炼成钢的工业技术前，美国有数百家使用高炉技术的钢铁企业，任何一家的产量都不到全美的 1%。在采用该流程后，到 1880 年，美国只剩下 13 家钢铁企业了。通过金融实现的资本集中，加快了大型工程的建设和大企业的形成。

随大企业一同出现的还有职业经理人。在以前，企业的资本和生产规模都很小，企业主完全可以管理好自己的企业。在第一次工业革命中，小企业主没有聘用职业经理人。到了第二次工业革命时，大企业的所有者则没有更多的选择，庞大的工业巨头不是某个家庭可以驾驭的，需要职业经理人来协调和控制各种经营。正是金融体系促成资本的集中，加速了大企业的形成，职业化的企业家才有了用武之地。而善于利用金融，也正是企业家的必备素质之一，正如熊彼特强调的，"只有先成为债务人，方能成为企业家"。

技术进步依赖于资源的时空转移

通过金融实现的资源空间转移，也是技术进步的必要条件。

历史学家布罗代尔指出，过去许多技术本来有成功的可能，然而却失败了。托勒密时代的埃及，就已经了解蒸汽的力量，但仅仅用在了玩乐上。罗马早就掌握了重大的技术与工艺，文艺复兴时期，欧洲成倍地增加了罗马早已使用过的水力和风力磨坊。中国在14世纪就发明了焦炭炼铁，但并没有掀起能源革命。至于法国，在18世纪也出现了工业进步的征兆，技术发明一个接着一个，基础科学也可与英国比肩。但工业革命的决定性步伐是在英国迈出的。

工业革命首先表现在生产工具的改进。1733年，约翰·凯伊发明飞梭，使织梭可自动来回工作，不必用手工抛掷，大大加快了织布速度。1764年，木匠出身的哈格里夫斯发明了多锭纺纱机，以其女儿的名字命名为"珍妮机"。经多次改良后，到18世纪末，珍妮机可安装100~120个纱锭。1785年，卡特赖特发明动力织布机，使用马匹、水力或蒸汽机作为动力，其工作效率是手织机的40倍。

其次是动力。1705年，托马斯制造出新式蒸汽机，依靠蒸汽冷凝产生的内部真空，形成大气压力来运转。修理工瓦特于1769年发明了单动式蒸汽机，他将冷凝器与汽缸分离开来，使用蒸汽压力驱动机器运转，"实现了变蒸汽动力为机械动力的第一步"。在工厂主博尔顿的资助下，瓦特于1782年发明了复式蒸汽机。蒸汽机是人类历史上一次划时代的革命，极大地解放了人力。

除了技术，工业革命还是生产组织形式的变革，即工厂制的建立。一般认为，水力纺纱机的发明者阿克莱特是"近代大工业的真正创始人"，是工厂制的开创者。1771年12月，他在克朗福建立了第一家"工厂"，利用水力，安装了多台多轴纺纱机，由300余名工人按照机器的步调和节奏生产。工厂，这种全新的生产组织形式就在英国出现了。

为什么工业革命最早发生在英国，而不是其他国家呢？

历史学家对此进行了大量的研究，众说纷纭。不管分歧有多大，金融系统是工业革命发生的重要助力，却是共识。英国经济学家希克斯就强调金融在工业革命中的作用。在他看来，工业革命中的许多技术，其实在那之前就已存在了，恰恰是后来金融体系的发展，才让那些早已存在的技术得以广泛地应用，促成了工业革命，并反过来加速了技术进步。

所以，纵观全球，那些经济发达、技术和生产率高的国家，恰恰就是金融体系和金融市场发达的国家，从美国到德国、从日本到英国，莫不如此。因此，美国经济学家费尔普斯说，通过金融渠道，创新可以从想法转变为经济增长的源泉。

中国没有发生工业革命的金融根源

李约瑟对中国科学技术史做了非常详尽的研究，他发现，在与欧洲直接接触前，中国就已积累了大量先进的科技知识。除了引以为豪的四大发明，战国时期的李冰就建设了都江堰，工程之浩大，就不必多说了。李约瑟甚至发现，中国早就了解蒸汽动力。但从19世纪中叶到20世纪，欧洲的交通运输技术飞速从马车转变为运河、铁路、汽车和航空；通信技术过渡到了电报、广播和电话，而中国在原地踏步。

中国为什么没有发生像欧洲那样的工业革命呢？这就是著名的李约瑟之谜。

一些经济史学家试图解开李约瑟之谜。伊懋可认为，中国农业太繁荣，没有革新的需求，乃至早在宋朝就出现了"高水平均衡陷阱"。彭慕兰则提出，中国大型煤矿都没有分布在运河沿线，自然资源分布不适合进行有效率的开采，地理阻碍了中国的工业化。

然而，减轻体力的付出和艰辛，尽可能轻松地提高产量，乃是人类的本能需求。中国自然资源主要分布在山区，恰恰意味着，中国有采用机械力量克服体力局限的强大内在需求。虽然宋朝经济在同时期的世界处于领先地位，但农业生产依然完全靠人力和畜力。杨万里写的"田夫抛秧田妇接，小儿拔秧大儿插"，就完全是人民辛苦进行体力生产的写照。柳永的《煮海歌》反映了那时的工业生产情景，"煮海之民何所营，妇无蚕织夫无耕。衣食之源太寥落，牢盆煮就汝轮征"。足见盐民煮盐之艰辛，环境之恶劣，生活之苦难。可见，高水平均衡陷阱的解释，十分牵强。

后来，以戈兹曼为代表的金融史学家认为，工业革命没有发生在中国，与中国没有建立有效的金融体系有关。新技术既要依靠天才的发现，也需要资本将新技术加以推广和规模化应用。例如，铁路公司需要巨大的资金来修建铁轨，制造车辆；工厂制下的社会化大生产需要资本集中。况且，创新需要反复试验，也需要专利和法律保护，使创新者将创新成果产业化、利润化。资本市场和知识产权保护是维护企业家创新积极性、大量资本投资不可或缺的因素。在欧洲，工业革命发生之时，银行和有组织的证券交易所已经存在了至少200年。19世纪铁路公司要铺设铁轨时，就能够通过向投资者支付预期现金的方式，筹集到巨额资本。

中国为什么没有建立起欧洲那样的金融体系呢？

戈兹曼认为，根源在于，中国封建政府没有采用金融机制来弥补财政赤字，而欧洲在中世纪晚期和文艺复兴时期，债券就是政府弥补赤字的基本手段。早在1174年，威尼斯为与君士坦丁堡的战争而组建舰队时，就向城中居民发行债券，承诺未来偿付。宋朝政府面对军事危机时，不是发行债券，而是通过印制更多纸币来筹措军费。如果说，印钞筹措财政资金还相对文明，那通过掠夺手段征收租税，就比较野蛮了，老百姓与政府之间的对抗和冲突，也就在所难免。即便到了清朝，西方如火如荼地开展工业革命之时，清政府为西太后六十大寿而建设颐和园这个重大工程，面临数十万两白银短缺之时，首先想到的，居然是减少军费开支，而不是发行项目债券。因此，中国与西方金融制度出现分流的原因在于，西方国家通过债券这种平等的金融机制解决财政困境时，中国的封建王朝还依靠苛捐杂税这种"猛于虎"的掠夺手段为财政融资，这最终阻碍了中国的技术进步。

降低交易费用与提供流动性：金融机构的作用

金融机构可节省借款人和贷款人的交易费用，从而促成了资源的重新分配。

设想甲公司想为它的一个项目借入5 000万元资金。假设有1 000个互不认识的人直接向它提供相等的贷款，各自在贷出5万元前，为谨慎起见，每个人都要对该公司及其投资项目加以评估，收集相关信息。若每人每次的评估和信息收集成本是5 000元，那么，这1 000个贷款者总共就要花掉500万元的信息收集和处理费用。

相反，若有一个金融机构将这1 000个贷款者各自的5万元集中起来，然后由它对该公司进行评估、收集相关信息，成本仍然只有5 000元，这就节省了499.5万元的相关费用。

同商品市场一样，金融市场也是买卖双方信息集中的场所，有组织的金融市场极大地降低了买方寻求卖方，或卖方寻求买方的搜寻成本，迅速地达成交易，自然也降低了成本，提高了交易效率。

在降低资金转移过程中交易成本的同时，金融体系还创造了流动性，保证借款企业建设厂房、安排生产线等物质资本投资的连续性。

首先，金融机构能提供流动性。设想一下，在上面的例子中，即使甲公司很顺利地从1 000个贷款者那里获得了5 000万元，假若工程进展到第二年，有人因急用钱而要求提前偿还，甲公司又没有别的渠道来补充资金，那投资就会成为"半拉子工程"。若甲公司为了保持投资的连续性，而对那些要紧急提款的投资者不予理睬，投资者就不能取现以解燃眉之急。

有了金融机构，一切就迎刃而解了。金融机构拥有许许多多分散的存款人，他们一般不会同时去提取存款，金融机构只须掌握少量准备金，就足以应付取款之需。

其次，金融市场也能提供流动性，这是在二级市场完成的。二级市场和一级市场构成了金融市场的两个方面。一级市场的作用在于筹资，而不在于提供流动性。某公司发行股票，若你成功中签，就是在一级市场上完成的。但4个月后，你急需现金，一时又没有其他资金来源，该怎么办呢？你并不会去找发行股票的公司董事长，要公司把钱退还给你。这时，你可以借助于二级市场来满足需要，这是一个供各种金融工具流通和转让的市场。你需要变现时，可在二级市场上将股票卖给别人，遇到行情好时，还能赚上不菲的收益。这不仅让你在需要时得到现金，也不会因为你转让股份而影响公司在设备、厂房等方面的投资。

分担和转移风险：金融的重要功能

风险无处不在。人类就发明了诸多分摊和转移风险的机制。分摊和转移风险，正是金融的一个重要功能。

金融体系为家庭和企业应对风险提供了便利。通过复杂的金融工具以及私人机构和金融中介，金融体系为家庭和企业提供了风险分摊的机会。在前面的例子中，甲公司所借的1 000笔款项中，若出现了贷款者所不期望的结果，甲公司有25万元无力偿还，那么，这1 000个投资者中，每人都会担心自己借出去的5万元得不到偿还。若他们将所有资金联合起来，则实际上每个人损失的只有0.5%，即250元。因而，通过集中存款人的资金，就能减少贷款的风险。由是观之，银行吸收存款、发放贷款，本质上就是买入风险的活动。

保险为个人和企业的风险管理提供了一个很好的机制。事先支出较小的保险费用，就可避免未来较大的损失。小王花了2 000元为他的房屋购买了50万元保额的火灾保险。不幸的是，在保险合约期内，真的发生了火灾，造成了至少50万元的实际损失，那他就可获得50万元的赔付。若没有发生火灾，他损失的也不过是2 000元保费。用俗语说，保险也是花钱买放心。杜甫生活的时代，没有保险，他的茅屋被秋风吹破后，即使是诗圣，也只能过着"床头屋漏无干处，雨脚如麻未断绝"的凄苦日子。设想一下，假如他买了财产险，恐怕也不会留下"安得广厦千万间，大庇天下寒士俱欢颜"的名句了。

在金融衍生品市场，如期货与期权等，其核心功能就在于交易与转移金融风险。在有的国家和地区，金融衍生品市场甚至比原生品市场还要活跃。衍生工具可以较好地分割和处理风险，并转移给那些愿意承担风险的人。早期的金融衍生工具是为了转移市场价格波动的风险，随着金融不断创新发展，现在有了越来越多的信用衍生工具，通过它们，就可以转移债权人面临的违约风险和损失。

中国在股权分置改革中，就利用了金融衍生品来分担风险，这让原本复杂而且构成市场重大利空的改革，得以顺利推进。2005年之前，中国上市公司中的绝大部分股票是不能上市流通的，只有社会公众股可上市流通，这叫股权分置。股权分置一直受到人们的诟病，非流通股股东也一直有上市流通的强烈要求。于是，中国从2001年开始讨论"全流通"，导致了长达4年多的熊市。2005年正式实行股权分置改革后，为了降低原有流通股股东的风险，许多公司就引入"权证"这种转移风险的衍生工具。

比如，宝钢股份在股权分置改革中，就采取了"送股+权证"的模式。送股，就是非流通股股东，将其持有的股份拿出一部分，无偿送给流通股股东。宝钢股份就是以流通股为基数，每 10 股送 2.2 股。假设你持有宝钢股份 10 万股的流通股，那在股权分置改革中，宝钢股份的非流通股股东就送给你 2.2 万股。同时，宝钢股份还给流通股股东每一股份附送一份行权价为 4.5 元、期限为 378 天的认股权证。即，若在行权日，宝钢股份的股价为 8 元，那权证持有者就可以以每股 4.5 元的价格买入宝钢股份，转手以 8 元卖掉，便可获利 3.5 元。若宝钢股份的股价不是上涨而是下跌到了 4.5 元以下，那权证持有者就放弃行权，不会有什么损失。

省去携带货币的麻烦：支付方式变革

金融体系为市场交易提供支付便利，促成了贸易的发展。用纸币代替贵金属作为支付手段，就是一个重大的转变。纸币携带方便，制造成本比黄金的开采、精选和熔炼的成本要低得多。但现在的交易，绝大部分都不是以纸币支付的。与我们在菜市场买菜一手交钱一手交货的现金交易不同，企业之间的买卖就很少用现金，而是通过支票或汇票完成的。企业间的交易不比个人消费品的买卖，它们的交易价值动辄上百万元甚至数亿元。如此大规模的交易，携带现金会非常不便。通过银行，只需一张支票或汇票就够了。

汇票是一种古老的支付工具。据《美国金融史》，古代亚述人会使用本票、汇票等。汇票是甲向乙发出的指令，要求乙向丙进行支付。汇票减少了商人随身携带大量货币的负担，在危险的地区旅行或交易时，就显得特别重要。孟德斯鸠说，汇票使商业活动较少遭到暴力的打击，"商人只携带看不见的财富，可以投放到任何地方，不留任何踪迹"。

现在，信用卡、电子资金转移等都可代替传统交易的现金支付。

我们在银行开设银行卡后，消费和旅行就不必携带现金。随着信息技术的发展，支付方式也正在发生革命性的变化。若干年前，现金还是老百姓日常生活中的主要支付方式。后来有了银行卡，到餐馆就餐、去超市购物，就不必携带现金了。现在，移动支付成了老百姓普遍的支付方式。我们正朝着无现金支付的方向演进，"钱"日益成为看不见、摸不着的纯粹观念上的存在。

"半路杀出个程咬金"恰恰反映了，没有金融机构参与的支付，面临很高的风险。程咬金原本贩卖私盐，打了官兵，被流放边疆充军，后来被赦免回家。那时，隋朝正大兴工役，强制每州每县出银3 000两，为其重大工程融资。一次偶然，尤员外碰到了程咬金，说："青州要向京城运送3 000两银子，我们这里是必经之路。一起把它抢了，立马会实现财务自由，怎么样？"

程咬金是穷怕了的，两人一拍即合。后来，他们打探到了官银押解起运的时间、路线后，就藏到了长叶林。当押运官到达长叶林时，程咬金冷不防地冲出，纵马摇斧乱砍。那些押运官"要命不要钱"，把银子丢在了长叶林，四散逃窜。程咬金和尤员外把3 000两官银搬回武南庄，据为己有，着实发了一笔横财。

可见，没有金融机构参与的支付，会极大增加被半路打劫的风险。

为了减少直接携带货币的麻烦和风险，中国在古代就进行过多种创新。

唐朝人发明了飞钱、便换：商人将钱交给进奏院、各军、各使或富商，取得凭证券，然后可以携券到其他地区取钱。唐朝人发明的飞钱，减轻了携带大量钱币的不便。宋朝的会子、交子，正是由唐朝飞钱发展而来的。山西票号则更为有名。始创山西票号的是平遥人雷履泰。他最初受雇于同县的李氏，在天津管理颜料铺"日升昌"。在他的精心打理下，日升昌营业日盛，生意扩大到了四川，经常到四川采购颜料。但出入四川采购颜料要携带大量现金，不仅麻烦，而且风险极高，万一走到半路被人打劫，身家性命就难保了。于是，他就创行汇兑法，由日升昌收银出票，持票者凭票到指定地点的联号兑取现银，日升昌也逐渐发展为专营汇兑业务的"票号"。通过票号，有效地提高了支付的效率，并降低了风险。

激励

激励在于调动人的积极性

激励就是调动人的积极性。人有积极性，才会有动力，才会去承担必要的风险。司马迁说："天下熙熙，皆为利来；天下攘攘，皆为利往。""利"正是"来"与"往"的激励。

激励为什么重要呢？

我们来看一下汉高祖的故事。刘邦打败项羽后，在洛阳南宫办了表彰大会。他向列侯抛了个问题："我凭什么得了天下，而项羽失了天下？"

"您慢而侮人，项羽仁而爱人。但您使人攻城略地，把所得城池，都要分一些给他们，与将士共同分享了利益。项羽呢？嫉贤妒能，陷害立了功的将军，怀疑贤良能士，打了胜仗不给人封功授赏和相应的利益，所以他败了。"高起和王陵这么回答刘邦。

刘邦说："你们二位，只知其一，不知其二。运筹策于帷帐之中，决胜于千里之外，我比不上子房；镇国家，抚百姓，给馈饷，不绝粮道，我不如萧何；统率百万大军，战必胜，攻必取，我不如韩信。他们三位，都是杰出的人才，但我善于用他们，就取得了天下。反观项羽呢，只有一个范增，但又不用，项羽就被我打败了。"

刘邦在这里阐明了两层意思。作为领导，首先，要建立相互协调的团队。其次，给予立功的将士奖赏和激励。这两方面是他得胜的重要原因。

这说明，要取得成功，必须具备两个条件：建立高效的团队和有效的激励机制！

那么，刘邦建立了什么样的激励机制呢？

刘邦的激励机制实际上就是，风险收益共享。将士出兵打仗要冒生命危险，风险极高。要让他们冲锋陷阵，那就要将取得的收益——所攻下的城池分一些给他们，刘邦作为管理层，分享的是剩余收益，当然这是大头。

典型的是韩信。韩信本来不是刘邦的人，但韩信有卓越的军事才能，刘邦与项羽谁得了韩信，谁就能得天下。当刘邦被项羽围困在荥阳时，韩信让人捎了个口信给刘邦，要求封他为齐王。一开始，刘邦很生气！但张良和陈王劝刘邦，现在我们处于不利境地，不如就封他为王。通过封王的激励，刘邦就得到了韩信。

地理大发现中，金融激励就发挥了重要的作用。

据戈兹曼《千年金融史》的记载，英国人早期航海探险活动的经费大都来自王室的支持，金融发展的落后，使英国在国家战略上处于劣势。伊丽莎白女王授予一家公司与新大陆上的居民贸易的垄断权。若一个英国人发现新大陆，或发现一条目前并非由商人冒险家控制或参与竞争的航路，那他就可获得新的垄断权。1496年，伊丽莎白的祖父亨利七世授予威尼斯人卡伯特以特许权，让他去探寻并发现新世界，探险者可获得20%的利润作为酬劳。在经济利益的驱动下，卡伯特自己承担了探险的成本，初次航行就将英国的国旗插到了纽芬兰。

作为地理大发现的开拓者，哥伦布认为，地球是圆的，只要一直往西航行，就可抵达亚洲。他最早向葡萄牙国王若昂二世寻求支持，去远航开辟新纪元。为了探险，哥伦布向若昂二世提出，若他发现了新大陆，国王就任命他为新世界的总督，同时分得新世界 1/10 的财富。

但哥伦布并没有得到若昂二世的支持。于是，他辗转到了西班牙，见到了伊莎贝拉一世，提出了同样的条件。一开始，伊莎贝拉觉得，哥伦布的要求太过分了。等到战争彻底耗尽了西班牙王室的财力后，伊莎贝拉同意了哥伦布的所有要求，任命他为海军上将和未知新世界的总督，还承诺他可分得航海大发现所获得财富的 1/10，不仅如此，伊莎贝拉还以自己的财产做担保，为哥伦布提供远航经费。最终，哥伦布发现了新大陆。

激励之所以重要，是因为它鼓励人们勇于承担风险，发挥创造性和主动性的潜力。有效的物质激励，保护人们通过努力或承担风险获得的回报不会被他人侵占或掠夺，否则，工作或承担风险的积极性就会降低，甚至消极懈怠。如果干好干坏一个样、吃大锅饭，就忽视了激励的作用，是对懒人的奖励，对勤劳、智者的惩罚。激励可以是物质或金钱的，也可以是非物质性的。但对经济发展而言，最重要的激励方式是物质的，任何努力或者对风险的承担，都需要有经济上的回报，只有这样，才能形成经济血液的良性、畅通循环。

当然，承诺的激励需要可信。若承诺是不可信的，那么，最初设计的激励不管如何诱人，也调动不了积极性。公司给员工承诺激励，如果员工完成甚至超额完成了绩效目标，但公司不履行事先承诺的激励，就会让所有员工士气低落，也就无法指望激励承诺不可信的公司会有好的业绩。

金融体系如何提供激励

金融体系提供了多种激励手段。

越来越多的上市公司通过股票期权计划为高级管理人员提供激励。该机制通常约定，只要公司在未来若干年每年的业绩增长达到一定幅度，便可以约定的价格（也叫履约价格，通常远远低于该公司发行在外的股票市场价格）买入本公司一定数量的股票。若业绩增长达到了约定的目标，公司股价也可能随之大幅增长。这时，高级管理人员通过行使股票期权，以较低的履约价格买入公司股票，转而在二级市场以明显更高的价格卖出，便可获得丰厚的回报。这就可能激励公司高级管理人员更加积极认真地对待工作。

另外，对创业者而言，通过技术入股和公开上市交易，也为其创意创新和管理才能提供了估价、变现的途径，因此，股票市场就为人们创新和创业提供了激励。员工持股计划使得员工也成为公司的股东，不再是只拿固定工资的雇员，持股所能分得的红利直接取决于公司的经营绩效，这也为员工努力工作提供了激励。

员工持股是利用股权关系给员工努力工作提供的一种激励。茅盾在《子夜》里就讲到了员工持股的激励效应。吴荪甫的丝厂工人罢工，杜学诗和张新箨在讨论如何平息罢工时，张新箨说，只要厂里的工人都是股东，就不会闹罢工了，他还举了英国一个鞋厂的例子。但杜学诗认为："他这主张办不到！有钱做股东，就不是工人了！光有股东，没有工人，还成个什么厂！"

监督

激励就像汽（火）车的引擎，车要往前行驶，没有引擎，就真应了那句"火车是用推的"。但光有引擎，没有刹车，也很危险。在经济或金融活动中，约束的根本目的在于，人们被激励去获取经济利益的时候，不应当损害他人所享有的平等的经济权利。金融体系就设计了相应的约束和监督机制。但是，监督中往往存在着搭便车的现象。为了说明这个问题，我们要从外部性说起。

外部性

外部性分为正的外部性和负的外部性。

当张三花了成本进行一系列经济活动，李四却坐享其成，这就产生了正的外部性。用更专业化的经济学表述就是，当经济活动的社会效益大于其私人效益时，就产生了正外部性。张三花巨资修了一个公园，春暖花开之际，游人因鲜花怒放而心情愉悦；或夏天荫翳蔽日到树下纳凉。公园、道路、城市的街灯和绿化等，都是具有正外部性的领域。

在有正外部性的经济活动中，若没有政府的介入，往往就会导致其供给不足。"三个和尚没水吃"的故事，就是具有正外部性的经济活动领域，存在供给不足。所以我们看到，修路、绿化等，往往都是由政府投资完成的。

当一项经济活动的社会成本大于其私人成本时，就产生了负外部性。比如，空气污染。若一家企业非法向外排放过量的二氧化碳（硫），那就会对周边的空气造成严重污染。污染所造成的损失，如人的生理和心理健康受损或农作物减产等，并不是由污染的排放者来承担。在具有负外部性的领域，又会存在私人部门的过度供给。所以，若没有政府的管制，就会存在污染的过度排放。

克服监督的正外部性：代理监督

假定甲公司从1 000个人那里借得了5 000万元资金，此后甲的行为又由谁来监督呢？若没有人来监督，甲公司对借入资金的使用就可能会很随意，甚至携款潜逃。

假设这1 000个贷款者当中，小王热心监督。由于小王的监督，甲公司没有发生违约，不过，小王因为监督而发生了2万元的费用。若其他人不来分担监督成本，这2万元就只能由小王一人承担了。他监督所带来的收益，却要由所有贷款者分享，小王承担了全部监督成本，却只能得到不足千分之一的监督收益。其他人不出一分钱，便能分享小王监督的收益，这就叫"搭便车"。由于搭便车，最终结果是，所有贷款者都没有监督的积极性，结果形成了监督真空。

尽管如此，监督的总收益却要大于监督成本。若没有监督，贷款者的本金就可能很难收回。于是，所有贷款者约定，将他们的监督权委托给第三方，由它来对甲公司监督。充当第三方角色的，最重要的就是银行，银行扮演着替存款人监督借款人的"代理监督"角色。

用手投票：我的财运我做主

金融市场又是如何解决监督问题的呢？

从法律上讲，股东都有权利监督上市公司，所有股东都有权参加股东大会，投票决定公司董事会成员，就重大事项进行表决。股东参与上市公司的经营决策，进行直接监督的行为叫"用手投票"。

"没有掌声"的格力股东大会，就是用手投票的经典例子。2016年10月，中国上市公司格力电器召开临时股东大会，拟就多项议案进行表决。其中，最引人关注的是其拟筹划发行股份，作价130亿元购买银隆100%股权。收购完成后，银隆将成为格力电器的全资子公司。为了此次收购，格力拟增发股票，配套融资96.9亿元。但许多投资者对此收购持消极态度。

因此，当格力电器董事长董明珠走进会场时，参会股东并没有给予掌声。这让她很不自在。于是，她又几次走出会场，再进来，但都没有她习惯的雷鸣掌声，而是死一般的寂静。对她而言，与会股东鼓不鼓掌真的很重要，因为，不鼓掌已经清楚地表达了他们对拟收购银隆的不满。最终，97亿元配套融资方案被否决，反对票和弃权票几乎全部是由中小股东所投出的。后来，银隆的发展不尽如人意，当初中小股东的否决，在一定程度上保护了自己。

格力的例子说明了，中小股东可以发挥监督的作用。但在上市公司的监督中，依然可能存在搭便车现象。可借用张维迎《博弈论与信息经济学》中讲的"智猪博弈"来说明。

> 猪圈里有一大一小两头猪。在猪圈的一端有一个食槽，另一端安装了一个控制猪食供应的按钮。按一下按钮，会有10个单位的猪食进槽，但按按钮要支付2个单位的成本。若大猪先到，大猪吃9个，小猪只能吃1个；若大猪和小猪同时到，大猪吃7个，小猪吃3个；若小猪先到，大猪吃6个，小猪吃4个。
>
> 在这样的成本与收益中，若小猪去按按钮再去食槽，它最终的收益是-1，若大猪和小猪都不去按，对小猪而言，虽然没东西吃，但也没有成本。因此，不论大猪按还是不按，小猪的最优选择都是在槽边等待。等大猪去按，小猪先到，吃4个，大猪吃6个，小猪搭大猪的便车。

"智猪博弈"很好地解释了，持股份额较大的股东监督，可能是重要的。在股份公司中，股东承担着监督管理层的职能，但大股东和小股东从监督中得到的收益并不一样。监督管理层需要收集信息，花费时间，大股东从监督中得到的好处显然多于小股东。这里，大股东类似"大猪"，小股东类似"小猪"。对公司监督的最优选择是，大股东担当起收集信息和监督的责任，小股东则搭大股东的便车。

用脚股票：三十六计，走为上

最初，股东通过选择董事会成员来行使权利，再由董事会成员雇用首席执行官和其他高管。股东的积极参与影响了公司的战略和风险承担水平。后来，股东开始变得不再亲力亲为了，表达不满的方式也不再是通过选举，将董事会成员换掉，而是将股票卖掉。

在 1928 年，伯利与米恩斯合著了《现代公司与私有财产》一书，他们发现，与小企业不同，股份公司出现了所有权与控制权分离，管理全权委托给经理人的现象。许多企业股权非常分散，公司所有者与管理层的利益往往存在分歧，但股东又无力限制管理层的行为。

由于持股人极为分散，每位股东持股数量也不一样，又处在不同的地区，由分散的股东直接监督公司，极为不便。实际上，由于分散的股东对公司的监督存在搭便车现象，每个股东都会希望其他股东能积极为权益最大化去投票，自己则坐享其成。由于每个股东都这样想，最后也就没有一个股东来对公司进行直接的监督了。

因此，极少有小股东对公司进行严格监督，而更多的是通过"用脚投票"方式。当股东对上市公司的经营不满时，就会在二级市场上卖掉他们所持有的股票，一走了之；或当对公司前景高度认可时，就会不请自来，用真金白银增持股票，给公司投下信任票。

若很多股东都对公司前景不看好，不认可管理层，他们在二级市场上卖出股票就会导致股价下跌。当该公司的股价跌到一定程度，如在极端情况下，跌到每股净资产以下时，外部接管者就会进入。一旦外部接管者控股后，就会以控股股东的身份对该公司进行改组，替换原来的领导层。用脚投票和接管机制对上市公司的管理层构成了一种较强的约束力。

正因为金融体系有上述多种多样的功能，一个完善而发达的金融体系对经济发展、技术创新、人类生活水平的提高具有不可替代的积极作用。运转良好的金融体系是促进长期增长的重要因素，金融体系越发达，经济发展水平就越高。亚当·斯密在《国富论》中就写道，格拉斯哥自银行创立以来，15年间，商业竟已加倍。苏格兰的商业，自苏格兰银行和皇家银行在爱丁堡创立以来，增长了4倍还多。他的结论是："慎重的银行活动，可增进一国产业。"因为它使"本无所用的资本大部分有用，本不生利的资本大部分有利"。

金融的另一面：贪婪与恶魔

虽然金融在社会经济发展中承担着不可或缺的多种职能，但金融也一直受到道德上的责难，在几乎所有文学作品中，金融家不是贪婪，就是冷酷，没有一点人道主义精神。在德莱塞的《金融家》中，柯帕乌就被比喻成冷血的蛇，总是潜伏着，伺机而动。在但丁的《神曲》中，那些放贷取息的人，被打入地狱的第7层。

马克思曾说："产权以股票的形式存在，其流动和转移就是和股票市场对赌的结果，这个市场里大鱼吃小鱼，股票市场的恶狼吞掉所有小羊。"福勒在1870年的《华尔街10年》中，苛责地写道："道德家和哲学家将华尔街视为赌场——不洁鸟类的牢笼，令人深恶痛绝之所。人们在这里从事可怕的交易，靠吸食他们朋友和邻居的鲜血而养得肥肥胖胖。"

尤其是，每当遇到金融危机时，就会唤起人们对金融贪婪的鞭挞。罗斯福就指责，大萧条是由"身居高位而缺乏信誉"的"骗子"造成的，他将责任笼统归咎于道德上的错误：全国范围内的贪婪。他说："我们中的许多人都向贪婪之神屈服过，投机的高额利润、不经过艰苦劳动就能暴富的事例诱使我们跨越了传统的障碍。"2008年美国次贷危机中,时任法国总统萨科齐直言:"金融本质上是一个不负责任的体系,也是不道德的,遵循市场规律不过成为掩盖一切错误的借口。"弗格森在《金钱关系》中引用屈斯蒂纳伯爵的话说:"他们是吸附在体制上的蚂蟥……吸取着人民用血汗创造的财富。"即便是对国债,孟德斯鸠和休谟也认为,国债扩张了懒散的食利者阶层。

金融和资本也更有可能成为非常时期人们激愤的对象。据弗格森所述,法国大革命前,巴黎革命者的重要口号中就有"反金融"。比如,科贝特在他的《骑马乡行记》中描写了英国农业在拿破仑战争造成的债务重负下苟延残喘,指责国家债务是"破坏法国的自由体制,压制英国的改革","债务,该死的债务,就像套在这个国家脖子上的重担"。弗格森接着说,资本就像"旋涡",把穷人的钱卷入新财阀的腰包中。

不仅在法国革命中具有强烈的反金融倾向,2008年美国次贷危机爆发后,还发生过持续一年多的"占领华尔街"运动。在这场运动中,抗议者高喊,"我们代表99%,不再忍受1%的贪婪与腐败"。英国《独立报》更是评论道:"许多美国人现在清楚地感觉到,他们社会前进的方向存在根本性错误,并质疑经济体制似乎不再把果实平等地分配给社会广大阶层。"一场打着"要工作"口号的大规模抗议活动如期而至,而且在"占领华尔街"运动之后,这股"怒气"很快传播到美国的其他城市。

愤怒归愤怒。"占领华尔街"运动无疾而终。运动平息后,人们还是惯常生活在金融的世界里。无论那些人对金融多么怀恨在心,他们最终会发现,人人都需要金融,社会离不开金融!

金融真可谓"忍辱负重"!

第二篇
金融支柱

第三章
权力构筑者：金融机构

前面我们讲了金融在经济与社会发展中的诸多功能。金融功能要得到比较好的发挥，就需要有三大支柱：金融机构、市场和工具。在这一章里，我们就集中讨论金融机构。在现代金融体系中，金融机构种类繁多，银行、券商、保险、信托、基金和资产管理公司等，不一而足。受篇幅所限，在这里，我们讲最重要的几类金融机构：商业银行、保险公司、投资银行和央行。

金融百货公司：商业银行

银行与长凳

无论是个人还是企业，平时打交道最多的金融机构，莫过于商业银行了，大到住房抵押贷款，小到存取款、办理信用卡业务，都需要与商业银行交往。生活在城市里的老百姓，出门没多远，看到的银行储蓄所，可能比菜市场、理发店还多。

可是，今天金碧辉煌的银行大楼，却是从封建时代欧洲的街边小摊发展来的。银行的英文叫"bank"。它源于意大利语"banca",其含义并非今天让人艳羡的银行,而是"长凳"。

这就让人纳闷了,银行怎么就跟长凳扯上关系了?

这得从银行的起源说起。随着交换的扩大,集市贸易就兴起了。在封建时代的欧洲,商人带着成色和重量都不相同的货币,交换会遇到困难。于是,出现了专门从事货币兑换的商人,他们就是早期的货币经营商。那些拥有军队的领主,常常打家劫舍,老百姓生命财产受到极大威胁。当时,人们认为,只有在集市上,而且在集市贸易的时间,才是安全的。然而,通往集市的道路也不安全,抢劫商队的事件仍经常发生。为了防止被打劫,商人既不携带大笔现金去集市采购,卖掉东西后也不敢把现金随身带回。

于是,集市中就出现了专门替人代管货币、办理兑换的商人,他们坐在长凳上经营货币。一开始,他们只是鉴别货币的真伪和成色,做着货币兑换和保管的生意,而且要收保管费。这些货币经营者,被认为是近代银行的起源,所以在意大利语中,"银行"这个词的原意,就是长凳。

除了兑换货币,商人也会异地汇款,于是就有了汇票。一般认为,犹太商人在西欧封建社会集市发展的初期,就发明了汇票。孟德斯鸠在《论法的精神》中说:"犹太人发明了汇票,使得贸易能够避免暴行,并且能够在各地维持下去。最富裕商人的财产都看不见了,又可以寄送到各地去,不留痕迹。"

时间一长,精明的货币经营商发现,存款的人并不会同时来取款,在他们的铺子里,总有相当一部分货币结存。他们就开始琢磨,如何将这些结存货币用作他途,以获取利润。他们灵机一动,终于发现,只留一部分货币在手里,将其余的借给那些需要周转的人,好像是一个发财的途径,他们就在代管货币、办理兑换的基础上发展出了贷款,为应对商人取款而保留部分货币，就成了我们今天所说的"准备金"。

当然，把钱贷出去，是要收取利息的。为了得到更多的利息收入，就得放出更多的款，这又得需要替人代管更多的货币。于是，为了争取更多代管的货币，他们不仅不再收取保管费，而且向存钱者支付一笔费用，原来的代管费就演变成了存款利息。至此，那些坐在长凳上经营货币的商人也发生了质的转变，并且具有信用创造的功能。

把吸收的货币贷出去是有风险的，无法及时收回的情况时有发生，更有甚者，入不敷出。当那些存款者前来取款、货币经营商却无法兑付时，不免怒从心头起，将货币经营商摆在集市的长凳子给"砸"了，被砸的货币经营商就这样"破产"了。这就是"破产"的英文是"bankrupt"的原因。我们今天所说的企业破产，其实最初是银行被"砸"了。不过，有讽刺意味的是，现在企业破产屡见不鲜，却很少听说银行破产了。

从古罗马到中国

早在公元前352年，罗马人就开始使用支票，罗马银行家通过账簿和特殊记号，来记录信用关系的转移。罗马的法律体系高度发达，对借款人和贷款者制定了一系列法律法规，实际上，当今世界通行的合同法，在很大程度上就要归功于罗马法系。

在19世纪复兴运动之前，意大利虽然四分五裂，城邦割据，而且有些地方被当时的强国如西班牙所占领，但银行业在中世纪的意大利得到了相当程度的发展。人们一般认为，成立于1171年的威尼斯银行是现代银行业的先驱。几个世纪后，热那亚成立了圣乔治银行，它有500多位股东，由股东选举的委员会来管理，这可能是世界上最早的股份制银行。当然，现在人们对中世纪意大利最熟知的，要数佛罗伦萨的美第奇银行，它吸收存款、发放贷款，管理国库资金，还开发了为商人转移资金到其他城市去支付货款的系统，它于15世纪在安特卫普、日内瓦、里昂、罗马和伦敦等城市开设了分支机构，建立了国际化的经营网络。

后来，荷兰、英国和瑞典等国纷纷效仿意大利发展银行业。17世纪中叶，在伦敦伦巴第大街上，一些金匠、珠宝店可以托管经营资金，成为英国早期的银行业。18世纪，随着经济发展以及资本流转的加速，一些金铺开始向私人银行转变，金匠也摇身一变而成为银行家。英国在18世纪就有大大小小几百家银行，它们发挥着资金集散中心的作用，各行各业将闲散资金存入银行以获取利息，银行又向企业提供贷款，银行吃了利差，也为工业化之初的企业家提供了资金。

虽然美国将欧洲作为样板来建设银行体系，但最开始，美国的银行业并没有模仿英国，美国最接近银行的首次尝试是土地银行。美国现代银行业的开端，则以1782年在费城成立的北美银行为标志。北美银行的成功，群起而效仿，于是独立战争后的美国，形成了一股建立银行的浪潮。美国开国元勋汉密尔顿称，银行"已被证明是促进贸易的最有力机器"。

1863年之前，美国所有银行都由其经营所在地的州银行委员会颁发执照。但许多州的监管十分松懈，经常有银行因欺诈和资本金短缺而破产。为了消除州立银行的弊端，1863年的《国民银行法》创建了联邦注册银行（称为"国民银行"）。由此，美国形成了双重银行体系：由联邦政府管理的全国性银行和由各州管理的州立银行。早期美国各州还颁布自己的法律，限制各州银行只能在本州经营。1927年的《麦克登法案》禁止银行跨州开办分支机构，直到1994年，这个法案才被废除。虽然美国的银行业发展相对较晚，但它们很快构筑起了金融帝国，拥有其他任何一个行业都无可匹敌的金融力量。

虽然中国是四大文明古国之一，而且很早就有商品交换，但中国并没有在交换中产生现代银行。直到西方列强打开中国闭关锁国的大门，银行业才进入中国。1845年，英国的丽如银行率先在我国香港和广州设立分行。随后，西方各国纷纷来华设立银行。直到1894年，中国才成立了第一家自办的银行——通商银行。在此之后，我国创设的银行才进入初步发展期，户部银行和交通银行先后成立。在清末10余年里，先后成立了32家华商银行。银行的纷纷设立，伴随着的是中国封建社会的迅速瓦解。不过，新中国成立后，撤销了原本建立起来的商业银行，银行在中国一度销声匿迹。

直到20世纪80年代，随着改革开放的到来，中国才逐渐恢复商业银行体系。改革开放后的中国商业银行体系主要由3个层次构成：国家控股的商业银行、股份制商业银行和城市商业银行与其他中小商业银行等。

国家控股的商业银行原来叫国有商业银行，包括工商银行、中国银行、建设银行和农业银行等。它们是1979年以后陆续恢复或分设的，在设立之后相当长的一段时间里，它具有严格的业务分工：工商银行主要提供城市工商信贷业务；中国银行主要经营外汇业务；建设银行主要承担中长期贷款业务，以满足固定资产投资之需；农业银行以开展农村信贷业务为主。正因为如此，那时它们被称为"四大国有专业银行"。随着金融改革不断深化，它们的业务界限已被打破，外汇业务不只是中国银行的特权，工商银行也不再局限于为工商业提供流动资金贷款，在城市的霓虹灯下，到处挂着农业银行醒目的招牌。

迈入新千年后，中国开始对国有银行进行股份制改革。在对它们进行财务重组、注资，引进战略投资者后，又通过公开发行股票的方式募集资本，使它们都成了上市的、股权结构多元化的，但国家仍然处于绝对控股地位的股份制银行，它们现在是"国家控股商业银行"，不再是"国有独资商业银行"了。

股份制商业银行就是通过募集股本发起设立的商业银行。它们在某个中心城市设立总行，然后在其他大中城市设立分支机构。招商银行总行在深圳，但你可持有它发行的一卡通到武汉或成都去取款（前提是卡上还有"钱"）。城市商业银行简称为"城商行"，它们有的已经成为公开上市的公众银行。一些地方政府也对辖区内的城市商业银行进行了合并和重组，成立了规模较大的区域性银行，例如，徽商银行和江苏银行。与城商行相对应，还有农村商业银行（简称"农商行"）。虽然它被贴上了"农村"的标签，但在北京、上海或深圳等现代化大都市，都有农商行。随着金融科技的兴起，基于现代信息技术而开展业务的互联网银行，也闯入了传统的银行圈中，它们像是天外来客一样，吸引着人们的极大兴趣。最有名的，无疑是"微众银行"了。

银行是金融百货公司

虽然银行诞生之初，只是替人代管货币、办理兑换。但现在，银行业务林林总总，经营范围极广，比如，证券保证金存管、销售各类理财产品、管理财富、帮助企业并购重组、替企事业单位代发工资，等等，有"金融百货公司"之称。不过，吸收存款、发放贷款仍是银行最传统也是最基本的业务。

虽然银行业务范围甚广，但归纳起来，它们的基本职能无非有3个：信用中介、支付中介和信用创造。

吸收存款、发放贷款就是银行的信用中介职能，商业银行充当将经济体系中的赤字与盈余部门联系起来的中介角色，这是商业银行最基本的功能。即便在资本市场高度发达的今天，银行仍然是最重要的资金媒介机构。中国的社会融资仍有超过80%来自银行贷款；即便在美国，企业融资中来自银行的贷款仍占相当一部分；德国和日本的企业融资对银行贷款的依赖度也在 70% 以上。尤其是，个人和中小企业，想要获取外部资金支持基本上只能靠银行。银行出于贷款本金安全的考虑，常常会提出诸多条件，尤其是，当一些借款者陷入经营困境后，银行最擅长的就是抽贷。打个比方，在有的借款者已快要倒下时，银行不仅不施以援手，反而会猛地将它踩在脚下。所以，人们常常抱怨，银行只会锦上添花，不会雪中送炭。这就难怪有人说，银行与企业也是"同林鸟"，大难临头各自飞。

支付中介是商业银行借助如支票、汇票之类的工具，通过活期存款账户的资金，办理货币结算和收付、货币兑换和存款转移等。普通人对银行的支付中介可能没有直接体会，因为我们没有个人支票，也不会借助银行汇票去购物。在移动支付兴起前，我们购物、消费，常用现金，或借助 POS 机刷卡转账。其实，转账支付就是在我们不经意间，借助了银行支付中介的职能，把我们账户里的钱转移给商家。移动支付工具出现后，人们连现金和银行卡也懒得带了，扫个二维码，就完成了支付，但企业间的大额交易，仍然需要借助银行转账或承兑汇票来完成。我们在上一章提到，金融体系的一个重要功能就是支付，它省却了携带大量现金的麻烦，促进了长距离的大额贸易和资金转移，准确地说，这个功能就是由银行来完成的。

信用创造是商业银行通过吸收活期存款、发放贷款，来增加社会货币供应量和创造购买力的过程。与其他金融机构相比，信用创造是商业银行最明显、独特的特征。

商业银行是如何创造货币的呢？

举个简单的例子，某企业从银行获得了 10 亿元贷款。它获得贷款后，会取走 10 亿元现金放在自家财务部吗？当然不会。这样做，既麻烦，也不安全。它会将获得的这笔贷款存在银行账户上。这样，它获得一笔贷款的同时，就会自动地增加相应的存款。注意，这笔存款是银行通过发放贷款而"无中生有"地创造出来的,所以叫"派生存款"。

我们已经知道,在统计上,存款是货币的重要构成部分,因而,银行对企业发放贷款,也是存款货币创造的过程。是故,商业银行又被称为存款货币银行,但这并不是指它拥有开动印钞机的权力。企业可动用它的贷款而创造的存款,去购买原材料、设备和支付工资等,所以,熊彼特讲,信用(贷)就是购买力的创造,于是,资金就像人体内的血液一样,进入了经济的循环流转过程。通过信贷创造新的购买力,唤醒了原来沉睡在企业仓库里的存货,要么进入生产过程,要么进入消费过程。

是否担心银行存款取不出来

我们似乎从来没有担心过存在银行的钱取不出来的糟心事。但在1933年以前,这在英国、美国是时有发生的。一旦有传言某银行无法兑付存款,存款者就会连夜跑到银行门口去排长队,纷纷提现。这就是挤兑。一旦在存款者中出现恐慌,存款者也不清楚到底哪家银行不能履约兑付存款,一家银行挤兑,可能造成众多银行挤兑的多米诺骨牌效应,那些本来状况较好的银行也就"躺着中枪"了,取款者太多而无力清偿,不得不破产。1929—1933年的大危机中,美国有1万多家银行倒闭。

后来,罗斯福当选美国总统后,对美国金融体系进行了彻底改革,其中一个方面,就是建立新制度,防止一家银行倒闭或挤兑造成连锁性的恐慌。这就是存款保险,它是为银行经营不善或遇到流动性困境、无法满足存款者的取款需要而设立的保险制度。当时,10万美元以上的存款,都必须进行存款保险。一旦银行倒闭或破产,美国联邦存款保险公司(FDIC)就替银行向存款者支付相应的金额。有了这个保险，就不必过于担忧在银行存款的安全性了。

在美国之后，其他许多国家纷纷建立了这个制度。中国也于2015年建立了存款保险制度，若一家银行破产倒闭，无力清偿存款者，50万元以内的存款就由存款保险公司予以偿付，存款者是存款保险的受益人。普通人到银行去存款时，自然不会自己掏钱去买这个保险，而是由银行统一为存款者购买。比如，某银行倒闭了，不幸的是，你恰巧在它那里存了90万元，存款保险公司会为你偿付50万元，剩下的40万元存款就可能受到损失。所以，银行存款也并非100%安全。

在实践中，存款保险发挥了金融稳定器的功能，避免了大面积的银行挤兑。由于银行与存款者之间存在信息不对称，当有银行陷于困境的传言时，很容易波及其他原本健康的银行。这正如经济学家阿尔弗雷德·马歇尔所说："在挤满了人的戏院里，一根冒烟的火柴，就会引起一片混乱。"这一比喻完全适用于没有存款保险的银行体系。在19世纪至20世纪初，美国大约每隔20年就会发生一次大的银行恐慌；在20世纪20年代的繁荣时期，平均每年约有600家银行倒闭，在美国建立存款保险制度之前，银行挤兑是常有发生的。

可见，存款保险是基于银行危机史的教训，从保护存款人利益和维护金融体系安全的角度出发而建立的金融安全网。罗斯福在第一次炉边谈话中说："在我们调整金融体制上，有一个因素比货币更重要，比黄金更重要，这就是人民的信心。"存款保险就是提高人们对银行体系信心的一种手段。

事实证明，存款保险制度很好地起到了危机免疫的作用，极大地减少了银行倒闭和挤兑，从1934年美国联邦存款保险公司创立之后，美国银行倒闭的数目平均每年不过10多家，即便是像2008年危机，美国银行业也没有遇到大麻烦。不得不说，存款保险在其中发挥了重要的作用。我们甚至可以说，央行的建立，没有阻止银行挤兑；而存款保险制度却让银行挤兑不再是常见的恐慌现象了，它就像在千千万万的互不相识的存款者之间，自动地建立了银行恐慌的免疫系统。

风险购买者：保险公司

海上贸易与保险

为了更好地理解保险和保险公司的作用，我们要从海上贸易与保险的关系说起。

在西欧封建社会，由于封建国王和诸侯想要得到东方的商品，商业航运业非常活跃。在当时的意大利，市民就热衷于投资航运业。但远洋航运是极其冒险的，不仅有海盗袭击，而且风急浪高可能会让船队毁于一旦。航员既要航行于海上，又要随时准备拿起武器与海盗战斗。莎士比亚《威尼斯商人》中的安东尼奥，就因为自己的商船队在海上倾覆了，无力偿还欠夏洛克的债务。而且，船队往返一次需要一年多，航程漫漫，资本周转异常缓慢。

那么，如何应对远洋航行面临的风险呢？

办法之一，就是以入伙的形式投资于若干船舶。入伙的形式由来已久。在农业社会，牲畜贩子向他人借钱经营牲畜饲养业，但他们不是偿还债主本钱，而是和债主一起分享畜群的利润。13世纪后，投资者入伙船舶或航运业的现象越来越普遍，入伙的回报是分红。每次航行归来，就结算一次，航行花费、收入、净利，都在投资者之间按比例分配，通过船长、船员、商人对船只的入伙，风险就均摊给一切有关人员了。

大约在16世纪，航运业发生了巨大变化。首先，船舶吨位增大了，装货量也增多了，装备得以改进，能够远航并经受住大风大浪。

其次，由于经常进行海上贸易，过去的合伙组织，便转为股份企业了。以往虽然采取投资入伙的形式，但多半是针对一次航运与贸易而建立的，明确以一次航程为期，航程归来，利润分配完毕，便告终结。航运公司则常年经营，股份制使得投资者成为长期的合伙人。再次，当航运公司以出售股票来筹集资金和分散风险时，各类投资者，包括市民、贵族、政府官员等都可购买股票。1555年英国政府批准建立的俄罗斯公司，就是一家按股份制组成的海上贸易与航运公司。刚成立时，它就有240个股东。一般股东只按投资份额分红，不参加实际经营。只要航运公司经营得当且长期存续，股东的身份就不会改变。同时，公司寿命超过了合伙的自然人寿命，股票便可继承下去，不以人的寿命为限。

在西欧航运业发展的过程中，股份制的推行和风险分担、利润共享原则的实施，既促进了航运业的发展，又为其他领域的制度创新提供了借鉴。股份制航运公司的建立同保险业的发展大体上是同步的，有一部分人从商人中分化出来，专门为航运业与对外贸易提供保险，以收取保险费为代价，负担遭到损失后的货物与船舶的赔偿。意大利各城市，尤其是热那亚，是保险业最早发展的地区。有了专门从事保险的行业之后，航运业的发展加快了。

可见，保险是一种风险管理的机制。

风险与保险

俗话说："天有不测风云，人有旦夕祸福。"在生产和生活过程中，人们都可能遭受自然灾害和意外事故而蒙受经济的或非经济的损失，这就是风险。

如何将风险带来的损失转移出去呢？

重要办法之一，就是买保险。保险是分摊意外损失的一种财务安排。投保人买保险，实质上是将其不确定的大额损失，变成确定的小额支出。虽然不确定性总是存在的，但并不是每个不确定性，都必定会转化为特定的损失。这样，保险公司通过向众多投保者收取保费，以没有遭遇不测的投保人交纳的保费，赔偿不幸投保人遭受的损失，就可在投保人之间分摊损失。概言之，保险是通过将风险转移给保险人，分摊意外损失的机制；保险不是替人消灾，而是在意外的灾害发生后，给予相应金钱上的补偿和慰藉。

保险有几个重要特点：损失分摊、偶然损失的赔付、风险转移。

首先，损失分摊是保险的核心。损失分摊就是将少数人的损失在整个投保人群体中加以分摊。这意味着，任何一个保险受益人的损失，都是在所有投保人中进行分摊的。

其次，保险只对偶然损失，即不可预见的意外损失予以赔偿。张三在结冰的道路上摔倒而骨折了，就是意外损失。若被保险人故意制造损失，保险公司是不会予以赔偿的，比如，故意用铁锤砸毁自己家的车，保险公司就不会赔偿。

最后，保险是对发生损失的赔偿。赔偿是指，被保险人可大体恢复到损失发生前的财务状况，而不是还要从中赚一笔。比如，若买了保险的房屋毁于火灾，那保险公司就根据实际发生的损失，在约定的保额范围内予以赔偿。赔偿额通常是在保单中事先确定了的，保险公司既不会超过保单额予以赔偿，赔偿额更不会超过房屋实际的损失。举个例子，假如小王购买的保险保额是 100 万元，但实际发生的损失达到了 150 万元，那保险公司最多也只会赔偿 100 万元。若实际发生的损失只有 50 万元，保险公司也只会赔偿 50 万元而不是 100 万元。

为什么保险只对偶然发生的事件在保单范围和实际损失内给予赔偿呢？

这实际上是为了避免投保人和保险受益人的道德风险而设计的机

制。设想，若房屋实际价值只有 200 万元，火灾造成的实际损失为 100 万元，保险却给屋主赔了 300 万元，那人为纵火将会经常发生，这会是多么可怕的世界！若汽车毁损的实际损失只有 5 万元，保险却给车主赔了 20 万元，那车主就可能为了金钱上的利益而发疯般地砸自家的车。可见，保险设计这一机制，不仅是为了保护保险公司，也是为了保护全体社会的公共利益。

可保风险

尽管保险是风险管理的重要手段，但并非所有风险都可通过购买保险来转移。可通过购买保险来管理的风险，叫"可保风险"。

可保风险有几个特点。损失必须是意外发生而非故意造成的；损失必须能够很好地予以确认。这两点在上面已经讲到了，不再重复。此外，在可保风险中，必须有大量的风险单位，损失不是灾难性的，损失的概率必须可预测，保险必须在经济上可行。

首先，存在面临相同风险的大量风险单位。这是为了让保险公司能基于大数法则估算发生事故的概率和损失。典型的如机动车保险，此类保险中的大量风险单位便是购买了保险的驾驶员，并且驾驶员之间是相互独立的。即便发生连环追尾这样的事故，相对于购买保险的车主数量而言，也是极少的事件。而且，保险公司可根据历史数据和统计学原理，对发生交通事故的概率及每次事故的平均损失加以计算，并进一步据此确定保险费率。

其次，损失必须不是灾难性的。这意味着，大部分风险单位不能同时发生损失。若大多数或所有风险单位同时发生损失，传统保险就无法发挥作用，因为保险公司应支付的赔偿额可能会远远超过其偿付能力。举个例子，全城失火，就是大部分风险单位同时发生损失，赔付就会超过保险公司的实际承受能力。由自然因素造成的巨灾，比如地震、洪水、台风，就可能超过单家保险公司的承受能力。

当然，聪明的人类设计了一些应对灾难性风险的金融手段。人们所熟知的，就是再保险，即保险公司出售保单后，自己也购买保险。另外，保险公司通常会在较大的地理区域内销售保单，避免风险集中。一个频繁遭受自然灾害的地区，风险就非常集中，这会导致周期性的灾难损失。比如，在美国南部，一场飓风就可能摧毁一座市镇。鉴于此，保险公司通常会在地理区域上分散灾难性风险。此外，国际上还有巨灾债券。若发生巨灾损失，就允许保险公司取消或延期对巨灾债券的约定偿付。例如，USAA保险公司的债券条款就规定，若在特定时期，飓风损失没有超过一定水平，投资者就会得到本金和利息；若飓风损失超过了触发点，债券投资者就会失去本金和利息。

再次，损失的概率应当可计算。保险公司必须能在一定置信区间预测未来损失的平均概率和严重度，确定合理的保费和赔偿额。但有一些损失的概率无法准确计算，存在灾难性风险的潜在可能，保险公司就不会提供保险。例如，洪水、战争的规律性难以把握，也很难估计它们发生的平均概率和严重度。再比如，没有保险公司为餐饮企业因食客口味变化而遭受的损失提供保险，因为谁也无法估计消费者口味的变化，就没有办法计算保费。

最后，保费具有经济可行性，投保人有能力支付保费，一旦发生风险事故，保险公司又有能力予以赔付。保险要能够吸引人购买，又不引起严重的逆向选择和道德风险，保险公司确定的保费必须合理。当然，在信息不对称时，保险公司会设计一些机制，区别不同类型的投保者。此外，若要求保费经济可行，损失的概率必须相对较低，保险公司不会对大概率风险事故的领域提供保单。比如，没有哪家保险公司会为高龄人群销售寿险，更不会提供"长生不老"险，因为"人终有一死"，是确定性事件。

根据可保风险的这些条件，大多数个人风险、财产风险和责任风险都是可保的。相反，大多数市场风险和政治风险等，很难由保险提供保障。所以，张三可购买人身保险和机动车保险等，但没有任何保险公司会对他股票、基金投资上的损失提供保险。

保险种类与保险公司

按保险保障范围来划分，保险有财产保险、责任保险、保证保险和人身保险之分。

财产保险是以财产及其相关利益为保险标的，补偿因自然灾害或意外事故所造成的经济损失。为防止汽车被盗、火灾而购买的保险等，都是财产保险。责任保险是以被保险人的民事损害赔偿责任为保险标的的保险，比如，公司担心生产的热水器对用户造成损害而购买的保险。保证保险是指由保险人承保在信用借贷或销售合同关系中，因一方违约造成的经济损失而进行的保险，比如，出口一批工艺品因担心对方不及时付款而购买的保险，或银行因担心借款者不能履行借贷合同义务而购买的保险，可见，保证保险是信用风险管理的一种手段。人身保险是以人的生命或身体为保险标的，通常为定额保险，保险人承担的是给付责任，而不问损失与否。

以下重点介绍财产保险和人身保险。

现代保险源于海上保险，继之而起的是火灾保险，它们都属于财产保险的范畴。火灾保险起源于德国。16世纪初，德国就出现了类似火灾保险的互助组织。1666年的伦敦大火则促成了现代火灾保险的发展。同年9月2日，伦敦市中心皇家面包店失火。起初，人们不以为然，疏忽大意。结果，熊熊大火燃烧了5天5夜，80%的市区建筑化为灰烬，20万人无家可归。火灾后第2年，巴蓬医生和4个朋友出资4万英镑，在伦敦创立了世界上第一家火灾保险营业所，并于1680年通过集资成立了凤凰火灾保险所。是故，巴蓬被后人誉于"现代火灾保险之父"。

人身保险包括人寿险、健康险和意外伤害险等。人寿险是以人的寿命和身体为保险标的，以人的生存或死亡为给付条件的一种保险。健康险或疾病险，是指对被保险人的疾病所致的伤残、死亡的保险。意外伤害险则指被保险人在遭受意外伤害及由此所致的伤残、死亡时给付保险金的保险，如乘坐飞机时购买的航空保险就属于意外伤害险。

2020年年初，突如其来的新冠肺炎疫情降临中国。武汉，这个特大城市，有数万人感染病毒。面对这场考验，保险机构及时充分发挥经济补偿功能，提高疫情防控期间人身保障。例如，在沪保险机构扩展健康险责任范围，将新冠肺炎纳入保障责任。特别是，针对疫情防控的一线工作人员，保险机构赠送医护人员专属保障、免费提供人身意外险。从某种意义上来说，在所有金融机构中，保险公司是最暖人心的。

早在1536年，英国人马丁尝试将保险原理扩展到人身。他为一位叫吉明的人提供了12个月的寿险，保额为2 000英镑，保费达800英镑。在保险合约即将到期时，吉明于1537年5月29日身亡，吉明的保单受益人向马丁索要2 000英镑的赔偿。但马丁向法庭起诉，称12个月保期是以阴历计算的，保单在5月20日就已到期了。不过，法庭驳回了他的请求。

吉明事件迫使保险公司开始注重设计标准化的寿险保单。1574年，伦敦成立了保险公会，它于1583年签发了世界上第一份标准寿险保单。世界上第一家真正的寿险组织，是成立于1699年的英国孤寡保险社。虽然美国现在是全球最大的寿险市场，但在1800年以前，美国人寿险很少，而且大部分还是由个人签发的。1800—1840年，美国先后成立了许多资本充足的股份制保险公司，然后，许多互助公司（由保单持有者拥有）专门经营人寿险。

理解了保险，就可以理解保险公司了。保险公司，顾名思义，就是为个人、企业提供保险、分担风险的金融机构。它是我们接触到的最重要的金融机构之一。由于不同的险种具有不同风险，因此，政府一般不允许同一家保险公司经营不同的保险业务。例如，人寿保险公司就不能同时经营财产保险，这样就形成了经营人寿保险、财产保险的基本保险机构体系。平时，有些人可能对保险公司推销保单感到厌烦，但在风险事故发生时，保险公司是最有人情味的金融机构。有人比喻，保险公司就像自己的老妈，平时总爱唠叨，但真有不顺心时，她会给你温情关怀。

既然如此，那为什么我国保险公司给大家留下的印象一度并不好？

这就要说说保险公司其他业务了。实际上，除了提供保险，保险公司还会发行债券，对吸收的保费加以投资，甚至发行理财产品后再买股票。保险公司做投资，本无可厚非。但在2015年股灾期间，某保险公司买入股票，诱导小散买入，自己再趁机卖出；某保险公司发行理财产品，大举买入某家公司股票后，威胁要改组其董事会，等等，一时间在资本市场掀起一波大风大浪，而受到监管机构批评。不过，经过整改后，市场依然希望保险公司能为其提供长期资金。因为保险公司吸收的资金期限都很长，正是它在负债的期限上较银行最大的优势。

资本"红娘"：投资银行

证券承销与竞争调停者：投资银行

第三类重要的金融机构就是投资银行。股票和债券市场的发展，是与专门从事证券上市的金融机构成长联系在一起的，这类金融机构就是投资银行。

帮助企业发行证券并上市交易，是投资银行的核心职能。但投行所提供的专业服务，要远远早于华尔街和股票交易所。投资银行可追溯至中世纪意大利的商人银行家。商人银行家就是兼做商业和银行业务的人，他们将自己多余的资金为他人提供融资并获得收益，他们也愿意承担风险，支持其他人避之不及的商业冒险（如海上航行风险）。阿姆斯特丹有组织的股票交易场所、安特卫普和里昂的货币市场都为商人的冒险提供资金，也为一些风险投资项目提供充足的资本供给。

但"投资银行"一词，是由美国人创造的。直到1790年，美国都还没有投资银行，而此前已有4家商业银行了。同年，成立不久的美国政府需要向联邦和各州筹集800万美元独立战争债券，需要有组织证券发行的金融机构，协助它大规模公开发行证券。于是，专门为组织证券发行的金融机构——投资银行，便跻身到了新生的美国金融体系之中，它们从诞生之日起，便肩负了与商业银行和保险公司截然不同的职能。

此后，投资银行便在美国迅速发展起来，它们专门出售运河、铁路、政府债券等，帮助企业发行股票还在其次。在美国南北战争期间，许多商业公司进军证券业，它们摇身一变，成了投资银行。最著名的就是，美国南北战争前从事棉花贸易的雷曼兄弟公司，转变成了投资银行，甚至在新千年之际，它还成为华尔街前五大投资银行。不过，这家有150多年风光历史的巨头，在2008年的金融危机中倒闭了。

19世纪70年代，占据资本市场舞台中心的是铁路公司融资活动。投资银行则为它们承销债券，收取佣金，或直接购买其证券。杰伊库克公司就于南北战争后在美国和欧洲销售铁路证券，特别是北太平洋铁路而大发横财。若证券发行量巨大，它们就成立承销团，共同销售证券，投资银行就充当资金出借者和借款者之间的中介，为了维护出借者的利益，它们往往要对所募集资金的使用加以监督。因此，投资银行需要有良好的判断力，并且要沉着而冷静。J. P. 摩根在1912年曾说："金融的第一要务在于良好的判断力。"

美国南北战争后，除了继续承销证券，投资银行也越来越多地在公司管理中扮演积极角色。在19世纪80年代和90年代，美国的投资银行得到了显著发展。摩根就是其中的代表。银行家约翰·皮尔庞特·摩根的父亲朱尼厄斯·斯宾塞·摩根是一家私人商业银行的合伙人，为出售美国政府和铁路证券，于1854年携家带口移居伦敦。朱尼厄斯创建了摩根公司①，且于1860年让他的儿子重返美国，充当其代理人。皮尔庞特早期也在欧洲出售美国政府债券，后来转而出售美国铁路公司股票和债券。1873年经济危机后，摩根公司便在欧洲人投资于美国铁路证券中发挥着最重要的作用。

当时，铁路公司之间竞争异常激烈。摩根公司认为，过度竞争会造成不必要的重复和浪费，于是，它与其他投资银行一道，制止铁路公司之间的破坏性竞争，试图说服它们避免价格战。1876年，40%左右的美国铁路公司债券违约，许多铁路公司被托管。伦敦投资者因1873年的大恐慌而损失惨重，对铁路股票望而生畏。摩根公司意识到，铁路公司要回归主业，靠主业赚取利润。问题恰恰在于，美国铁路公司的过度投资，激烈竞争使利润率持续下降，债券和股票大幅波动。但摩根公司相信，不确定性会让位于理性，冲突会让位于合作，于是，摩根公司与其他投资银行一道，试图将彼此竞争的铁路公司团结起来，规范收费和竞争。

到了19世纪90年代，随着铁路业发展放缓，投资银行开始大量

---

① J. P. 摩根公司在刚创建时名为 J. S. 摩根公司。为便于理解，本节统称为"摩根公司"。——编者注

涉及工业类股票。除了承销股票、债券，投资银行还身兼委托人与代理人的双重角色，通过创建大型控股公司达成一揽子交易。摩根公司就在1898—1903年为通用电气公司、国际收割机公司、美国钢铁公司等大企业提供融资服务。1902年，摩根公司联手卡内基钢铁及其8家竞争对手，一起创建了美国钢铁公司，其资本额达140亿美元，控制了美国近70%的钢铁产能，其产量超过了英国和法国的总和。

在铁路领域，皮尔庞特通过持有大量股份而对铁路拥有绝对控制权，他要求纽约中央铁路在5年内保持分配8美元的红利，且由摩根公司充当财务代理，纽约中央铁路就成为摩根铁路了。19世纪末，美国铁路处于无政府状态，产生了运价大战、讹诈线路、轨距不统一的情况。在那个混乱的时代，竞争是赤裸裸的、残忍的。于是，投资银行常常作为中立方出面干预。1885年7月，皮尔庞特就在哈得孙河的海盗船上召集了包括纽约中央铁路、宾夕法尼亚铁路在内的头面人物，达成了"海盗号协议"，停止毁灭性的竞争；3年后，他又向铁路大亨施压：若停止价格大战，投资银行就不为其竞争对手承销证券，乃至达成了一个"绅士协定"，即在60天内保持运输价格不变。

中国式投行：证券公司

在中国，投资银行有另一个名称，叫证券公司（券商），它们是普通人进入资本市场从事股票、公司债券或基金交易的必要组织。证券公司就是在证券市场上经营证券业务的金融机构，它所从事的一切业务，都与证券直接相关。不过，它的业务范围比商业银行少得多，经纪、投资银行、自营、资产管理、融资融券是我国证券公司的基本业务。

投资银行业务就是协助政府或工商企业销售新发行证券，为企业提供财务顾问，帮助企业进行资产重组等。其中最重要的一项就是承销新发行的证券,帮助公司、政府、市政集团等销售证券以筹集资金。这一过程将资金从盈余部门转移到短缺部门,促进储蓄转化为投资。不过,需要强调的是,证券承销并非证券公司的专利,有些证券,比如国债和企业债券等,商业银行也可以承销。为此,商业银行普遍设有投行部,在债券承销之外,它们也会帮助企业并购或重组,充当财务顾问,提供咨询、私人银行业务并开发新的金融工具。

因此,通俗来讲,投资银行的主要工作就是资本的中介。与商业银行吸收存款、发放贷款(包括个人贷款)、从事支付结算等不同,也与主要购买风险的保险公司不同,投资银行的核心职责是充当资本"红娘",为需要筹集资本的企业与资本盈余者牵线搭桥,当然,它要从中收取一些"介绍费"。这就类似于"婚介"。红娘成人之美,若两口子性格不合,甚至闹到离婚,她则概不负责。投资银行也一样,只要做到了勤勉尽责,公司经营不善给投资者带来的损失和痛苦,它同样概不负责。

一旦证券销售之后,有投资者要买卖证券,这时,证券公司就扮演着"经纪人"的角色。经纪业务就是替客户买卖已发行在外的证券。为什么你在买卖股票时,需要有证券公司充当经纪人呢?这是因为,我国的沪深证券交易所实行会员制,只有作为会员单位的证券公司才能在那里拥有交易席位。打个比方,证券交易所就好比农贸市场,它设了很多摊位,去交易所租摊位的商贩就是证券公司。投资者张三要购买股票,他就必须到某家证券公司去开户或办理指定交易。若张三获利了,证券公司除了收取佣金,其余所有盈余都应归张三所有;反之,若出现了亏损,则损失也应由张三自己承担,而且证券公司对佣金照收不误。在经纪业务中,证券公司向买卖双方收取手续费,也就是佣金,有人称之为"雁过拔毛",投资者是赚是亏、盈亏多少,就与它无关了。

证券公司是不是把发行的证券卖给投资者后，就只充当证券买卖双方的经纪人了呢？它看着张三在市场价格的起伏中赚钱不眼馋吗？实际上，证券公司自己也会买卖证券，这就是自营。若证券公司在自营中赚钱了，所有收益都归它所有；反之，若亏损了，它也只能打掉牙往肚里吞，一切损失就只能由它自己承担。

投资银行、经纪和自营是证券公司传统的三大业务。证券公司会囿于这3个方面吗？不会的！只要一项活动有可能赚钱，且监管政策又是默（允）许的，证券公司都会去做，于是，与普通人投资理财密切相关的另外两类新业务也发展起来了，这就是融资融券和资产管理。

设想，一个叫"多头"的人看到股票行情大涨，自己已满仓了，他还想买更多，但账上没有"子弹"（钱）了。于是，他开户的证券公司说："喂，多头，你账户钱不够了，没关系，我可以借给你。"这就是融资业务，即向投资者贷出资金购买证券。

相反，一个叫"空头"的人认为，股票行情要大跌。他账户已经空仓了，看到行情大跌，他可能窃喜自己"跑"得很及时。然而，他并不满足于自己事先清仓而规避了损失，还想着在行情下跌中牟利。于是，他对证券公司说："先把股票借给我卖掉，跌了后我再买回来还给你。"这就是融券业务，即向客户出借证券的信用活动。

无论是融资还是融券，都是投资者的加杠杆行为，一旦行情与原来的预期相反，那就要遭受比较大的损失。上面那个叫"多头"的人，融资买入后不涨反跌，他就要加倍亏损；那个叫"空头"的人，借入股票卖出后，行情不跌反涨，他同样会遭受亏损。

通过融资融券，证券公司也具备了信用中介的职能，不过，它提供的信用，只能用于证券的买卖，而商业银行是无论如何也不能向投资者直接提供贷款炒股的。当然，证券公司在提供融资融券业务时，要收取相当可观的利息，利息收入已占其收入和利润相当高的比重。

分久必合，合久必分

在中国，证券公司是一类重要的金融机构，银行并不能提供买卖股票的服务。但是，在现在的德国和美国，你却可以在银行开立股票账户。这是为什么呢？

这就涉及分业经营和混业经营之别。

实行分业经营的国家，法律禁止商业银行购买股票或开展证券经纪业务，若要开展银行、证券、保险等不同类型的金融业务，就必须获得相应的独立牌照。从事银行的机构，不能为他人提供保险，也不得买卖股票；从事保险的机构，不能从事吸收存款、发放贷款等银行业务，也不能从事证券经纪业务；而专事证券的金融机构，当然也不能去做银行和保险业务。在实行分业经营的国家，银行、证券、保险三足鼎立。中国目前就是分业经营，有银行、保险和证券三类不同的金融机构。这就有点像体育比赛，在分业经营的国家，金融机构作为一个选手，要么选择游泳，要么专攻跑步或骑自行车。

世界上最早确立分业经营的国家是美国。实际上，美国早期并没有商业银行与投资银行之分，那时的摩根财团就开展所有金融业务。1929—1933年的大萧条是美国金融业从自由发展走向全面监管的分水岭。1929年10月，纽约股市大崩溃前夕，美国的银行达2万多家，并且当时商业银行与投资银行业务融合，许多信贷资金被用于股票投资。大量银行资金涌向股市，造成了股市的空前繁荣和疯狂投机。但随之而来的是股市崩溃和大萧条，导致众多银行倒闭。后来，美国成立了一个委员会，专门调查大萧条的原因，其结论是：大萧条产生于银行与证券不分造成的投机狂潮；商业银行的证券业务引发了银行业体系的崩溃。

鉴于此，美国国会于1933年通过了《格拉斯－斯蒂格尔法》，要求商业银行与投资银行分业经营、分业管理。就这样，摩根公司就被活生生地拆分为从事商业银行业务的 J. P. 摩根和从事投资银行业务的摩根士丹利。2000 年，J. P. 摩根和原来的大通 – 曼哈顿银行合并成为摩根大通银行，也就是现在常说的"小摩"。后来，华尔街活跃着一批专门从事证券业务的投资银行，比如高盛、美林证券、贝尔斯登、雷曼兄弟等。

在美国开分业经营先河后，也有一些国家一直实行混业经营，典型的就是德国的全能银行制。在德国，银行除了吸收存款、发放贷款，还可以直接投资于新兴企业、持有企业股票和包销证券，它们集商业银行与投资银行于一身。在混业经营的国家，金融机构参加的就是"铁人三项"，银行、证券和保险业务，样样都干。

"天下大势，合久必分，分久必合。"美国的分业经营似乎诠释了这一点。从 20 世纪 50 年代开始，由于金融创新，银行在实践中出现了许多规避法律限制的业务活动，使商业银行与投资银行的业务越来越交叉，以至于原来的分业经营已经名不符实。1999 年美国废除了《格拉斯 – 斯蒂格尔法》，允许商业银行、投资银行和保险机构之间的业务相互交叉融合，又回到了混业经营。在 2008 年的美国金融危机中，雷曼兄弟倒了，贝尔斯登被美国银行以白菜价收购，美林证券合并到美国银行，高盛也转变成了银行控股公司。

在由分业经营走向混业经营的全球大背景下，中国目前还主要实行分业经营。但随着像中信控股等金融控股公司的兴起，中国的分业经营也面临着实践的挑战。实际上，政府也在有意促进中国混业经营的发展，商业银行可发起设立基金管理公司和理财子公司，它们还代理销售保险、基金、各种理财产品等，都促进了中国商业银行的混业经营。

印钞者与救火者：央行

央行的名称，在不同国家有很大差异。我国的央行叫"中国人民银行"。单就名称来判断某家金融机构是不是中央银行，很可能闹出张冠李戴的笑话来。"日本银行"和"英格兰银行"分别是日本和英国的央行；我国的"中国银行"则是向企业和老百姓提供服务的商业银行，不是央行；类似地，"美国银行"也不是美国的央行，美国的央行叫"美国联邦储备系统"，就是我们常常从媒体上看到的"美联储"。

央行是享有崇高地位的特殊金融机构。为了弄清央行的特殊地位和作用，有必要先了解一下央行简史。

央行鼻祖：英格兰银行

同其他现代金融组织一样，央行也源于欧洲。1609年，为了解决荷兰多种货币流通带来的麻烦，阿姆斯特丹成立了威瑟尔银行。那时，荷兰至少有14种铸币厂铸造的不同货币，还有众多外国货币。威瑟尔银行让商人开设一个标准货币的账户，通过支票和直接转账来交易。商人甲要付款给乙，只需要从其账户扣款并记入乙账户就可以了，就这样，商业交易就不再需要携带沉重的货币。该银行的存款与贵金属、货币储备的比率接近100%，不太可能发生挤兑，尽管这可确保其流动性和安全，但它无法创造信贷和新的购买力。

1656年，斯德哥尔摩成立了瑞典央行。它创造性地引入了"部分准备金制"，因为存款者不太可能同时去取款，银行便以小部分资金留在瑞典央行充当准备金，剩下的资金则用于贷款和创造信用。

不过，通常认为，英格兰银行才是世界上第一家央行。它成立的初衷，是为了解决英国王室的财政困境并提供资金。在它之前，英国王室想方设法向伦敦城里的富人、贵族和封建主借钱。当时，王室有金库造币局，富人会把金银存放在那里。但王室也不讲信用，曾拒绝兑付人们存在那里的金币。英法战争爆发后，英国为了筹集战争经费，不得不公开发行债券，承诺支付利息，且持有者可用它来纳税。然而，英国王室屡次爽约。"有借有还，再借不难"，王室违约了，再要发债，谁还会购买呢？结果，王室筹资便遇到了大问题。

在伊丽莎白一世（1558—1603 年）之后，伦敦金融业一直在缓慢发展。到了 17 世纪末，以苏格兰人皮特森为代表的商人就谋划着，在英格兰成立一家与威瑟尔银行类似的银行。英国政府正为财务困境焦头烂额，这为王室和商人的合作提供了千载难逢的机会，商人提出，希望成立一家银行为政府筹款，而不是直接购买政府债券为王室融资。在财务困顿之下，英国政府不得不妥协，议会批准于 1694 年建立英格兰银行，授予该行特许权，允许它成为股份公司，但前提是，得给政府提供长期贷款！

可见，建立英格兰银行的主要目的是协助政府融资。为了便于给政府垫款，英格兰银行成立之初，就取得不超过资本总额的钞票发行权，到 1833 年，它取得了钞票无限法偿的资格。在经历多次经济危机后，它逐渐垄断了全国的货币发行权，至 1928 年成为英国唯一的发行银行。与此同时，它凭其日益提高的地位承担商业银行间债权债务关系的划拨冲销、票据交换的最后清偿等业务。在经济繁荣之时，接受商业银行的票据再贴现，在经济危机的打击中，则充当商业银行的"最后贷款人"，由此取得了商业银行的信任，并最终确立了"银行的银行"的地位。随着伦敦成为世界金融中心，英格兰银行又逐渐创造了各种货币政策工具，以对宏观经济加以干预，成为近代央行的样板。

危机催生的美联储

虽然英格兰银行被认为是成立最早的央行，但现在全球影响力最大的央行非美联储莫属了。没有哪个国家的央行能像美联储那样，一举一动，都能够让全球金融市场、全球投资者和分析师那样崩紧神经，抑或是兴奋不已，抑或是得到安抚。

但美国央行的建立真可谓一波三折。直到1913年，美国才建立美联储。这是不是意味着，在此之前，美国就真的没有金融机构发挥类似央行的作用呢？

实际上，根据伯南克的《行动的勇气》，美国最早的、事实上的央行是于1782年成立的私营性质的北美银行，不过，到1791年它就不复存在了。接替它的是汉密尔顿力排众议于1791年创立的"第一国民银行"，总部设在费城，在纽约和东海岸主要城市都设有分支机构，经营期限为20年，但它的经营期限到期后，国会并没有给它续期，也就寿终正寝了。接替它的是第二国民银行（1816—1836年），给它的经营期限同样是20年。后来，虽然国会给它续了期，但时任美国总统杰克逊对银行很痛恨，认为："银行业对自由的危险性比敌人还要大。"他毫不留情地否决了国会的议案，以至于美国从1836年开始，便陷入了长达数十年没有央行的境地。

没有央行并不意味着没有危机。金融乃至经济危机总是时不时地来到资本主义大地。19世纪和20世纪初，美国几乎每20年发生一次银行恐慌，乃至资本主义总是"垂死的"。1907年10月，纽约第三大信托投资公司可尼克波克破产，掀起了一场席卷美国的金融海啸。存款者纷纷到银行挤兑，金融恐慌也使银行间失去了所有信任，相互的借贷完全冻结，股市暴跌，经济陷入不可自拔的危机。

由于没有央行，面对金融危机，美国束手无策。当时，具有传奇色彩的约翰·皮尔庞特·摩根就是华尔街的金融教父，他敏锐地意识到了问题的严重性，立即召集大金融机构，要求一起拿钱帮助遭到挤兑的银行，以终结危机。为阻止金融恐慌，提供流动性支持，这些金融机构正扮演了现代央行的角色。

1908年，美国成立了一个货币委员会，调查1907年危机的原因。其结论是，"恐慌的责任在于我们的货币体系，……我们用现代的银行信贷制度做生意，但我们未能采取有效手段将银行信贷转化为现金从而及时补充这一机制"。因此，在市场压力大的时候，需要有央行来提供流动性。于是，议员奥尔德里奇在1912年建议美国设立一个央行。约翰·洛克菲勒、约翰·皮尔庞特·摩根等一致认为，需要一个联邦银行体系，在经济面临压力之时，为私人银行提供流动性。

因此，这场危机让一直崇尚自由竞争的美国警醒，为了防止危机，必须建立央行！

后来，时任美国总统威尔逊创建了一个政府和私人混合控制的央行体系，在华盛顿创建一个由7名成员组成的联邦储备委员会，同时，在12个联邦储备区分别设置一个由私人银行拥有的联邦储备银行，作为"银行的银行"，它不为个人和工商企业提供服务。正是1907年恐慌，促成美联储在1913年的诞生。可见，美联储成立的初衷与英格兰银行相去甚远，英格兰银行的成立是为了解决王室的财政困境，而美联储则是为了金融稳定和应对恐慌。

中国人民银行

中国的央行可追溯至北洋政府时期的中国银行，它在那时承担部分央行的职能。1924年，孙中山在广州设立了央行，由宋子文任行长；1926年北伐军又在武汉成立了央行。但这两个央行存在的时间都很短，也并没有真正行使央行的职能。1927年南京国民政府成立后，便在上海成立了央行，宋子文任总裁。宋子文在开业典礼上说，该行为统一国家的币制和全国的金库，调剂国内金融，它享有经理国库、发行兑换券、铸造和发行国币、经营国外公债等特权。足见其地位之超然。

1947年，中国人民解放军转入战略反攻并不断取得军事胜利后，在中国共产党的领导下，决定将华北银行、北海银行、西北农民银行合并，组建成中国人民银行，以原华北银行为总行。1948年12月1日，中国人民银行便在石家庄成立了。它在成立之时，就发行了人民币，并把它作为华北、华东、西北三区统一流通的货币。

中华人民共和国成立后，原本存在的金融机构都被撤销了，只保留了中国人民银行，由它统一管理国家金融和对国营企业的一切信贷，这种状况一直持续到改革开放之初。后来，工商银行、农业银行、中国银行、建设银行等国有及其他商业银行陆续成立，中国人民银行便开始向现代央行华丽转身，专司央行的职责，享有商业银行不具有的特殊地位。

央行的特权与责任

从几家央行的成立过程中，我们已然看出它在经济与金融中不可替代的独特作用。在任何一个国家，央行都具有特殊的超然地位。

首先，央行最大的特权是，它享有垄断的"货币"发行权，是独一无二的印钞者。当然，也有少数的例外，比如，中国香港，发行港币的银行就有中国银行、汇丰和渣打。

由于央行具有印钞权，它就控制着货币供给的总闸门。它发行货币的方式，主要有两种。第一种是给商业银行提供一笔贷款，商业银行得到这笔新贷款后，又可向工商企业和个人放贷。第二种是从其他金融机构那里购买资产，这通常叫"公开市场操作"。比如，它从某商业银行那里购买 100 亿元国债，那它就要把 100 亿元的资金支付给某商业银行，某商业银行得到这笔资金后，同样可以向企业和个人放贷。就这样，最初由央行提供的贷款或从商业银行那里购买资产，经由商业银行的贷款，便奔流到经济与金融的各个角落里去了。

其次，央行是"政府的银行"，代表政府制定和执行货币政策。这是国家赋予央行的基本职责。

货币政策承担着多重目标，比如，它要促进经济增长，控制通胀，创造更多的就业等。在国际上，无论是美联储还是欧洲央行，它们每一次有关货币政策的决策都会牵动金融市场的神经，宽松时让市场情绪兴奋奔放，紧缩时又让市场压抑低落。在我国，央行的货币政策同样承担着多重目标，既要促进增长，也要促进就业。因此，每当经济有下行之虞时，就要扩大货币供应量和降低利率；反之，若出现了通胀迹象，老百姓辛苦挣来的钱可能要"变毛"了，不值钱了，此时它就会紧缩货币、提高利率。央行前行长周小川曾说过，货币政策就是要防止老百姓的钱"毛"了。更夸张的是，曾经有一幅漫画描述美联储前主席格林斯潘，一天深夜，他像做了噩梦一样，突然从床头坐起来，说："夫人，看看床底下有没有通胀苗头。"他夫人说："怎么回事？"格林斯潘说："有的话，快点帮我把它踩下去，灭了它！"

央行有诸多工具来实施货币政策，比如，它在公开市场上买卖债券或其他资产，就会直接影响货币供应量；它对其他金融机构提供林林总总的贷款，现已成为我国央行经常性的政策工具了。你可能经常在媒体上看到"MLF"和"SLF"的简称，两者都是我国央行的重要政策工具。还有一个重要的政策工具是法定存款准备金率，也就是商业银行将吸收的一部分存款，按央行的要求存在它那里，这部分存款是被冻结的，不是商业银行想用就能用的，提高法定存款准备金率的作用是收紧银根，降低准备金率的作用是放松银根，增加货币供给。

最后，央行还充当消防员的角色，金融体系中哪个地方有火情，它就会赶到哪里，把火灾扑灭。

1873年，记者出身的英国经济学家、《经济学人》总编白芝浩写了一本非常著名的书，叫《伦巴第街》。他给央行开出了一个经典处方：在发生金融危机时，央行应当慷慨提供贷款。这就是白芝浩原则。

现在，每当金融市场恐慌时，央行都会及时向市场上投放大量资金（也就是所说的流动性），央行就是急市场之所急，安抚和维护市场的信心。或许正因为这样，市场人士才亲切地称央行为"央妈"。

在恐慌中，人们担心金融机构会倒闭，自己的钱拿不回来，引起挤兑。即便有偿付能力的银行，也很少能够在持续不断的挤兑中幸存下来。此时，央行就有必要扮演最后贷款人的角色，向陷入困境的银行提供贷款，避免具有偿付能力的银行崩溃。若人们相信存款是安全的，恐慌就能够很快平抚。

在19世纪，英格兰银行多次成功地充当消防员，平息了一些金融恐慌。2015年中国股灾期间，中国人民银行就向中国证券金融股份有限公司提供了15 000亿元左右的贷款用于救市。2007—2009年，美联储向陷入困境的一些金融机构和金融市场提供了总额超过2万亿美元的贷款和流动性援助。虽然危机本已很惨烈，但可以肯定的是，若没有央行救助，那一定是"没有最惨，只有更惨"。就像森林火灾，若不去扑灭或恰巧天降大雨，那整片森林都会毁于浓焰之中！

第四章
玩的是心跳：金融市场

上一章我们讲了金融机构，本章我们将介绍金融的第二大支柱——金融市场。金融机构的高管、员工都衣着光鲜出入金碧辉煌的大厦，领着高薪，令人艳羡不已，金融市场则不同，似乎人人都可置身其中，一试身手。没有哪一个领域，能像金融市场这样牵动人心，账面上的财富时而随市价波动而增加，时而随市价波动而减少，人性也被裹挟到市场的洪流中去了，"玩的是心跳"，用来形容金融市场，实在恰如其分。

场内与场外金融市场

一说起金融市场，人们最容易想到的就是股票市场和证券交易所。事实上，证券交易所只是金融市场的极小部分，金融市场就其组织形式、交易的具体产品而言，实际上纷繁多样。在组织形式上，金融市场就有场内与场外市场之分。打个比方，你可能经常在地铁出口附近，看到有流动的商贩卖水果，这就是场外交易；农贸市场集中了大量的商贩，他们租得摊位后，在那里摆摊设点做买卖，这就是场内市场。

场内金融市场

场内金融市场就是有组织的、集中化交易的市场。证券交易所、期货交易所都是场内金融市场。场内金融市场提供的一般是标准化的金融产品，进入门槛较低，往往采取集中竞价、撮合交易。比如，在典型场内市场的沪深证券交易所，投资者买卖股票的最小单位是"一手"，一般"一手"是100股，只有科创板"一手"是200股。当然，全球不同的证券交易所交易的最小单位并不一致，即便同一个交易所，交易的最小单位也可能有较大的差别。中国香港联交所，"一手"为多少股，由上市公司说了算。不足"一手"的股票，在中国香港叫"碎股"，在内地叫"零股"。交易所的证券成交后，由证券登记结算中心进行集中清算，一般不会发生交易对手违约的情况。

场内金融市场标准化的金融工具，有利于吸引更多的中小投资者参与，极大地提高了金融工具的流动性。场内金融市场集中了大量买家和卖家，可很快达成一笔交易，只要价格合意，买卖双方是不用花时间和成本去寻找交易对手的。一旦成交，便不可撤销和反悔，因此，场内交易不会出现交易对手在成交后爽约的信用风险。标准化、高流动性、容易找到交易对手等，是场内市场最明显的优势。

场外金融市场

场内金融市场是从场外金融市场发展起来的。

在伦敦和纽约证券交易所建立起来前，英国和美国的股票交易是在咖啡馆之类的休闲场所进行的，这也就是场外金融市场。场外金融市场通常也叫柜台市场，简称为"OTC"。但现在并不能望文生义地理解为，场外市场就一定有"柜台"摆在那里，这只不过是约定俗成的称呼罢了。不过，柜台交易的得名，的确是因为早年在美国，银行买卖债券与股票时，是在柜台完成的。

在20世纪初，纽约布罗德街有一个毫无组织的场外金融市场，通过绳子圈地而成一个交易场所，这是不是跟中国的街头杂耍很相像？由于地方太小，又没有城市管理人员，交易就经常被挤到马路上，严重阻碍交通。那时，每天都有人在路边交易，营业员和信差手握证券，大声喧哗。一些交易员还充当证券专家，提供咨询。

实际上，这个场外金融市场的发展，完全是因为纽约证券交易所规则有一个漏洞。纽约证券交易所禁止其会员在其他证券交易所从事交易，但场外市场不是交易所，不在该禁令约束之内。到20世纪20年代末，美国有超过5万家未上市公司的股票，它们对交易和流动性有巨大的渴求，场外金融市场经纪人负责的交易，就满足了它们的交易流通之需。纽约场外金融市场在1923年建立了交易所，并在1929年更名为纽约场外交易所，1953年再度更名为美国证券交易所。

后来，美国场外金融市场演变出了粉单市场和另类交易系统。粉单市场的得名是由于原来股票报价用粉色的纸张印制，它实际上是一个电子系统，发布股票报价，以便人们从事股票交易。在粉单市场交易的公司规模极小，换手率极低。这些公司都不能满足在证券交易所上市的最低要求。

另类交易系统也是美国有名的场外金融市场，其中包括暗池和电子通信网络（ECNs）。"暗池"是一个神秘交易网络，不直接向交易所发送交易指令，也不直接在限价指令账簿中显现，交易者既可与潜在交易对手议价，也可通过暗池匹配；暗池以机构投资者的大额指令占主导。ECNs是在证券交易委员会注册为经纪人、交易员的另类交易系统，参与者包括机构投资者、经纪人、交易员等，主要从事股票和货币交易；交易指令通常为限价指令，按协议撮合买卖双方达成交易。

很多中国投资者对美国的粉单市场、暗池和ECNs闻所未闻，这很正常。但不知道纳斯达克（NASDAQ），就有点说不过去了。纳斯达克是全球声名显赫的场外金融市场，那些如雷贯耳的大公司——微软、苹果、特斯拉、谷歌等，都在这里上市交易。

1934年，美国颁布《证券交易法》后，便成立了证券交易商协会（NASD）和自律组织（SRO），借以监管美国证券业。1971年，NASD发起成立了全美证券交易商自动报价协会，这就是纳斯达克，宣示美国迈入新经济时代。它是过去场外金融市场的延伸，据此，纳斯达克就一直被称为场外金融市场。

一开始，纳斯达克只是上市股票的计算机报价系统，并没有将买卖双方连接起来，交易只是通过电话进行的。但纳斯达克后来建立了一个自动交易系统，到20世纪80年代，它就演变成了世界上第一个电子股票交易所。直到2000年，它才成为一家注册的美国全国性股票交易所。

如今，纳斯达克已成为美国证券市场的另一个象征。就促进技术创新而言，它甚至比纽约证券所交易更重要。在纳斯达克前，纽约证券交易所一直垄断着大公司的股票发行与交易。由经纪人组成的非正式交易网络，为那些市值较小、未在交易所挂牌的股票提供交易。随着新经济的兴起，许多新技术创业企业都在纳斯达克上市，现在许多知名的信息技术和互联网企业，也在这里上市。今天，全球市值最大的前十位公司中，在纳斯达克上市的知名科技巨头占了半壁江山，让昔日处于垄断地位、风光无两的纽约证券交易所黯然失色。

在中国改革开放早期的金融市场中，在成都有一条长200米左右的街道，叫"红庙子"，它一度成为热闹非凡的场外金融市场。从1992年起，人们手持股票，往红庙子聚集，寻求变现，在股价上涨中赚得一笔。那时，股票是纸制的。人们就手持股票，在那里吆喝着，人声之嘈杂，可想而知。一些人在红庙子街上摆起摊子（因此也可叫

"地摊市场"），一边炒股，一边以四川人不急不慢的性子，呷茶摆龙门阵（聊天），交易则像在菜场买菜一般，讨价还价之声不绝于耳。

随着越来越多企业发行股票，在红庙子买卖股票的人越聚越多，让红庙子及附近街道格外混乱和拥堵，不堪重负。人们买卖股票高涨的热情，就让一些企业打起了歪主意，私自发行股票，印制假股票，骗取钱财的情况也时有发生。随即，有关部门开始整顿红庙子。1993年3月，红庙子被强制搬至城北体育馆内，当地人称"白庙子"。在国人的观念里，由"红"转"白"，实在不是吉利的事，因此去那里的交易者逐渐减少，到年底，"白庙子"交易基本停止了，并于1994年年初寿终正寝。

虽然成都的红庙子关闭了，在那之前就建立了沪深证券交易所之类的场内金融市场，但场外金融市场仍然是金融市场极重要的组成部分。场外金融市场一般是分散的，有的甚至无组织，提供非标准化的交易，可由买卖双方达成意向后直接成交。相对于场内金融市场而言，场外金融市场更加灵活，受到的限制相对较少。在场外金融市场中，买卖双方可以讨价还价，在谈拢价格后直接成交。但寻找到合适的交易对手，费时费力。于是，在场外金融市场中就出现了专门为买卖双方牵线搭桥的掮客，他们在市场上收集买卖双方的信息后，促成交易，从中抽取若干点的"中介费"，这与城市遍布的房产中介别无二致。

场内金融市场受到的监管更加严格，企业要在场内金融市场发行股票筹集资本，有苛刻的准入限制；相比而言，场外金融市场则比较灵活，监管环境相对宽松，因此十分活跃。在中国，那些无法通过沪深证券交易所发行股票的企业，通过场外股权融资筹集到了必要的资本，风险投资、私募股权，常常在报端、网络看到的某企业A轮融资、B轮融资等，都是场外金融市场的功劳。全国中小企业股份转让系统（小名"新三板"）就是中国的场外股票市场。金融衍生市场中的远期交易、互换等也都属于场外金融市场，它们为企业或金融机构提供了灵活的风险管理手段。不过，场外交易可能有一大弊端，当市场环境发生巨大变动时，就可能出现交易对手违约的风险。鉴于此，在2008年的美国次贷危机之后，场外金融市场的集中清算体系也在逐步发展之中，中国的上海清算所就是在这种背景下创立的。

证券交易所

虽然场外金融市场是重要的市场组织形式，但普通投资者更为关注的却是场内金融市场。对于证券而言，场内金融市场就是沪深证券交易所、纽约证券交易所等以"交易所"形式存在的。投资者现在可以通过手机或电脑很方便地买进或卖出股票和债券，但买卖指令都要由证券营业部输送到证券交易所。

我们知道，在金融市场发展之初，都是在场外金融市场交易。为什么一定要建立证券交易所呢？

这是因为证券交易所为证券的买卖创造了一个有组织的、经常性的连续交易市场。它通过组织众多的投资者，大大降低了买卖双方搜寻交易对手的时间和成本，提高了证券交易的效率。证券交易所保证了证券交易的连续性，通过集合竞价和撮合，可在开市的时间里大规模地不间断交易。现在，即使是行情低迷的时候，沪深证券交易所的日交易量也有数千亿元之巨，没有证券交易所，大规模的交易是无法想象的。证券交易所可方便地监控证券交易行为，对价格操纵等违法交易加以监控，促进市场公平交易。

从阿姆斯特丹到伦敦

一提起证券交易所，人们会马上想到纽约证券交易所。但世界上最早的证券交易所，是诞生于1609年的阿姆斯特丹证券交易所。那时，美国还未建国，可荷兰已经建立了自己的海上霸权，阿姆斯特丹就是那时的全球金融中心。

阿姆斯特丹第一只可上市交易的股票，是荷兰东印度公司的股票。荷兰建立东印度公司的目的，是为了派遣商船队前往南太平洋，在交易中换回瓷器、香料、纺织品等。那时，虽然此类商品在欧洲炙手可热，但没人能单独为船队远航贸易提供巨额资金，于是，它向社会公众发行股票，成功地将分散的社会财富，变成了对外扩张的资本。由于垄断了贸易，利润可观，其股票对人们自然很有吸引力。可以说，荷兰缔造了现代证券交易所，它将银行、证券交易所、信用及有限责任公司等，统一成了相互融合的金融和商业体系。

德拉维加在1688年出版的《乱中之乱》中，形象地描述了阿姆斯特丹的金融市场。早晨，在市政厅对面的水坝广场交易之后，交易商就前往交易所，从中午12点到下午2点进行交易。在那里，聚集了金融家和资本家，面对股价波动，他们处之泰然；还有一些人偶尔投机，但他们大体上努力保持低风险。当然，也有纯粹的赌博者和投机者，他们为了追逐短期利润，进行复杂的交易。投机者"完全被恐惧、不安和紧张控制"，频繁地出入咖啡馆，约见他人，建立关系网，搜集新闻以及商谈交易。

工业革命前，证券交易所的大发展是由英国完成的。1688年，英国光荣革命后，不仅英国君主权力被削弱，也推动了英国向议会统治的转型。光荣革命也是英荷在全球金融体系中地位转折的分水岭，伦敦由此逐渐取代阿姆斯特丹，成为全球性金融中心。

光荣革命后，荷兰人便把他们的金融技术都移植到了英国，带动英国进入了全新的金融时代，笛福称之为"杰出时代"。笛福是文学家，也是商人，酷爱旅行。他的《鲁滨孙漂流记》家喻户晓，但他的

第一部作品却是于1697年发表的《计划论》，其中就探讨了17世纪末英国资本市场带来的社会变革。他写道："需求是发明之母，极大地刺激了人类的智慧……，我们称这一时期为'杰出时代'。"他警告，金融机构没有诚信、经常操控市场，人们可能常常被愚弄、欺诈，甚至被贪婪弄得倾家荡产。

早在1623年，英国就颁布了《垄断法》，使发明家获得了发明收益的排他性权利。1688年后，金融市场实现了资本与创新、知识产权的融合，促使股份公司快速发展。1695年，股份公司拥有的财富占英国国家财富的1.3%，到1720年就增长到了13%。正是那时起，以往由商人控制且依赖于独占贸易特权的企业，转变成众多的，为奔跑在财富梦想大道上的投资者提供资本的企业组织。英国引入荷兰金融技术，建立股份公司后，股票交易随之而起。霍顿在1691年就发布了股票行情信息。1694年，他已定期列出包括英国铜业、银行在内的52家公司股价。

伦敦早期股票交易是在胡同里进行的。笛福还曾写过一篇文章《交易胡同》，皇家交易所和邮局就位于胡同两端。皇家交易所交易各种商品和证券。那时，邮政是信息传递的重要渠道，这是交易所紧挨邮局的原因所在。在这个胡同里，还有两家咖啡馆，分别叫加洛韦和乔纳森咖啡馆。那些在交易所里大声喧哗而被赶出来的人，就跑到咖啡馆继续买卖股票，咖啡馆也对所有股票提供报价。

然而，在18世纪，伦敦资本市场只有英格兰银行、南海公司和东印度公司等几家公司的股票，大部分股票交易都是在其他城市，比较分散。直到1801年3月，伦敦证券交易所才正式开张。1827年和1830年，英国又先后成立了利物浦和曼彻斯特交易所。到1885年，英格兰各地方股票交易所竟多达12家。可见，在英国证券市场发展的早期，伦敦并没有确立其金融中心的地位。1811年，第一只工业股票在伦敦证券交易所开盘。随后，股份公司的数量成倍增长，尤其是 1844 年颁布新公司法后，英国便掀起了成立公司的热潮，到 19 世纪末，每年有将近 5 000 家公司成立。

伦敦交易所快速发展，得益于低面值的股票发行和 19 世纪下半叶的信息技术革命。19 世纪 40 年代，股票面值一般在 50~60 英镑；到 19 世纪 80 年代，面值就调整到了 1 英镑，这为小资金投资者购买股票创造了条件。同时，电报的发明和应用，极大地促进了伦敦和其他城市的信息交流，到 19 世纪 90 年代，伦敦与格拉斯哥的经纪人可在两分半钟的时间里互通股价。海底电缆又能将信息从伦敦迅速地发送到巴黎和其他欧洲城市。到第一次世界大战前，伦敦和纽约之间的信息传送，就只需要 30 秒了。

后来居上：纽约证券交易所

在美国证券发行之初，同样没有集中的证券交易场所，买卖双方直接在大街上交易。费城的一些经纪人就在栗树街买卖证券。当然，也有在咖啡馆和拍卖行里买卖证券的，马克汉姆在《美国金融史》中直言："赌博和证券交易都在咖啡馆进行。"虽然咖啡馆对所有人都是开放的，但只有会员才能在那里参加证券的拍卖。

后来，1792 年 5 月，24 个证券经纪人在纽约华尔街签署了著名的《梧桐树协议》：

> 我们，公众股票的认购人以及买卖经纪商，在这里庄严地承诺，并互相保证，从即日起，我们不会以低于交易额的 0.25% 的佣金率，来向任何人士购买或者出售任意种类的公众股票，我们会优先考虑与今日缔约各方进行交易。

《梧桐树协议》确立了美国证券交易的固定佣金率制度，而且一直延续到了 1975 年。实际上，它不过是建立了经纪人的同盟与合作规则，是操纵证券交易佣金、保证会员利益的卡特尔组织。尽管如此，还是有很多人将《梧桐树协议》视为纽约证券交易所的开端。

纽约证券交易所的真正建立是在 1817 年，它以费城交易所为模板。费城交易所早在 1790 年就成立了，在 19 世纪早期，费城也是美国重要的金融中心。但纽约证券交易所成立后，纽约很快就成了美国新的金融中心。

从一开始，纽约证券交易所就实行会员制。成立之初，会费是 25 美元。会员在纽约证券交易所都有一个固定的座椅，这就是"席位"，只有拥有席位的会员，才可在纽约证券交易所买卖股票，而且，禁止会员将买卖报价的信息告知非会员。非会员要想交易股票，就只能通过交易所的会员进行。纽约证券交易所成立后，原来在各个咖啡馆、街角里的证券交易，就集中到了这里，纽约逐渐取代伦敦，成为全球金融中心。

师夷长技：证券交易所在中国

在 20 世纪 80 年代，中国老百姓对证券市场都很陌生，但在今天，即便是在行情低迷的时候，沪深交易所的日成交额在全球也都排在前列。对中国而言，证券交易所是十足的舶来品，沪深证券交易所也并非中国最早的证券市场。

早在 1865 年，颠地洋行、大英轮船公司主席萨瑟兰德等发起成立了汇丰银行。汇丰银行随即在中国香港发行股票，并于 6 个月后在上海第二次募股，这是中国最早正式发行的股票。不过，在实体经济中最早引入股份制的，是担任颠地洋行的总买办徐荣村。1865 年，颠地洋行通过汇丰在香港首次公开发行股票，6 个月后又在上海发行股票。

汇丰和颠地洋行发行股票意味着，在中国封建王朝行将没落之时，证券市场已打开了封建社会的大门。

随着洋务运动的兴起，那些出过洋、见过世面的人，就试图引进西方的融资手段，促进中国发展。这其中，代表人物是容闳，他从耶鲁大学毕业后，于1867年回到中国。在美国，他看到，资本市场在运河和铁路等建设中发挥了巨大作用，他就想用同样的方法来建设中国的铁路等，利用上市公司和股票市场发展工业。

容闳的设想率先在轮船业得到实施。1872年，上海成立了轮船招商局，徐润推动了招商局的股票发行，他不仅自己购买，还号召其他上海商人一起购买。招商轮船局以西式融资手段推进中国工业现代化的尝试，很快就传播到了其他领域，如矿山、工厂、军械库等，通过发行股票筹集资本的公司纷纷成立。

随着发行股票筹集资本的企业增加，股票交易也随之兴起了。早在1870年，《北华捷报》就提供31家公司的报价，其中包括6家银行、7家航运、3家码头、5家海洋保险、3家火灾保险公司等。到善后大借款的1913年，该报纸提供报价的企业数已增至109家。同年，纽约报纸日常报价的企业数也不过66家。这似乎表明，在中国"落后挨打"、被列强侵凌的时代，股份公司就出现了蓬勃发展之势，证券交易活动也随新式企业的出现而兴起了。

于是，1882年，中国首家证券交易所——"平准股票公司"在上海成立。但没有多久，金融危机席卷上海，刚刚兴起的股票热潮，很快就哑火了，最终无人问津。但在20世纪初，出现了橡胶股票狂热，唤醒了沉寂近30年的股票风潮。不过，此时，就像西方人早期在咖啡馆买卖股票一样，中国人则以茶馆作为买卖之所，于品茗呷茶之时，口头成交。

1905年，外商成立了上海众为公所，这是一个集中化的证券交易场所。中国第一家正式开业的证券交易所，是 1919 年年初成立的北京证券交易所。1920 年，上海证券物品交易所开业营运。1921 年，专门交易证券的上海华商证券交易所开业。它们一开张，就获利颇丰，于是，一时间，出现了争设交易所的热潮，仅在 1920 年 11 月，新设的交易所就达 38 家，到 1921 年，上海的交易所竟达 140 家之多。但大多数并未获得批准，实收资本不足，主要从事买空卖空等投机活动。

结果，1921 年开始，信托公司与交易所纷纷倒闭，这就是中国著名的"信交风潮"。经过此次风潮，人们谈股色变，生存下来的交易所寥寥无几。与此同时，大量发行的公债开始取代股票在证券市场上的地位，成为主要交易对象，茅盾《子夜》里赵伯韬大肆做空公债，冯云卿就在公债投机中栽了大跟头。后来，中国又成立了四明证券交易所、青岛物品证券交易所、汉口证券交易所、重庆证券交易所等。但它们规模不大，交投不活跃，难以为继，很快就关门大吉。

新中国成立后，中央政府于 1952 年迅速接管和关闭了原有的证券交易所。彼时，人们在观念上认为，股票、证券交易所等都与社会主义不相容。然而，如果排斥现代金融体系，经济发展注定会遇到很大麻烦，长期的低效率造成了严重的短缺，中国与其他发达和新兴经济体的差距，被迅速拉开了。

1978 年中国拉开了改革开放的序幕。在这个大背景下，1984 年 7 月，北京天桥百货股份有限公司成立，不过，它承诺对发行的股票还本付息，期限 3 年。同年 11 月，上海飞乐音响股份公司成立，对其股票"保本保息，自愿认购，自由退股"，股息率相当于一年期存款利率。可见，改革开放之初，开风气之先而发行的股票，其实质更接近于债券。

虽然在 20 世纪 80 年代就有企业通过股票来筹集长期资本，但那时，一方面，当时的老百姓对股票没有什么认知，另一方面也没有股票二级市场交易价格来表现持有股票的财富效应，老百姓从心理对股票排斥，导致股票发行并不顺利。根据吴晓波的《激荡三十年》，1987年，深发展（现今的平安银行）发行股票，领导率先垂范，也只卖了20万股；万科发行股票，王石带队上街推销，在深圳闹市区摆摊设点，走街串巷，甚至到菜市场和大白菜摆在一起叫卖。

尽管老百姓对股票和证券有隔膜，甚至怀有抵触情绪，但改革开放的先驱者早已认识到，中国要发展，就必须谦虚地学习西方的先进金融技术。1986年11月，纽约证券交易所主席范尔森来到中国，他赠给邓小平同志一枚市场经济金融制度象征的纽约证券交易所所徽。邓小平则送给他一张面值50元的上海飞乐股票，并告诉他是唯一的外国股东。这不仅是相互间礼节性的赠送，更是向外界宣告了中国发展证券市场的决心。

随着企业发行股票逐渐增多，就需要有一个二级市场，供股票交易和变现，通过交易形成价格，以便对企业经营状况的好坏进行评估，况且，如果股票不能转让，终究是难以发行的。实际上，早在1986年，上海工行开设了全国第一个股票交易柜台，当时卖出延中和飞乐股票1700股，后来，每天维持在30股左右。1988年，深发展和万科先后在深圳上市交易，但无人问津。

1990年6月，中国人民银行上海分行的尉文渊受命筹建交易所，同年年底上交所就开业了，但可交易的股票仅8只，俗称"老八股"。1990年12月1日，深交所"试"营业，到1991年7月初才正式开业。老五股（深发展、万科、深金田、深安达、深原野）构成了深圳证券市场的雏形。自此，证券交易所和证券市场便正式走入中国改革开放的大视野，不过，早期的股票市场主要是为国有企业改革服务。后来，随着中国经济总量在全球地位的大幅提升，结构转型日益迫切，中国股票市场便从为国有企业改革服务转向为创新驱动发展战略而服务了，科创板应运而生。

这是中国资本市场肩负使命的重大转变！

货币与外汇市场

货币市场是短期资金借贷的市场。不同于资本市场将储蓄转化为投资，为企业、政府投资支出筹集中长期资金，也不同于衍生品市场的目的在于转移和交易风险，货币市场的核心功能是为金融机构和企业提供流动性管理。货币市场实际上是由几个不同的子市场共同构成的，包括票据市场、同业拆借和债券回购市场等。熊彼特说，货币市场是经济体系的总部，一道命令从这里下达到经济的各个部门。现在，我们就来看看这个总部吧。

随贸易而兴：票据市场

票据市场是历史最悠久的货币市场，它将金融机构与企业紧密地联系起来。票据市场是随着大额贸易的发展而兴起的，自从有了不同地区间的贸易后，就产生了票据。

先回到在前面讲到的山西票号吧。为了克服远距离交易携带现金的不便，山西商人便在各大城市开设票号。商人李大富先把他的元宝存到日升昌，由日升昌给他开出一张银票。他到杭州后，再到日升昌的分号凭票取银，然后再用取得的元宝采购商品。实际上，日升昌开出的银票，就是票据的一种。它具有见票即付的性质，即李大富到日升昌在杭州的分号出示银票，要求兑现时，它不能拒付。

可见，票据就是在商品和资金流通的过程中，反映债权债务关系的设立、转让和清偿的一种信用工具。在上面的例子中，李大富是票据的债权人，日升昌是债务人。

当然，票据有本票、支票和汇票之分。

汇票是出票人签发的，委托付款人在见票时或在指定日期无条件向持票人或收款人支付指定金额的票据。20 世纪 90 年代，我上大学时，没有移动支付工具，银行卡也不普及，父母或兄长就是通过邮局汇票给我寄生活费的。收到汇票后，到指定的邮局去取款，邮局不能拒绝。

支票是出票人签发的，委托银行或其他金融机构在见票时无条件支付确定金额给持票人或收款人的票据。支票分为现金支票和转账支票。现金支票只能支取现金；转账支票则只能用于资金划转，不能支取现金。在美国，老百姓在银行开立活期账户时，银行会附赠支票本。在商场购物，交房租、水电费时，只需在支票写上相应的金额、签上名就可以了，省却了支取和携带现金的麻烦。虽然中国现今有了移动支付方式，一机在手、天下随意走，美国那种签发支票的方式，真是太过时了，但比起携带现金，美国的个人支票还是有它的便利性。

本票是出票人签发的，承诺自己在见票时无条件支付确定金额给持票人或收款人的票据。在这里，出票人是债务人，收款人则是债权人。在巴尔扎克的小说《幻灭》中，吕西安仿照他妹夫赛夏的笔迹，伪签了一张本票。当持票人库安泰兄弟合营公司派人带着吕西安冒名签发的本票去收款时，赛夏太太夏娃认出是吕西安的笔迹，她把票子还给收账员说，"我们付不出"。吕西安冒名签发本票，让他妹夫一家莫须有地成了债务人，给他们带来了极大麻烦。

票据按照其发生的基础，有真实票据和融通票据之分。

真实票据是指为结清贸易价款而使用的票据。假设宝钢股份需要从煤炭企业神华集团购入 1 亿元煤炭。宝钢股份会用运钞车拉 1 亿元现金到神华集团的财务部去吗？或它账户上并没有这么多现款，该怎么办呢？

其实，企业之间的交易一般都是以票据的形式来支付的。宝钢股份不会向神华集团运送现钞，而是向神华集团开出一张商业汇票，承诺收到钢材销售款后，立即付给神华集团。这就是基于贸易而形成的债权债务关系。

融通票据是不以真实商品交易为基础，而专为融通资金发行的非标准化的票据，又称为商业票据（CP）。在美国，大企业发行商业票据很普遍；我国企业尚不得发行商业票据。

神华集团如何相信宝钢股份一定会按约定付款呢？为了取得神华集团的信任，宝钢股份就可能要求它的开户行为它提供担保。该开户行承诺，若届时宝钢股份无法支付货款，则由它向神华集团付款。这就是银行承兑，即承诺付款的行为，经承兑后的票据就叫承兑汇票。

神华集团持有宝钢股份开出的银行承兑汇票，假如它3个月后急需短期资金，那它是否可利用这张票据来融资呢？

实际上，它有多种途径。途径之一就是贴现，即神华集团在需要资金时，将其持有的未到期票据转让给银行，银行在事先扣除利息后，将余款支付给持票人的票据行为。银行贴现时计算扣除利息的利率，就叫贴现率。

贴现之前，票据所体现的是出票人（宝钢股份）和持票人（神华集团）之间的债权债务关系。贴现之后，体现的是出票人（宝钢股份）与贴现银行之间的债权债务关系，因此，票据贴现意味着票据所有权的转移，也叫票据买断。

神华集团用该票据融资的另一种方式，就是票据回购，其原理与下面将要讲的债券回购完全一样，实际上是以票据为质押的短期资金借贷活动。

按照贴现的环节，票据贴现分贴现、转贴现和再贴现。神华集团将票据拿到银行去变现，就是贴现。所谓转贴现，则是指贴现银行在需要资金时，将已贴现的票据再向其他银行办理贴现的票据转让行为。再贴现则是银行在需要资金时，将已贴现的未到期票据转让给央行的行为。商业银行将其持有的票据拿到央行去再贴现，央行收取的利率就叫再贴现率。

因此，票据市场就是票据关系的确立和转让的市场。与股票等金融市场不同，它是场外金融市场，不在上海和深圳证券交易所交易。普通人不能直接参与票据市场，但可以通过购买货币基金的方式，间接参与，获取票据收益。

金融机构之间的相互融通：同业拆借

同业拆借是金融机构之间为满足短期资金和流动性而进行的资金交易。

同业拆借源于央行对商业银行的法定准备金要求。法定准备金，就是商业银行必须按照央行的要求而缴纳的准备金。若法定存款准备金比率为10%，则银行每吸收100元存款，就必须将10元存到央行。在准备金考核的日子里，银行在准备金账户中的余额，必须达到法定准备金的要求。虽然法定准备金是商业银行在央行的存款，但商业银行并不能随时动用它，是被"冻结"在央行那里的。

当然，银行持有的准备金总额可能会超过法定准备金，超过的这部分，就叫超额准备金。若某商业银行总共吸收了1 000亿元存款，比如按照10%的法定准备金比率要求，它就应当在央行有100亿元的存款，但它实际上在央行有150亿元存款，这多出来的50亿元，就是超额准备金。这部分超额准备金，是它随时可运用的。

在一个营业日中，有的银行当天流出的资金大于存入的资金，就出现了头寸短缺，它们的准备金不足；相反，另一些银行吸收的存款多于流出的资金，就出现了准备金盈余。准备金盈余和不足的银行之间，就可相互调剂，不足的银行从盈余的银行借入，弥补了流动性；有盈余的银行则通过拆出资金，减少了闲置资金，获取相应的利息。这个银行之间相互借贷的市场，就是同业拆借市场。

虽然同业拆借市场起源于银行的法定存款准备金，是为了调剂银行的流动性和头寸，但现在中国的同业拆借市场，除了银行，证券公司、基金管理公司、财务公司和保险公司等非银行金融机构，只要满足一定的条件，也可进入全国同业拆借市场融通短期资金。它们参与同业拆借市场，就在资本市场与货币市场之间架起了一座资金流通的桥梁，证券公司就经常通过同业拆借市场借入资金，再向客户提供融资。

以债券为担保的借贷：债券回购

债券回购虽然不像票据和同业拆借那样历史久远，现在却是我国交易规模最大的货币市场。在讲债券回购市场之前，有必要先区分现券交易和回购交易。

现券交易是根据合同商定的付款方式，在一定时期内进行券款的交割，实现债券所有权转让的债券交易方式。甲向乙出售1亿元债券，在达成交易协议后的次日，甲将债券过户给乙，乙则将1亿元的券款付给甲，就是现券交易。

什么是债券回购呢？

举个简单例子。甲银行现有50亿元债券，离到期日还有两年时间；乙银行有50亿元现金。现在，甲银行急需50亿元资金。传统上，乙银行可将这50亿元资金直接借给甲银行（同业拆借），但它面临甲银行违约的风险。

实际上，它们之间通过债券回购交易，就可轻松地解决这个问题。

首先，甲银行和乙银行签一份协议，甲银行现在将50亿元债券出让给乙银行，同时，乙银行将50亿元的现金转让给甲银行使用，约定期限半年。

回购交易的第一步如图4-1所示。

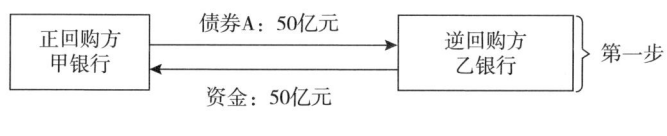

图4-1 回购交易第一步

然后，半年后，它们再进行回购交易的第二步，即回购/返售阶段。甲银行偿还给乙银行50亿元现金，同时换回原来让渡给乙银行的债券，对甲银行而言，这就是回购。同时，乙银行则将债券还给甲银行，收取贷放给甲银行的利息，对乙银行而言，这是债券返售给甲银行的过程。实际上，对同一债券而言，回购和返售是一个硬币的两面。

回购交易的第二步如图4-2所示。

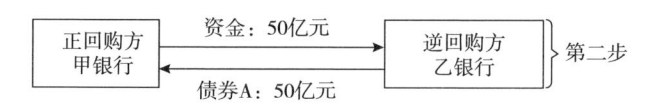

图4-2 回购交易第二步

可见，债券回购是指，债券一方以协议价格在双方约定的日期向另一方卖出债券，同时约定在未来某一天按约定的价格从后者那里买回这些债券的协议，实际上是以债券为质押的借贷活动。

在同一次回购交易中，有债券融出方和资金融入方，也必有债券融入方和资金融出方。按债券和资金流向的不同，债券回购有正回购和逆回购之分。

以上面的例子来说，正回购是指甲银行向乙银行出售证券、获得资金的同时，约定在未来某日，它再以一定的价格从乙银行如数买回这些证券。逆回购就是在购买某一证券的同时，在将来某日以一定的价格将该证券如数卖给原来的出卖者。在同一次交易中，必有一方是正回购方，另一方则必是逆回购方。正回购方就是资金融入方和债券融出方，在上面的例子中，甲银行是正回购方；逆回购方则是债券融入方和资金流出方，在上面的例子中，乙银行是逆回购方，它向甲银行借出资金，融入债券。

我们虽然不能直接参与到银行间市场的债券回购，但可参与沪深证券交易所的债券回购交易。在交易所债券回购交易中，行情表中是看不到"正回购"或"逆回购"的，就像股票行情表一样，只有"买入"或"卖出"的报价和数量。在交易所债券回购行情表中，把资金借出去的一方是"卖方"，借入资金的一方叫"买方"。在股票市场行情持续下行之时，假若你已经空仓，账户上有大量现金，就可通过交易所债券回购，暂时将资金借出去，这不仅几乎没有违约风险，还可获得相应的利息收入，何乐而不为呢？

如今，债券回购市场正是熊彼特所说的"经济的总部"。为什么这么说呢？

因为央行的公开市场操作主要是通过债券回购来进行的。假如今天央行与甲银行之间进行了50亿元的7天正回购交易，甲银行就会将50亿元资金交给央行，同时获得等值的债券。可见，正回购是央行回收资金的操作。它回收的资金多了，市场上的资金供给就减少了，这就可能导致利率上升，影响企业和个人的借贷成本。

反之，当节假日临近，老百姓对现金的需求会大量增加。在金融市场中，也常常因一些意外因素导致利率大幅攀升。为了满足短期资金需求或平抑市场利率，央行就会进行逆回购。在逆回购中，比如甲银行将它持有的债券让渡给央行，同时获得央行提供的相应资金。因此，央行的逆回购操作，就是向市场投放资金的过程。央行逆回购多了，资金供给就会相应增加，利率就可能下降。所以，毫不奇怪，每逢春节前，我国央行往往会采取逆回购操作，这是为满足企业给员工发奖金、老百姓发"红包"需求而驰援的资金。

将世界联系在一起：外汇市场

在开放经济中，人们离不开不同货币之间的相互兑换，这就有了外汇市场。出国旅行、送孩子出国留学，又或打算配置一部分海外资产等，都需要借助于外汇市场。

外汇市场就是外汇交易的场所。一提起交易场所，你可能马上就会想到批发市场、农贸市场，各种叫卖声，不绝于耳。但在外汇市场上看不到这种景象，因为外汇市场是通过电话、计算机、移动终端等现代通信工具联系的无形场外交易市场。

银行、企业和政府部门等在外汇市场上买卖外汇时，并不是外汇现钞的交易，即便是个人的外汇买卖，也极少用现钞交易。在大多数情况下，外汇交易只是不同货币在银行存款之间的转换，比如，你将一部分人民币存款，按实时汇率转换成一笔等值的外汇（美元、英镑等）存款。虽然人们为出国、留学或配置部分海外资产而买卖外汇，但外汇市场像货币市场一样，主要是企业、金融机构参与的市场，单笔交易的数额一般都比较大。

伦敦、纽约、新加坡和东京等是全球最主要的外汇交易中心，中国有上海外汇交易中心。虽然它们处于不同地区，但由于通信技术已经相当发达，外汇市场也是全球性的了，各个地区的外汇交易，能够按时区的差异相互衔接，24小时在全球实现不间断地交易。全球的商品和资本流通，就通过外汇市场而紧密地联系起来了。

银行间外汇市场是中国最大的外汇市场，实行会员制，中国外汇交易中心为会员之间的外汇交易提供电子交易系统。

银行间外汇市场有询价交易和竞价交易。竞价交易采取分别报价、撮合成交方式，交易系统对买入报价和卖出报价分别排序，按照价格优先、时间优先的原则撮合成交，这类似于证券交易所的股票买卖。竞价交易通过交易中心集中清算，外汇资金清算通过境外商业银行办理，人民币资金清算则通过中国人民银行的"中国现代化支付系统"进行。

询价交易就是银行间市场交易主体在原有集中授信、集中竞价交易方式的基础上，自主选择双边授信、双边清算的询价交易方式，按照汇价浮动幅度，在询价交易系统上进行双边询价的外汇交易。采取询价交易时，应当在双边授信基础上，通过交易中心询价交易系统进行交易，交易的币种、汇率、金额等由交易双方协商议定。交易双方在交易系统中已确认的成交单等同于成交合同，不得擅自变更或者解除。

天使与魔鬼：金融衍生市场

巴菲特曾说，衍生品是金融体系中的定时炸弹。英国老牌银行——巴林银行，就因为其新加坡交易员里森在日经股指期货交易中的巨额损失而破产了。尽管如此，金融衍生市场在现代风险管理体系中仍发挥着极为重要的作用。

从安特卫普到堂岛的跨越

金融衍生工具和市场并非现代人的发明。根据加罗和查特吉的《衍生证券、金融市场和风险管理》，早在公元前2000年，就已经出现了类似远期合约的交易。欧洲在中世纪建立了城邦，来自不同地区的商人在集市做买卖，商业蓬勃发展，王国兴盛。为了促进交易发展，这些城邦便颁布了商业法律，以加强对贸易的管理；为解决贸易纠纷，人们也开始使用标准化合同。现货交易中，人们一手交钱，一手交货。但那时的货币是金属货币，携带不便。久而久之，便出现了交易凭证，指定未来某日于约定地点交割商品，也为存放在仓库中的货物所有权提供证明。借助交易凭证，省却了大批商品在不同地方转运的麻烦。及至后来，在结算之前，交易凭证也可多次转手。这种交易凭证，就是现在远期合约和标准化期货的前身。

随着商品交易的发展，建立买卖双方定期交易的场所，就成为必然。安特卫普在1531年就建立了交易所，次年对合约执行实行规则管理。16世纪的荷兰，贸易和商业日益繁荣，正步入黄金时代，荷兰逐渐成为世界上最强大的国家之一。自然地，阿姆斯特丹也成为粮食、鲱鱼及其他商品的主要市场，从16世纪50年代开始，阿姆斯特丹的谷物交易商就同时使用期货和期权。

阿姆斯特丹市场有几个特点。第一，价格透明。它要求小麦和黑麦每天都报价。第二，标准化。1582—1584年，就出现了标准化的鲱鱼交易，紧接着出现了以鲱鱼为标的的远期和期权交易。第三，价格波动、投机和市场操纵屡见不鲜。因此，阿姆斯特丹的警长于1556年说，一些商人是"巨大的恶魔"。第四，违约和信用风险时有发生。1556年下半年谷物价格上升时，一些交易商就试图拒不执行远期合约。第五，有明确的清算和结算机制。政府制定了相应的法律和交易制度，建立了清算系统，要求经纪人把所有交易记录在册并定期清算，极大地降低了交易对手的信用风险。

在东方，日本于1688年开设了堂岛大米交易所，它位于当时被称为"国家厨房"的大阪，采取了标准化的合约，有固定期限、准备金要求和清算所。所以，它也被公认为世界上第一个有组织的期货市场。1 300多名会员在此交易大米凭证，根据交易凭证确定其在仓库中存放大米的所有权。有意思的是，堂岛一天交易的时间，由壁炉系统决定。

早晨，当工作人员点燃木盒中的烛芯时，就开市了，烛芯燃尽，则一天的交易该结束了。

衍生品市场大发展的助推者：美国

美国不是衍生品的开拓者，也不是最早建立衍生品交易所的国家，但它是现代衍生品市场最大的助推者。特别是，现代各种复杂的金融衍生工具多是由美国开发的。

19世纪中期，芝加哥交易所的建立，开启了美国现代期货市场。

为什么是芝加哥而不是纽约呢？这是由它的地理区位决定的。芝加哥位于密歇根湖区，靠近美国中西部农场区。那时，陆路运输非常落后，农民只能用船只将谷物运到芝加哥后，再转运至美国东部。于是，芝加哥成了19世纪美国农产品的运输和配送中心。但农产品季节性强，丰收时，谷物涌入芝加哥，价格暴跌；若收成欠佳，价格又大涨。这就有必要建立集中市场，调节供需。农产品期货市场就在一定程度上填补了这个空白。

为了使谷物按标准化的质量和数量进行交易，82名商人于1848年建立了芝加哥交易所，标志着美国有组织的衍生品市场的发端。随后两年，在固定地点交易的期货合约迅速发展，农民可事先以约定的价格卖出谷物，锁定谷物价格。芝加哥交易所1865年推出一种被称为"期货合约"的标准化协议，取代了1851年以来沿用的远期合同，使合约在规模、商品质量、交割日期和地点等方面标准化。最主要的是，它还向买卖双方收取保证金，降低交易对手不履约的风险。

除了谷物交易，对黄油、鸡蛋、家禽和其他农产品交易的需求也不断增加。于是，继芝加哥交易所后，于1874年建立芝加哥农产品交易所，又于1898年发展为芝加哥黄油和鸡蛋交易所，并在1919年形成了芝加哥商品交易所。在那里，主要交易的是奶制品、肉类和家禽等期货合约。

这些交易所的创立和发展，使芝加哥成为美国的商品交易中心。尽管19世纪的纽约发展迅速，但当时缺乏储存和运输农产品、奶和肉制品的设施，纽约的发展明显滞后于芝加哥。但还是有一群商人建立了纽约黄油和奶酪交易所，并在1882年更名为纽约商业交易所。1933年，4家小交易所合并形成的纽约商品交易所，成为黄金、白银和铜等有色金属期货的主要交易场所。

在1970年以前，美国的衍生品市场以商品交易为主，金融衍生品极少。1969年，牲畜和冻肉期货占据了芝加哥商品交易所85%的成交量，仅仅5年后，美国各个交易所中金融期货合约成交量比重已接近40%，金融期货和期权逐渐占据了衍生品市场的主导地位。

这一重大变化，源于1970年以来大量外汇与利率期货、股指期货、期货期权等日益复杂的新工具不断涌现。率先被创新出来的金融衍生工具是货币期货。在1971年以前，全球实行固定汇率制，没有规避汇率风险的需求。1971年布雷顿森林体系瓦解，一些国家从固定汇率制走向了浮动汇率制，对规避外汇风险的衍生工具的需求突然增加。芝加哥商品交易所顺势而为，于1972年设立了国际货币市场（IMM），从事外汇期货交易。

诺贝尔经济学奖得主弗里德曼对国际货币市场的建立起了重要作用。他一直崇尚自由竞争，反对固定汇率。1967年，他认为，英镑被高估了，于是，他想通过芝加哥的3家银行卖出远期英镑，但均遭到了拒绝。尽管他创新交易的尝试受到了无情打击，但芝加哥商品交易所主席梅拉梅德对他极度推崇。1971年梅拉梅德委托弗里德曼写了《对货币期货市场需求》的报告，促成了1972年5月芝加哥国际货币市场的开张，它成为第一个建立金融期货的交易所。

20世纪70年代的另一个重大事件就是，石油危机等导致发达经济体的通胀率大幅上升，带动利率随之攀升。1975 年，芝加哥商品交易所为便于抵押贷款支持债券投资者规避利率风险，开发了吉利美期货，这就是世界上第一个利率衍生工具。

紧随利率期货的是股指期货。成立于 1856 年的堪萨斯期货交易所，是最早从事指数期货交易的交易所。它于 1982 年开发了价值线指数的期货交易。仅仅数月后，芝加哥商品交易所就引入了标普 500 指数期货，并迅速完成了超越。指数期货是以指数作为标的的期货合约，没有实物产品和凭证，只能采用现金结算。指数期货的创设，为市场参与者提供了一种指数化的投资工具，并在风险对冲、投机和指数套利等不同交易策略中得到了广泛应用。随同指数期货一起诞生的，还有期货期权和股指期权，它们是衍生品的衍生品，这就形成了层层叠叠的衍生工具和市场。

随着金融衍生市场的发展，美国的银行和其他金融机构也参与到衍生品市场中来，极大地加速了衍生品市场的金融化趋势。1976 年，美国准许商业银行参与大宗商品和国债期货，保险公司和互助基金旋即也进入期货等衍生品市场，借以管理资产的价格风险。就连养老金计划的受托人也于 1982 年得到了购买商品期货的许可。后来，美联储还为金融机构直接参与金融衍生品市场鼓与呼，它认为，只要金融机构利用得当，就会在没有产生不合理风险的前提下增加收益。

从 20 世纪 70 年代开始，尽管美国创新了众多金融衍生工具和市场，但 2000 年以来，美国在衍生市场的主导地位受到了一定挑战。为了顺应欧洲创建共同市场的需要，欧洲原来散布于各国的衍生品交易所开始合并。欧洲期货交易所完全是分散式的系统，它因拥有大量可选择的衍生工具，已成为全球第一大衍生品交易所。2000 年，阿姆斯特丹、布鲁塞尔和巴黎股票交易所合并产生了泛欧交易所。2002 年，它兼并了伦敦国际金融期货与期权交易所，并与葡萄牙证券交易所合并，它的全球衍生工具业务已跻身全球前五大交易所行列。

衍生品市场在中国

在中国的历史上，很早就有类似衍生产品的合约。比如，我们在下一章将要看到的，刘邦与项羽之间，实际上就签订了一份非正式的远期合约。尽管中国在唐宋时期就有较活跃的商业活动，但并没有开发出管理谷物等产品价格波动风险的衍生品，当然就更不会有衍生品交易所了。

在列强侵略中国后，中国才出现了从事证券与商品交易的交易所。同证券市场与银行一样，新中国成立后就将它们关闭了。因为改革开放前的新中国，一切物资的流动，都是按国家计划调拨的，不通过市场调节，自然就没有价格风险，对冲价格风险的衍生品市场，既没有生存的土壤，更无存在的必要。

中国在确立改革开放之时，正是金融衍生市场在美国等西方发达国家加速扩张和创新之际。自引入商品经济和市场机制后，转移价格风险的衍生品市场的胚胎，也随之被植入中国经济之中，乃至在1988年我国大胆提出了"探索期货交易"。随后，各地出现了建立商品交易所的热潮。伴随着中国证券市场的发展，以国债期货为代表的金融衍生品市场也开始活跃。但那时，中国缺乏期货交易的管理经验，带来了诸多问题，1995年发生的"327"国债期货事件[1]，迫使政府痛下决心整顿中国的衍生品市场。说是整顿，其实就是关闭。到1999年，全国期货交易所只保留了大连、上海、郑州三家。

---

[1] "327"是国债期货合约的代号，兑付办法是票面利率加保值贴息。由于保值贴息的不确定性，决定了该产品在期货市场上有一定的投机价值，成为当时的热门炒作素材。——编者注

既然有商品的交易，就必然有价格波动的风险，而且，在国际市场上，以石油、铜等为代表的大宗商品的现货与期货价格是联动的，没有期货市场，就意味着失去了在国际市场的定价权。于是，在总结经验、完善相关的产品设计、监管技术、手段和体制后，中国商品交易所开始进入规范发展期，交易品种涵盖了小麦、生猪等农产品，有色金属、贵金属等金属，焦煤、焦炭、原油等能源化工原料。2006年，中国金融期货交易所在上海成立，它组织安排金融期货等金融衍生品的上市交易、结算和交割等服务，现在上市的金融期货包括股指期货和国债期货，它们已成为一些机构对冲股票现货投资或资产负债利率风险的主要工具，当然，其中也掺杂了投机交易。在上海和深圳证券交易所，也有 ETF 期权这样的衍生品。

由此，金融体系有金融机构、金融市场和金融工具三大支柱，而金融市场又有资本市场、货币与外汇市场、衍生品市场三大支柱为支撑。

第五章

有凭有据：金融工具

金融工具是实现金融体系功能的三大支柱之一，就像企业要生产，就需要机器设备；农民要种地，就需要锄头和犁头一样。无论是将储蓄转化为投资，抑或是管理和转移相关的风险，都需要借助金融工具来实现。

有借有还，再借不难：债务工具

与生俱来的合约：债务

债务是由借款人向贷款者签发的，载明一定金额、偿付期及条件的书面证明。银行存折、银行与企业之间签订的贷款合同、政府和企业发行的债券等，都是债务金融工具。

债务是人类最早的金融合约。美索不达米亚地区的泥板就记录着借款人的还款额和日期；在古巴比伦，债务还可转让，人们在庙宇存入粮食或其他物品时，就得到一张泥板收据。公元前6世纪，巴比伦的埃吉布家族就是强势的地主和贷款人，他们通过放贷，让整整5代人享受着荣华富贵。

中国有焚券市义的故事。孟尝君门下有食客三千人，足见他非常富有。他不仅供三千人吃喝玩乐，还向薛地老百姓放了很多款。孟尝君后来派冯谖去讨债。临行前，冯谖向孟尝君请示："收债后，要买些什么回来？"孟尝君说："我缺什么，就买什么吧！"

冯谖到薛国后，把所有欠孟尝君钱的人召集到一起，核对契券后，先让有偿还能力的人如数偿还，没钱偿还的，他便将契券全数收集起来，付之一炬，免掉了所有的欠款。

孟尝君见他两手空空回来了，不禁问："你给我买了什么呢？"

冯谖慢悠悠地说："你让我看缺什么就买什么，你这有用不完的珍宝，牛马成群，美女站满庭院，但唯独缺'义'，所以买了'义'。"

孟尝君很不高兴。但券已焚了，再无凭据，不得已，悻悻地说："算了吧！"。

后来孟尝君遭受厄运，因冯谖焚券市义，孟尝君在困顿之时，薛国老百姓就着实帮了他一把。这个故事的重点在"义"，但它也说明，金钱上的借贷和与之对应的债务工具，在中国早已有之。那时，作为债务金融工具的就是契券。

可以推测，孟尝君放的债，不是标准化的契约，薛地老百姓从他那里借钱，每一份契券上金额有的多、有的少，借款期限也各不相同，它是针对不同借款人而"量身定制"的金融合约。

随着金融市场的发展，标准化的债务工具也就越来越多了。标准化债务工具就是债券。债券是政府、金融机构、工商企业等机构为筹措资金而发行的，承诺按一定利率支付利息并按约定偿还本金的债务凭证。

债券也并非现代人的发明。根据戈兹曼的《千年金融史》，世界上最早的标准化债券是威尼斯债券。1171年，拜占庭捏造罪名，说是威尼斯人烧毁了君士坦丁堡的热那亚人社区,皇帝下令抓捕了首都所有威尼斯人,关进了大牢。威尼斯准备了120艘战舰去解救他们。为了筹措此次战争资金,总督维塔莱于1172年设计了一种融资方案,通过纳税册来评估公民财富,然后按比例购买债券,持有债券的人每年能得到5%的利息。尽管后来因瘟疫威尼斯不战而败,但它为世界上留下了重要的金融工具——债券。

政府债券

政府债券,顾名思义,就是政府发行的债券。国债和地方政府债券都是政府债券。国债是中央政府为筹集财政资金而发行的政府债券,威尼斯债券就是国债。国债的诞生,与战争密切相关。弗格森在《金钱关系》中甚至认为,战争一直是财政变革的原动力,也是债券市场之父。

国债是以政府税收为后盾的。在12世纪,威尼斯债券依靠的是国家对盐税的垄断,其税收收入专门用于对债务还本付息。税收在一定程度上具有可预测性,投资者通常认为,国家的信用要高于私人信用,是故,国债一经产生,便得到了迅猛发展。

现在,美国的国债规模处全球之最。汉密尔顿于1789年成功地将破产的美国13州联邦的旧债,转换为票面利率为6%的新债券。虽然后来在建立美国的银行体系方面,汉密尔顿与杰斐逊等存在诸多分歧,但汉密尔顿创造的国债体制始终没有受到影响。

尽管国债是现代金融体系中最重要的金融工具之一,但人们还是对巨额国债有所疑虑和担忧。休谟在1752年反思英国日益增长的国债时,看到"毁灭的种子……四处蔓延"。15年后,斯图亚特写道:"若不对国债的增长加以限制……我们的国民精神任其摆布而无动于衷的话,那么所有的财产、收入都会被税收吞噬一空。"李嘉图把国债称为

"耗费国力的可怕灾难……是让所有努力都付诸东流的痼疾"。

当然,更多的是对国债的支持。汉密尔顿于1781年声称:"国债若非过度,对国家是幸事,是国家有力的基石。"现代的人们则认为,国债促进了金融体系的完善,它能让投资者更好地分散风险,有助于资本形成和经济增长。历史学家则认为,国债正是英国在18世纪债台高筑,却仍取得经济成功的重要原因。

新中国成立之后的很长一段时期,我们追求的是"既无内债,也无外债",无债一身轻也是中国人的传统观念。直到1981年,我国才恢复发行国债。国债不仅仅是政府筹集资金的手段,也是政府干预宏观经济、弥补财政赤字的重要途径。当政府需要扩大支出、刺激投资以拉动经济增长之时,往往会扩大国债发行规模。虽然我国在1981年就恢复了国债的发行,但直到1994年,财政赤字一直是从中国人民银行借款或透支来弥补的,赤字与货币发行相连,很容易导致通胀。后来,我国就禁止财政从央行借款或透支,只能通过发行国债来弥补赤字。另外,若一国货币要成为国际储备货币,也需要国债的支撑。美国的国债就有超过一半是由国外政府和机构购买和持有的,现在,美国是全世界欠钱最多的国家,全靠其他国家购买其国债而没有挤兑美国的信用。

地方政府债券,指地方政府发行的债券。在美国,地方政府债券就是州政府债券和市政债券。由于担心地方政府的偿债能力,我国很长一段时间都禁止地方政府发债。2008年全球金融危机发生后,为了应对危机冲击,政府出台了大规模的刺激政策,各地方政府融资平台顺势而大量兴起,它们从银行获得大量贷款,地方政府债务迅猛扩张。2013年,审计署的审计表明,地方政府债务总额达近18万亿元,事实上无力偿还很多到期债务。

如何化解呢?我国采取了两种主要措施。一是债务置换,将原来地方政府融资平台贷款，经重新安排期限和利率，转化为可流通的标准化债券。债务置换本质上就是地方政府债务的重组。二是，"开前门、堵后门"，所谓"开前门"，就是允许地方政府公开、透明地发行债券，"堵后门"就是禁止地方政府以各种名义从银行获取贷款而增加地方债务。虽然有人戏谑，后门太大，前门太小，满足不了地方政府融资需求，但地方政府债券还是大规模扩张，就此成为我国重要的债券，而且企业和个人取得的利息收入，还免征所得税。

企业（公司）债券

非金融企业债券是由实体企业发行的债券。在维多利亚时代的投资者眼中，公司债券，尤其是铁路债券与政府债券别无二致，那时的债券圈，就是铁路信仰。《西欧金融史》一书中提到，铁路债券是"行将完婚恋人的宠物、受托人的看家手段……老派投资者的北极星"。

发行债券也成了我国非金融企业融资的重要方式。非金融企业债券被划分为公司债券与企业债券。公司债券是由股份有限公司或有限责任公司发行的债券。企业债券是由非上市公司发行的债券。我国还有一些非金融企业债券，就是中期票据，它是非金融企业在银行间市场发行的、期限通常为 5~10 年的一种债务工具。

现在债券的设计越来越复杂，这其中就含有债券投资者或发行人的不同选择权。选择权又分为认股权和赎回权或回售权。债券合约中的选择权，对债券投资的风险与收益有重大影响，这是在债券投资时需要特别小心的。

若投资者在未来特定的时间内，可按约定的价格将债券转换为标的公司的股票，这就是附认股权的债券。此类债券的票面利率通常远远低于同期其他债券的利率，投资者潜在的收益主要来自未来行使认股权或因标的股票价格上涨带动债券价格上升所带来的回报。人们最熟悉的就是可转换债券，即可按照一定条件、在一定的时间内、转换成普通股的债券。若投资者认为公司前景或股票市场行情向好，就可将债券本金按约定价格转换成公司股票，而不要求公司偿还债券本金。可转换债券在转换成股票之前，投资者只按票面利率取息，是债权人，换成股票后，就变成了股东，可分享红利，这是投资者身份的一个大变化。

可交换债券是另一种含认股权的债券，它是指甲公司将其持有的乙公司股份抵押给托管机构而发行公司债券，且在未来某个时期内，投资者可按约定条件，用持有的债券换取乙公司股权。

以宝钢股份可交换债券为例。2014年12月，宝钢股份发行了可交换债券，预备用于交换的股票标的为宝钢股份持有的新华保险A股股票，约定初始换股价格为43.28元/股。若在约定的转股期内，新华保险股价明显高于约定的换股价，投资者就会要求行权，将债券转为新华保险的股票，赚取其中的价差。2017年8月月末，新华保险股价（收盘价）为61.46元，高出换股价42%左右。投资者将债券换成宝钢股份持有的新华保险股票，收益十分可观。

债券合约中的选择权并不完全是赋给债券投资者的，它也常常赋给发行人，这通常体现为给债券发行人提前赎回债券的权利。在可转换债券或可交换债券中，它给债券投资者在约定的价格下购买股票的权利，股票行情大涨时，对债券投资者当然极有利。但债券发行人也会要求自己的一部分权利，当股票价格在连续一段交易日中高于行权价格的若干比例（通常为130%）时，它就可能在投资者尚未转股之时，提前赎回债券而不给投资者转股的机会，这可能给债券投资者带来巨大的风险（损失）。

赎回权是对债券发行人的一种利益保护机制，投资者忽略了这一点,就可能承受巨大的损失。2020 年 5 月 6 日,泰晶科技行使提前赎回权,引发了债券市场的暴跌。该公司称,连续 30 个交易日中,至少有 15 个交易日收盘价不低于"泰晶转债"转股价格的 130%,已触发赎回条款。

为什么它宣布提前强制赎回,引发了暴跌呢?

原来,当日泰晶转债收盘价约为 365 元,转股溢价率高达 170.83%。一般而言,当发行人公告强制赎回决定后,投资者的选择无非有 3 种:卖出、转股或等待被强制赎回。若选择转股,以当日的债券价格算,盈亏平衡的正股(泰晶科技)价格需高达 65.32 元,可当日其股票收盘价仅为 24 元左右,投资者要达到盈亏平衡,需要其股票价格至少连续 10 个涨停。这几乎是不可能的。在强制赎回时,赎回方式通常为 100 元面值 + 应计利息,可转债的票面利率偏偏又非常低,这就意味着,365 元的收盘价相对于被强制赎回所能得到的金额,亏损幅度将超过 70%。转股无望、被强制赎回面临更大亏损,结果,投资者只能在二级市场疯狂抛售,次日开盘仅仅 3 分钟,泰晶转债价格跌去 48%!

金融债券

由金融机构发行的债券,统称为金融债。一提起金融机构,人们首先想到的是,金融机构那么"有钱",还需发债?

实际上,金融机构不仅需要发债,而且发了不少债券!

在 20 世纪 70 年代,美国商业银行发行的债券,就占据了美国债券市场很高的比重。为什么会这样?就是因为,在 20 世纪 70 年代,美国的滞胀导致了市场利率大幅攀升,但商业银行受制于美国的银行法,存款利率并不能随市场利率上升而上升。结果,人们纷纷将存在银行的钱取出来,投资于其他金融产品,这种现象被称为"脱媒"。

于是，美国的商业银行就发行了大量债券，其利率不受银行法的制约。

在中国的债券中，由金融机构发行的占比超过了20%，其中，占绝大比重的又是政策性银行债券，即由国家开发银行、中国农业发展银行和中国进出口银行发行的债券。由于这3家政策性银行不能吸收公众存款，就主要靠发行债券来筹资。商业银行债券包括同业存单、普通商业银行债券和为补充资本金而发行的债券。同业存单就是银行向其他金融机构发行的，期限都在1年以内的债券。商业银行常常为了补充资本金而发行债券，就叫资本补充债券，主要有商业银行次级债券、混合资本债券、可转换债券、永续债券等。

银行发行的可转换债券和永续债券，与非金融企业发行的这两类债券没什么实质差别。次级债券和混合资本债券是比较特别的债券。次级债券是指固定期限不低于5年（包括5年），除非银行倒闭或清算，不用于弥补银行日常经营损失，且索偿权排在存款和其他负债之后的商业银行长期债务。混合资本债券所募资金可计入银行附属资本，当银行倒闭或清算时，其清偿顺序列于次级债券之后，先于股权资本。混合资本债券的期限很长，都在15年以上（含15年），而且发行后10年内不得赎回。当银行倒闭或清算时，清偿顺序列于商业银行发行的长期次级债券之后，先于商业银行股权资本，足见混合资本债券是银行对外债务中风险最高的。

企业所有权的证书：股票

改革开放初期，中国人都对股票感到很陌生，但现在已是家喻户晓了。股票，就是由股份公司发行的，代表对公司所有权的凭证。

根据戈兹曼《千年金融史》，股份公司最早可追溯到罗马共和国时期。后来的发展虽然缓慢，且不成规模，但它一直伴随着欧洲经济演进。在法国图卢兹，有4个合伙人出资，于1138年在巴扎克勒建造了磨坊，按各自的出资比例（股份）分享收益，它是第一个具有现代股份制特点的公司。到1372年，12家磨坊企业进行了合并，合并后的企业叫荣耀巴扎克勒，原来小磨坊的股东，就将其所持股份转换成了荣耀巴扎克勒的股份。它每年都召开股东大会，公布详细的账目，股票还可自由转让，持有者承担的责任是有限的。法庭将荣耀巴扎克勒视为与股东和管理者相互独立的法人实体，可拥有资产并以它的名义签订合同，这样，它就超越自然人的有限生命而可以持续存在。

现代股份公司则是为适应远洋贸易长期、巨额资金之需而产生的。典型的是东印度公司。1581年，英国成立近东公司，获准与土耳其通商。1599年诞生了东印度公司，于次年获得伊丽莎白一世的特许。其第一个协定只是一次航行，返航分配利润后，特权就终止了。根据金德尔伯格的《西欧金融史》，1613年，它为4次航行筹集到了42.9万英镑；1617年又筹集了170万英镑供7次航行之用，而且有934名股东。英国、法国早期股份公司经营的特许权，都是有期限的，不过，可以申请延长特许期。

第一家永久性股份公司是1602年成立的荷兰东印度公司，它是由多个投资者共同出资，为赞助到亚洲的探险活动而成立的贸易垄断组织。它的章程规定，投入的资本要锁定10年，且只有当利润超过投资的资本时，才可分红。为了补偿投资者长期资本的投入，章程规定，人们可自由买卖所持股份。德拉维加在《乱中之乱》中，记录了其股票买空卖空交易、看涨看跌期权投机技巧，这意味着，阿姆斯特丹在17世纪就有了全球最复杂的金融投机技术，即使东印度公司没有现代企业的全部特征，但为股票交易而成立的阿姆斯特丹交易所，无疑是一个重大的金融创新。

随着运河和铁路热潮的兴起，股份公司的创立和发展逐渐进入了前所未有的新高潮。铁路和运河都是资本密集型的，不仅需要大量的资本，而且投资和回收期都特别长，对更长期限的融资工具有着特别的需求，于是，催生了流通股、优先股和公司债券等新的金融工具。1886年后，流通股不断增加，但这被杰弗里称为"最要不得的金融手段之一"。在他看来，人们购买股票，只不过是待上涨后抛售，是徘徊在市场上空的鬼魂。显然，杰弗里没有认识到股票可随时变现的意义和社会价值。

股票是公司部分所有权的证书，而不是你在电脑或手机终端看到的代码。投资者持有的股票，就是对该公司按股份享有部分所有权的凭证，所以可以分享公司利润。更现实的例子是，假若你购买了工商银行的股票，那你就成为它的所有者之一。若企业经营得当，有不断增长的利润，投资者便可依股票的份额分享其红利。当然也要承担相应的风险，若企业经营不善，投资者就要遭受相应的损失。因此，股票就是对作为法人存在的公司的所有权的分割，它与企业共存亡。

典型的股票为普通股。普通股代表了对公司资产的剩余索取权，普通股股东有权获得公司偿清所有债务以后的剩余资产。若张三持有普通股的一家公司在破产清算时，卖出了所有的资产，在偿付所有债务后还有剩余，那他就可按持股份额获得剩余资产。在中国股市中曾红极一时的乐视网，因巨额亏损而退市，就连许多专业的机构投资者也深陷其中。但投资者承担风险的责任是有限的，若公司被清算，卖出资产的收入又不足以偿还公司所有债务，那债权人不能向股东要求更多的钱，这为人们投资于自己并不直接控制或经营的企业提供了强大的激励。

既然普通股的风险那么高，为什么还要持有普通股呢？这是因为，若公司前景很好，投资者就可分享公司成长的利润。随着利润的增长，股票价格也会水涨船高，给投资者带来超乎想象的高额回报。像微软、

IBM、苹果这些知名的国际大公司，在过去 30 多年的时间里给其普通股股东带来了数百倍甚至千余倍的回报。国内明星公司贵州茅台上市后不到 20 年，股价最高时也上涨了 500 余倍，那些耐心的投资者赚得乐开了花。

除了普通股，还有一种股票，就是优先股。既然被冠以"优先"二字，那它"优先"在哪呢？

优先股能先于普通股，以高于债券利率的优先条件，分享公司经营利润。通常而言，优先股按约定的股息率在固定日期支付股息，这一点与债券极为相似。当然，它的约定票面股息率是可以调整的。2015 年 3 月浦发银行的优先股初始票面股息率就为 5.5%，然后以 5 年为一个股息率调整周期，在每个周期内，每年以约定股息率支付股息。由于优先股按约定股息率取得回报，一般不享有公司利润增长的收益。当公司破产清算时，优先股股东也会优先于普通股股东而按份额获得清偿。可见，普通股和优先股本质上是对收益和风险的不同分割。那些追求以成长性、高收益为目标的投资者，就会偏爱风险更高的普通股；那些钟情于收益相对稳定的投资者，就会偏爱风险相对低一些的优先股。

作为一种金融工具，股票通常具有以下几个特点。

第一，期限永久性与流通转让性。股票是一种无偿还期限的证券，投资者认购股票后，不能退股或要求偿还本金。投资者需要变现，就只能到二级市场卖给他人，这就是流通转让性。股票的转让只意味着公司股东的改变，并不减少公司资本。只要公司存在，其发行的股票就存在，股票的期限等于公司存续的期限。

第二，决策参与性。股东有权出席股东大会，选举公司董事会，参与公司重大决策，持有股份达到一定比例的投资者，可向股东大会提交议案，这些都是《公司法》赋予股东的权利。但股东参与公司决策是"一股一票"原则，投票权的大小，取决于所持股份的多少。持有股份越多，投票权就越大，在公司决策中的"话语权"就越大，我们常说的"小散"，对公司决策实际上是没什么影响的。可见，股份公司的投票权是按资本实力说话的。

第三，有限责任。股票持有者对公司的责任只以其购买股票时投入的本金为限，即便所投资的公司资不抵债，股东也不会以其他资产承担连带责任，因此，投资于股票所承担的最大风险损失，就是购入股票所花的本金。与之相反的是无限责任。中国人把欠债还钱视为天经地义，"父债子还"，实际上就是无限责任。有限责任是人类经济社会的一项伟大发明，无限责任则打击了把钱转给更有创造力的人去使用的积极性。

第四，剩余分配权。当公司在支付了工资、偿还贷款本息、缴纳了各种税收、提取各种公积金后，若仍有大量盈余，那就可以当作股利分配给股东。比如，贵州茅台在2001年上市，截至2019年，累计向股东分派的现金股利就高达757亿元。当然，并非所有公司都能像茅台那样有很强的盈利能力，相反，出现巨额亏损的公司也并不鲜见。在极端情况下，若公司经营不善而遭破产清算，那么，只能在清偿所有的债务之后，还有剩余，才能供股东索偿。简言之，就是公司经营得好，股东就可享受美味大餐；反之，股东在索偿上就只能是剩菜残羹了。

股票的上述重要特点，使它特别适合于创业和创新型企业的融资。一国支持创新、创业的股票市场发展程度，在相当程度上影响甚至决定了该国所能达到的创新的高度和普及度。《变化中的资本主义》高度颂扬股份公司，认为它是"支配文明生活的主流制度"。股份公司代表着"人为实体"的观念，作为纯粹的法律创造物，超越了对自然人的道德和法律约束。美国工人运动领袖德布斯说，它既没有肉体也没有灵魂，既不能朝它的屁股踢一脚，也不能"放火把这该死的东西烧掉"。这或许正是股票和股份公司的生命力所在。作为一种灵活的经营形式，它能够通过建立起企业利益的联系，取代非正式个人关系的纽带，极大地带动资本形成，促进技术进步和生产力提高，而实际收入、需求和生产也相应有所上升，老百姓的生活迅速得到了实惠。

收益共享，风险共担：证券投资基金

股票和债券都是企业筹集资本的工具，企业将其所筹集的资本投入生产循环之中，生产出产品或服务，创造新价值。证券投资基金则是集合理财金融工具，基金公司本身不从事任何生产，它是将分散的小额资金集中起来，组成规模较大的资金，然后投资于各类有价证券。其最大的特点就是收益共享，风险共担。收益共享，是指证券投资基金获得的收益，要由基金投资者一起，以各自持有的份额按比例分享；风险共担是指，证券投资基金投资遭受损失时，也要由所有的基金投资者一起按比例承担。

封闭与开放式基金

证券投资基金可谓五花八门，不同类型的基金，收益、风险悬殊，这是在投资理财中需要特别注意的。按照基金份额是否可以变化，证券投资基金分为封闭式和开放式基金。

封闭式基金是在存续期内，基金规模既不能扩大，也不能减少的证券投资基金。基金投资者只能在二级市场转让，投资者的买卖并不会改变基金总份额。由于在存续期内，基金总份额不变，基金公司面临的流动性压力就大大地减少了。不过，现在，纯粹的封闭式基金已经基本没有了。

开放式基金的规模在其存续期内可变动的。假设基金投资者购买了某只开放基金后，赎回了100万份，那么，基金份额也减少了100万份。相反，若基金投资者原来没有购买该基金，也可在交易日购买（申购），若购买了100万份，基金份额也增加了100万份。

与封闭式基金不同的是，传统开放式基金不能在证券交易所交易，需要变现时，只能按照当天的净值赎回。但现在越来越多的开放式基金是可以在交易所交易的，这就是交易所交易基金。上市交易的开放式基金日渐增多，而不能交易、只能通过赎回才能变现的开放式基金则在不断减少。

交易所交易型开放式基金包括 LOF、ETF 和分级基金。LOF 即上市基金，投资者既可在指定的营业网点申购和赎回基金份额，也可在交易所买卖基金份额。LOF 可有不同的投资组合和投资风格，有主动、积极型的 LOF，也有消极、被动型的 LOF。ETF 即交易所交易型基金，一般是完全复制某种证券指数构成权重，进行资产组合的一种特殊开放式基金，它在投资风格上就是被动 LOF。分级基金又叫"结构型基金"，是在一个投资组合下，通过对基金收益或净资产的分解，形成两级（或多级）风险收益表现有明显差异的基金份额。分级基金子基金一般也可在证券交易所买卖。

不同投资范围的基金

证券投资基金募集后，要在股票、债券等金融资产之间进行投资组合。不同证券基金，其投资组合会有非常大的差异。于是，基金又分为股票基金、债券基金、混合基金、基金中的基金和货币基金等。

◎股票基金

股票基金就是指将募集的资金专门投资于股票的基金。中国的股票基金有80%左右的资产是配置于股票的，配置于债券、现金、其他资产所占的比重非常低。不过，并非将所有募集的资金投资于股票的基金才叫作股票基金。实际上，在监管上，只要60%以上的资产配置于股票的，就被视为股票基金。

按照持有股票的风险差异，股票基金又有价值型基金和成长型基金之分。价值型基金就是主要投资于低市盈率股票的基金，在它的投资组合中以价值增长类股票为主，更注重风险控制，追求资产的稳定增值。相对于其他类型的股票基金，价值型基金的风险小一些，但收益也相对稳定。成长型基金，即以追求长期资本利得为主要目标的互助基金，为了达到这个目的，它主要投资于未来具有潜在高速增长前景的公司股票。由于这类公司处于高速发展期，它们很少支付红利，同时，未来有很大的不确定性，也难以判断公司高速成长的持续性，因此，成长型基金的风险相对高一些。

尽管股票基金通过组合投资可分散一些非系统性风险，但依然面临宏观经济环境、监管政策等变化所带来的风险，股票基金的表现在不同周期波动中相异悬殊。在市场行情好的时候，股票基金可能带来非常高的回报，但在行情下跌或低迷之时，股票基金则可能会遭受非常大的损失。而且，由于股票基金的投资风格、基金经理人择时能力的差异，不同股票基金的业绩表现也相异悬殊。

◎债券基金

债券基金是将发行基金份额募集的资金，主要投资于各类债券的基金。在相当程度上，债券基金等同于收益型基金。收益型基金就是以追求固定收益为主要目标的共同基金，为了追求较稳定的收益，它主要投资于各种类型的债券。

按所投资的债券种类不同，债券基金又有多种。政府公债基金主要是投资于国库券等政府债券。市政债券基金主要是投资于地方政府债券。公司债券基金则主要是投资于各类企业发行的债券。还有可转换债券基金，它们将资产配置于可转换债券、可交换债券等。注意，在这些债券基金中，可转换债券基金的表现与股票市场紧密联系在一起，股市行情好的时候，可转换债券基金的收益也非常可观，但股市行情大跌之时，可转换债券基金就可能遭受巨大亏损。

根据中国证监会对基金的分类标准，基金资产 80% 以上投资于债券的为债券基金。债券基金也可有一小部分资金投资于股票市场，还可投资于可转换债券、申购新股等。通常，债券为投资者提供固定的利息，到期还本，风险总体低于股票，所以，相比于股票基金，债券基金收益要稳定一些、风险相对较低，但并非百分百的安全。

债券基金可使普通投资者方便地参与银行间债券投资。老百姓不能直接参与银行间市场的交易，但购买债券基金则可突破这一限制。在股市低迷时，债券基金的收益较稳定，受市场波动的影响较小。当然，这也决定了债券基金的收益受制于债券的票面利率和市场利率，不会太高。在股市高涨之时，债券基金收益就会比股票基金低得多。虽然债券基金的收益相对稳定，但在债券市场出现波动的时候，还是有亏损的风险。2016 年 11 月份之前的 10 个月里，中国的债券基金获得了可观的收益率，但随之而来的是债券市场大幅下跌，回吐了大部分收益，有的甚至还出现了亏损。

◎混合基金

混合基金，即同时投资于股票与债券的基金，混合基金的风险较股票基金小，收益较债券基金高。根据投资组合的差异，又可进一步区分为偏股型基金和偏债型基金。

偏股型基金，即将资产主要配置于股票等风险相对较高资产的混合基金。偏债型基金就是将资产主要配置于债券等风险相对较低、收益相对较低资产的基金。混合基金的风险低于股票基金,预期收益则高于债券基金。它为投资者提供了一种在不同资产之间进行分散投资的工具,比较适合较为保守的投资者。

混合基金还包括保本基金和平衡基金。

保本基金在一定期间内,对所投资的本金提供一定比例的保证,基金利用孳息或是极小比例的资产从事高风险投资,将大部分的资产从事固定收益投资,使得基金投资的市场不论如何下跌,不会低于其所保证的价格,达到"保本"作用。一般来说,保本基金将大部分资产投资于固定收益债券,以使基金期限届满时支付投资者的本金,其余资产约15%~20%投资于股票等工具来提高回报潜力。当然,这里的"保本"并不是绝对的,并不会像购买国债或银行存款那么安全。保本基金通常有"保本周期",在保本周期结束后,它可能转型为其他类型的开放式基金。

平衡基金分散投资于股票和债券,且根据股票市场行情的周期变化灵活调整在股票与债券等安全性资产之间配置比例的基金,以期在资本成长与固定收益间求取平衡。通常,当基金经理不看好股票后市时,会增加安全性较强的债券投资比例;当看好后市时,则会增加资本利得机会更高的股票投资比例。

◎基金中的基金

股票基金、债券基金和混合基金,是传统的三大基金。投资者要从众多股票与债券中挑选出好的股票与债券,并不是容易的事,所以就购买基金,把自己的钱交给专业的基金经理去打理。但关键在于,基金经理的业绩表现差异很大,良莠不齐,还可能存在利益冲突,况且,现在的基金数量也不比股票或债券少,要挑选出好的基金同样不是容易的事，于是，就产生了基金中的基金。

基金中的基金，就是我们经常听到的"FOF"，它是以基金为投资对象的基金。一般的基金以股票、债券等为投资对象，而基金中的基金投资对象是其他基金。它为投资者进行基金的组合配置和管理，免去了普通投资者为选择基金苦苦思量的过程。

如果说股票、债券和混合基金是对投资进行的第一轮分散化，那么，基金中的基金就是对投资进行的第二轮分散化，这相当于对分散投资提供了双保险。当然，投资者若以分散投资为目的，选择基金中的基金时，应当考察其组合分散情况，观察是否有风格的重复，也要考察基金经理的个人专业素质和品行。不过，基金中的基金也存在缺点，即双层费用，投资者在购买时，需要支付基金中的基金的管理费，而其基金经理再去购买其他基金时，同样会支付相应的管理费。

◎货币基金

20世纪70年代初到80年代，美国处在经济衰退而通胀较高的滞胀中。当时，美国对银行存款利率进行管制，居民存款利率一直低于通胀率。为了应对不断上升的通胀对利率的蚕食，鲁斯·班特在1970年创立了名为"储蓄基金公司"的共同基金，并于1971年获得美国证券与交易委员会认可。1972年10月，它购买了30万美元的高利率定期储蓄，同时以1 000美元为投资单位，出售给小额投资者。就这样，全球第一个货币基金诞生了。

货币基金，就是由基金管理公司通过发行基金份额，将分散的众多小额资金集中起来，聚沙成塔，汇成数额大的资金库，然后专门投资于货币市场工具的开放基金。在我国，它的投资范围主要包括：剩余期限在397天以内的债券、债券回购、银行背书的商业汇票、定期存单和大额可转让存单等。但它们不得投资于股票、可转换债券、剩余期限超过 397 天的债券和信用级别在 AAA 级以下的企业债券。

可见，它投资的范围都是一些安全性很高、风险低和收益稳定的品种。对于很多希望回避证券市场风险的企业和个人来说，货币基金是一个天然的避风港，在通常情况下，既能获得高于银行存款利息的收益，又保障了本金的安全。货币基金凭借其较高的安全性、相对稳定的收益率，获得了"准储蓄"的美誉。但通常情况下，也不要指望它能带来超过 5% 的年化收益率。

指数基金、ETF 与分级基金

◎指数基金

指数基金，就是跟踪和复制某一特定的指数进行投资组合的基金。与其他基金不同之处在于，指数基金拟合目标指数来构建投资组合，以取得市场平均回报。与其他基金试图跑赢大市、追求高于市场回报率的"主动管理"相比，指数基金属于被动投资，也称为被动管理型基金。指数基金自 20 世纪 70 年代在美国出现后，就受到广大投资者的青睐，逐渐成为成熟市场主要基金品种之一。指数基金的发展，受到了有效市场假说（将在第七章介绍）的深刻影响，该假说认为，在有效市场中，资产价格是随机游走的，再聪明的投资者，也无法超前行动而打败市场。指数基金独特的优势在于，它仅以市场指数为目标，排除了主动选择个股和入市时机的管理风险（比如老鼠仓），通过充分分散投资和较低费用，可使风险分散并取得合理的投资收益，适合那些愿意分享证券市场成长的投资者。

◎ETF

ETF 是开放式基金的一种特殊类型，投资者既可在二级市场买卖

ETF，又可向基金管理公司申购或赎回 ETF。ETF 在交易所上市，在开市时随时交易。

ETF 将指数证券化，投资者不用以传统方式直接投资一篮子股票或债券，而是通过持有包括指数标的股票或债券的受益凭证来间接投资。ETF 以持有与指数相同的股票或债券为主，分割成众多单价较低的投资单位，发行基金份额。ETF 将指数的价值由传统的证券市场涨跌指标，转变成具有流动性的证券，指数变动的损益直接反映在 ETF 价格涨跌中。ETF 投资组合通常完全复制标的指数股票或债券，其净值表现与盯住的特定指数高度一致。ETF 是指数化投资组合，属"被动管理"，它不追求打败指数，而在于追踪指数获得收益。

◎分级基金

分级基金又叫"结构型基金"，它是在一个投资组合下，把基金收益或净资产加以分解，形成两级（或多级）风险收益有明显差异的基金份额。我国的分级基金一般是将基金产品分为两类份额，如 A 份额和 B 份额（不同分级基金对 A、B 份额有不同的称呼），并分别给予不同的收益分配和风险承担机制。

分级基金的净值收益其实都来自母基金，只是把母基金的总收益按照一定规则分配给旗下的子基金。简单来说，分级基金只是收益或风险再分配的过程。根据收益分配机制，A 份额一般都获得约定的收益，母基金所取得的剩余收益，全部由 B 份额享有，不过，若出现了亏损，也基本是由 B 份额来承担。

因此，分级基金的实质，可以看成 A 份额投资者将钱"借"给 B 份额投资者，A 份额投资者获得"利息"，B 份额投资者则在支付 A 份额"利息"后，获取剩余投资收益。在母基金的收益率高于支付给 A 份额的收益率时，由于杠杆的影响，B 份额的收益率会显著高于母基金和 A 份额的收益率。反之，若母基金出现了亏损，B 份额的损失也要被成倍地放大。

风险的买卖：金融衍生工具

像股票、债券、存款等这些都是原生金融工具，或叫基础金融工具，它们的主要职能是把储蓄转化为厂房、机器设备等方面的投资，或用于债权债务清偿的凭证（如票据）。与此对应的是包括期货、期权等在内的金融衍生工具，它们的主要功能是管理与基础工具相关的风险。默顿·米勒盛赞衍生工具革命，他说，"衍生工具的应用使得企业和机构能够高效和低成本地应对曾经困扰它们数十年，甚至几个世纪之久的风险"。不过，巴菲特说："衍生工具是交易者和经济体系中的定时炸弹。"

锁定未来的价格：远期与期货

◎远期

远期合约是最早的衍生工具，其起源可以追溯到古印度（公元前 2000 年）和古巴比伦（公元前 1894 年—公元前 1595 年）。根据《美国金融史》，大约在 4 000 年前，美索不达米亚地区就应用了期货合约。奴隶售卖活动可以实现远期交割，买卖双方通过交割银币来结算，而不必实际交付奴隶。公元前 2000 年的巴林岛，商人带着货物清单，并用它们来交换印度的其他商品。在中国，种植大米的农民会提前出售自己生产的大米，在公元前 1200 年，这类商品市场在埃及、阿拉伯和印度都已存在。

在中国历史上，最著名、最大金额的一笔远期交易，是在刘邦与项羽之间达成的。当时，刘邦与项羽约定，先入关中者为王。这其实就是一份远期合约。只不过，这份远期合约没有具体履约日期，它取决于，刘邦与项羽谁先入关中灭掉秦朝，履约金额就是"整个江山"，你说还有哪笔交易金额如此之大？若刘邦先入关中，那项羽就要履行义务，俯首称他为王；反之，则刘邦就要俯首称项羽为王。在权利和义务上，这是一份双方对称、平等的合约。

这份合约最大的意义就在于，无论是对刘邦还是对项羽，都提供了最大的激励去消灭秦朝。众所周知，刘邦先于项羽入关中，灭掉了秦，但项羽拒不履行约定的义务，导致发生了鸿门宴、四面楚歌等历史大戏。刘邦与项羽之间的约定，包含了现代远期合约的诸多基本要素。

在此，有必要先介绍另外几种常见交易方式：现货交易、赊购（销）和预售。弄清了这几种交易方式，就可以更好地理解远期与期货了。

人们在日常生活中，绝大多数交易都是现货（即期）交易，"钱货两讫"，也就是一手交钱、一手交货。在商场购物、菜市场买水果等，付了钱，把东西拎走，都是典型的即期（现货）交易，交易完成，就两不相欠。

另一种交易方式是赊购（销），买卖双方达成交易后，卖方立即将商品交给买方，但买方并不立即支付货款，而是约定若干时日后再支付，这样，就对买卖双方分别形成了"应付账款"和"应收账款"，构成了买家对卖家的债务。

与赊购（销）相对立的是预售，也就是买方事先向卖方支付货款，卖方在约定的未来日期再将商品交付给买方。对老百姓来说，买房、买大件家具，通常都是这种交易方式，比如，你在签订购房合同后，很快就支付了房款，但开发商要在两年后才会把钥匙交给你。预售对买卖双方就分别形成了"预付账款"和"预收账款"。可见，在赊购（销）、预售中，买卖双方必有一方在合约生效时（或很快）就履行了义务，而另一方则是在未来约定的日期履约。

远期合约是怎样的呢？

举个不太现实的例子，假设今天你与开发商签订了一份购房合同，约定以每平方米2万元的价格购买一套150平方米的房子，先交纳60万元（合约金额的20%），2年后你再向开发商支付剩下的240万元，同时开发商将钥匙交给你。这样，原来的房屋预售就变成了远期交易。

你发现它与预售（订）有什么区别了吗？在这个假想的房子远期交易中，把买卖双方的履约义务都推迟到了2年后同时履行。2年后的那天，叫履约日；现在约定的每平方米2万元是履约价格；约定的房款240万元，就叫履约金额。

因此，远期合约实际上是赊购（销）、预售交易方式的进一步发展，交易双方事先约定交易的产品、数量和价格等，但约定在未来某个日期双方再同时履约的合约。

金融领域的远期交易主要有远期利率协定和远期外汇交易等。这里，仅以远期利率为例。

假设你是公司财务经理，3个月后公司将借款5 000万元，市场利率现在为5.25%，但你预计3个月后利率可能上升到5.75%。同时，有A银行预计3个月后利率可能会降到5.00%。这表明，你和银行之间对未来利率走势的判断出现了分歧。

为了规避利率上升的风险，你就可与某银行签订一份远期利率协定，约定在3个月后以5.25%的利率从该银行借入5 000万元。若3个月后，市场利率升到了5.75%，由于事先与该银行签订了远期利率协定，你就可以5.25%的利率为公司借入资金，成功通过远期利率合约规避利率上升的风险。反之，若市场利率没有像你预期的那样上升，而是下跌到了 5.00%，那你也必须以 5.25% 的利率借入 5 000 万元。由此可见，该银行就通过远期利率协定规避了利率下降的风险。

因此，对市场参与者而言，远期利率协定可以有效锁定利率。若未来利率下降了，远期利率协定的买方必须补偿卖方，他就得不到利率下降带来的任何好处。同样，若未来利率上升了，卖方就必须给买方补偿。

◎期货

远期交易是非标准化的场外交易，寻找到期限、数量（金额）相匹配的交易对手，可能需要耗费较高的成本，在市场出现不利于一方的变动时，交易对手还可能不履约。刘邦与项羽的故事就说明了，交易对手违约带来的巨大代价，项羽最终在乌江自刎，也说明了不讲信用最终会付出沉重的代价。

为了克服场外远期交易的诸种弊端，远期合约就演变成了场内期货。

期货是买卖双方事先就交易的商品数量、质量等级、交割日期、交易价格和交割地点等达成协议，在约定的未来某日进行实际交割的一种契约。本质上，期货就是远期合约。其中，商品的质量等级和交割地点是由期货交易所指定的，在实际的交易中，买卖双方只能选择交易的数量、合约月份，选择了合约月份，也就选择了相应的交割日期。

期货有以下几个方面的基本特征。

首先，期货是在有组织的交易所交易的，属于场内交易，以公开竞价的方式交易，而不是私下签订合约。交易者必须按期货交易所的要求，在账户上拥有足够的保证金。若保证金不足，就要被强制平仓，这就避免了场外远期交易中交易对手拒不履约的风险。

其次，期货是标准化的合约。每一份期货合约都有固定的金额、交割时间、交割期限等，期货交易者无法自行决定或修改。比如，我国的黄金期货交易，每一手的交易单位是1 000克，你不能买500克或1 600克，只能以1 000克的倍数买卖，这就是标准化的交易单位。在合约月份最后交易日没有平仓的，就得进行实物交割，黄金期货的标准质量要求是，含金量不小于99.95%的国产金锭，或经交易所认可的伦敦金银市场协会（LBMA）认定的合格供货商或精炼厂生产的标准金锭。

再次，期货交易的目的不是为了获得实物商品，而是为了转移有关商品的价格风险，或赚取买卖差价收益。实际上，期货的一个重要作用，就是对冲风险。为什么期货有这个功能呢？我们知道，现在的股票、债券或基金主要是单边交易，只能先买入，再卖出。比如，一位叫"想赚钱"的投资者要在股市上有所斩获，就只能依赖股市的上涨。在股市下跌的时候，他只能聪明地先清仓以规避损失，但不能在下跌的行情中获利（虽然现在有融券业务，先借入股票卖掉，但实际可融得的证券极少）。

但期货是可以双向交易的。假若"想赚钱"觉得行情要上涨，那他就可以像买入股票一样，先买入期货合约，这叫买入开仓。若期货价格上涨了，他要获利了结，就如数卖掉原先买入的期货，这就叫卖出平仓。这跟买入股票，待股价上涨后再卖掉获利，没有区别。

但是，期货让"想赚钱"在下跌的行情中也能赚钱。若他认为期货价格要下跌了，他账户里原本没有期货合约，他事实上也可以先卖出一定的期货，这叫卖出开仓。他料事如神，期货价格真的下跌了，他再如数买回对应的期货合约，获利了结，这叫买入平仓。

正是这样，人们可在期货市场上买进或卖出与其所持产品数量相当，但交易方向相反的期货合约，以期抵偿现货市场价格变动带来的实际价格风险,这就是风险对冲。

最后,杠杆交易。用少量资本做成大量的交易,是期货交易的一大特点,像黄金、国债期货,它们的杠杆率可能达到50倍。当然,这也意味着,期货价格一个小的不利变动,都可能带来巨大的损失。

当然,在期货交易中,会面临各种风险,如价格风险、爆仓、操作风险。由于期货的杠杆性,微小的价格变动可能造成权益的重大变化,在价格波动很大的时候,损失会超过投入的本金。由于期货交易实行每日无负债的制度,若市场价格出现了与预期相反的变动,投资者保证金账户中权益为负值,这就是爆仓。若张三经常满仓操作,那他可能会经常面临追加保证金的压力,若没有在规定的时间内补足保证金,交易所就会强制平仓。当然,和其他市场活动一样,交易系统等可能出现技术故障,导致无法获得行情或及时交易,都可能会造成损失,期货交易中的"乌龙指"[①]事件也不少。

给你一个自由选择权:期权

"期权"一词听起来是不是过于专业?但在我们的日常生活中,经常不自觉地在应用期权。就与我们的关系而言,期权更甚于期货。期权的别称叫"选择权"。举例来说,刚毕业的张三打算在单位附近租一套房子,与房东约定了租金,虽然他比较满意,但还想再找找租金更合适的房子,因此他并没有急于签订租赁合同。于是,他向出租人交纳1 000元定金,房东为他保留房子一个星期。这个例子,实际上就包含着期权的原理。若在一周之内,张三没有找到更便宜的房子,就以约定的租金租下此房,这个租金,就是他的履约价格;支付的定

[①] 乌龙指,是指交易员、操盘手等在交易的时候,不小心输错了价格、数量、买卖方向。——编者注

金，实际上是房东为他保留一个星期房子而支付的权利金。

正因为期权与我们的日常生活存在密切的关系，所以，期权历史已经非常悠久了。在亚里士多德的《政治学》中，就描述了泰勒斯的期权交易。泰勒斯是一位哲学家，他预先支付一笔定金后，在橄榄成熟时以事前约定的价格租用橄榄油压榨机。

泰勒斯所购买的就是橄榄油压榨机期权，因为若在收获期，橄榄油价格下跌了，他就放弃定金，不压榨橄榄油。实际上，他对橄榄价格进行了非对称性赌博，若橄榄油价格超过他的预期，那他就获得了超额收益；若橄榄油价格过低，那他的损失至多不过是已经付出的定金。实际上，橄榄价格如泰勒斯所预料的那样上涨了，由于他在希俄斯和米利都的所有橄榄油作坊都下了定金，而且他约定的租金都很低，他赚得盆满钵盈。

现在设想一个与金融有关的例子。假设益智公司当前股票价格为15元，张三认为，它的发展前景良好，6个月后可能会上涨到22元，但他又不敢肯定。

于是，张三和小王做了这样一笔交易，以每股1元的价格从小王手里购买了一份看涨期权，约定6个月后张三从小王手里以每股17元的价格购买1万股益智公司的股票。若6个月后，它真的上涨到了22元，那么，张三行权，以每股17元的价格从小王手里买入，然后以每股22元的价格卖掉。执行这一权利后，张三每股就获得4元的毛利。

实际上，6个月后，只要益智公司的股票价格高于事先约定的价格（17元），张三行权都是有利的。当股票价格高于18元（约定价格+权利金），行权就能赚取一定利润。

反之，若6个月后益智公司的股票价格出乎所料，低于17元，比如说，跌到了每股12元，张三就不必行权了，这时，他所损失的，也就只是购买期权时的1万元支出。注意，在这里，张三买入的是看涨期权。看涨期权也叫买入期权，是指期权的买方以一定的权利金为代价，获得在未来约定的时期内，以约定价格购买该标的产品的权利。

在上面的例子中，若张三认为益智公司的股票价格在6个月后不是上涨到22元，而是会下跌到11元，有没有办法来规避这种损失呢？

实际上，张三可以购买看跌期权。看跌期权也叫卖出期权，是指期权的买方预期某种产品的价格将会下跌时，就以一定的权利金，购买在未来约定的时期内以约定的价格卖出该种产品的权利。看跌期权可以管理价格下跌的风险。

假设张三和小王的这份期权合约的主要条款为：每股股票的权利金为1元，履约价格为15元，期限为6个月。

若6个月到期时，虽然该股票的价格没有张三预料的那样跌得多，但还是跌到了13元，明显低于履约价格，那张三就可执行看跌期权，以13元的价格在现货市场上买入1万股益智公司的股票，同时以约定的每股15元卖给小王。行权后，扣掉原来付出的权利金，张三每股赚得1元。实际上，只要益智公司的股价跌到了约定的履约价格（即15元）以下时，张三执行看跌期权，都是划算的。

可见，期权就是事先以较小的代价购买一种在未来约定的时期内以约定的价格买入或卖出某种产品的权利。其中，购买这种权利所费的代价就是权利金，而未来买入或卖出某种标的产品的价格，就是履约价格。

从上面张三与小王的两个不同交易方向的例子中可以看出，买入看涨期权有利于规避价格上涨的风险；买入看跌期权，有利于管理价格下跌的风险。与利用期货对冲风险不同，期权不是通过"锁定"未来价格，而是通过执行或放弃行使权利的选择来达到规避风险的目的。若市场变动使得有权利的一方能够获利，他可选择行使期权，并获得收益。倘若市场变化与预测相反，有权利的一方便可放弃权利，最大损失不过是有限的权利金。

注意，期权与期货都具有极强的时间约束。若过了约定的时期，期权的买方没有及时行权，那他所有的权利也就作废了。"有权不用，过期作废"，用在期权上，是再恰当不过了。

期权在履约时间的安排上，可能有非常大的差异。按照履约时间的不同，期权分为美式期权和欧式期权。美式期权是指期权的买方可在期权到期日以及之前的任何时间里行权的期权。欧式期权只能在期权的到期日行权。可见，不要望文生义，认为美式期权是美国的期权，欧式期权是欧洲的期权，它们与地理名称无关。

期权类似于保险，事先以既定的代价转移未来的风险。但它不同于保险的是，保险是在风险事件发生后，保险公司向投保者（或受益人）在约定的保额内赔付，投保者（受益人）不会获得超过保额的收益，对保险公司而言，它承担的最大损失也不会超过它承诺的保额。但在期权中，一旦市场出现有利于期权购买者的变动，他将会获得巨额的收益。在上面张三买入看涨期权的例子中，若益智公司的股价在合约期限内涨到了100元，张三行权就能获得82万元的利润，股价涨得越多，他获得的收益也越高。对期权卖方小王而言，一旦市场出现不利于他的变化，损失也无法事先估量。这一点，我们在第十四章将会看到，新加坡中航油在2005年作为期权的卖方，大量卖出原油期权，就把公司逼到了破产的境地。

至此，我们可以看到，期权的本质就是对产品价格进行非对称性赌博！

把违约损失让给他人：信用衍生品

前文所说的远期、期货和期权，转移和交易的都是价格风险。但在金融活动中，还经常面临违约风险。违约风险是最古老的金融风险，但在信用风险管理中，一直缺乏与利率和汇率风险管理类似的风险对冲工具。直到 1992 年，国际互换与衍生品协会（ISDA）才正式提出了一种可用作分散、转移、对冲信用风险的创新产品——信用衍生工具。

典型的信用衍生工具就是信用违约互换（简写为 CDS），它因 2008 年美国金融危机而声名鹊起。它是将标的资产的信用风险从信用保障买方转移给卖方的一种信用风险交易。在信用违约互换中，信用保障的买方在合同期限内向卖方支付相应的费用（相当于保险费）后，卖方承诺在合同期限内，当对应的信用产品（如债券或贷款）违约时，向买方赔付违约的损失。

1998 年，美国国际集团金融产品部开发了信用违约互换工具，它为银行提供保险，以帮助银行规避大规模的投资级公司的违约风险。举个例子，假设高盛买了 10 亿美元 5 年期的通用汽车债券，它担心债券违约，于是，它与美国国际集团进行了这样一笔信用违约互换。它们之间约定，高盛每年向美国国际集团支付 100 万美元的费用，连续支付 5 年。若通用汽车债券没有违约，那美国国际集团就净赚 500 万美元的信用保费；若通用汽车债券违约，对债券一分钱也不能清偿，那么，美国国际集团就向高盛赔偿 10 亿美元。通过这样一个交易，高盛就将通用汽车债券的违约风险转移给了美国国际集团。

信用违约互换是转移信用风险的新工具。通常在债券市场上，若债券发行人受到信用事件困扰，债券持有者要以满意的价格卖出，并不容易。有了信用违约互换工具，债券持有者就可以通过购买信用违约互换，为其持有的债券提供信用保护，在出现信用事件时不急于抛售债券。

虽然信用违约互换一开始是为转移和交易信用风险而设计的，但精明的人随即发现，完全可以通过信用违约互换来对信用风险进行投机。《大空头》一书就讲了巴里是如何利用信用违约互换，在美国次贷违约潮中牟利的。

假设有这样一个投资机构，它预计，因经济环境恶化，福特公司将会出现债务违约。尽管它事先并没有购买福特公司的债券，但它也可以参与信用违约互换。于是，它与美国国际集团达成了一笔信用违约互换，它每年向美国国际集团支付20万美元，购买对1亿美元福特公司债券的10年期信用违约互换。在这里，福特公司债券就叫参考债务。

它连续支付10年保费，可能损失的最大金额就是200万美元。若福特公司债券（参考债务）在今后的10年内出现违约，那么，它最大就能得到1亿美元的赔偿。可见，信用违约互换也是一个非对称对赌，它付出的最大金额是200万美元，但获得的可能是50倍的收益。在信用环境恶化时，这正是信用违约互换对很多机构和投资者的魅力之所在。

总结一下，所有金融衍生品都是风险的转移和交易，而且是零和博弈的对赌交易！

第六章

历史长河：金融何以成长

前面我们讲了金融是如何促进经济与人类社会进步的，也讲了金融要发挥其功能，需要金融机构、市场和工具三大支柱，它们共同构成了金融体系。这三大支柱是在历史的长河中不断演变的。在人类社会进程中，有哪些因素推动（或约束）了金融三大支柱的发展与变革呢？

解除金融的枷锁：宗教改革

偷时间的人：有息放贷者

金融是资源的跨期配置，这就必然会涉及借贷，因此，金融发展首先涉及人们在观念上如何认识和接受"利息"。要理解这一点，我们得从柏拉图说起。对柏拉图来说，立法的主要目的是弘扬道德价值观，惩治非理性行为。在他看来，富人不可能有德行，正如中国人说"为富不仁"，因此，他认为，应该禁止公民从事生产性职业，因为这让人堕落，在理想国中，贸易无足轻重，不仅禁止黄金、白银，而且应禁止有息贷款。

及至亚里士多德,"金钱是不结果实的"成了他信奉的原则,他谴责高利贷,认为它不符合货币的真正性质。在他看来,货币只是一种约定,是为了便利交易,在社会各行各业中,放债人最卑鄙,因为他们企图用没有自然生殖能力的货币赚取利润。

如果说,柏拉图和亚里士多德关于利息的观点还是"学术"的,一旦进入宗教,便成了基于信仰的行为规范。基督教就曾经严格禁止借贷关系。《利未记》中写道:"借给他人银钱,不可取息。"《申命记》中说:"借给你兄弟银钱、食物或任何能生利之物,不可取利。"

在基督教禁息的漫长岁月里,只有犹太人在欧洲各地经营有息贷款,使他们主导金融世界长达多个世纪。到中世纪后半期,教会对有息放贷的排斥达到顶峰,人们对放贷者尤其是犹太人充满了前所未有的敌意。这种观念也反映在文学作品中。但丁在他的《神曲》中,就把放贷者放在炼狱的第七层,"每个人都有一个钱袋挂在脖颈上……他们目不转睛地盯着自己的钱袋"。被打入同一层地狱的还有诸如鸡奸、渎圣和暴力等违背自然的罪孽之人。因为放贷取息者选择了根本不同于上帝所指定的路,他不追求自然的果实,而追求金钱的果实(利息),犯了蔑视自然的罪;他不劳而获,犯了蔑视生产劳动的罪;他把希望寄托在重利盘剥上,犯了间接地把暴力施加于上帝的罪。

神学家将有息放贷等同于偷盗。教皇要求基督徒通过汗水获取面包,否则,就会被逐出该教并获刑。早在公元 5 世纪,圣利奥大教皇甚至断言,"金钱的利息,就是灵魂的死亡"。勒高夫在《钱袋与永生》中说:"放贷者被称为偷时间的人,因为在放贷者出借金钱和取回本利之间,出卖的仅仅是流逝的时间,而时间只归上帝所有,是故,有息放贷者就偷了上帝财产——时间。"勒高夫进一步引用《范例表》阐释概念:"放贷者并没有卖给债务人任何属于自己的东西,他出卖的只是属于上帝的时间,从出卖不属于自己的财产中抽取利息,都是罪恶的偷窃。放贷取息是出卖了白天和黑夜。白天,就是光。白天是人通过视觉可使用的,表达了灵魂、世界和上帝的光明。晚上则是休息、宁静的时间,是人类自我恢复的时间,是被不稳定、混乱和折磨占领的神秘时刻。因此,放贷取息违反了自然的罪行,他们想让金钱像马生马那样,孕育金钱。他们出卖不属于自己的时间,出卖白天和黑夜,也就是出卖光明和休息,因此,他们是小偷,不应当拥有永恒的光明和休息。"

这就是运用于放贷取息者身上的"地狱的逻辑"。

因此,教会认为,放贷取息行为应予以严厉禁止,资本是世俗性的,占有资本是罪恶的。从公元9世纪起,教会就禁止自然人放贷取息。十二三世纪,罗马教皇曾一再颁布谕旨,规定俗世间欠钱不必付利息,已收取利息的,要退还,尚未收取的不准再索取。

这就极大地制约了借贷活动。

尽管教会禁止自然人的放贷取息,但取息的借贷活动还是在夹缝中得以生存。教会并没有禁止寺院从事放贷活动,寺院不是自然人,不会因放贷收息而有罪孽;中世纪西欧的犹太人除了经营商业,他们也积极从事借贷。十字军东征后,犹太人利用放贷给贵族的机会而发财,贵族处境则相当困难,这自然而然地让社会更加嫉恨犹太人。

不过,这些零星的借贷难以发展成高效率的金融组织和市场体系。正如《钱袋与永生》中总结说:"一个在炼狱中的有息放贷者造就不了资本主义。……那些有息放贷者就是资本主义的启蒙者。……让他们在资本主义门槛上踟蹰不前的,并不是尘世教会对有息放贷的判决,而是令人焦虑不安的恐惧,对炼狱的恐惧。在一个任何意识都是宗教仪式的社会里,障碍首先是——并且最终也是——宗教的。"因此,金融要发展,就要首先解除套在有息放贷者脖子上的宗教枷锁。

解除金融的宗教枷锁

把借贷行为,特别是放贷取息看成是违背上帝意志的罪恶活动,曾是西欧长期束缚金融活动的桎梏。随着 13 世纪后商品货币关系的发展,投资机会增多了,原来流行的对借贷的观念,受到了经济发展的挑战。到 13~14 世纪,威尼斯和其他欧洲南部沿海城镇的贸易越来越发达,迫使一些基督教神学家重新思考利息。13 世纪中期,阿奎那修正了教会对商业的立场。他说:"商业利润本身不应该被赞美,也不应该被谴责,它在道德上是中性的。"至于利息,他依然指责放贷取息不公正、不道德,但他又认为,有几种情况是可以取息的,比如,放贷人蒙受了损失,需要通过利息来弥补;放贷人通过合伙,把货币委托给生产者使用而赚取利润,收取回报,无可厚非。

1517 年,为修建罗马的圣彼得大教堂,教廷大量出售赎罪券。信徒购买赎罪券,可免于将来在炼狱的苦刑,花一笔钱,便可勾销过去所有罪过,恢复到初生时的纯洁。对此,当时有一个形象的说法,"银币叮当落进箱底,灵魂雀跃跳出炼狱"。但路德认为,这违背了上帝意愿、欺骗了基督徒。在他看来,得到上帝赦免的唯一途径是悔改,赎罪券只能赎买人间的而不能赎买炼狱中的惩罚。

路德虽然挑战了罗马教廷,但他对有息放贷依然恨之入骨。不过,路德激发了加尔文解除金融的宗教枷锁。作为日内瓦大教堂的主教,加尔文受路德的影响,在 16 世纪中期为有息放贷"正名"。加尔文说,既然出租土地和房屋可合法收租,为什么放贷就不能收取"币租"呢?因此,他否认借钱出去收取报酬是罪恶,也不反对放贷取息和经营致富。他的追随者甚至认为,致富是来自个人的努力、上帝的宠爱和嘉奖。他们公开承认,资本、借贷、银行、大型工商业和金融业都是必要的,不再把中间人视为寄生虫,也不再把放贷者视为窃贼。他们还主张，从金融或商业获得的利润都应得到尊重，《圣经》谴责的不是放贷取息，而是过分的利息，于是，他们便将借贷行为置于了神圣的平等法之下。

从16世纪中期始，在加尔文和其他改革派神学家的推动下，基督教世界分裂成两大阵营：继续信奉罗马教廷的天主教和抗拒罗马教廷的新教。荷兰、英国、德国和北欧都转为信奉新教，尤其是荷兰和英国，完全接受加尔文的新教伦理，接受放贷取息和"用钱赚钱"的金融业合法性。1571年英国最终废除了对放贷取息的禁令，完全解除了对放贷取息的歧视。1789年法国的制宪会议则宣布财产自由、工作自由、贸易自由和信贷自由，并于1804年实现了放贷取息合法化。

因此，马克斯·韦伯在《新教伦理与资本主义精神》中谈到，资本主义的核心是承认并保护"用钱生钱"的合法性。他同时指出："工商界领导人、资本占有者、近代企业中的高级技术工人，尤其是受过高等技术培训的管理人员，绝大多数都是新教徒。"他特别强调，新教徒比天主教徒更具有经济理性主义的倾向，是故，加尔文教的聚集区正是资本主义经济的温床，它比其他教派更大地促进了资本主义精神的发展。若不是加尔文的宗教改革，资本主义就很难从16世纪开始在荷兰和英国快速发展。在加尔文之后，金融业范围得到了极大拓展，加速了金融业发展，也为后来的工业革命奠定了基础。

金融离不开产权与制度保护

何为产权

根据经济学家诺斯的理论，产权是个人对所拥有的劳动、物品和服务的占有权利。张三通过辛勤劳动所取得的收入，他拥有占有和支配的权利,小王就不得去侵吞或剥夺。"采得百花成蜜后,为谁辛苦为谁甜",蜜蜂所酿的蜜,就被别人占有了,蜜蜂没有对蜂蜜的产权。个人对资产的产权包括从中取得收入和让渡的权利等。运用资产取得收入和让渡的权利,需要交换,交换是权利的相互转让。张三持有某公司股票,他就有依股票获得公司分配股利的权利,他将股票卖给李四,也就一同转让了附着在股票上的所有相关权利。

产权是社会最基本、最重要的激励机制。正是因为有明确的产权和保护,才鼓励了人们去承担风险,从事创新活动。若没有产权的分配和保护,将导致严重的效率损失,也不太可能有创新。"公地悲剧"就说明,若没有产权的分配,将导致"公共地"被过度利用。

缺乏产权的后果:公地悲剧

设想,有一块无主草地,每个村民都可无限制地在这片草地上放牧(如养牛)。每位村民的最优放牧量是,增加放牧,直到一头牛的私人边际收益等于其边际成本为止,他们会注重对草地的维护。但若草地是无主的,每个村民只会考虑增加一头牛对自己收益的影响,而不会考虑对其他村民带来的损害(外部成本)。结果必然是,随着放牧量增加,草地会变得越来越拥挤,全村放牧总数将会超过最优水平。长此以往,草地会因过度放牧而变得贫瘠,最终没有人能在这个草地上养牛了。

公共渔场也是类似的悲剧。因为渔场是公共的,捕鱼者就只会考虑多捕一船鱼给自己带来收益,结果就会导致过度捕捞,让许多鱼类消失了。

解决该问题的办法之一就是界定产权。若草地归某位村民所有(或平均分给每个村民),全部成本就会内部化为个人成本,草地所有者就会希望最大化草地的总价值,他会选择最优的放牧量。由此可见,产权就提供了最好的激励。类似地，也可以将渔场划片后，分配给不同的捕鱼者，以此防止过度捕捞。当然，政府规定的禁渔期，也是对渔场保护更常见的方式。

产权是最重要的激励与约束机制

产权的一个主要功能是，激励人们将外部性较大的事物进行内在化。企业家和发明家对产品和技术的创新就具有非常强的外部性，但发明和创新不仅需要智力，也需要投入大量金钱，承担研发失败的风险。对企业家和发明家的创新，分配其必要的产权，即专利，就是对他们在不确定的世界里勇于承担风险，投入金钱与时间去研发的激励。

瓦特改良蒸汽机，就受到了专利（知识产权）的驱策。1765—1766年，瓦特参与制造了纽卡门式蒸汽机，1768年他又成功地造出装配有分离式冷凝器的原型机，1769年，他为这项发明申请了专利。瓦特原本指望通过有偿转让专利权来弥补研发成本，但没能如愿，于是，他开始寻求风险资本支持，并从布莱克那里得到了第一笔资助。

美国企业家的创造力如此之高，很大程度上要归功于他们充分相信能够享受到自己的创新成果。美国于1790年颁布的《专利法》规定，发明者对自己的产品享有14年的专利权。1836年，美国成立了专利局，强化了这个新生国家对创新的信仰。狄更斯对他那个时代的美国颇有微词，但也不得不承认，专利是"美国企业家精神和创新精神的卓越样本"。罗森伯格在《技术与美国经济增长》中指出，美国的专利制度鼓励普通百姓进行技术创新，其结果就是国民生产力的迅猛发展。

有个小故事清楚地展现了美国是如何尊重别人的产权的。埃文斯于1784—1785年在费城外建立了一座水力驱动的磨坊，只靠木桶和皮带，就可把谷物从装载端传输到磨坊内不同楼层。后来，杰斐逊和华盛顿都在各自的农场中安装了埃文斯发明的这种磨坊，并且向他支付了许可费。

产权不仅是一种激励机制，还是对人们行为的必要约束。产权不是人与物之间的关系，而是基于物的存在及关于它们的使用所引起的人与人之间相互认可的行为关系。你对你家轿车拥有绝对的私人产权，即便你停路边，别人也不能把它的轮胎卸下来卖了，或者砸坏车窗等；未经允许，人们也不能擅自闯入他人家宅。任何物品的交换价值都取决于交易中的产权束。若张三对一幢房屋的产权束包含排斥在它附近建设煤气站、化工厂的权利，这幢房屋的价值就越大。对产权的完整界定，减少了不确定性，并会增进资源的有效配置与使用。

1623年英国颁布了《垄断法》，发明家便拥有从发明当中获得收益的排他性权利。1688年以后，新的金融市场实现了资本与创新、知识产权的结合，这对创新起到了积极的作用，促使股份公司得以快速发展。诺斯在《制度、制度变迁与经济绩效》中提出，光荣革命导致了英国政体的根本性变化，国王被废黜后，确立了议会至高无上的权力，财政事务集中由议会控制，废除了王室特权，司法独立，英国由此确定了一个稳定的产权结构。

稳定的产权结构促进了英国资本市场的快速发展。继光荣革命之后，政府不仅在经济上的偿付能力提高了，而且，它从市场上筹集资本的能力也大幅度提高了。1668—1677年，英国政府借入资金达到前所未有的水平，这表明，资金的贷出者确信，英国政府会信守协议，按时对他们的资金还本付息，因而其产权是有保障的。

产权的稳定，公共与私人资本市场的发展，不仅是英国经济快速发展的基本因素，也是英国取得霸权和最终主宰世界的基本因素。诺斯在《制度、制度变迁与经济绩效》中指出，若英国没进行金融革命，那它就不可能在英法战争中打败法国。因此，稳定的产权结构的确立及随之而来的金融革命，是后来英国能够成为世界霸权和经济中心的必要条件。

产权需要法律保护

产权给人们提供追求长期利益的稳定预期，建立了利益的分享、风险的分担等方面的重复博弈规则。在现代经济中，产权是在交换中确立的，但产权的取得既要符合法律的规定，凡是依法取得产权，也需要法律的保护。法律最重要的任务就是对个人的产权给予有效的保护，使人们积极建立信誉，努力工作，承担风险。如果"采得百花成蜜后，为谁辛苦为谁甜"，辛苦劳作的成果，被别人强取豪夺，谁还会去努力工作呢？若投入巨额的资本进行发明创造，所取得的新技术和新成果，被别人无偿地或不公平地占有，还有谁去承担巨大风险进行研发呢？因此，为劳动成果、发明创造提供产权保护，就是对人们的激励，激励用双手创造财富、用智慧提高效率。

由于技术上的原因，个人投资的社会价值常常附属在财产的物质形态上。因此，对个人的产权保护，也对激励投资起着关键作用。比如，土地的价值与农民对土地的投资（如土壤改良）高度相关，投资越多，土地的价值越大。农民对土地有完全的产权，便能够充分享有投资带来的收益，农民就有动力对土地投资。相反，若土地的产权是不确定的，他们就没有积极性对土地投资和改良。一般，个人对财产拥有的产权时间越长，投资动力就越大；对投资产生的收益占有程度越高，投资动力也会越强。这正是中国实行家庭联产承包责任制后，农民生产积极性大幅提高的根本原因所在。

通过公平正义的法律保护产权，正是政府的重要职责之一，也是经济和金融发展的基础制度保障。发达经济体之所以能够创造较高的人均收入和技术革新，与它们很早就通过保护财产权利的法律契约，有着极密切的关系。汉密尔顿说:"政府的重大目标是保护人身及财产安全。"麦迪逊则说:"就政府的设立而言,保护财产与保护个人生命一样重要。"

中国封建社会就缺乏对私人产权的法律保护。宋朝是中国商品经济相对发达的朝代,《清明上河图》展现了宋朝的商业繁荣。不过,在人们熟知的《水浒传》中,就描写了极弱的而且是非法律框架下的产权保护。这其中,有名的就是武松醉打蒋门神。

施恩家的东门外有一座集市,叫快活林。山东、河北的客商都来这里做买卖,有很多大客户,二三十个赌坊、兑换店。施恩就在那里开了一家酒楼,生意好得不得了,财源滚滚,让蒋门神很眼红。于是,他倚势豪强,公然夺了施恩的酒楼。这就意味着,那时人们出资开办一家企业(如酒楼),就面临着被强盗掠夺的风险。

那么,施恩是如何来保护自己对酒楼的产权的呢?起先,他对蒋门神霸占酒楼,毫无办法,忍气吞声。直到武松来了,施恩才把这事告诉了他。武松路见不平,两肋插刀,把蒋门神暴打了一顿,要蒋门神将酒楼马上还给施恩,离开快活林,不得住在孟州。

即便中国历史上宋朝商业经济已相对发达,但产权仍然没有法律保护。施恩酒楼被蒋门神侵占后,无法诉诸法律来保护产权,他只能依赖于江湖上的行侠仗义之人。但依靠"以暴制暴"来保护产权,只能让江湖上的恩怨不断加深,无助于形成公正、稳定高效产权保护的预期。产权保护只能依靠野蛮的拳头,而不是文明的法律,是中国在封建社会一度有发达的商业,却没有发展起现代金融体系并最终制约商业发展的重要原因之一。

金融的制度空间

经济学家诺斯指出,制度是社会的游戏规则,它构成了人们在政治、社会或经济方面发生交换的激励。制度确定和限制了人们的选择集合，减少了人们日常生活的不确定性，是经济绩效的决定因素。

制度创造或限制了人们的行为空间。经济制度越市场化，金融发展的空间就越大；越是排斥市场化，越是干预市场在资源配置中的作用，金融发展的空间就越小，甚至完全阻碍了金融发展。

讲到制度对金融发展的影响，就不得不提及汉密尔顿与杰斐逊当时对美国金融制度设计的差异。当今世界，美国的金融业最发达。可美国建国之初，金融业就差点被扼杀在摇篮之中。想要扼杀它的，是杰斐逊；拯救它的，是汉密尔顿。

汉密尔顿出生在西印度群岛的尼维斯岛，杰斐逊说，汉密尔顿是"一个苏格兰流动商贩的下贱私生子"，对他侮辱至极。而杰斐逊在21岁时就继承了一份大产业，拥有大量的田地和奴隶。格林斯潘在《繁荣与衰退》中说，杰斐逊自视为美国革命的天生领袖。

出生低贱的汉密尔顿与高贵的杰斐逊，有着泾渭分明的主张。杰斐逊认为，农场主阶级应该仔细筛查社会中有天赋的人，用贵族的权力提拔他们，授予其加入精英阶层的机会；汉密尔顿则认为，美国需要确保人人劳有所获。杰斐逊希望，美国应保持由地主和自耕农共同组成的农业共和国；汉密尔顿则希望，美国应发展成为由制造业、贸易和城镇化驱动的商业共和国，装上各种新奇装备。

更重要的是，汉密尔顿还认识到了实现制造业强国的种种条件。他曾设想，以英格兰银行为模板，成立一家央行；建立完善的联邦税收制度，以保证稳定的财政收入；用美国政府的信用担保，发行新债券以偿还旧的国债等。此外，他还主张，建设统一市场，鼓励劳动分工等。但杰斐逊对汉密尔顿的金融主张嗤之以鼻，他尤其厌恶银行！

可见，美国在获得独立后，它的金融体系差点被杰斐逊扼杀在摇篮之中。好在后来双方达成了妥协，杰斐逊接受了汉密尔顿的国债偿还方案，但条件是，不以纽约作为新联邦的首都。汉密尔顿计划得以实施后，美国涌现了大量的可交易证券，包括国债、州政府债券，银行和保险公司的股票等，这正是后来美国经济得以持久发展的重要原因之一。

回到中国。在改革开放以前的30年里，金融在中国几乎没有发展的制度空间，因为那时，凡是与金融相关的任何收入分配——利息和股息等，都是不可接受的。银行也只有一家，那就是"中国人民银行"，其他诸如商业银行、保险等金融机构，基本没有生存的空间，更不用说投资银行了。在此环境下，不太可能通过金融体系实现企业的规模化经营。所以，在那时，只有工厂，没有企业；只有厂长，没有企业家。当然，随之而来的是长期的物资匮乏。

改革开放，也就是从计划经济向市场经济过渡的制度变革，才为金融发展打开了大门。邓小平说，"不管黑猫白猫，抓到老鼠就是好猫"，他一再强调，计划和市场都是手段，资本主义有计划，社会主义也可以有市场。正是计划经济向市场经济的转轨，金融才在中国获得了前所未有的发展空间。尤其是，邓小平同志在1992年的南方谈话，不仅确立了市场发展的方向，甚至奠定了市场化改革和金融发展的根本方向。

在此，将他的原话引用如下：

> 证券、股市，这些东西究竟好不好，有没有危险，是不是资本主义独有的东西，社会主义能不能用？允许看，但要坚决地试。看对了，搞一两年对了，放开；错了，纠正，关了就是了。关，也可以快关，也可以慢关，也可以留一点尾巴。

正是改革开放促进了中国金融业的大发展，一个满足市场经济发展需要的金融机构体系、市场体系和工具（产品）体系，在中国不断发展，随之而来的是中国经济的黄金增长期。

信息技术革命与金融

我们在前面讲到，金融发展促成了工业革命，但这不是单向的，科学技术的发展反过来又促进了金融的发展，金融与技术革新总是相辅相成。科学技术的发展，为金融发展和革新提供了技术上的支持，对金融发展影响最大的，就是信息技术革命。

人类大发展的杠杆支点：信息技术革命

在古代，人们传递信息的方式非常落后。家人之间的联系靠书信，战争的信息靠烽火和狼烟。这样的信息传递效率之低，是生活在信息高速公路上的现代人无法理解的。格林斯潘在《繁荣与衰退》讲到，当年，华盛顿去世的消息用了近一周时间才传到纽约人耳里；当拿破仑表达向美国出售路易斯安那的意愿时，身在巴黎的门罗用了一个多月的时间，才把消息传给了当时身在华盛顿的杰斐逊。根据《摩根财团》，巴黎和伦敦之间的部分通信是由信鸽带着内装薄纸文件的胶囊传递的，但有些信鸽被巴黎人打下来当美餐了；还有人将文件包用气球从巴黎运往伦敦！

电子信息技术发展彻底改变了信息传播的方式。信息技术中最重要的一个发明就是电报。在19世纪，内燃机和铁路的发展彻底改变了市场范围，极大地促进了全球性分工。铁路运输的发展又提升了对基于电缆的信息技术的需求。由于要在相隔很远的地点之间迅速交流列车行驶的信息，铁轨铺到哪里，电缆就同步铺设到了哪里。电报如同变魔术一样，使原本相距遥远、需要花数周时间才能传输的信息，只需要几秒钟就可以完成了。电报使发送信息不再依赖递送信件，极大地改变了整个经济生活可触及的范围。一经发明，电报就在商业信息的传播中起到了举足轻重的作用。在很长一段时间里，通过电报发送的信息中，约有 70% 都是商业信息。

电报使美国在利用金融信息方面形成了统一的市场。早在 1848 年，芝加哥就建立了全美首个大宗商品交易中心。它之所以能够成功，就是因为芝加哥能够通过电报与美国东海岸各城市间实时互换信息。西海岸的旧金山之所以能成为欣欣向荣的全球性商业城市，也是因为当地的商人能与纽约实时联系。

1866 年 7 月月底，人类成功地接通了大西洋海底电缆，电报走向了全球。在电缆铺好前，只能通过穿越大西洋的船只传递信息，大概需要 10 天，若天气恶劣，那就需要更长时间了。电缆铺好后，大西洋两岸传递信息的时间就大大地缩短了，这使伦敦、纽约和旧金山形成了横贯大西洋沿岸和北美大陆的统一金融市场。1867 年，就出现了股票行情自动接收机，这是那个时代的"金融科技"，各种各样的信息在这个市场中不断地流动、传递，使价格更好地反映了相关信息。

虽然电报彻底改变了传递信息的方式，但人类并没有停留于此。到了 20 世纪中叶，计算机的发明和应用，催生了另一场信息技术革命。微处理器革命使计算机小型化，电脑走进了千家万户。互联网革命又将分散在千家万户的电脑变成了信息高速公路上的不同节点。

信息技术革命彻底颠覆了传统的工业经济。在强盗大亨时代，财富是人们能看得见、摸得着、感受得到的有形物体。在互联网时代，财富越来越多地由虚拟的代码来表示。贝尔实验室创造的晶体管使现代计算机有了重大突破。在此之前，计算机由巨大的真空管供电，体积庞大，造价高昂。诺伊斯 1959 年发明的集成电路，将以前需要许多独立的晶体管和元件在电路板上布线才能完成的功能，集合到了一个小硅片中，摩尔定律甚至认为，在微芯片上的晶体管数量每18个月就会翻一番。

1991年12月斯坦福安装第一台线性加速器系统后，互联网到来了。这引发了一场更大的革命，将个人计算机与庞大网络结合在一起搜索世界信息，人们通过互联网相互交流。1995年8月，网景公开上市时，克拉克成为第一位互联网亿万富翁。布林和佩奇创立的搜索系统，让各地的人们能够快速搜索网络上数不清的网页和信息。

信息技术进步再造金融服务

金融本质上就是信息技术密集型的行业，金融的发展深受信息技术的影响，金融服务方式极大地受到信息技术的左右。过去人们存取款时，必须在银行的工作时间去排长队。随着自助银行的出现，自动存取款机让人们可以随时进行小额的存取款，不必非要在银行上班时间到柜台前排队等候，免除了排队之苦。随着信息技术更广泛地应用，网上银行已在很大程度上取代了银行传统的服务方式，从自己的银行账户中提现或转账，用银行账户支付网上购物的账单，足不出户都可以完成。

信息技术对证券交易系统的影响就更加明显了。早期的证券交易，大多通过人工喊价，报出买卖价格。在电影《子夜》里，证券的买卖价格是写在黑板上的。即便是到了20世纪90年代，中国改革开放后股票市场发展的早期，投资者要买卖股票，就得先填好一张纸制的买卖申报单，再到证券营业部的窗口前排队；人们要获得当天的股价信息，往往需要订购一份相关的报纸或杂志。但计算机技术通过电子化交易，彻底改变了人们的交易习惯，以及证券价格和公司信息的传输方式。现在，那些历史悠久的交易所，都已不做人工喊价，交易完全通过计算机完成，无论人们坐在家里还是办公室，抑或是行色匆匆地走在路上，都可以在手机上获取证券价格的实时行情或完成交易。

以互联网为代表的现代信息技术，特别是移动支付、云计算、社交网络和搜索引擎等，正在对人类金融模式产生根本影响，互联网金融随之而兴起。一些人曾经美好地设想，在互联网金融模式下，因为有搜索引擎、大数据、社交网络和云计算，极大地降低了交易双方在资金期限匹配、风险分担和信息处理等方面的成本，使互不认识的借贷双方可以通过互联网平台直接融资。由于此类互联网金融创新，有人大胆地预测，金融正在迈入"去中介化"的新时代。美国证券交易委员会开全球之先河，于 2020 年年底宣布，将允许企业直接在纽交所上市，企业用直接挂牌融资的方式，向市场公开发行新股和募资，无须按传统模式向投资银行支付首次公开发行（IPO）的巨额承销费用。

信息技术的发展改变了支付方式，使商品的买卖、金融交易更加便捷。银行开发出了储蓄卡和信用卡，刷卡逐渐取代了直接的现金支付方式。虽然刷卡是支付方式的重大变革，但每家银行在商场付款台都有一个 POS 机，顾客在 A 银行的卡，就不能用 B 银行的 POS 机刷卡付款。"银联"出现后，将所有发卡银行联网，就可使各家银行共享自动柜员机的交易平台，顾客只要持有"银联"标志的银行卡，就可用任何 POS 机刷卡了，商场也不必铺设那么多电缆为每家银行放置 POS 机。

如今，信息技术更深入地应用后，POS 机也正在走向绝迹。移动支付方式迅速崛起，不携带现钞或银行卡，也能足行千里；即便"身无分文"，只要带着智能手机，也能小到享用冰激凌，大到入住高档酒店。人们通过移动设备、互联网或近距离传感，直接或间接向银行发送支付指令，实现货币支付与资金转移，极大地提高了支付的效率。

信息技术与生物识别技术的融合，又催生了全新的支付方式——

"刷脸支付"。你现在走进商场或超市，只需在摄像头前露出尊颜，并且匹配一致，就可成功付款，拿走你购买的宝贝了。各大银行也纷纷在 ATM 机上推出"刷脸取款"功能，不需要身份证、不需要银行卡，看一眼摄像头，再输入手机号、取款金额、密码等，机器就"吐"出钱来了。总之，随着移动支付的兴起，"刷脸"等生物识别技术的广泛应用，银行卡也正在成为历史，"有脸"便可支付，"靠脸吃饭"的时代到了。

猫鼠游戏——金融如何在监管中发展

金融是受政府监管较多的领域之一，如存款准备金管制、利率管制、准入限制、资本充足性管制、资本流动性管制等。我们常说，"道高一尺，魔高一丈"，监管与被监管之间的猫鼠游戏，也是促成金融发展的重要因素之一。为了规避监管以获得更多的业务自由度和盈利空间而采取的种种金融创新，被称为监管套利。

法定存款准备金与欧洲货币的兴起

法定存款准备金，就是商业银行按要求将吸收的一部分存款缴存到央行而形成的准备金。在西方国家，央行并不会对准备金支付利息，商业银行缴纳的准备金越多，可用于贷款的资金就越少，机会成本就越大，因此，准备金又被称为准备金税。

为了规避准备金的限制，国外的商业银行开发了一些新的金融工具——欧洲货币。欧洲货币就是在货币发行国之外流通的货币。通常，本国不能要求外国的商业银行缴纳法定存款准备金，因此，吸收欧洲货币，商业银行就无须缴纳法定准备金，扩大了可用于贷款或其他生利资产的资金规模。

在中国，央行对商业银行的法定存款准备金要求一度达到了 20%以上，通过吸收存款来为某项贷款提供资金，法定存款准备金就会占用 20%的资金，这实际上提高了贷款的资金成本。为此，商业银行就尝试着以发行一般金融债券的方式来为某些贷款提供资金来源。比如，中小企业专项债券，即商业银行发行此类债券筹集的资金专门用于为中小企业提供贷款。由于债券在定义上不属于存款，因此不需要缴纳法定存款准备金。

利率管制催生货币基金

美国《银行法》的 Q 条例①规定了定期存款的利率上限。如果市场利率上升到了高于 Q 条例规定的利率上限，存款者就会提取银行存款，用于其他投资，银行存款的规模就减少了。20 世纪 70 年代，受石油危机的影响，西方发达国家出现了"滞胀"——持续的低经济增长率和不断上升的通胀率并存，导致市场利率节节攀升。

当时，美国养老基金"教师年金保险公司"现金管理部的主管兼信用分析师班特，在 1970 年创立了名叫"储蓄基金公司"的共同基金，并于 1971 年获得美国证券交易委员会认可，对公众销售金融产品。1972 年 10 月，储蓄基金公司购买了 30 万美元的高利率定期储蓄，同时以 1 000 美元为投资单位出售给小额投资者，将资金汇集起来购买国库券，使得普通投资者可以参与机构间市场，获取比银行存款更高的收益。就这样，小额投资者享有大企业才能获得的投资回报率，同时拥有了更高的现金流动性，全球第一个货币基金诞生了。

---

① Q 条例，是指美联储按字母顺序排列的一系列金融条例中的第 Q 项规定。——编者注

中国的存款利率管制同样推动了金融创新。由于中国人民银行确定的存款基准利率较低,有时甚至低于通胀率。为了规避存款利率的限制,银行理财产品便大量地兴起了。银行理财产品不属于存款,其预期收益率自然不受央行利率政策的限制,得到了越来越多投资者的青睐。类似的还有各类信托产品。信托不属于存款,自然地,信托产品的收益率就不受人民银行的利率管制。曾经有一段时间,信托产品的收益率普遍在10%以上,远远高于商业银行的存款利率水平,结果,许多家底雄厚的居民就购买了信托,而不是将钱存入银行,导致了信托规模的大幅扩张。

分业管制与金融控股公司的兴起

金融机构的业务范围也受到政府的严格监管。例如,在实行分业经营的国家,商业银行就不能承销股票和证券的经纪业务。为了规避这一管制,金融控股公司便随之兴起了。金融控股公司是指以银行、证券和保险等金融机构作为子公司的一种纯粹型控股公司。纯粹型控股公司是指,母公司没有自己特有的事业领域,而仅仅是一个公司经营战略的决策部门。通过金融控股公司,便可以达到子公司分业、母公司混业的目的。金融控股公司最早产生于西方发达国家,它是商业银行为了规避不得跨州设立分支机构,不能同时从事银行、证券与保险业务的法律限制,而采取的一种金融创新。

后来,一些机构如法炮制,通过金融控股公司的形式,把业务范围扩展到银行、证券、保险等所有或大部分金融领域,实现了混业经营。在中国,金融控股公司的产生动因同样是基于分业管制。例如,中信控股就曾通过设立中信银行和中信证券等子公司而同时从事银行、证券与保险业务。

总有破茧的欲望：内驱力

降低交易费用

降低交易费用是金融创新和发展的重要动因。货币的出现克服了需求的双重耦合，不仅扩大了实物产品交易的广度和深度，也促进了金融产品交易的深度和广度，促进了分工和交换的进一步发展。金融机构，如商业银行的出现，也极大地降低了资金盈余者在投资时搜寻信息的成本。证券交易所将大量有价证券的买卖双方集中起来，投资者在这里似乎根本不用寻找交易对手，只需要输出买入或卖出的证券代码、价格和数量，就可在瞬间完成交易。证券投资基金将分散的小额资金集中起来，然后由基金经理来管理，负责任的基金经理在做出一项投资决策前，会对投资标的进行必要的分析。相较于众多中小投资者自行对相关信息进行收集和加工，由投资基金来管理，则可极大减少此类重复性的信息处置过程。信息收集、分析和处理的专业化，降低了交易费用。

欧元的诞生和使用是降低交易费用进行金融创新的一个典型。2002年1月起，欧元正式在欧盟成员国流通，一些成员国原本发行的货币逐步退出流通。欧元的诞生是人类货币史上一个伟大创举，因为欧元区的形成，大大降低了内部成员国之间的交易费用，促进了商品、劳务和资本的自由流动，使资源配置能够不受主权国家干涉而跨越国界得到更合理的配置，欧元区的金融市场更加一体化了。在欧元正式流通之前，外国游客到欧洲国家旅行，就必须同时准备各成员国发行的货币，在换汇的过程中就会损失很多，而且会耽误很多的时间。现在，只需持有一种货币——欧元，就可以游遍欧元区的所有国家了。

提高收益或流动性

推动金融发展的另一个动因就是增加收益或提高流动性。

余额宝是为了提高收益和流动性而进行金融创新的一个典型。在余额宝出现之前，许多人将钱存在支付宝，长时间没有任何收益。

支付宝发现，这些闲置的、没有收益的钱，其实是个巨大的商机。若能让支付宝里的闲钱"生"出一部分钱，同时人们在用支付宝购物时，又可无缝地将里面的钱用于付款，那对支付宝的用户该有多大的吸引力呀？而原来的货币基金虽可以获得一定的收益，但在购物时，不能将它直接用于支付。可见，支付宝里的钱与货币基金，在功能上具有互补性。

于是，支付宝就与天弘货币基金连接了起来。投资者将支付宝的资金转入余额宝，就相当于购买了货币基金，享有货币基金的投资收益；与之对应的另一面是，若投资者需要用支付宝购物但又没有足够闲钱时，又可将余额宝购买的基金及时地转换为现金而完成支付。就这样，支付宝里的闲钱获得了收益，货币基金又具有了支付的功能。

继余额宝之后，以挖掘银行活期储蓄存款为目标的"类余额宝"层出不穷，比如，"现金宝""活期宝"等，不一而足。它们不仅可获得相应回报，还可无障碍地用于购买商品或服务，这就使得原本基本没有利息收入的银行活期存款，出现了货币基金化的趋势。

提高流动性的金融创新，最突出的表现就是资产证券化。资产证券化最早是从银行信贷资产的证券化开始的。为什么会如此？

银行有一个重要的特点，就是期限错配。什么是期限错配呢？试想一下，你到银行去办理的存款，有超过5年的吗？事实上，银行吸收的存款有一半左右是活期存款，超过3年的都很少。但是，银行发放的贷款，绝大部分是中长期的，典型的就是我们的住房抵押贷款，会长达 30 年甚至更长。银行用短期的存款来支持长期的贷款，在金融学里就叫期限错配。

期限错配会带来什么问题呢？在正常的时期，这不会给银行带来麻烦，毕竟，银行的重要功能之一，就是将短期资金转化为长期投资。但是，若在较短的时间内，银行面临大量存款者排队取款，它又不能立即收回已经放出去的贷款，这时，麻烦就出现了，这就是流动性危机。

这正是 20 世纪 70 年代和 80 年代初美国出现过的情况。美国有一类金融机构，叫储蓄与贷款协会，它们吸收老百姓的存款，专门发放期限长达三四十年的抵押贷款。那时，它们吸收的存款，受到美国《银行法》Q 条例的管制，不能随市场利率的变动而灵活调整。然而，两次石油危机导致美国通胀率大幅攀升，带动市场利率急剧上升。储蓄与贷款协会的大量存款为追求更高的收益而流出。面对存款大量外流、长期抵押贷款又不能变现的情况，储蓄与贷款协会出现了倒闭潮。

应对的办法之一，就是将原本缺乏流动性的抵押贷款重新打包，转化为标准化的证券，在市场上公开出售，及时收回了放出去的抵押贷款。这就是住房抵押贷款的证券化。此后，资产证券化得到了迅速发展，现在，凡是具有可预期、较稳定现金流的资产，比如，银行信贷、企业应收账款、高速公路收费权、公园门票收入权等，都在广泛地证券化。

分摊和转移风险

分摊和转移风险也是促进金融发展的内在驱动力之一。随着储蓄与投资相分离，人们在金融投资上就面临着不确定性；其他一些突发事件也使人们的日常生产和生活面临着经济损失的危险。为了规避各种金融风险，人类发明了新的金融组织和金融工具。

根据《美国金融史》，在大探险时代，意大利人会相互签订合约，约定资本和劳动之间分配风险和利润的方式。11世纪意大利主要经营海外贸易的卡曼德斯就具有现代有限合伙制度的一些特征,商人向交易伙伴提供资本,供后者海上航行或探险。探险归来分配利润后,就解散了。当时,人们认为"生命是廉价的,资本是稀缺的"。通常,提供资金的被动合伙人获得3/4的利润,航海的主动合伙人获得1/4。合伙、通过共同出资拥有股份,就不仅是资本的筹集手段,也是分摊风险的方式。

各类保险公司的出现就是人们以较小的代价来挽回较大损失所做的努力;像商业银行这类金融机构的产生也降低了人类社会将储蓄资源转化为投资后可能面临的流动性风险;各类金融证券二级市场的产生,也是为了找到确定资本市场价格的机制和降低持有这些证券的流动性风险;证券投资基金通过专家理财和扩大投资组合的范围降低了证券投资的风险;各类金融衍生工具的出现,如远期交易、期权、互换、期货和信用衍生品等,都是个人、公司为防范财务风险而设计的手段。不过,某些原本是为了规避管制而进行的金融创新,在价格剧烈波动时,却产生了更高的风险。

第三篇
投资决策

第七章
猩猩PK"研究猿"：完美市场

从本章开始，我们将围绕金融活动中的定价来展开。我们将介绍完美市场中的资产定价会是什么样的结果，这是一种理想的定价理论，它假设参与金融市场活动的人无所不知，并且外界任何因素都不会干扰他们的判断和决策。在进入完美市场的资产定价的殿堂前，我们要先推开"新古典经济学"的大门。

新古典经济学

完美市场

完美市场的金融学模型是新古典经济学在金融中的应用。何谓完美市场？它是指人们在充分信息和完全竞争的市场环境中，理性地进行最优化选择。在完美市场中，个人和企业都是自私的，它们在预算约束下通过精密计算，选择最优化的结果，即企业追求利润最大化（或成本最小化），消费者追求效用最大化。因此，我们在讲完美市场中的定价与决策时，有必要先简单介绍一下新古典经济学。

新古典经济学有3个基本假设：（1）人们对各种可能的结果或状态，有着理性偏好；（2）人们希望获得最大效用，公司希望获得最大利润；（3）人们会基于全部相关信息独立决策。

理性偏好是什么意思呢？在理性偏好中，人们的偏好具有完备性。完备性是指，人们对所有可能的选项进行恰当比较，并合理选择。而且，在理性偏好中，偏好具有传递性。我喜爱苹果甚于梨，喜欢梨又甚于橙子，偏好的传递性就意味着，当要在苹果和橙子之间选择其一时，我就会选择苹果。一旦偏好不具有传递性，我们就可能存在选择障碍。

最大效用是什么意思呢？在经济学中，一般以效用来描述偏好，而且可用具体的数值来衡量效用。在上面的例子中，我们可以对不同水果的效用给予确切量化，苹果的效用值最大，橙子的效用值则最低。

效用还有一个特点，那就是，在既定的时间内，随着消费量的增加，得到的效用或满足感就会逐渐下降，当超过了临界值，要再更多地消费，带来的效用就会为负。有这样一个故事，一个饥肠辘辘的人，吃第1个馒头时，感觉幸福来得太突然了，吃完第4个馒头时，觉得肚子饱了，到第6个馒头时，终于吃不下去了。于是，他说，早知道这样，我应该把前面那5个馒头留到明天再吃。其实，用经济学的语言来说，他吃第1个馒头带来的满足感（效用）最大，随着所吃馒头数量增加，他得到的满足感就逐渐下降了。设想，假若他吃到第10个馒头，撑得难受极了，这给他带来的效用就是负的了。

"小酌怡情，大饮伤身"，就包含了从饮酒中得到的效用与饮酒量之间的关系，饮第一杯酒，得到的效用（满足感）最大，接下来每多喝一杯酒，得到的效用都会下降。这就是所谓的边际效用递减。喝到走路扶墙时，再多喝一杯带来的效用就是负的了。

新古典经济学假设，人会利用所有相关信息来实现效用最大化。

能够根据充分信息做出最优选择，就意味着，不仅人们获取信息的渠道是畅通的，而且能够对所获得的充分信息加以准确的分析、提取，对未来做出无偏估计。

期望效用

期望效用是由冯·诺依曼和奥斯卡·摩根斯坦提出，用于定义不确定性条件下的理性行为。前景是在每一概率下不同财富状况对应的结果。假设有两种状态，财富多和财富少。比如说，财富"少"指的是财富达到10万元，财富"多"指的是财富达到100万元。这两种财富状态各有不同的概率。若你对未来充满信心，通过努力大概率能赚得一些财富，设财富少的概率为10%，财富多的概率为90%。我们把这种状态的前景称为P1，表示为：P1（0.1，10万元，100万元）。

其中，第1个数字是财富少的概率，后两个数字分别代表少和多对应的财富值。在这个例子中，财富期望值是：

$$E(w) = 0.1 \times 10 + 0.9 \times 100 = 91（万元）$$

在这种前景下，期望效用值为：

$$U(P1) = 0.1 \times u(10) + 0.9 \times u(100)$$

若10万元财富的效用为20，100万元带来的效用为120，则该前景的期望效用就为：

$$U(P1) = 0.1 \times 20 + 0.9 \times 120 = 110$$

风险态度

在大多数情况下，人们会规避风险。然而，若能得到相应的补偿，人们就会愿意承担风险。例如，需要在两只期望收益相同的股票中选择一只，人们就会选择风险较低的那只。若要使人们买入风险较高的投资，就要提供更高的回报，以此弥补其承担的风险。

实际上，人们对待风险有3种不同的态度：风险规避、风险偏好和风险中立。

对风险规避者而言，他们想要得到确定性的前景期望，而不是参与一个结果不确定的赌局。对风险规避者而言，随着财富的增加，每增加一个单位财富所带来的效用在边际上是逐渐减少的。

当然，有些人也愿意承担风险，他们就是风险偏好者。他们更愿意积极参与结果不确定的赌局，而不是得到确定性的前景期望。风险偏好者财富的边际效用是递增的，即每增加一个单位的财富带来的效用水平会更高，或者说，风险偏好者从财富中得到效用的增加速度，比财富的增加速度更快。

还有一类就是风险中立者。在风险中立者看来，拥有确定性的91万元的财富，与财富水平有10%的概率为10万元、90%的概率为100万元得到的效用水平是相同的。他们的效用与财富之间的关系是一条直线，从财富中得到的效用水平与财富是同比例变化的。

阿莱悖论

然而，我们在现实生活中观察到的很多现象，都与新古典经济学的假设和结论相悖。最著名的有阿莱悖论和圣彼得堡悖论。

阿莱悖论表明，人们的决策可能违背期望效用理论。我们先看第一个问题的选项。

- 选择 A：肯定能获得 10 万元，即获得 10 万元的概率为 100%。
- 选择 A∗：获得零财富的概率为 1%，获得 10 万元的概率为 89%，有 10% 的概率获得 50 万元。

你会选择哪一个呢？

实验结果发现，大多数人选择了 A。若用期望效用来对结果排序，那么，喜欢 A 甚于喜欢 A∗，即 A 带来的效用要高于 A∗。

$$u（10） > 0.89 \times u（10） + 0.1 \times u（50）$$

进一步可得：

$$0.11 \times u（10） > 0.1 \times u（50）$$

我们再来看第二个问题，其选项如下。

- 选择 B：获得零财富的概率为 89%，获得 10 万元的概率为 11%。
- 选择 B∗：获得零财富的概率是 90%，获得 50 万元的概率为 10%。

你选择哪一个呢？

结果，大多数人选择了 B∗。

若期望效用成立，在第二个问题中，喜欢 B∗ 更甚于 B。

$$0.1 \times u（50） > 0.11 \times u（10）$$

显然，第一种情况下的选择与第二种情况下的选择是矛盾的。这就是阿莱悖论。

圣彼得堡悖论

圣彼得堡悖论是数学家丹尼尔·伯努利的堂兄尼古拉·伯努利在 1738 年提出的一个概率期望值悖论，它来自一种掷币游戏。设掷出正面（或反面）为成功，游戏者第一次投掷成功，得奖金 2 元，游戏结束；若第一次不成功，继续投掷硬币，第二次成功，得奖金 4 元，游戏结束；若投掷不成功，则继续投掷硬币，直到成功为止，游戏才结束。第 n 次投掷成功，得到的奖金是 2^n。

游戏的期望值即为所有可能结果的期望值之和。由于抛硬币得到正面或反面的概率始终是 1/2，随着抛掷次数增大，其奖金额越来越大。在这个赌局中，每一个结果的期望值均为 1，但所有可能结果的得奖期望值之和，就会"无穷大"了。因此，理论上，人们愿意付出很多的赌资参与这个赌局。但实际结果表明，人们掏钱参与这个赌博的平均值也就是几十元，这显然与理论上的可能是"矛盾"的。

圣彼得堡悖论通过硬币游戏发现，人类在某种概率博弈中表现出与理论预测完全不同的选择模式。面对不确定性很大的收益，人们只愿意以较少的资金参与，这很难用期望效用理论加以解释。

前景理论

在许多研究中，心理学家也发现了与期望效用理论相矛盾的选择。先看两个问题。假设你需要做出以下两个决策。

- 决策 1：A. 肯定能得到 240 元；B. 25% 的概率得到 1 000 元，75% 的概率得到 0 元；
- 决策 2：A. 100% 的概率亏 750 元；B. 75% 的概率亏 1 000 元，25% 的概

率亏 0 元。

试验结果发现，在第一个决策中，绝大多数人（84%）选择了 A，这表明，他们在规避风险。然而，在第二个决策中，同样的受试者里居然有 87% 的人选择了 B，这表明，他们又在寻求风险。

因此，前景理论认为，人们会根据前景的性质，时而规避风险，时而又会寻求风险。

研究者也注意到，人们所关注的似乎是收益和损失，而非财富水平。例如，在第一个决策中，受试者在收益域内规避风险，在损失域内寻求风险。另一方面，期望效用理论中通常使用财富水平，而非财富变化，作为影响效用的重要变量，并且该理论认为，规避风险和寻求风险这两种态度之间不存在边界点，因为该理论假设人们对风险的态度始终如一。

我们再看看下面的问题。

- 决策 1：假设你今日多得了 300 元。然后：
  A. 以 100% 的概率再得 100 元；
  B. 以 50% 的概率再得 200 元，以 50% 的概率失去 200 元。
- 决策 2：假设你今日多得了 500 元。然后：
  A. 以 100% 的概率失去 100 元；
  B. 以 50% 的概率失去 500 元，以 50% 的概率再得 200 元。

这两个决策实际上没什么差别，决策都是在财富水平以 100% 的概率达到 400 元和财富水平的另一种前景中选择。然而，在试验中，在第一个决策中，72% 的受试者选择了 A，也就是以 100% 的概率再得 100 元。而在第二个决策中，64% 的受试者选择了 B。

这表明，在第一个决策中，绝大多数人在规避风险；在第二个决策中，绝大多数人又在寻求风险。因此，投资者在收益域和在损失域中对风险的态度并不相同。这说明，对投资者而言，重要的是财富的变化而不是财富水平。人们通常是以财富增长还是损失，来评判赌局的优劣。

因此，前景理论认为，人们是根据财富相对于参照点的增减，来评判前景的优劣，该参照点通常是当前的财富水平。同时，前景理论还认为，人们具有厌恶损失的心理倾向：对大多数人而言，损失造成的心理影响要远大于收益的影响。

系统性与非系统性风险

在讲完美市场的定价前，我们要先讲单只证券的收益与市场整体收益之间的关系。这就需要区分系统性与非系统性风险。

覆巢之下，安有完卵

系统性风险是经济体系中所有资产都面临的风险，如不恰当的宏观经济政策和监管措施、政局动荡等都会引发系统性风险。1997年泰国货币泰铢贬值，就引发了东南亚乃至日本和韩国货币贬值、股市大跌的亚洲金融危机；美国2008年的次贷危机，因美国次级抵押贷款引发了全球股票市场的大幅下跌，无一国家能幸免。

非系统性风险是单个资产特有的风险，如单个公司所面临的经营不济、利润下滑、重大诉讼、市场和新产品开发失败等使公司遭受巨额损失，减少了未来现金流和盈利能力。非系统性风险可通过投资组合来分散，系统性风险则无法做到这一点。"覆巢之下，安有完卵"就是指系统性风险的不可分散性。

我们通常用贝塔值来衡量系统性风险，它等于一种资产价值变动的百分比除以整个市场价值变动的百分比。若你购买的股票，半年时间里涨了80%，市场指数只上涨了10%，它的贝塔值就是8；若市场指数上涨了10%，而你买的另一只股票的价格只上涨了5%，那它的贝塔值就只有0.5了。

我们一般将贝塔值大于1的资产称为"激进型"资产，将贝塔值小于1的资产称为"保守型"资产。对激进型资产而言，其收益率的波动会放大投资组合的整体收益，在整个市场上涨时，会跑赢大市，但在市场下跌时，它也会跌得更惨。假设市场指数只跌了10%，贝塔值为4的股票价格则会下跌40%。保守型资产的价格波动幅度小于市场整体的波动幅度。若投资者购买了保守型资产，虽然失去了市场指数上涨时赚取更高收益的机会，但在市场下跌时，损失也会小得多。若贝塔值为1，则意味着，该资产的收益率与市场整体同向同比例地波动。由于贝塔值越大的资产系统性风险也越大，若投资者是风险规避型的，对贝塔值较大的资产的需求就会较少；反之，贝塔值越小，资产的系统性风险就越小，就越受风险规避型投资者的欢迎。

贝塔值与证券收益率

贝塔值表示某资产的收益率与市场收益率间的依存程度大小，是市场收益变动一个单位时，该资产收益率的反应程度。证券的收益率由两部分构成，它等于系统收益率与非系统收益率之和。系统收益率与市场收益率等比例相关；非系统收益率独立于市场收益率。

系统收益率等于贝塔值乘以市场收益率。若某证券的贝塔值为2，市场收益率为10%，那么，它的系统收益率就是20%。即该证券的收益率等于20%加上非系统收益率。

非系统收益率取决于发行证券的公司的特质。非系统收益率由两部分构成，它等于非系统收益率均值与误差之和。其中，非系统收益率误差的均值为零，它表示公司特有的不可预期因素的影响。若这些因素是随机且不可预期的，它对证券的非系统收益率的总体影响为零。

这样，我们可以将证券的收益率表示为：

证券收益率 = 非系统收益率均值 + 系统收益率 + 非系统收益率误差

由于非系统收益率的均值为常数，其误差的平均值为 0，长期来看，贝塔值又是确定的，因此，单个证券总的收益率变化，就完全取决于市场收益率变化。

完美市场中的投资组合

不要把鸡蛋放在一个篮子里

我们常说，"不要把鸡蛋放在一个篮子里"，这么一句普通不过的话，却是金融学里的一个重要理论。这正是马科维茨对现代投资组合理论的巨大贡献，他还因此获得了 1990 年诺贝尔经济学奖。他通过严格的数学证明，分散化投资，也就是通过构建投资组合，可比较有效地分散单个资产面临的非系统性风险。

马尔基尔在《漫步华尔街》一书中，通过孤岛经济中两个企业的例子，说明了分散化投资是如何分散风险的。假设孤岛上只有两家企业，其中一家经营度假胜地，拥有多个海滨浴场和网球场；另一家是雨伞制造商。天气状况会对两家企业的业绩产生明显的影响。在阳光灿烂的季节，度假胜地生意兴隆，雨伞制造商则销量下降；在阴雨绵绵的季节，度假胜地会经营惨淡，雨伞制造商的销售业绩则会上升。

假设平均而言，一年中一半的时间风和日丽，另一半雨水不断。若一位投资者购买雨伞制造商的股票，他全年有一半时间获得50%的收益率，另一半时间则亏损25%，全年平均下来的预期收益率12.5%。同样，投资于度假胜地，他将获得相同的预期收益。然而，要将全部资金孤注一掷地投入一家企业，就面临雨季或晴朗天数特别长的风险。

假设一位投资者总共投资200元，他在这两家企业中各投100元，那么，在晴朗时间投资于度假胜地将获得50元的收益，投资于雨伞制造商的则亏损25元，因此他的总收益为25元，即他的投资收益率为12.5%。在下雨时间，他投资于雨伞制造商获利50元，而度假胜地则亏损25元，也足以保证他获得12.5%的收益率。

通过严格的数学证明，可以知道随着投资组合证券数量的增加，投资面临的总风险会下降。当证券的数量达到一定程度，整个投资组合承担的风险就只是系统性风险了。图7-1直观地展现了投资组合证券数量与风险之间的关系。

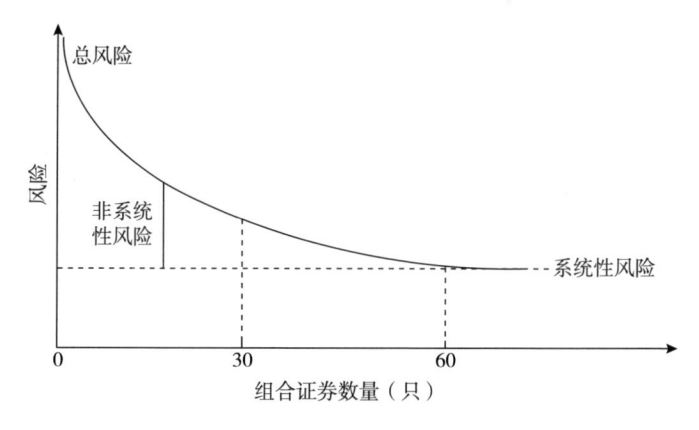

图7-1 投资组合中证券数量与风险的关系

从图中可以看到，投资风险由系统性与非系统性风险两部分构成。在既定时间内，无论投资组合证券的数量是多是少，面临的系统性风险都是固定的。但投资组合承担的非系统性风险直接与证券数量相关。当证券的数量很少时，在投资组合的总风险中，非系统性风险会占最大部分。随着投资组合证券数量增加，非系统性风险就下降了。当证券数量达到临界值后，面临的总风险基本上就只剩系统性风险了。

因此，夏普指出，最优组合必须包含所有证券，而且每一证券在组合中的比例，必等于其市场价值之比，概言之，证券的最优组合就是市场组合，有效组合的收益率必定与市场收益率完全相关。于是，系统性风险是有效投资组合收益率不确定性的唯一来源，有效投资组合完全分散了非系统性风险，反过来说，一个承担了非系统性风险的投资组合，并不是有效的。

有效前沿

构建投资组合是复杂的过程，但不管怎样，在不确定性中的投资组合，可通过预期收益率和风险之间的关系来描述：

- 若两个投资组合的收益率波动性（风险）相同，但预期收益率不同，则选择预期收益率相对较高的投资组合，更为可取。
- 若两个投资组合的预期收益率相同，但收益率波动性不同，则选择收益率波动性相对较小的投资组合，更为可取。
- 若一个投资组合比另一个具有更高的收益率、更小的收益率波动性，则投资该组合，更为可取。

根据上述原则，可构造出完美市场中的最优投资组合，这就是由有效前沿。

图 7-2 包含了一些单项投资（A~D）和一些投资组合（E~G）。在图 7-2 中，一旦沿着曲线移动到了最左端（例如，投资组合 E~G 处），就到了曲线弯曲的顶端 G。该点是风险最低点，即投资组合 G 右上方的那部分曲线，就称为有效前沿。有效前沿表示，在给定的风险水平下，期望收益率达到最大的投资组合的集合。投资者不会选择有效前沿下方的投资组合，因为它们并非最优的，理性的投资者会选择有效前沿之上的投资组合。

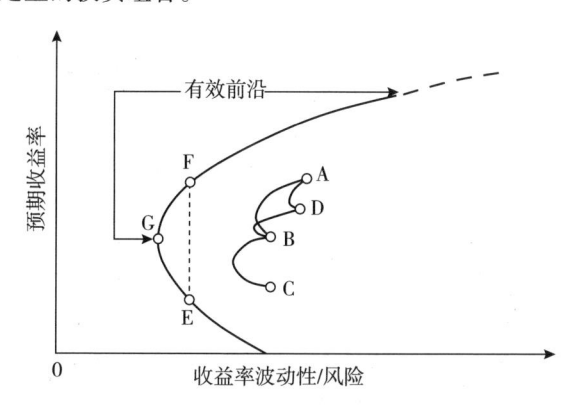

图 7-2 投资组合有效前沿

资本市场线

现在考虑一个最简单的组合。假定张三要在无风险资产和风险资产之间进行配置。无风险资产是指，在投资者决策区间内收益率是完全可以预测的资产。在统计上，无风险就是指，其收益率的方差/标准差为零。风险资产就是指，在投资者交易的时期内收益率是无法确定的资产，当然，风险在统计上表现为其收益率的方差/标准差为正。你购买了某一只股票，打算持有半年，但不能确定在半年后能赚多少钱，因此，股票是一种风险资产。

风险资产与无风险资产之间的收益率有何关系呢？实际上，它们之间的关系如下。

风险资产的预期收益率 = 无风险资产的预期收益率 +
风险溢价 × 投资组合风险

根据这个公式，风险资产的预期收益率取决于3个因素。当无风险资产的预期收益率上升（下降）时，风险资产的预期收益率也会跟随上升（下降）；同时，当无风险资产的预期收益率和投资组合风险不变时，风险溢价上升（下降），也会导致风险资产的预期收益率上升（下降）；投资组合的风险上升（下降）时，风险资产的预期收益率也会上升（下降）。一种资产的风险越高，那么，要鼓励人们持有这种资产，就必须向投资者提供更高的预期收益。中国有句俗话，"重奖之下，必有勇夫"，意思就是为了使打仗时的将士冲锋陷阵，冒更高生命危险而给予的"风险溢价"。

将这种投资组合的期望收益率和风险（以投资组合收益率的标准差来衡量风险）之间的关系描绘在同一坐标图上，就有图7-3。截距为无风险资产的预期收益率，夏普认为，它也是现期消费的价格和等待的回报，是时间的价格。在图7-3中，无风险资产的预期收益率被设定为8%。直线的斜率就是风险溢价，是对投资者愿意承担的每一单位额外风险所提供的额外预期收益率，或对应地，为了降低风险而必须放弃的预期收益率，因此，它也表示为了降低风险而付出的代价。描述投资组合的预期收益率与投资组合的标准差之间关系的曲线，被称为资本市场线（CML）。

只有在CML线上的投资组合才是最优的，在这条线上的投资组合，在风险一定时，预期收益率能够达到最大；或在预期收益率一定时，风险最小。在该直线上方，比如F点，尽管预期收益率是20%，

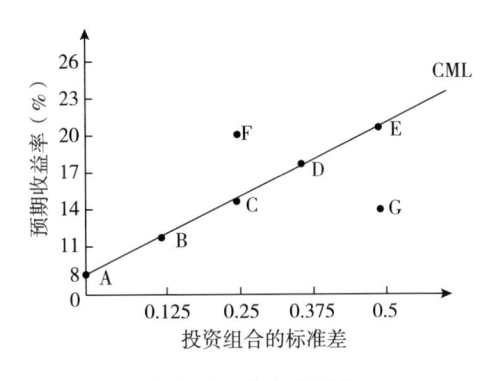

图 7-3 资本市场线

但在 0.25 的风险下是不可能达到的。在这一风险度上，能达到的最高预期收益率只有 14%。在该直线的下方，比如在 G 点，所承受的风险是 0.5，但预期收益率却只有 14%，如果重新调整投资组合，在这一风险度上，完全可以获得更高的预期收益率，最高可以达到 E 点，这时的预期收益率为 20%，但风险度依然是 0.5。因此，只有在 CML 线上的投资组合才是有效投资组合，因为在这条线上，在风险既定的情况下，为投资者提供的预期收益率最高。我们可以这样说，在完美市场中，风险与收益是相互对应的，人们不可能只承担较低的风险而获得很高的收益；当然，也不会承担了比较高的风险而得到很低的收益。

总结性观点

资本资产定价看起来较为复杂，但其核心内容无非以下几个方面。（1）投资者可通过投资组合来规避非系统性风险，但不能通过投资组合来分散系统性风险，所以，即使复制一种指数来构造投资组合，也还是要承担风险的。（2）尽管有安全性更高的资产（如国债），但人们还是更倾向投资于风险更高的资产组合。通过分散化也不能消除的风险，才应得到补偿，也就是说，只有系统性风险才要求得到风险溢价。(3)一般而言，可通过贝塔值来衡量投资组合面临的系统性风险。

资本资产定价模型看起来很优美，但它有若干假设，这些假设是完整理解资本资产定价理论的重要组成部分。博迪等在《投资学》将其假设总结为个体行为和市场结构两个方面。

个体行为方面的假设包括：(1)投资者总是理性的，总能实现投资组合收益—风险的最优化。这不仅意味着，投资者不仅不受情绪、心理等因素的影响，还可以恰当地计算各类资产的预期收益和风险，而且所承担的风险通过风险溢价得到了相应的补偿。(2)投资者只考虑单期投资期限而忽略了多期投资。(3)投资者具有一致预期，不会出现系统性偏差。

市场结构方面的假设包括：(1)所有资产在交易所公开交易，所有资产均有做空机制，投资者可按风险利率借入或贷出资金。(2)能够公开获取所有相关信息，因而，所有投资者可以根据同样的信息做出最优投资组合决策。(3)没有税收。(4)无交易成本。在这些假设下，不同投资者具有相同的投资组合，也就是复制市场组合。

预期与金融市场有效性

两种预期方式

你可能听说过，"买股票就是买预期"。这说明了预期在资产定价中具有极重要的影响。实际上，投资者在做出一项投资决策的时候，都是基于他对未来某项资产乐观或悲观的预期。但是，人们有不同的预期方式。

一种简单的预期方式就是适应性预期，即仅仅基于过去的经验而形成的预期。成语故事"守株待兔"就是一种适应性预期。宋国有位老农的田里有一棵树。有一天，一只兔子撞到了那棵树，死了。于是，他就再也不种地耕田了，天天守在那棵树下，等着兔子跑过来撞死，坐等收益，但这终究为宋国人所笑话。当然，适应性预期意味着，以往的数据发生变化时，预期会随着时间的推移而缓慢地变化。在守株待兔的例子中，若有一天，那位老农看到兔子从别的地方跑过去了，他就可能会到新的地方去等待兔子了。

在金融市场中，根据适应性预期来判断证券未来的价格走势，可能是危险的，甚至像守株待兔故事中的那位老农一样，再无所获。

另一种预期方式就是理性预期，它是利用所有可得信息做出的与最优预期相一致的预期。举例来说，你每天开车去上班，大致要花40分钟。若单位要求9点打卡，为避免迟到，你再留出10分钟的富余时间，于是，你决定，8点10分出门就可以了。但是，这并不意味着，你每天在路上花的时间刚好都是40分钟。

假设有一天，你运气超好，一路都是绿灯，车辆还很少，只用15分钟就到单位了。那你第二天是否会因为头一天的好运而决定在8点40分出门呢？当然不会。

但另一天，没有这么走运，不仅赶上了所有红灯，而且碰到了交通事故，原本车水马龙的道路变成了停车场，这让你花了两小时才赶到单位。那你是否会因为这一天的异常拥堵，多用了一个多小时，决定第二天早晨7点就出门呢？当然也不会。

因为，你会认为，全部碰到绿灯或红灯，并不是经常会发生的，你并不会因为某天的好运气或坏运气，就决定改变出门上班的时间。这就是一种简单的理性预期。虽然理性预期等于基于所有可得信息的最优预期，但预期结果并非总是完全精确的，只不过，理性预期意味着不会出现系统性的偏离，预期误差的均值为零。在上面的例子中，你通勤花的时间可能比40分钟略多，也可能会略少，但在较长的时期中，你上班路途上所花的时间平均就是 40 分钟。超过或少于 40 分钟的部分，我们就叫误差，它的均值为零。尽管理性预期中的预测误差平均为零，但事先无法预知。在上面的例子中，你就无法在出门前知道当天所需的时间是多于还是少于 40 分钟。

在理性预期中，若某一变量的运动方式发生变化，那么，对该变量预期形成的方式也将随之变化。还是以出门上班所需时间为例。假设你上班的路上多个路口正在修地铁，为了打井占用了至少一个车道，这让你上班所花的平均时间比往常多了至少 20 分钟。修地铁带来了交通时间的变化，完全不同于你在上面遇到全部绿灯或红灯的偶然因素，它可以直接让你做出确定性的判断，在未来较长的时间里（比如至少 2 年）通勤的时间每天都要一小时左右，这就会让你改变早晨出行的时间。

猩猩不输分析师：有效市场

根据证券价格所反映的信息量，经济学家法玛将证券市场分为弱型有效市场、半强型有效市场和强型有效市场。若公开的相关信息对证券价格仍有影响，说明证券价格对公开信息尚未做出及时、充分的反映，市场是弱型有效的。若有关证券的公开资料对证券的价格变动没有任何影响，则证券价格已充分、及时地反映了公开资料信息，证券市场是半强型有效的。若有关证券的所有相关信息，包括公开和内部信息对证券价格都没有任何影响，即证券价格已充分、及时地反映了所有公开信息和内部信息，则证券市场达到强型有效。在有效市场中，证券价格反映了所有可得的信息，不存在未被利用的盈利机会，资产价格等于其预期的基本价值，如，根据有效市场假说，在股票市场中，股票价格就是对其基本价值的合理预期。

由于信息是不可预测的，证券价格也是不可预测的，具有随机游走的特征，就像喝得酩酊大醉的醉汉一样，你不知道他迈出的下一步是向左、向右，抑或是向前还是向后。

1827年，苏格兰植物学家布朗发现，水中的花粉及其他悬浮的微小颗粒不停地做不规则的曲线运动。在很长一段时间里，人们都不理解其中的原理。50年后，德耳索提出，这些微小颗粒是受到周围分子的不平衡碰撞后产生了运动。当悬浮的微粒足够小时，由于受到来自各个方向的分子的撞击不平衡，就产生了不规则的运动。维纳1863年提出布朗运动起源于分子的振动。在某一瞬间，微粒在另一个方向受到的撞击作用超强时，使微粒又向其他方向运动，这样就引起了微粒的无规则运动，即布朗运动。金融学家受此启发，通常将金融资产价格的随机游走，称为布朗运动。

那深层次的含义是什么呢？

其实，它只是想告诉我们，在有效市场中，不管是利用历史数据进行技术分析，还是利用公开可获得的信息进行基本面分析，都不可能获得超额收益。也就是说，在有效市场中，所有的人都只能获得市场平均收益。在有效市场中，没有投资高手，更没有"股神"！

进而，根据有效市场假说，投资分析师公开发表的分析报告是没有多大价值的。例如，有投资分析师预测，若美国对某产油国发动袭击，石油价格会上涨，据此判断石油类公司股价会大幅攀升，投资者是否应该大量买入石油类公司的股票呢？又或，某公司开发出了一款新药品，将有益于患者的康复，投资者是否应该超配该公司股票，以期获得超额收益呢？

有效市场假说认为，市场参与者都非常容易掌握此类信息，而这些信息早已包含在股票价格中了，因此，按照这些信息来操作，并不能获得额外的高收益。

有效市场假说还认为，好消息并不总能抬高股票价格。由于股票价格是不可预知的，若某消息已经在市场预期之内，当消息发布之后，股票价格并不会出现明显变化。否则，若发布消息导致了股价明显的变动，就意味着股票价格变动是可预期的。但有效市场恰恰排除了这种情况。只有发布新的且未被市场所预期的消息时，才会引起股价变动。若消息已被预期，则股票价格就不会对新发布的利好信息做出反应。

有效市场假说认为，小道消息、投资分析师的分析报告利用的都是公开可得的信息，因此，不能帮助投资者战胜市场。事实上，任何投资者若不具备比其他市场参与者更好的信息，就不可能有超越整个市场的收益率。在有效市场中，没有高明的投资者与分析师。

有效市场假说的支持者经常讲的故事是，将一只大猩猩放在电脑前，让它在键盘上随机敲一些字母，构成一个投资组合。最后发现，华尔街高智商的顶级分析师构造的投资组合，竟然与大猩猩"没有思考"、乱敲一气键盘构造的投资组合的收益率相当。甚至，巴伯尔发现，华尔街证券分析师"强烈推荐买入"的股票，后来给投资者带来的损失，堪称是灾难性的。

由于市场是随机游走的，证券价格能充分反映所有的信息，投资者不能获得超额收益，因此，有效市场假说建议，不应频繁买卖证券以企图在市场上超前行动而获利，应当采取"买入并持有"的策略，即购买股票后，长期持有。平均而言，这种策略的收益率与市场收益率相当，但可以减少证券交易产生的佣金，获得更多的净利润。

有效市场假说的前提

有效市场建立在一些前提之上：充分信息中的投资者理性、误差不相关和无限制套利。

充分信息中的投资者理性

有效市场的第一个关键假设是,投资者总是基于充分信息而完全理性。

然而,有两个主要因素阻碍投资者的理性。

首先,信息的可得性是充分的,信息的分布在各个地方都是均匀的。有效市场假定,所有新出现的信息在瞬间就会被恰当地捕捉、分析并精确地反映到证券价格上。然而,信息的传播可能是缓慢的,信息分布也会不均匀。在信息传播过程中,不同投资者对信息的可得性和接收会先后有别。马尔基尔指出,有效市场的一个脆弱假设是,信息会在瞬间完成传播,但并不是一切有用的内幕信息都能被立即披露给每个人。即便投资者可以便利地获得所有相关的信息,但还是有人不愿意费力更新自己的信息,而是根据过去的信息形成预期,这就叫"信息黏性"。

所有投资者都面临同一个信息源,但信息不会自动地传达给每一位投资者,而且,传播过程中会受到介质的影响,可能过滤了一些极为重要的信息。真正有价值的信息,可能是一些投资者无法享有的。这就好比人类拥有一个共同的太阳,但并不是地球村里的每个角落都能享受到同样充足的阳光,有的地方阴天多、雾多,甚至因大气污染而产生雾霾;有的地方则常年享受日光浴。信息的传播何尝不是这样?有的人拥有信息优势,有的人却很难获得有效信息。

其次,即便人们都能同等地获得相关信息,但人们对信息的处理能力是有差异的,即便面临同样的信息,不同投资者的预期也会千差万别,会做出迥然相异的投资决策。有限的信息处理能力,导致人们的理性是有限的。

《列子》中两小儿辩日的故事,就充分地说明了信息处理能力的差异。面对早晨初升的太阳，一个小孩认为，早晨太阳看起来最大，他依据"近者大、远者小"，认为早晨太阳离我们最近；另一个小孩则认为，早晨太阳看起虽大，但在中午最热，他依据"近者热、远者凉"，认为中午太阳离我们最近。他们俩各有各的理由，结果把孔子也弄得无所适从，不能断定太阳到底是早晨还是中午离我们近。面对同样的信息，金融市场中的不同投资者会有不同的判断。此外，投资者也可能受情绪的影响做出偏离理性的投资行为。

为什么人们在面对同样的信息之时，会有不同的判断呢？一个重要的原因就在于，人们的教育和知识背景，决定了他们对信息的提取和解读。《西方科学史》讲了一个小鸡的故事，很好地诠释了这一点。

伦敦大学的威尔逊教授在非洲组织了一场抗击蚊疫的战斗，他拍了一部大约5分钟的宣传短片，放映给当地的村民观看，以向他们展示预防蚊疫的各种方法。然后，他问那些村民看到了什么，让威尔逊大跌眼镜的是，村民的回答是，"一只小鸡"。

威尔逊非常不解，这部短片并不是关于鸡的。于是，他们回放了一遍，才发现在画面的角落，有一只小鸡在闲逛，但只持续了一秒钟。

这表明，对这些非洲村民来说，短片中唯一有意义的就是这只小鸡。在他们的经验和认知范围以外，其他一切都是没有意义的，也是不存在的。这就是教育和知识背景带来的认知局限。正因为如此，投资理财只能赚取认知范围内的钱，是认知能力的变现。

正如弗格森在《金钱关系》中指出的，人们在做经济筹算时，常常受制于生理欲望，人是一种社会性动物，无法脱离他身处的人文环境。因此，马克斯·韦伯说："即便是追求利润的原动力，也无法达到无欲的纯理性境界。同时，人们也常以血缘、职业等为标准，将自己纳入某个群体中去。"所以，马克·吐温说："人是理性的动物，这只是一条声明。我认为，这是值得商榷的。"

井水不犯河水：误差不相关

有效市场的第二个关键假设是，投资者的错误是不相关的。在金融市场中，总会存在一些噪声交易。当投资者基于错误的信息或与证券估值无关的信息进行交易，就是噪声交易。若投资者行为是随机而且无关的，那他们的行为结果会相互抵消，噪声交易的收益均值为零，不会影响市场效率。

但是，投资者之间并非是完全不相关的，随着信息技术的发展，众多投资者往往会在一起交流对证券市场的看法和判断，并相互影响。一个投资者可能会从另一个投资者那里打探"消息"。在下一章讲的羊群效应中，一个投资者的决策就会受到其他众多投资者的决策影响，因此，投资者之间的交易和收益并非完全不相关。

诺贝尔经济学奖得主罗伯特·希勒就强调了投资者之间的相关性。他说，投资是一种社会行为，投资者在大部分空闲时间里讨论投资，他们的行为及资产的价格都会受到整个社会力量的影响。在这个互联网时代，有许多投资者都在各种投资论坛里交流对后市的看法，也可能不停地往返于各家券商举办的"策略会"，从那里得到卖方分析师的投资建议。因此，投资者之间在事实上是相互影响的，他们的投资收益并非互不相关。

无限制套利

有效市场的第三个关键假设是，金融市场可以无限制套利。

套利行为在经济活动中也很常见。所谓套利，就是对同一产品而言，在价低处买入，在价高处卖出。比如，若在相邻的两个地区，相同品种、大小和口感的苹果，在甲地只卖5元一斤，而在乙地却要卖7元一斤。这就产生了明显的套利机会，就会有一些商人到甲地以5元的价格买入，再到乙地去卖。随着从甲地买入苹果的商人越来越多，甲地的苹果价格就会相应地上涨；同时，到乙地销售的苹果增加，乙地的苹果价格则会下降。最终，甲乙两地的苹果价格就会趋于接近。

套利行为在金融市场中也普遍存在。当金融市场出现不当定价时，即金融资产的现实价格与有效市场假说中的理性预期价格出现偏离时，就会出现套利机会。比如，当现实价格低于理性预期价格（内在价值）时，套利者就会买入该资产，直到其现实价格与理性预期价格相等；反之，套利者就会卖出该资产，导致该资产下跌，并与理性预期价格趋于一致。通过这种无限制的套利行为，资产的价格就会恰当地反映与它相关的各种信息。

比如，有一些财务造假的上市公司，可能在数年里通过各种手段虚增公司利润，但它实际的利润很少甚至出现亏损。根据有效市场假说，该公司的股价一定会反映公司真实的财务信息，而不是经粉饰的财务信息。然而，我们会发现，那些财务造假的公司的股票价格却可能在很长一段时间保持在相当的高位，严重偏离其真实财务状况决定的内在价值。

再比如，我国有一些公司同时发行了在中国境内上市的 A 股和在中国香港联交所上市的 H 股。在无限制套利下，同一公司的 A 股和 H 股的价格折算为同一货币后，应该相等。但 A、H 股却长期存在溢价现象，即同一家公司的 A 股价格，长期高于其 H 股的价格。

为什么会出现这种情况？

首先，在现实中，有种种因素会制约套利，使得资产的实际交易价格可能明显地背离其内在价值。比如，财务造假的公司股票可能被一些机构（庄家）控盘了，它们为了自身的利益，不会通过快速抛售的方式来变现它；同时，我们又没有直接的个股做空机制，没有空头力量来反映该公司的真实财务信息，这样，其价格与理性预期价格的调整也将会经历较长时间。其次，有效市场的理性预期价格（内在价值）本身是无法精确计算出来的，导致现实价格与理性预期价格也就无法精确地加以比较。最后，金融交易也涉及诸多的交易成本，每一次交易都会发生诸如印花税和佣金之类的成本，这也会制约套利交易。

市场异常

金融市场中存在一些异常现象，是有效市场假说无法解释的。包括：过度反应、小公司效应、价值股效应、均值回归等，限于篇幅，我们在此只介绍过度反应、小公司效应和均值回归。

物极必反：过度反应

中国人常说："物极必反。"西方人说："上帝欲使人衰亡，必先使其疯狂。"虽然表达的意思并不完全相同，但有一点是共通的：事物走向了极端状态，将会出现相反方向的变化。将它应用在金融学中，便被称为"过度反应"。

过度反应是指某一事件引起证券价格剧烈波动，超过预期的理论水平，然后再以反向修正的形式回归到其应有的价位上来的现象。

在过度反应现象下，市场上会出现以下两种等价现象。

首先，证券价格的异常波动将会伴随价格反向运动，即超涨的股票在修正中超跌，而同时超跌的股票则会超涨。

其次，证券价格的异常波动幅度越大，在以后的反向修正中调整幅度也越大。研究金融市场的人经常还会说"超调"。这一词最早是用来形容汇率波动的，就是说，在外汇市场上，出现了一种新的信息冲击时，会使汇率在较短的时间里偏离其均衡水平。比如，2016年英国举行"脱欧"的全民公投，结果英镑在一天之内就贬值了10%。将"超调"一词用在股票或债券市场，就是过度反应。

因此，根据过度反应，去追高短期已大幅上涨的股票，结局基本就是：被套！

过度反应导致了市场的过度波动。过度波动通常是指，证券价格的波动远远高于其基本面所决定的波动性。投资大师伯纳德·巴鲁克说："任何市场的历史——从产生开始——都是一部极其惊险的价格上涨和下跌相互交替的发展史。"非常直观地描述了过度反应现象。

小的是美好的：小公司效应

小公司效应是指，在控制市场风险之后，投资市值比较小的企业往往能够获得超额收益。在美国市场上持有市值最小的一组股票，同时卖空市值最大的一组股票形成的投资组合，1931—1975年可每月获利1.52%。在中国，许多公司的规模或流通市值越小，其股票的估值水平越高。不同规模的企业的平均市盈率和市净率就充分地反映了这一点。市盈率越高，对股票的估值也越高；市净率越高，对股票的估值水平也越高。反之亦然。由于构成沪深300指数的都是一些规模很大的成熟上市公司，无论是市盈率还是市净率，在中国境内的股票市场上都是较低的。市盈率和市净率较高的是创业板，创业板上市公司的规模总体上要远小于中小板和沪深300指数构成股票的规模。这非常直观地展现了中国股票市场中估值的小公司效应。

风水轮流转：均值回归

均值回归则表现为，一个时期收益率低的股票在接下来的另一个时期会有相对更高的收益率，反之亦然。这意味着，一个时期收益率表现较差的股票在之后的一段时期可能表现相对要好一些。中国人常说的"风水轮流转",就是对均值回归更通俗地表达。

均值回归意味着,可以预期,这个时期表现较差的股票在未来一段时间会有正向收益表现,这表明,股票价格并非严格遵循随机游走的过程。同时,股票市场大量的现象表明,股价对新信息的出现仍会做出非常明显的反应。一个极端的例子就是新的信息出现后,股票价格可能会出现过度反应。例如,某家上市公司突然宣布,公司主营业务利润成倍上升,该公司的股票价格就可能会出现一段时期的上涨;相反,若公司公告接下来将出现严重亏损或其他利空消息,则公司的股票价格往往会出现大幅下跌。

有效市场假说无法解释价值股效应。价值股是指盈余、现金流和账面价值等会计指标比市场平均水平较好的股票。价值投资就是在投资组合中加大价值股的配置比例。一些研究发现,市盈率较低的投资组合的市场风险要低于市盈率较高的投资组合的风险。

第八章
投资如选美：行为金融

在现实生活中，人类并非充分理性的，投资决策受心理因素的影响。凯恩斯就曾说过："证券价格的崩溃，可起因于投机信心的减低，也可起因于信心状态的逆转。"这就要讲讲行为金融了。

被带节奏很危险：背景与框架

背景与框架无处不在

人们在做出某个判断和决策时，往往会受到决策对象呈现和表达背景、不同框架的显著影响。先看一个著名的例子。图 8-1 的两条线段中，哪条长，哪条短？

一眼看上去，上面的线段比下面的要短，但这只是箭头方向相反带来的错觉，两条线段其实一样长。

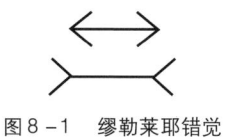

图 8-1　缪勒莱耶错觉

再看两个问题。

问题 1：假设某国正在防范一种罕见的疾病，该疾病暴发会导致 600 人死亡。目前有两种方案，其结果估计如下。
- 若采用 A 方案，则这 600 人中将有 200 人生还。
- 若采用 B 方案，则这 600 人中将有 1/3 的概率生还，有 2/3 的概率无人生还。

你认为，应该选择哪种方案呢？

问题 2：假设某国正在防范一种罕见的疾病，该疾病暴发会导致 600 人死亡。目前有两种方案，其结果估计如下。
- 若采用 C 方案，则这 600 人中将有 400 人死亡。
- 若采用 D 方案，则这 600 人中无人死亡的概率为 1/3，有 2/3 的概率全部死亡。

你认为，应该选择哪种方案呢？

第一个问题是存活框架，第二个问题是死亡框架。结果，在第一个问题中，有 72% 的受访者选择了方案 A。可见，大多数受访者都在规避风险。

在第二个问题中，有 78% 的受访者选择了方案 D。尽管两个问题完全相同，但现在大多数受访者似乎都在寻求风险。卡尼曼和特沃斯基发现，这种风险态度的转变，广泛地存在于学生、大学老师和内科医生身上。这清楚地表明，决策框架很重要。

这表明，对决策对象的描述或呈现的方式，会影响我们的判断和决策。决策者并不是孤立地去感知和记忆素材，而是会根据发生的背景、框架来解释新信息，做出判断和决策。

背景与框架中的决策

背景和框架，往往会导致决策者出现首因效应、近因效应、晕轮效应和诱导效应。

◎首因效应

首因效应是指，受访者被要求根据一系列特征谈论他们对某个人的印象时，首先出现的特征通常会起主导作用。比如：

- "一个在大学读书时排名第一的学生在卖猪肉。"你如何评价这个学生呢？
- "一个卖猪肉的屠夫在大学读书时排名第一。"你如何评价这个屠夫呢？

前一种表述，会马上让人联想到高考状元，让人觉得他一落千丈。后一种表述，会马上让人觉得他学习肯定很差，但后来又发奋读书，就很励志。不过，这只是对同一人的不同陈述方式而已。

曾有研究者做过这样的心理学实验，分别对甲乙两人的性格特征做了描述，然后让受试者对他们做出评价。

- 甲：聪明、刻苦、冲动、挑剔、固执、嫉妒。
- 乙：嫉妒、固执、挑剔、冲动、刻苦、聪明。

结果，人们对甲的评价就比较积极，而且也更能包容他的缺点，认为聪明人有固执的资本。对乙的评价则多半是负面的，嫉妒心强还固执己见者，加上聪明灵活的头脑，那就是坏透顶了。实际上，这里描述的甲和乙是同一个人，只不过调整了一下特征的描述顺序而已。这表明，第一个出现的特征在评价和决策中的影响更强。这也告诉我们，给人留下好的第一印象，是多么重要。若给人的第一印象很差，那以后就可能要花多倍的努力才能改变它。

◎近因效应

与首因效应相似，在人们形成判断和决策时，也有近因效应。近因效应是指，最近出现的事件对决策者的影响更大，过去时间较长的因素，对决策的影响就会减小。我们常说，"时间是治疗伤口最好的药"，其实隐含着近因效应。人们对不久前发生的伤心事，会感到特别痛苦，时间一长，却会遗忘。

投资者在决策中往往也会受近因效应的影响。比如，有投资者在过去总是亏钱，但最近几次操作得心应手，他就极有可能忘掉过去的教训，在接下来的决策中，会更多使用自己最近的"成功心得"，但他可能没有注意到，最近的成功只是因为市场处于亢奋的牛市中，不过是"买什么都赚钱"罢了。

◎晕轮效应

晕轮效应也是一种常见的现象。求职者都知道，若衣着打扮得体，面试时，会给面试官更好的印象，会提高求职的成功率。长相漂亮、行为潇洒，也会给人留下好印象，影响对方的决策。比如，有研究表明，那些身材高挑，五官匀称的学生，论文答辩时，得到的评价就对相对更高。

◎诱导效应

人们经常缺乏一个稳定的偏好顺序，框架依赖的心理特征会影响人们对事件的认同度，并影响其决策。对选择的方式进行诱导，能影响人们所做的选择。这种运用框架依赖来诱导人们决策的现象，被称为诱导效应。

框架对选择的影响是与"损失厌恶"相关的，若一个框架强调了选择的损失，则其吸引力就会较小。若框架使得某项选择的损失看起来较小或收益较高，则会提高选择的吸引力。

框架依赖偏差是普遍存在的，因而诱导效应也被广泛采用。所以，在市场营销中，商场在直接提高价格和取消打折这两种方式中，会选择取消打折，消费者明显更容易接受。因为，同样的价格变动，直接提价被消费者视为损失，取消折扣则被消费者视为不过是商家把原来让利的部分收回去了而已。类似地，一件原本价格是 1 000 元的商品，商家把它标成 2 000 元再打 5 折进行销售，与直接标价 1 000 元，给消费者的感受完全不同，打折时，消费者会觉得自己得到了便宜，会更积极地花钱买下它。

金融活动中的框架效应

金融活动中处处存在框架效应，可能导致投资者难以做出恰当的判断和决策。

卖方分析师的研究报告，往往充斥着决策框架中的诱导效应。比如，一家券商的分析师对某公司研究报告的标题是"人工晶状体先锋，角膜塑形镜再蓄新动能"，就在诱导投资者买入该公司股票。公司名称也可能产生框架效应，并对投资者产生诱导。2016 年 11 月美国总统大选，特朗普（Trump）击败希拉里当选美国总统，因"Trump"又被译成"川普"，结果，中国 A 股上市公司"川大智胜"收获了 10% 左右的涨幅。

有的上市公司还利用"更名"的框架效应来诱导投资者。典型的是港股"信阳毛尖"。信阳毛尖本是一种茶叶，作为上市公司的信阳毛尖长期亏损，成为港股中的"仙股"。与此同时贵州茅台的股价如日中天，于是，信阳毛尖的董事会决定，将公司更名为"中国国龙茅台"，这直接推升其股价在短短 5 个交易日获得了 200% 的涨幅。不过，它的更名引起一片哗然，公司被迫取消了这一名称，其股价又被打回了原形。

理财产品销售人员在向投资者推介产品时，往往会首先介绍（甚至夸大）它的预期收益，很少甚至根本不向投资者提示相关风险。基金公司在介绍自己的产品时，也往往更多首先强调它所取得的"辉煌业绩"，闭口不提曾经失败的案例和惨重的损失。这样，在框架效应的驱使下，投资者就会更放心地把钱交给他们去打理。

过度自信——为什么要敬畏市场

过度自信是一种普遍心理

过度自信是指，人们会倾向于高估自己的知识水平、能力和信息精度，从而对未来和控制能力表现过于乐观。一些人有一种偏好，那就是"好为人师"，这其实就是过度自信的表现。"不听老人言，吃亏在眼前"，虽有生活经验的积累，但这里以"老人"自居者，也有过度自信的成分。

人们一般会认为自己的能力、知识和技能要优于平均水平。有研究人员曾对司机做过心理学调查。向受访者提问："你是个好司机吗？你认为，自己的驾驶水平是优于、相当于还是低于平均水平呢？"调查结果显示，大多数人认为，自己的车技高人一筹。更有意思的是，将同样的问题带到医院去对那些开车发生了交通事故的司机做心理学调查时，那些身上还绑着绷带的司机，大多数认为自己开车很棒，完全忘了还躺在病床上呻吟的痛苦。

在创业中，人们也存在过度自信。创业是承担大量风险的行为，但很多创业者对未来无比憧憬。而残酷的现实是，大多数创业型和创新型公司最终都倒闭了。但当你问及创业者如何看待未来时，他们都会向你描绘未来光辉灿烂的前景，就仿佛看到无数棵摇钱树在向你招手一样。马克·吐温《镀金时代》中的波路顿先生，就曾投资了十几个企业，个个都有发财的希望，最后却通通垮了，为此他还抵押了所有房产，债务缠身。

人类的发展需要自信。正是因为有自信，人们才敢于去尝试和探索各种未知的可能。想一想，如果不是对未来怀着希望，谁会去投资创办企业？谁会去做风险投资和建实验室，以巨大投入去开发新技术和新产品呢？人类若没有自信的支持和驱使，无疑会一直生活在茹毛饮血的蛮荒时代。

但是，过度自信则会带来麻烦，它会导致认知失调。

过度自信导致认知失调

认知失调包括错误估计、控制幻觉、规划谬误、归因偏差、证实偏差和后见之明偏差等。

◎错误估计

诺贝尔经济学奖得主丹尼尔·卡尼曼指出，乐观偏见是认知偏见中最重要的一种。乐观并不完全是坏事，乐观者对困难和失败的承受能力更强，身心也会更健康。企业家、发明家天生就具有乐观主义的倾向，对自己的判断和控制力充满了自信。

但过度乐观可能会导致错误估计，即高估自己知识准确度的倾向，会对未来做出过度乐观的估计。具体地说，过度自信会让人们过高地估计对自己有利的事件发生的概率，低估对自己不利的事件发生的概率。卡尼曼在《思考，快与慢》中指出，人们之所以经常过于激进地从事风险项目，就是因为对成功率过于乐观。但过度乐观者可能由于激进而把自己置于更大的风险敞口之中。

曹操兵败赤壁，在很大程度上就是他过度自信带来的错误估计。当时，庞统给曹操献连环计时，程昱提醒过曹操，将战船钩在一起，若周瑜用火攻，那就要吃大亏。曹操认为，周瑜要火攻，就必须有东南风，可隆冬时节，在北半球刮的是西北风，曹操的过度自信，就让他把隆冬时节刮东南风的可能性完全排除在外了。虽然曹操屡屡吃亏，可他就是改不了过度自信的毛病。兵败赤壁后，他一路狼狈逃跑。当他每每见到树木杂丛，山川险峻，都会大笑不止。当随从问他为何哈哈大笑时，曹操的回答是，"我不笑别的，只笑周瑜无谋，诸葛亮少智。要是我用兵，就会预先在这里埋下伏兵"。结果，每每话音未落，伏兵尽出。

"自我感觉良好"就是错误估计的表现。导致自我感觉良好的一种因素是，人们并不能很好地认识自己的缺点，选择性地"以己所长，比人所短"。当然，导致自我感觉良好的，有激励因素，也有认知因素。在激励方面，认为自己位于平均水平之上，会增强自尊和优越感，激励自己去从事一些没有把握的事。这是过度自信的积极一面。若一开始就抱着会失败的信念，那人们就会打退堂鼓，更不会承担风险去做开创性的工作了。在认知方面，领导最容易想到的绩效标准通常是他最擅长的，而忽略了"尺有所短、寸有所长"。

◎控制幻觉

控制幻觉是人们认为，自己对事件有超乎寻常的控制能力。朋友聚会饮酒时，有人在一开始就会告诫自己，一定不要喝多，结果，酒过三巡，把所有的顾虑都抛到九霄云外了，最后还是喝得语无伦次，烂醉如泥。那些有控制幻觉的司机，开车时，常常会把音乐声音开得很大，还随着节奏摇头晃脑，甚至与乘客大声攀谈。

"猩猩好酒"的故事，就讲了控制幻觉。猩猩喜欢喝酒，山脚下的人专门为猩猩准备了大大小小的杯子、酒坛。同时，还编织了一些草鞋，用绳子把草鞋连在一起，放在路边。猩猩看见了，清楚这是人类在设法诱捕它们，猩猩把诱捕者痛骂了一遍。

随后，一只猩猩说，"何不稍微尝一点呢？别喝多了就是"。于是，它们先取小杯小酌，然后骂骂咧咧地走了。它们发现，喝两小杯没事，就自信地认为，再多喝一些肯定没事。于是，它们就取了稍大的酒杯喝了两杯，喝完后又骂又唱地跑了。如此反复，猩猩居然觉得，自己原来也是海量，这酒也是琼浆玉液，不多喝点，简直就一个字"亏"！干脆抱起酒坛子一饮而尽。喝醉后还穿上被连在一起的草鞋。这时，织鞋供酒的人就追过来了，猩猩最终没有一个逃脱的。

◎规划谬误

过度自信会导致规划谬误，即认为自己能够完成的任务或达到的目标，比实际已经完成或能达到的目标要高得多。古代许多著名的战役中，战败一方在很大程度上都是由于将帅过度自信产生了规划谬误。刘备为了给关羽报仇，被东吴小将陆逊火烧连营，重要原因之一，就是刘备的过度自信低估了陆逊的才能，错误地把军营设于深山密林里，依傍溪涧。马谡拒谏失街亭，也是因为他过度自信。马谡认为自己熟读兵书，一直对诸葛亮的排兵布阵不以为然，更不听王平的谏阻，执意将军队部署在山上，自以为居高临下，可及时察觉魏军的动向。结果，当魏军到来后，断绝了他的水源和粮道，山上蜀军自乱阵脚，马谡因过度自信而失去街亭，加速了刘蜀的灭亡。

卡尼曼指出，在预测风险项目的结果时，管理者很容易掉入规划谬误的陷阱。在规划谬误的支配下，他们根据脱离实际的乐观心态来做决策，而不是根据对成本收益、概率的理性分析做决策。他们高估了收益，低估了潜在的损失和风险。他们设想了成功的前景，却忽略了失败和误算的可能。因此，他们制定的行动方案，就不太可能在预期之内完成，而且方案也可能无法实现预期的回报。

◎归因偏差

在社会心理学中，归因理论研究人们解释行为或结果的成因，但人们在对结果进行归因时，常会出现偏差，即人们会不恰当地归结一个事件结果的原因。张三与李四发生冲突时，张三认为是李四的不是，同样李四也会指责张三，他们都不从自己身上找原因。球迷在自己支持的球队取胜后，会认为球队确实比对方踢得好，球技高，输球了却是因为"黑哨"。

自我归因偏差是指，人们倾向于将成功或理想的结果归因于自己高超的能力，将失败归因于自己不能控制的环境或运气不佳。在茅盾的《子夜》里，地主出身的冯云卿的自我归因偏差就得到了很好的刻画。他从安徽带了七八万现款来到上海，投身于公债市场。公债价格随战争形势变化而起伏。在开始的半年里，他似乎得心应手，于是，就自认是"公债通"了，他产生了自我归因的偏差，于是，他便投入了更多的本金去买公债。

但他的过度自信最终让他栽了跟头。《子夜》里写道："交割下来他一算账，亏折得真不小呀！五万保证金，一文不见回来。……昨天他还是享福的有钱人，今天却变成了穷光蛋，而且反亏空了几万！"面对失败，冯云卿又出现了归因偏差。小说继续写道："是他自己的过失么？他抵死不承认的！——'运气不好'！他叹了一口气，在肚子里说。"因此，将失败的投资归因于运气不好，大概是投资者的普遍心理倾向。中国股市中一些散户"一亏就骂庄"，就是将自己的损失归结为庄家的操纵。由于人们往往将对自己有利的结果归因于自己异乎寻常的能力、超强的技术或渊博的知识，因此，一次成功将通过归因偏差而强化人的过度自信。

◎证实偏差

证实偏差是指，人们倾向于接受与自己信念一致的证据，忽略与自己信念对立或矛盾的事实。一旦形成一个较强的假设或信念，就会倾向于把一些附加证据错误地解读为对这个假设有利，不再关注那些否定该假设的信息。换言之，人们有一种寻找证据以支持某个假设或先入为主的结论的倾向。这种"证实"而不是"证伪"的倾向，就叫证实偏差。

"欲加之罪，何患无辞"，就是证实偏差。比如，一些经济学家往往先形成自己的主观判断或观点，然后再找数据通过"高深的"计量方法等来证明自己的观点。当结果与他的判断或观点相冲突时，就修改数据或模型，直至支持他的观点，乃至有人戏谑，经济学的一些研究，简直像"拷打"数据，让数据"屈打成招"。

疑邻盗斧也是一个证实偏差的案例。从前，有个人丢了一把斧头，他怀疑是邻家儿子偷了。他就要找证据来支持他的判断。于是，他悄悄地观察邻居小孩的行动。他觉得，那小孩走路姿势、面部表情、说话语气各方面都"像"是偷了斧头，于是，他断定是这个臭小子偷的。可不久后，他挖坑时，发现了原来丢失的斧头，自己错怪了人家。当他再见到邻居小孩时，又觉得，他的举手投足，再不像偷斧头的了。

这个故事告诉我们，一旦在主观上形成某个观点，我们往往倾向于接受那些支持原来信念的信息，忽视其他不太或不能支持原来信念的信息，从而做出完全错误的判断。

证实偏差源于信念坚持的心理倾向，即人们会相信自己最初的假设和判断。马克·吐温说："让人们相信他们被骗了，这要比骗他们还难。"把证实偏差刻画得入木三分。

可见，信念坚持带来的证实偏差，会使人们对新数据没有足够重视，而且，不合理的信念一旦形成，就会扭曲自己的判断和决策。当市场形成一种"股市将持续上涨"的信念时，投资者往往对与上涨有关的信息特别敏感或容易接受，而对利空的信息或证据则视而不见；当市场持续下跌时，投资者就只看到利空的市场信息，持续大量地卖出，导致股市进一步下跌。这种因过度自信而形成的信念坚持的偏向，会进一步强化决策中的锚定效应。

◎后见之明偏差

后见之明偏差，指人们把某种结果的出现，视为自己早就预料到的一种幻觉。后见之明偏差促使人们产生"我早知道如此"的想法，或当发生某一事件时，我们也常常这样说："我早说过"，以证明自己原本是预测对了的。后见之明偏差会强化人的过度自信，更加妄自尊大，对他人的意见置若罔闻。

费斯科霍夫最早研究了后见之明偏差。尼克松1972年访问中国和苏联前，还在耶路撒冷读书的他和贝斯做了一项调查，让受试者预测尼克松外交破冰之旅可能的结果。尼克松访问结束后，他们再让受试者回想自己的预测。结果发现，若一个事件真的发生了，人们就会夸大自己此前预测的正确性；若事件没有发生，他们会说，当初自己一直认为，此事根本不太可能发生。

后见之明偏差对决策者的评估行为有恶劣影响，它导致人们不是根据判断过程的合理性来评估判断的好坏,而是以结果为判断标准,正所谓"成者王,败者寇"。若好的决策产生了坏的结果,人们就会责备决策制定者。这便是典型的"结果偏见",结果越糟糕,后见之明偏差就越严重。

过度自信与投资行为

在金融与投资活动中,过度自信有种种不同表现,并对投资决策及其结果产生重要影响。

过度自信的投资者会错误地确信,自己能够战胜市场获得超额收益,结果出现"规划谬误",设定不切实际的收益率目标。这会使他们轻视或忽略即将出现的风险,或对正在发生的风险事件极不敏感,结果,本可实现的正收益反而会转变成巨大的损失。

若投资者认为,自己的信息和分析比真实情况更精确,这就出现了错误估计,他们会过度自信地认为,自己能够进行波段操作或成功地挑选出热门股,这会使他们采取更加积极的交易策略。结果,过度自信会导致过度投机和过度交易,引起他们更多的交易活动和更高的换手率。威廉·戈兹曼和洛克·库玛尔的研究就发现,分散化不足的投资者往往有更高的交易量、更高的换手率和更频繁的交易。有意思的是,更高的换手率恰恰意味着,他们总是在"过度自信"与"自我否定"的切换中饱受煎熬,因此,投资者的过度自信会加剧金融市场的波动。投资者也会因过度自信而认为,自己有能力预测公司的未来成长性,导致成长型股票普遍具有高估的倾向。

过度自信还可能导致资产分散化不足,过度自信的投资者收到好消息时,会过高地估计证券,集中持仓。戈兹曼和库玛尔对集中持仓的投资者的研究发现,资产分散化程度随着收入、财富和年龄的增长而提高。这意味着,在投资行为中,"初生牛犊不怕虎"的无知无畏也表现得很明显；财富较少者也自信地认为自己会好运连连，压上所有筹码于单一的资产（股票），颇有"毕其功于一役"的气势。

过度自信的投资者往往会承担过多的风险。一方面，过度自信导致持仓过于集中，而分散化不足则会承担过高的非系统性风险。另一方面，正如前述，过度自信的投资者因错误估计和过度乐观而固执于自己的信念，会对新出现的不利信息反应迟钝，在风险事件发生导致自己买入的证券价格下跌时，他们坚信这不过是一次市场的短期调整，"还会涨回来"，让他们坚定自己的持仓而陷入更高的风险暴露之中。

过度自信带来的"后见之明偏差"，让投资者牢记自己的成功经历，过去的成功通过自我归因偏差又反过来强化过度自信。这即是说，过去的成功经历，会使投资者更加过度自信，因而，在牛市时期，投资者的过度自信往往比熊市中更显著。过度自信也可能来源于知识错觉。人们倾向于认为，随着信息的丰富和积累，自己对未来的预测会更准确，因此，接收更多的信息会使人们在预测资产价格时，信心十足。

启发式决策——为什么过去的经验不灵了

认知的"快"与"慢"

心理学家斯坦诺维奇和韦斯特认为，人的大脑有两套思维系统，分别是系统1和系统2。系统1的运行是无意识且快速的，不"烧脑"，完全处于自主控制。系统2将注意力转移到"烧脑"的活动上来，比如，复杂的运算和推理。

在此基础上，卡尼曼进一步将系统1描述成自主的初始印象和感觉，是系统2明确信念的主要来源，也是深思熟虑后选择的依据。系统1的自主运作诱发了极其复杂的理念模式，但只有相对缓慢的系统2能构建想法和进行复杂的推理。他认为，系统1和系统2这样的分工是非常高效的。在熟悉情境中，系统1做出的短期预测是准确的，遇到挑战时，会本能做出快速反应。然而，在很多情况下，系统1容易犯系统性错误，它也会将原本复杂的问题简单化。当系统1遇到麻烦时，就会启动系统2，通过缜密的思考，帮助解决系统1所无法应对的问题或困境。

因此，卡尼曼指出，人们在思考与判断中存在"快"与"慢"两个系统。"快系统"是无意识且快速的，不用耗费认知资源，完全处于自主状态。当大脑启动"快系统"时，人们将主要依靠情感、直觉和经验，快速做出判断。相反，在"慢系统"做决策时，必须将注意力转移到需要耗费认知资源的大脑活动上来，也就是"烧脑"。由于这两个系统分别基于直觉和理性，"快系统"也被称为"直觉系统"，"慢系统"也被称为"理性系统"。

启发式决策

理性预期与有效市场假设，投资者可以轻松地获得所有相关信息并做出无偏估计。但人们对信息的处理往往会受到环境的影响。在信息大爆炸的时代，人们可方便地获得海量信息，但过多信息又可能使许多人困惑而给决策带来麻烦。面对众多信息时，人们往往会寻求决策的捷径。这就形成了启发式决策，即基于信息集的某个子集进行决策。启发式决策的目的在于，以最少的时间、知识和计算量，在现实世界中做出决策者认为最合适的选择。根据格里格和津巴多的《心理学与生活》，启发式决策就是经验法则。

先举一个就餐的例子。在没有互联网的时代，你到了一个陌生城市，想去外面就餐，如何选择餐厅呢？显然，你不会先到每一家餐厅点上一道菜，品尝一番后再决定，而是先沿着一条街走一段，看哪家餐馆用餐人数多，就选择到哪家就餐。进入互联网时代后，人们自然不再像过去那样寻找餐馆的信息了，而是拿起手机，在点评网站上查看，以 App 上的人气作为决策依据，不仅其他人的点评影响了你选择餐馆的决策，到餐厅后，人气菜品的推荐也会影响你选择点哪道菜。这就是启发式决策。它意味着，你认为，其他人的决策为你提供了有用的信息，你就会根据他人的决策和反馈而缩短你的决策路径。

因此，启发式决策是凭经验和直觉的决策过程，是"快系统"的认知和决策模式。

不同形式的启发式决策

启发式决策有代表性启发、可得性启发、情感启发和锚定等多种表现形式。

◎代表性启发

在不确定性下，人们会关注一个事物与另一个事物的相似性，并以一个事物的发展过程来推断另一个事物的发展过程。在这里，人们潜意识地假定，将来的模式会与过去相似或会重复，因此会寻求熟悉的模式来做判断，而忽略了其发生的条件或再现的可能性。认知心理学将这种推理过程称为"代表性启发"。

管仲与齐桓公论相，就是一个典型的代表性启发决策。管仲辅佐齐桓公成为霸主。管仲临终前，齐桓公来到病榻前，与他讨论委相于何人。

齐桓公问管仲："你看易牙可以为相吗？"

管仲说："易牙、竖刁和开方，都不可靠。"

齐桓公说："我想吃婴儿肉，易牙把他亲儿子煮了给我吃，让我大饱口腹，这不正说明，他爱我胜于爱他儿子吗？对他还有什么可疑的？"

管仲的回答是："人情莫爱于子。易牙对自己的亲儿子都这样残忍，对您能有多大的爱呢？"

齐桓公又说："竖刁为了侍候我，他都自宫了，这不正说明，他爱我胜于爱他自身吗？对他还有什么不放心的？"

"人情莫重于身。他对自己的身体都这样残忍，对您还会存多大的善心呢？"管仲这样回答。

齐桓公又说："卫公子开方，好好的太子都不做，千里迢迢来臣事于我，他父母去世了，都不回去奔丧，这不是爱我胜于他的父母吗？为什么对他还放心不下呢？"

管仲的回答更干脆："人情莫亲于父母。他对父母尚且如此，还能指望他对您更好？能在千乘之国封侯，已是非常大的幸运了。可他呢？放弃千乘之国来臣事于您，他一定有更大的野心。"

管仲的结论是，这三人都不可用，一旦大权在握，会祸国殃民。齐桓公和管仲都是根据易牙、竖刁和开方各自的代表性事实而做出的判断，只不过，他们的结论完全相反罢了。这也再次回到了前面讲过的，人们根据同样的信息，可能会做出完全相反的判断和决策。

◎可得性启发

可得性启发式决策是灵活的、自发的决策。当需要快速做出决策或决策失误的风险较小时，人们往往可能会选择这种决策方式。这时，人们也会根据事件在大脑中的可获得性程度（或熟悉程度）来评估其发生概率，在大脑中更容易感觉到或回想起的事件，被认为发生的概率会更高。因此，可得性启发是基于决策时易于得到的信息而做出的判断和决策，它有两个特性：首先，提取信息相对容易或流畅；其次，某些记忆的内容很容易提取。

举个例子,你认为,在英文字典里,首字母为 r 的单词多,还是第三个字母为 r 的单词更多呢?

当你看到这个问题时,显然不会去查词典一个一个地统计,你会在大脑里搜索这两类单词。经过大脑一番搜索后,你会发现,相对于第三个字母为 r 的单词,能够想起的首字母为 r 的单词,要多得多。据此,人们往往会得出明确的结论:首字母为 r 的单词更多!但实际上,在英语词典里,首字母为 r 的单词要少一些。

◎情感启发

情感是人们判断客观事物是否符合自己需要的主观体验。心理学家斯洛维克提出了情感启发,认为人们的好恶决定了他们的世界观。情感启发就是指,在判断与决策的过程中,人们会有意或无意地利用自己对决策任务的主观情感反应来决策。具体来说,不同的人、物和事件表征,会激起人们不同的情感体验,在大脑中对不同表征的人、物等做出积极的或消极的情感标记,从而影响判断和决策。我们常说的"感情用事""这个人很情绪化",都是情感启发的表现。

在日常生活中,情感启发的表现之一,是人们以是否有利于自己为标准,作为决策与判断的基础。在对家庭夫妇的一项调查中,要求夫妇回答自己在家务劳动中的贡献。结果,受访夫妇大部分觉得自己是家庭里"最辛苦"的人。但男人们都忘了:"每一个成功男人的背后,都有一个默默无闻的女人。"许多人认为,自己在加薪、晋职中受到了不公正的对待,往往都是从自身的利益角度做出的判断。那些"护犊心切"的父母,往往就只基于自己孩子的利益而不是客观事实做判断,结果就会颠倒是非。

著名的情感启发决策就是关羽放走曹操。赤壁之战后,曹操率领残部败走于华容道，遭遇到了守候在那里的关羽。眼看自己将要灭亡，曹操不得不放下丞相的高贵身段，以近乎求饶的口吻大打感情牌。关羽千里走单骑时，曹操曾信守承诺，给关羽各处的通关文牒，关羽又重情重义，在曹操一番煽情后，关羽不顾自己的军令状，毅然放走了曹操。

小白任管仲为相，则是摆脱情感启发决策的例子。小白与公子纠为同父异母的兄弟，管仲本来辅佐公子纠，小白则由鲍叔牙辅佐。在小白回齐途中，管仲射中了小白。但后来小白打败公子纠，夺得王位。

鲍叔牙向小白推荐管仲为相。小白说："他射我一箭，疤都还没好，这么大的仇，生吞活剥他都来不及，还要他来为相，岂有此理？"鲍叔牙则说："人臣各事其主。他为公子纠服务，只不过射中了您；他要臣服于您，能帮您射天下。"就这样，小白克服了不愉快的心理障碍，任管仲为相，成为诸侯霸主，管仲也成为历史名相。

◎锚定

虽然人们会对新信息做出反应，但很多时候，这种反应并不充分，于是便形成了锚定效应。锚定可能使人们对新信息无动于衷，即便出现新的、可能显著改变结果的信息，人们也常常不会很快改变依据先前信息形成的判断。"固执己见"，便是锚定心理的表现。马克·吐温说："让人们相信他们被骗了，这要比骗他们还难。"这句话既是证实偏差，也是锚定效应在起作用。当然，人们也可能根据最初的锚定值而逐渐调整判断。即便这样，人们最初的估计还是对最终的判断和决策有重要影响，使实际的调整很不充分。

格里格和津巴多在《心理学与生活》一书中，就讲了一个锚定的心理学实验。给受试者的问题是，火星绕太阳公转一周需多少时间？我在课堂上也多次向学生提出这个问题。

结果发现，学生们估计火星的公转周期时，会以地球公转的365天为锚，再根据火星比地球距离太阳更远，调整原来的锚定值。最后，学生们平均估计火星公转周期为492天。这比真实值892天要小得多。在这个实验中，人们以一个合理的锚（地球绕太阳公转的周期）作为推测起点，再不断修正，直到得出一个看起来合理的值。即便是这样，结果还是与真实值相差很大。

之所以产生锚定效应，主要有两方面的原因。首先，人们并不能确定一个变量的真实值。于是，决策者会围绕锚定值逐渐调整其估计值，直到他们认为调整后的值"八九不离十"。真实值不确定性越大，看似可信的范围越大，则调整就会越不充分。其次，人们存在认知惰性。虽然找到锚定值较容易，但基于锚定值的调整过程，既需要知识，也需要复杂的脑力活动。于是，在接近真实值之前，很多人过早停止了修正的过程。因此，那些"因循守旧"的人，更可能采取锚定启发式决策。

启发式决策导致认知偏差

启发式决策以最少的信息、成本和时间缩短决策路径，很多时候，这不仅提高了决策效率，也是合理的。在就餐的例子中，选择人气菜品就是合理的；管仲替齐桓公否定易牙等三人为相，事实证明他的决策也是正确的。

但启发式决策也可能导致人们出现与客观原因无关的偏好，使决策误入歧途。启发式决策导致的认知偏差，表现在若干方面。

首先，代表性偏差或忽略基础比率。代表性启发会忽略先验概率，也就是基础比率。先验概率是指，事件还未发生时，人们估计这件事情在未来发生可能性的大小。此时，人们通常会根据以往经验分析事件发生的先验概率。与之相对应，当某一事件发生后，确定该事件发生的原因是由某个因素引起的可能性的大小,则被称为后验概率。

在守株待兔的例子中,那位宋国老农就忽略了基础比率。这里的基础比率,可理解为,在那之前的数十年中,兔子有多少次在那棵树上撞死了。比如说,在过去40年中,隔三岔五就有一只兔子撞上那棵树而丧了兔命,我们就可以认为,这个事件的基础比率很高;反之,40年中,直到今天才有一只兔子撞死了,我们就可以认为这个事件的基础比率极低。那位老农的启发式决策,就只看到了当下的一只兔子撞死了,而完全忽略了过去40年里都没有兔子在这棵树上撞死的先验概率。因此,他以今天一只兔子撞死了这样一个代表性事件,来推测接下来还会有兔子在这棵树上撞死,就是代表性偏差。

其次,误解机会。与代表性偏差相似的是对偶然性的误解,甚至把偶然性事件当作必然事件。于是,人们期望随机生成的结果,能够代表整个过程的基本特征。在守株待兔的故事中,老农就把一只兔子偶然撞死在树上的事件,当作会频繁发生的必然事件。勒庞在《乌合之众》中,就做了一个比喻,说是因纽特人发现,把坚硬的无色透明的冰块含在嘴里,冰块会融化。玻璃也是坚硬、无色透明的,其物理性质与冰块极其相似,于是,他们依据代表性启发而推断,把玻璃含在嘴里,也会融化。这显然是荒谬的。

再次,可得性启发也会造成种种偏见。所谓"见解决定成败",就是可得性启发偏见影响的一种描述。可得性启发导致的偏见之一,就是人们对熟悉的事物感到更舒服,倾向于坚持已经拥有的事物,即使做出新选择能得到更好的回报,也不愿意采取新行动。

最后,想象力偏见。它是指,当人们需要评估某件事发生的频率,但大脑中并没有储存此类事件的实例时,便会通过一定的规则构建(想象)一些实例,并以构建的难易程度来评估其概率。然而,构建实例的难易程度并不总能反映真实概率,这就是想象力偏见。因此,想象力对概率的评估起着重要作用，例如，在探险时，由于对探险的环境所知甚少，人们就往往通过想象、情景假设来评估探险遇到风险的可能。但实际的环境和情景可能比想象的要复杂得多，此时，通过想象评估的风险，就可能会被低估。

金融活动中的启发式决策

在金融与投资决策中，启发式决策也是很常见的，主要分为熟悉度决策、跟随决策、外推决策、死多头和死空头决策等。

◎熟悉度决策

启发式决策导致人们偏爱自己熟悉或了解的事物。在投资活动中，投资者一般只选择那些自己比较熟悉的证券进行投资，投资一个自己可以看得见的公司会让投资者安心一些。投资自己熟悉的证券，导致了投资行为中的本土偏好。

在国际上，这表现为，即便是资本账户开放的国家，绝大多数证券也是被本国投资者所持有更多。比如，美国投资者主要持有美国的证券，日本投资者主要持有日本的证券。在本国市场中，许多投资者也更偏好于本地股票，外省市公司的股票在其投资组合中所占比重相对较少。最著名的例子就是，可口可乐总部设在佐治亚州的亚特兰大，该州的投资者持有可口可乐16%的股份，而这些投资者大部分就住在亚特兰大。可口可乐的产品销往全球，但拥有公司相对较多股份的，却是本地的投资者。科沃尔等研究了基金经理的行为，他们发现，基金经理也倾向于本地投资，喜欢投资总部距离自己更近的企业。本地偏差进一步缩小，就变成了本公司偏好，即投资者更喜欢购买自身工作所在公司的股票。你看看身边的朋友，是不是有这种倾向？

为什么投资者偏好于本国或本地的证券呢？一个可能的解释是，

相比于国外、外地市场，他们对本国、本地市场更乐观，觉得更易于获得它们的信息。美国投资者对美国公司和市场更熟悉，所以愿意更多地投资于美国市场。当然，本地偏好也可能是因为投资者觉得，投资于本地股票是因为拥有信息优势，较近的地理距离更易获得内部信息。公司员工喜欢购买自家公司的股票，是因为，他们总觉得自己对自己公司更了解。

◎跟随决策

启发式决策的投资者也往往采取跟随决策。巴菲特的一举一动都会引起全球投资者的关注，若他今天宣称，他购买了某公司的股票，而且买了不少，那其他一些投资者也会跟着他而买入，导致该公司股价大幅上涨。实际上，这些投资者可能对巴菲特买入股票的这家公司没有任何了解，他们只是认为，作为价值投资的倡导者和行动者，巴菲特在买入前就已经做了详细的分析和评估，跟着他买入，肯定没有错，不仅风险低，而且收益高。

这种跟随决策不仅个人投资者会采用，机构投资者也会采用。2011年希腊政府债券违约，许多国际金融机构损失惨重。因为某国际金融巨头较早买入希腊政府债券，其他机构则认为，巨头在买入之前，一定做出了周密分析，只有在安全的前提下，巨头才会花重金买入，于是，它们在自己没有做任何风险评估的情况下跟着买了希腊政府债券。结果，希腊政府违约后，它们都成为一条绳上的蚱蜢。

◎外推决策

在投资活动中，启发式决策也表现为简单的外推，即倾向于用某种资产过去的收益推测将来，认为历史会重复。例如，若过去一段时间金融股表现比较好，那些启发式决策的投资者就会对接下来一段时间的金融股做出乐观的预期。

此类投资也叫"动量投资"。动量投资的通俗说法便是"追涨杀跌",即投资者倾向于购买前一段时间已出现上涨趋势的证券,卖出已经大幅下跌的证券。极端的动量投资者就是"涨停敢死队"。在动量投资中,投资者把企业既往业绩和股票过去的表现视为未来预期的表征。在动量投资驱使下,若近期股票市场上涨,大部分人会对股票行情看涨;基金优秀的历史收益率表现,也会吸引大量投资金流入。在中国,当股市大涨导致股票型基金净值大幅上升时,往往就会出现所谓"爆款"基金,投资者蜂拥而入,抢购基金,无非是看到最近基金有让人羡慕的收益,也断定接下来同样会有不俗表现。不过,这种动量投资的结果,大多是被"深度套牢"。

◎死多头和死空头决策

金融市场中锚定效应的一个重要方面,就是人们常常说的"心理价位"。由于设定了心理价位或预期收益率,当市场环境变化尚未达到其心理价位或预期收益时,人们就会对正在出现趋势性变化的市场环境无动于衷。所谓"死多头"或"死空头",就是锚定效应在投资中的生动表现。

羊群效应——为什么独立思考很重要

群体及其行为特征

勒庞在《乌合之众》中详细研究了群体心理和行为特征。他认为,群体是具有高度同质心理和行为特征的个体集合,群体中的个体情感和思想会选择相同的方向。群体几乎完全由无意识动机所支配,具有多变性，易冲动、易怒、易轻信、易接受暗示。群体情绪具有简单和夸张的双重性，其中的个体既不知道怀疑，也不知道确定与否，他们只是将所收到的观点、信念暗示看作绝对真理或绝对错误，是故，专横和狭隘在所有群体中都十分常见。群体也经常会因恐慌而溃散。

有了群体，便出现了群体思维。群体思维是指决策群体中具有滤掉不一致的观点使其保持一致，尤其使之与领导的见解一致的倾向。但这很容易落入群体思维陷阱，结果，群体行为的特征之一就是群体极化，也就是做出较极端决策的行为倾向。"楚王好细腰，宫中多饿死"，就是一种群体思维和行为。

从众与羊群效应

受群体心理的左右，群体中的个体就会有明显的从众行为。格里格和津巴多把从众定义为，人们采纳群体其他成员的行为和意见的倾向。社会心理学认为，两种因素导致了人们的从众行为，即信息性影响和规范性影响。

信息性影响就是希望准确无误、想了解既定情境下的正确反应方式。比如，你与一群人在某高档餐厅共进晚餐。每个座位都放着一堆不同的餐具（刀叉）。当第一道菜上来时，你却不知道应该先用哪个餐具，用了又不知如何摆放。这时你该怎么办呢？你会观察在座的其他人，根据他们拿起、摆放的餐具而选择。这就是信息性影响。规范性影响则是希望被别人喜欢、接受和支持，"投其所好"，就是这个意思。

阿施效应很好地解释了从众行为。阿施是最著名的社会心理学家之一，他曾经做过一次心理实验。在实验中共有 6~8 人，其中 6 人是实验室的助手，另外一个是被试者，他并不知道其他 6 人的身份。在每一轮次的实验中，都给每人两张纸，其中一张印着一条标准线段 A，另一张有 3 条不同的线段，其中一条（2）就是标准线段。如图 8-2 所示。

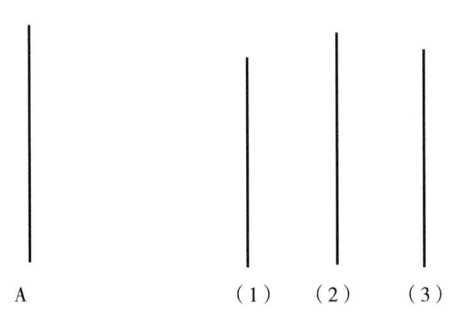

图 8-2　阿施效应

实验开始后，阿施向所有参与者展示标准线段 A，同时出示其他 3 条线段，让所有参与者指出与标准线段一样长的线段。在前 3 轮实验中，所有人都一致做出正确的比较。但从第 4 轮开始，一名实验室助手将两条显然不同的线段等同起来，其他 5 名助手也做同样的回答。轮到被试者时，他不得不选择，是与其他人的观点保持一致，还是根据自己的判断保持独立的看法。结果发现，只有大约 1/4 的被试者保持了自己的独立判断，50%～80% 的被试者，至少一度从众于实验室助手的错误判断。这个实验表明，个人可能屈服于集体行为，即便他明白，集体行为可能是错误的。

另一项心理学实验很好地描述了羊群效应。社会心理学家安排一个人站在街角，叫他抬头仰望天空，结果发现，其他的路人只有很少一部分停下脚步跟着看天空。但是，安排 5 人一起站在街角同时仰望天空时，结果有 4 倍于上一次的行人停下脚步，跟着仰望天空。安排 15 人站在街角同时仰望天空时，几乎会有一半的路人停下脚步，跟着仰望天空。

中国"三人成虎"的故事，其实质就是阿施效应。战国的时候，庞葱问魏王："若有个人跟您说，街上有老虎，您信吗？"魏王说："当然不信。"庞葱又问："若又有一个人跑来说，街上有老虎，您信吗？"魏王说："我将信将疑。"庞葱又问："要是第三个人说有老虎，您信吗？"魏王说："既然都这么说，那是肯定有老虎了。"

现在，我们来到动物世界，看看恐慌对群体行为的影响。羚羊总是成群地聚集在一起，以避免天敌的捕杀。羚羊总是睁大眼睛，竖起耳朵，观察其他羚羊的动静。若有一只猎食动物在向它们靠近，率先发现危险的羚羊，便会奔跑起来，紧接着，所有的羚羊都会跟着奔跑。看看动物世界，你会发现，非洲大草原上所有食草动物，在环境祥和的时候，总是成群结队地啃食青草或懒洋洋地享受日光，但当危险临近时，又会自顾不暇地落荒而逃。它们清楚，最终成为狮子美餐的，是那些跑得慢或掉队的羚羊。

导致羊群众效应的重要原因是不完全信息和多数人的无知。我们在做决策时，总是面临不完全信息，而获取信息又有时间和金钱上的成本。在陌生城市就餐的例子中，你大概率要到那家排着长队的餐馆去就餐，就是因为你获取各餐厅菜品的信息，不仅需要金钱上的支出，还需要时间。在某些场合（比如就餐），跟随其他人的行为做出选择可能是理性的，这被称为社会学习。

金融活动中的羊群效应

在金融活动中，投资者决策的羊群效应表现得特别明显。许多投资者不仅不能及时地获得信息，即便能够从互联网上获取相应的信息，也不具备做出恰当判断的能力，况且，要从海量数据和信息中提取对自己决策最有用的部分，对许多投资者犹如大海捞针。这时，他们最有可能采取的便是启发式决策，即根据市场前期的表现，买入那些已出现明显上涨的股票。启发式决策会导致金融市场中的羊群效应，人们总喜欢抢购热门股或"爆款"基金。

虽然投资者有过度自信的心理，但在投资决策中也会有从众心理作祟。人们获取信息的途径之一，便是与他人交往，因此，擅长交际者比不擅长交际者更容易学习了解投资，于是，社交圈将会影响投资决策。人们常说，男人聚在一起，简短寒暄之后，话题很快便会转到股票。除了饭局，人们还会参加各种投资俱乐部，往返于各类投资策略会现场，或在家全神贯注地收看电视里股评家的分析和推荐。这表明，金融投资的群体行为中，同样存在"群体思维"，投资者群体中的个体之间会相互影响，尤其是，那些充当"领头羊"的荐股师或明星基金经理的投资选择，会引起其他许多中小投资者的跟风操作。

在金融市场中，羊群效应会驱使众多投资者去购买热门股票，从而在短期内加剧热门股票的价格上涨。这就导致了金融学里所说的价格"自我实现"：在羊群效应的驱动下，预期股价上涨，就真的出现了（短期）明显上涨。但当市场出现反转，也就是动物世界里的危险临近时，群体行为又表现为集体性的抛售，唯恐自己成了那只跑得慢的羊，成为恐慌性抛盘中的牺牲者。

伟大的物理学家牛顿一度在股票投资中获得可观的收益，但在投资英国热门股中损失惨重，乃至他以物理学家的身份对金融市场的狂热发出控诉，"我可以计算天体的运行，但无法计算人类的疯狂"。相对于牛顿，凯恩斯更精明地看到了羊群效应对金融市场价格的影响。他断言："……所得市价，只是一群无知无识群众心理之产物，自会因群意之骤变而剧烈波动，……市场也会一时受乐观情绪所支配，一时又受悲观情绪所影响。"有这样的智识和对市场的理解，他在1929—1933年大萧条中都还能获得很高的投资收益，也就不难理解了。

正如孙子所说："举秋毫不为多力，见日月不为明目，闻雷霆不为聪耳。"羊群式的投资行为并不是高明的投资。

群体中决策的相互影响： 投资如选美

群体中个体的相互影响，也得到了复杂系统中适应性投资理论的支持。1987年，一些经济学家、生物学家和计算机领域的科学家们，成立了圣塔菲研究院，展开了对复杂性系统的研究。在他们看来，经济是许多"能因"彼此作用的网状体系。在胚胎中，能因是细胞；在经济体系中，能因是个人。细胞与个人生活在由其他能因相互作用的环境里，不断对其他能因做出反应。经济行为是高度分散的，经济体系中没有控制大师，总体经济是众多个体（能因）分散决策的结果，经济中的协调行为出自能因之间的竞争与合作。

复杂系统中的能因会积累经验，并逐步适应不断变化的环境。生物体中的每一代都会通过进化重新安排他们的组织；人通过适应世界和积累经验不断改进自身。是故，复杂系统又被称为复杂自适应系统。复杂自适应系统的特征使经济不可能达到平衡，能因的行为，它的不断变化、反应和学习，使经济永远不可能处于静止状态。

爱尔·法罗问题就说明了群体中的个体（能因）间是如何相互影响的。阿瑟特别喜欢到圣塔菲研究院附近的爱尔·法罗酒吧去听音乐。但酒吧里经常有一些粗鲁的酒鬼，这使他在酒吧的体验很不爽。他认为，是否去酒吧是一个甚为烦恼的数学问题，他称之为"爱尔·法罗问题"。假设圣塔菲研究院有100人喜欢到该酒吧听音乐，但若酒吧过于拥挤或喧闹，他们谁也不会去。各人打算去酒吧的条件是，预计酒吧人数不超过60人。这样，他是否去酒吧，取决于他猜测有多少人会去酒吧。

其实，在金融投资中的爱尔·法罗问题，就是凯恩斯提出的选美比赛问题。他在《通论》中对此有过精彩的表述，引用如下：

从事职业投资，好似参加选美竞赛：报纸上发表100张照片，要参加竞赛者选出其中最美的6个，谁的选择结果与全体参加竞赛者的平均偏好最接近，谁就得奖。在这种情形之下，每一竞赛者都不选他自己认为最美的6个，而选择他认为别人认为最美的6个。每个竞赛者都从同一观点出发，于是，都不选他自己认为的最美者，也不选一般人认为的最美者，而是运用智力，推测平均认为的最美者。

因此，爱尔·法罗问题与选美比赛问题的困境就在于，你对市场未来走向的认识是不重要的，重要的是，你认为市场上的多数人会怎样看待市场，这就强化了投资中的羊群效应。

打酱油的钱绝不用于买醋：心理账户

丢钱与丢演出票的差异

在讲心理账户之前，我们先看两个简单问题。

- 问题1：假定你决定去看话剧，当你走到售票窗口准备掏钱买500元的票时，不巧的是，发现挤地铁时候丢了500元。你还会继续花500元买票看话剧吗？

- 问题2：假定你决定去看话剧，且已花500元购买了票。当你走到剧场检票口时，悲惨地发现，原来买的演出票丢了！你会再花500元买票看话剧吗？

很明显，这两个问题没有实质区别。你丢了500元再也找不回来，你唯一要做的决策就是，对你而言，这场话剧是否值 500 元。先前那 500 元是以现金形式丢失的，还是以演出票形式丢失的，都不重要。

但是，在一次心理实验中发现，在第一种情况下，绝大多数受访者会买票看话剧。在第二种情况下，有超过一半的人不会再花 500 元买票看戏，仿佛第一种情况下丢的不是钱，而第二种情况下要再花 500 元就格外心疼。

心理账户与决策

为什么会有这样大的差别呢？这就是心理账户影响的结果。

心理账户是一种用于管理决策行为的方法。理查德·塞勒将心理账户定义为，个人或家庭用来管理、评估、跟踪金融活动的一组认知活动。我们在生活中，有方方面面的支出，比如日常开销、旅游、娱乐、文教等。在某些方面，家庭支出可能都会安排相应的预算，比如，年初就计划好花 5 万元旅游，花 1 000 元看电影等，但又有谁专门到银行去为看电影、旅游、下馆子等各类不同的支出预算开立相应的账户，并存入与预算金额相应的钱呢？这些支出预算的相应金额，只不过是在自己心理上加以不同的分配，账户也只是心理层面的。

在购票看话剧的例子中，第一次买票时会开设一个"购票账户"。若不出意外，人们就会用已购得的票看演出，看话剧的乐趣和精神的愉悦，足以补偿买票花出去的 500 元"心疼"的损失，于是，就在潜意识里销掉了"购票账户"。在第一个问题中，挤地铁丢失的那 500 元，与话剧票并无直接关系，因此，人们会继续买票看话剧。虽然谁也不会为丢失了 500 元而高兴，但并不会在决定是否买票时，心心念念："啊，丢了 500 元，这话剧到底还看不看呀？"然而，在第二个问题中，"购票账户"依然存在，若要再花 500 元买票，就会把这额外支出的 500 元记入购票账户，此时，看这场话剧的价格（成本）一下子就翻了一倍，变成了1 000元。"啊，这么贵！"一想到这，就放弃了再买票的念头。

经济学家历来假设资金是可以替代的。但在心理账户的资金分配中，该假设不一定成立，现实中的决策也表明，用于一种用途的支出预算，人们常常并不愿意挪作它用，正所谓打酱油的钱绝不用于买醋。建立心理账户的好处在于，它可帮助人们在支出方面提高自控力，鼓励人们遵循一些内心确立的规则而控制风险或无节制的开销，例如，别用退休金账户的钱去做高风险的投资；不要把为孩子教育存的钱拿去买期货。因此，心理账户有助于人们建立财务自律。

金融活动中的心理账户

行为金融学认为，个人投资者经常不按市场价值来对其股票组合进行交易，而是存在心理账户。在心理账户的影响下，投资者对组合中的每种资产以买入价进行定价。不管市场价值的变化，他们不愿意承认所持资产有任何损失，原因在于，他们仍对现有的损失会时来运转抱有幻想，最终能够实现预期的收益。当他们卖出该资产时，就会关闭心理账户，这时，他们才会最终承认账面上的损失。因此，投资决策受这种心理账户的影响，而不是投资决策时的真实经济环境的影响。

以股票资产组合为例。假设股票投资者发现他的一只股票价格跌了，若继续持有，则将股价下跌看作"账面损失"或"浮亏"。在这种思维框架下，心理账户还是存在的。卖出这只股票可能是很明智的，但也意味着要关闭心理账户——销户，尤其是为了规避损失而销户，是很痛苦的。从另一个角度看，投资者若卖出一只赚钱的股票，就会在收益域内关闭心理账户，从而享受这份收益。我们把这种避免卖出亏损股票的倾向，称为处置效应。

再比如,有的投资者可能在心里将证券账户分为两类:一类做长线投资;一类博取市场短期波动可能带来的收益。在这两种心理账户的作用下,当市场出现系统性下跌时,长线投资的组合也不可避免地跟随大盘而下跌,但投资者对长线组合的下跌能够坦然接受。然而,对短线账户中股票下跌带来的损失,投资者的痛苦感受更强烈,这就会让他们更有可能对短线账户的股票做出非理性、更加情绪化的买卖行为。

厌恶损失与懊悔

卡尼曼和特沃斯基的前景理论,描述了人们在面临得与失、亏损与收益不确定性时的行为表现,结果发现,人们的选择是由其对得与失、亏损与收益的价值所驱动的。相对于符合意愿的收益而言,等额的损失令人厌恶得多。而且,人们对风险的认知和态度可能前后有所变化,在获得收益或利润之后,可能承担更大的风险;在遭受损失后,则极有可能不愿意再去承担风险。"一朝被蛇咬,十年怕井绳",就含有这个意思。

卡尼曼和特沃斯基设计了一个实验。假设被试者卡尔,抛掷一枚质地均匀的硬币,若正面朝上,他将获得100美元,若反面朝上,他将付出100美元。他乐意接受这样的赌局吗?该赌局的期望值为0。卡尼曼和特沃斯基对这一实验反复修正,不断变换赌赢后的收益,以测试人们愿意接受该赌局的金额。他们发现,赌赢收益达到250美元、赌输付出100美元时,人们才愿意接受。这时,赌局的期望收益是75美元。卡尼曼和特沃斯基认为,损失令人厌恶的程度,是等额收益的2.5倍,即1美元损失带来的痛苦,是获得1美元快乐的2.5倍。这意味着,对大多数人而言,损失造成的心理影响远远强于收益的影响。

耶鲁大学研究人员训练了 5 只猴子,教它们用硬币交换苹果、葡萄或果冻等食品。猴子可自由选择与甲或乙交易。当猴子每拿一个硬币交换时,甲给猴子一个苹果,还有 50% 的可能给它第二个苹果。乙呢?则先给两个苹果,然后以 50% 的概率从猴子那里收回一个苹果。因此,无论它们是向甲还是向乙支付一个硬币,都能得到至少一个苹果,而且得到苹果数量的期望值都是 1.5 个。经过几十次交易后,结果发现,猴子在 71% 的时间里选择与甲而不是与乙交易。猴子的行为表明,损失厌恶是一种原始形态的心理,避免得而复失带来痛苦。

厌恶损失会带来两种相反的情绪反应,那就是避免懊悔与寻求自豪感。懊悔是痛苦的情绪体验,源于认识到自己之前做出的决策是糟糕的;自豪则是快乐的情绪体验,源于认识到自己之前做出的决策是正确的。避免懊悔及寻求自豪的心理倾向会影响人们的行为。但它们如何影响投资决策呢?

金融学家谢夫林和斯塔特曼发现,正是避免懊悔、寻求自豪的心理,导致投资者往往过早卖掉盈利股票,过久持有亏损股票。他们称这种行为是处置效应。

假设,张三想买入一只股票 A 但手头现金不足,不得不卖出另一只股票。此时证券账户中有两只股票 B 和 C,可卖出任意一只。自买入以来,B 已盈利 50%,而 C 亏损了 20%。他会卖掉哪只股票去买入 A 呢?如果卖出 B,表明他认为,原先买它的决定是明智的,落袋为安会让他感到自豪。若亏本卖出 C,则意味着,原先的判断和决定是错误的,这会让他感到郁闷、痛苦。处置效应能够预测到,他会卖掉已经盈利的股票 B,因为这会引发他的自豪感,避免遭受懊悔的痛苦折磨。

但避免懊悔和寻求自豪的做法,有时会损害投资者的财富。加利福尼亚大学金融学教授奥丁和巴伯发现，投资者卖出的盈利股票，在下一年一般会跑赢大盘，而持有的亏损股票一般会明显落后于大盘。另外，许多投资者也常常在卖出一只股票后不久又买回它。在这种反复买卖的行为中，懊悔心理扮演了重要角色；对已获得的交易收益感觉开心的投资者，想重现这种愉悦体验，会再次购买同一股票。

奥丁和巴伯等还发现，投资者卖出股票后，情绪受交易利润和卖出后股价变化两个方面的影响。当投资者以亏损价格卖出时，懊悔的负面情绪是非常痛苦的，以至于不会有任何愿望去买回那只股票。尽管卖出盈利股票会产生积极的情绪反应，但维持的时间很短，而且会受随后股价变动的影响。若股价继续上涨，那之前快乐的情绪便会转变成懊悔，后悔卖得太早了。在实现盈利的快乐和随后的懊悔之间，负面情绪弥漫其中，也就不会再买回。然而，当卖出后股价转而下跌，他就会对把握了卖出时机而觉得快乐加倍，于是，更可能再次买回这只股票。

赌场资金与盈亏平衡效应

人们对待风险的态度，并不是一成不变的。在不同状态下，人们对风险的感知和态度，可能完全不同，这也会极大影响人们的投资决策。

赌场资金效应和盈亏平衡效应，非常好地刻画了对风险的态度随财富量的变化而变化的行为倾向。它们意味着，随着财富量的改变，人们会愿意承担更高的风险。

赌场资金效应是，在投资获利之后，人们倾向于承担更多风险。这是赌场中常见的一种行为。庄家也会利用赌博者的这种心理效应，让赌博者先赢几轮，一方面激励其赌场资金效应，另一方面使赌博者过度自信，诱导其接下来下更大的赌注。

德莱塞《金融家》中的柯帕乌，就因为一次成功，使他"在金融冒险上变得更随便、更轻率了"。巴尔扎克笔下的葛朗台是一个吝啬鬼，凡是不用花钱的地方他都很阔气。但这个老头善于理财，即便他是像蛇一样"冷静非凡"的人，投资成败也会影响他的情绪，"老头儿这一天的快乐，是投机完全成功的缘故"。他在两个月的投资中赚了12%，就"预算不出5年，不用费多少心，他的本利可以滚到600万法郎，再加上田地的价值，他的财产势必达到惊人的数字"。这一次的成功，助长了他的自信，于是，"想着公债上的投机居然这样成功。他决意把所有的收入都投进去，直到上涨到100法郎为止"。

因此，在金融市场中，赌场资金效应表明，资产价格上涨会给投资者营造出欢乐的气氛，降低投资者的风险厌恶度或提升其风险偏好，进一步推高资产价格。例如，在股票市场上，股价上涨后，投资者的盈利能够缓冲未来可能出现的损失，在赌场资金效应的驱使下，他们规避风险的意愿会下降，在投资决策中就会表现得更为激进。巴尔扎克的葛朗台、茅盾的冯远卿，都是在公债投机中盈利后，决定押入更多资金于市场投机中去的。

然而，在股价下跌后，人们又会更在意未来的损失，从而增强风险规避的倾向。在面对本来是很好的入市机会时，表现得缩头缩脑。正如雨果在《悲惨世界》中写道，"猫儿有一种癖性，它爱在半掩着的门边徘徊不前。……有些人在半开着的机会前瞻前顾后，浑身是猫性，但他们遇到危险时，反而比大胆的人更大胆"。这大概也是赌场资金效应的一种文学的写照。

盈亏平衡效应是，糟糕的结果也会激发人们承担更多的风险。我们常说，小赌怡情，只当消遣娱乐，亏了也能坦然接受。一旦抱着靠赌博实现财务自由的心态进入赌场，下了更多赌注却被吃进去了，那就要寄希望于下一把赌博。这种盈亏平衡效应，会使人越陷越深，直至"亏红了眼"，连身家性命都要搭进去。

在金融市场中，盈亏平衡效应会使那些亏损的投资者痛苦的心理体验更强烈。我们常常看到，有人亏钱后，就急于要挽回损失，他们对买后陷入亏损的资产，没有耐心等待其价格恢复解套，而是急于斩仓，去追高其他上涨的股票。结果，一卖就涨，一涨就追求高，一追高又被套，如此反复。急于挽回亏损的盈亏平衡效应，会打乱操作章法，频繁地买卖，陷入恶性循环，越亏越多，唯一的"收益"就是贡献交易佣金和印花税。

克服心理偏差

行为金融也提出了一些相关的建议：投资者应当避免跟风、避免过度交易、不要相信万无一失的投资策略等。

避免跟风

行为金融理论解释了导致投资者随大流的反馈机制，如羊群效应，但这很容易使金融市场陷入群体性狂热。陷入群体性狂热之时，也往往是市场越来越危险的时候。群体性狂热固然可以推高资产价格，但这恰恰是危险的估值。当那些白领因股票市场上涨而心猿意马的时候，当街头巷尾都在对股票夸夸其谈的时候，就是群体性狂热将进入盛极而衰的时候。任何投资，只要变成人们交谈中热议的话题，都可能对财富造成特别的伤害。在一个时段最热门的股票或基金，往往在接下来的时段是表现最差的。与之对应，对热门建议保持冷静。"永远不要从气喘吁吁的人那里购买任何东西。"

避免过度交易

行为金融学家发现,投资者往往对自己的判断过于自信,并且为了追求自己的财务幸福感,总是过度交易。过度交易除了导致大量交易成本,以及支付更多税款,投资者一般会一无所获。巴伯尔和奥迪恩对数万个家庭交易数据研究发现,样本中交易频繁的家庭投资年收益率远远落后于同期市场收益率,最积极的交易者往往有最糟糕的结果,而交易最少的投资者却赢得了最高的收益。所以,巴菲特建议,"近乎树懒似的无所作为,仍然是最好的投资风格。对股票投资来说,正确的持有期是永远"。凯恩斯甚至做了一个幽默的比喻:"投资像结婚,除非有死亡或其他重大理由,否则是永久的,不可分割的,……这样可以使得投资者将心思专门用于预测长期收益。"但要做到这点,并非易事,凯恩斯进而感叹,"根据真正的长期预测而做投资,实在太难,几乎不可能。……人生有限,故人性喜欢有速效,对于即刻致富之道最感兴趣,而于遥远未来能够得到的好处,普通人的兴趣都要大打折扣"。不过,"未来永远是不明朗的,而且在股市上要达到令人愉快的共识,代价是巨大的。不确定性是长期投资购买者的朋友"。

不要相信万无一失的投资策略

认知偏差、羊群效应都会让投资者缩短投资决策过程。但根据经验法则可能会产生系统偏差,所以,市场变幻莫测,没有一成不变的投资策略。复制过去成功投资的经验,为下一阶段的投资策略服务,可能会对财富带来伤害。这正是行为金融学给投资者的另一条忠告:不要相信万无一失的投资策略。逆向投资者大卫·雷德曼警告,股市中的相关性都变幻莫测、很快会消失;在政策、经济、行业和竞争环境不断变化的动态经济中,无法用过去的趋势预测未来。尽管无法预测复杂的经济和市场，但公司层面还是可以被认识的。这正是下一章的主题。

虚心听取他人的意见，三思而后行

卡尼曼认为，避免规划谬误的办法之一就是采纳"外部意见"。"不听老人言，吃亏在眼前"，大概就是不听从合理的外部意见而导致规划谬误的结果。在工程项目建设中，避免规划谬误的方法之一是"参考类别预测"，也就是以同类或类似的项目统计数据作为决策的重要参考。

人们过度自信的倾向是动态调整的过程。若人们能清晰地回忆起自己的成功和失败，便能够逐渐趋向正确的看法。但要消除过度自信十分困难，认知失调时常促使人们记忆不愉快或偏离本意的事物。而且，自我归因偏差会使人们铭记曾经取得的成功。不难发现，当人们谈起自己过去的得意之事时，会神采飞扬、夸夸其谈。后见之明偏差使人们对过去的记忆和信念更加理想化；证实偏差会让人们寻找证据以支持先前的信念，屏蔽与原来观点相冲突的证据。避免这些偏差，就需要我们有冷静的头脑，三思而后行。因此，在投资中确立自己的分析框架，进行独立的判断和冷静的决策，就十分重要。

第九章
金融引力：内在价值

我们在前面分别讲了完美市场和投资者情绪、心理因素对定价的影响，属于极端情况。格林斯潘说，虽然非理性的情绪因素对资产价格有较大影响，但情绪终究会被理性所约束。恰如一个人，不管他飞檐走壁的功夫有多高，但还是无法克服地心引力。在金融中，这个引力就是资产的内在价值。不管情绪和心理因素对资产价格的短期影响有多大，但长期价格表现还是取决于内在价值。笛福曾告诫人们，不要购买价格高于内在价值的股票。内在价值是长期价值投资的基础。

人类伟大的发明：复利

在讲内在价值前，我们先从利率与货币的时间价值讲起。

一般情况下，货币的时间价值就是指，当前所持有的一定量货币比未来持有的等量货币具有更高的价值。现在的 1 元钱，就比一年以后的 1 元钱价值更高；一年以后的 1 元钱又比两年以后的 1 元钱价值更高，以此类推。也就是说，货币价值会随着时间推移而降低。

在金融与投资中，人们一般以利率表示货币的时间价值。通常认为，利率就是借款者为了获得对资金的使用权而支付的价格。如你在银行存100元，一年后银行愿意还你105元，年利率就是5%；若银行向甲公司贷放1 000万元，一年后甲公司连本带利总共要还1 060万元，则该笔贷款的年利率就是6%。

按照利息的计算方法，利率分为单利和复利。

假定你今天在银行存入1万元，利率为10%，且在未来几年不变，若这笔款存期为两年，在两年后本息总额为12 000元，那么，该笔存款利息就是按单利计息的。

若两年后的本息总额为12 100元，那么，这笔存款就是按复利计息的。这12 100元是怎么来的呢？

首先，在第一年结束时，你所得的利息为1 000元，加上你存入的1万元本金，本息总额就为11 000元。从第二年年初开始，继续对存入的1万元本金按10%的利率计息，在第二年结束时，得到的利息依然为1 000元。但同时，也对你在第一年所得1 000元利息按10%的利率再支付利息，它所新生的利息就是100元。这样，你在第二年结束时就能得12 100元。

由此，我们就可以很清楚地看到单利与复利的区别了。单利就是只对最初存入的本金支付利息，复利就是通常所说的"利滚利"，即对本金产生的利息再按相同的利率计算利息。正如富兰克林说："切记，金钱具有滋生繁衍性。金钱可以生金钱，滋生的金钱又可再生，如此生生不已。"

别以为这只是一个计算上的差别，在年利率为10%的情况下，两年后的单利和复利得到的利息只相差100元，你觉得这没什么大不了。但存期是20年呢？按单利计算，该笔存款20年后的本息总额为3万元，其中利息为2万元。若按复利计算，则20年后的本息总额为67 275元。若存期是50年，按单利计算的本息总额为6万元；按复利计算的本息总额将高达1 173 909元，这一差别就相当大了。时间越长，单利与复利对财富增值积累的差异就越大。

人们在投资时，总希望自己的投资收益成倍地增长。在利率一定时，需要多长时间本息才能翻倍呢？这就是"72法则"，该法则表明，在每年复利一次时，本息翻倍需要的年限大致为72除以年利率的商再除以100，即：

$$翻倍的年限 = \frac{72}{年利率} \div 100$$

若年利率为6%，本息总额翻倍大约需要12年；若年利率为12%，6年左右本息就能翻倍；若年利率达到24%，那3年左右本息就能翻一倍。

若最初投入10万元，每年都能得到24%的收益率，30年后，本息总额会是多少呢？

根据"72法则"，年利率为24%时，3年左右本息总额会翻一倍。因此，30年下来，本息将翻10番，也就是2的10次方（1 024倍），即30年后本息总额将达到1.024亿元。若24%的年利率能够保持36年，最初投入10万元，本息总额将达到4.096亿元。

这告诉我们一个道理：不积跬步，无以至千里；不积小流，无以成江海。在投资中，只要能积跬步和小流，经复利的作用，时间一长，就会汇成财富的江海。

1803年，美国以1 500万美元的价格从法国手里购买了路易斯安那，总面积超过了210万平方公里。今天中国"地王"频出的时代，一线城市不到1平方公里的一宗地，拍出的价格可能达数十亿元。相比而言，美国只用1 500万美元就买下了那么大的土地。

注意，美国支付的1 500万美元，是200年前的美元，并非今天的美元。若按平均年利率5%来计算，经过复利的作用，那时的1 500万

第九章 金融引力：内在价值　　243

美元已相当于 2019 年的 4 900 多亿美元了；若按平均年利率 6% 来计算，它已相当于 2019 年的 39 300 多亿美元了。或许你还发现了，当平均年利率为 6% 时，虽说只比 5% 高一个百分点，但 200 余年累积下来，却是云泥之别。

古印度的一位大臣发明了国际象棋，并将他的得意之作送给了国王。不久，国王便为这种游戏的巧妙玩法和无穷变化所倾倒。高兴之余，他把大臣找来，说，"你的发明太神奇了，能给许多人带来乐趣。我想给你一笔奖金，说说你想要什么吧"。大臣恭敬地回答到："我是穷人，最大愿望就是填饱肚子，希望你奖给我一些小麦，使我不至于挨饿。"

国王说："本朝最不缺的就是小麦，说说你需要多少吧。"

大臣答："这个棋盘有 64 个方格。我需要的小麦就按这个棋盘算。在第 1 个方格中放 1 粒小麦，第 2 个方格放 2 粒，第 3 个放 4 粒，依次类推，往下每个方格中放的小麦粒数都是上一个的 1 倍，直到将棋盘上所有方格都放完为止。"

国王心想，不就一粒麦子嘛，一个小棋盘还能放多少粒小麦？真是小意思，于是很爽快地答应大臣的要求。但让粮食大臣一算，国王傻眼了，即使拿出粮仓里所有小麦，也不够要求。即使一粒麦子只有 0.1 克重，也需要 800 多吨的麦子。

大臣的起点低微得不能再低，从一粒麦子开始，但经过复利效应，就迅速变成庞大的数字。由此可见，长期投资的复利效应将实现资产的指数增长。一个不大的基数，以一个即使很小的量增长，假以时日，也会膨胀成一个天文数字。其实，学习、做事都是复利过程，一天进步一点点，经年累月下来，结果就是天壤之别。

时间和利率被称为复利原理的"车之两轮，鸟之两翼"，缺一不可。时间的长短将对最终的价值产生巨大影响，开始投资的时间越早，复利的作用就越明显。

聚沙成塔，集腋成裘。只要懂得复利并运用复利，我们的投资收益就会像滚雪球一样，越滚越大。现在小投资，将来大收益。这就是复利的神奇魔力。

难怪，爱因斯坦也感叹，复利是人类伟大的发明之一！罗斯柴尔德曾说："我不知道世界七大奇迹是什么，但我知道第八大奇迹是复利。"20世纪30年代，西方正值大萧条，许多人认为，未来世界不会再现繁荣，但凯恩斯指出，萧条不过是两次繁荣周期中的间歇，支撑西方经济发展的"复利的力量"并没有消失，从16世纪开始崛起的近代社会使人类进入"复利时代"。可见，复利还是我们认识历史进程的思考方式。

内在价值：现金流贴现

弄清了复利后，就可以讲现金流贴现方法了。现金流贴现方法就是复利的逆运算。

一个假想的例子

我们先从日常生活的例子开始。假设你到银行去存10万元的一年定期存款，年利率为5%，一年后，你到银行去取款时，银行付给你的本息总额应是多少呢？

这个大家应该都会计算。一年后银行支付的本息总额应该为：

$$100\,000 \text{元} \times (1 + 5\%) = 105\,000 （元）$$

这是在你已知存入本金、年利率和存期的条件下，一年后应该得到的本息。

现在，我们要把问题反过来。在年利率为5%的情况下，银行一年后给你的本息总额为105 000元，那你现在应该存入多少本金？根据刚刚讲的，你会立即给出答案：10万元！可见，这就是上一个问题的逆运算。

在你已知未来一定期限后能够得到的本息总额、期限和年利率的情况下，需要存入多少本金？具体一点，设想，你购买了某种金融资产，在未来一年中，连本带息能够得到1 000元，且假设年利率为5%，那你愿意为它支付多少的价格呢？

这个价格，其实就是你愿意投入的本金。

设你愿支付的价格为P，这相当于，为了在5%的年利率下1年后总共得到1 000元，你愿意投入的本金。因此有$P(1 + 5\%) = 1 000$，所以，

$$P = \frac{1\,000}{1 + 5\%} \approx 952.4$$

这意味着，你愿意为该资产支付的价格，等于一年后得到的本息总额1 000元按5%的年利率，把它折算为当前的值。这就是资产价格的现金流贴现原理。

稍微修改一下上面这个例子的条件。假如该资产在未来3年中，连本带息能够得到1 000元，且年利率为5%，那你愿意为这个资产支付多少的价格呢？

3年后得到的本息总额为1 000元，按照复利原理，因此有$P(1 + 5\%)^3 = 1 000$，于是，

$$P = \frac{1\,000}{(1+5\%)^3} \approx 863.84$$

这表明，影响资产价格的基本因素有3个：未来能够给其投资者带来的现金流大小、期限长短和利率高低。在期限和利率相同时，未来产生的现金流越高，则该资产的价格就会越高。在利率和每年的现金流相同时，期限越长，资产的价格越低，反之，期限越短，则价格会越高。巴菲特说，投资需要有厚厚的雪和长长的坡。所谓厚厚的雪，本质上就是单期的回报，长长的坡就是回报持续的时间。当现金流和期限一定时，利率越高，价格会越低，反之，利率越低，则价格会越高。这也告诉我们，当现金流一定时，若利率趋于下降，资产的价格就会趋于上涨。

这是资产价格的"宗"，不管金融市场多么复杂和变幻，终将是万变不离其"宗"。

有一些金融资产，能够在约定的时间为其持有者带来固定的现金流。比如，固定利率债券，在付息日就要向其投资者支付约定的利息，债券到期时则偿还本金并支付最后一期利息。因此，期限既定时，固定利率债券的票面利率一经确定，影响其价格变化的，主要就是市场利率了。我们经常看到，当市场利率下降时，债券价格上涨；反之，当市场利率上升时，债券价格下跌，其中的奥妙，就在这里。

另外一些金融资产，比如股票，现金流并不固定。年景好时，公司利润大幅增长，可分配给股东的股利相应地增长，用现金流贴现方法计算，其股价就会相应地上涨。但遇到经济衰退、需求减少的坏年景时，公司利润大幅下降乃至亏损，股价就会下跌。

下面，我们就专门讲股票的现金流贴现估值方法。

股票内在价值取决于公司的持续盈利能力

将现金流贴现方法应用在股票的内在价值评估上，就是股利贴现法。以 P 表示现在购入股票的价格；E 表示未来各年公司分配的每股收益；i 表示市场利率，且大于零。则，股票的价格为：

$$P = \frac{E}{i}$$

即股票价格等于公司每股收益除以市场利率。这就是无股利增长的股利贴现模型。

从这个公式中可以看到，影响股票价格的基本因素是每股收益和市场利率。举例来说，若市场利率为 5%，某公司未来各年的每股收益为 1 元，其股票的理论价格应为 20 元；若其每股收益为 2 元，则其理论价格应为 40 元。在每股收益为 1 元，而市场利率为 8% 时，它的价格就应为 12.5 元。

可见，股票价格与每股收益正相关，每股收益越高，其股票价格也越高，反之，每股收益越低，其股票价格也越低。股票价格与市场利率负相关，市场利率越高，股票价格会越低，反之，市场利率越低，股票价格会越高。

由于股票收益来源于上市公司利润，市场利率受央行货币政策的左右，所以，股票市场中有一种说法是，投资者要么赚上市公司的钱，要么从央行那里赚钱。这是对股利贴现模型的一种通俗表达。

现在，假设公司每股收益每年都按一定比例递增。设每股收益的年增长率为 g，初始每股收益为 E，当 $g < i$，即每股收益的年增长率低于市场利率，就有：

$$P_g = \frac{E}{i-g}$$

它表明，即使每股收益的年增长率低于市场利率，但只要 g 逐渐逼近市场利率 i，在无限长的期限下，经复利的作用，股票价格也会是无限的。这就是很多公司在进行业务重组后，其股票价格成倍上涨的原因，因为人们预期，重组后收益会大幅度提高。

现在我们举几个简单的例子，看看在初始股利相同的情况下，每股收益增长的差异，若干年后股利会有什么样的差别。表 9-1 列出了股利增长率分别为 5%、10%、20% 和 30% 的情况下，初始每股收益 1 元，分别对应第 5 年、第 10 年、第 20 年和第 30 年的股利。

从表 9-1 中可以看出，若股利增长率为 20%，到第 20 年的时候，每股收益将是增长率为 5% 的近 15 倍；到第 40 年时，前者是后者的近 209 倍。若股利增长率 30% 能够维持 40 年，到第 40 年时，它的每股收益将是 5% 增长率情况下的近 5 131 倍！

表 9-1　　　　公司不同利润增长率下若干年后的不同情境

股利增长率（%）	当前股利（元）	第 5 年股利	第 10 年股利	第 20 年股利	第 40 年股利
5	1	1.28	1.63	2.65	7.04
10	1	1.61	2.59	6.73	45.26
20	1	2.49	6.19	38.34	1 470
30	1	3.71	13.79	190.05	36 119

这样，我们可以得到股票内在价值的一个重要规则：股利增长和盈利增长越高，股票的内在价值就越高，投资者愿意为其支付的价格也越高。股利预期增长持续时间越长，股票的内在价值也越高，投资者愿意为其支付的价格也越高。在面临系统性的市场下跌时，具有此类性质的公司股票，即使也出现较大幅度下跌，市场总体环境一旦企稳，则其股票价格可以得到较快恢复。

反之，若股利增长的持续时间短，甚至业绩出现了下滑，则公司股票的内在价值就会下降，股票价格也会随之下跌。这就是那些一开始因重组利好导致其股价大幅攀升，但后来业绩不能兑现，股价又被打回原形的原因。

同时，股利预期增长率越高，市盈率往往也越高。这就是科技公司的股票市盈率总是比传统的成熟行业的股票市盈率要高的原因。在其他条件相同时，公司支付的股利占其盈利的比例越高，投资者愿为其股票支付的价格越高。

现实的复杂性

在现实中，我们在投资时可以获得很多的信息。例如，你可以知道当前的市场利率是多少，也可知道某家上市公司的每股收益和它的股票价格。我们将股票当前的市场价格称为现实价格，将利用股利贴现原理计算出的股票价格称为理论价格。由于你知道这些变量，就似乎为你提供了方便的决策工具。譬如说，某公司的每股收益为1元，现在的市场利率为5%，因此，按照股利贴现原理计算出来的股价应当为20元，但你观察到它现在的价格实际上只有15元，你是否可以得出结论，现在以15元买入，就一定能赚到5元呢？

投资并不如此简单。实际上，在对股票的价格评估时，最适用的是股利增长贴现模型，但不是每股收益不变的股利贴现模型。在股利增长贴现模型中，影响股票价格的基本因素有3个：未来每股收益增长率、市场利率和当前每股收益。在这3个因素中，只有当前每股收益是确定的，未来每股收益增长率和市场利率都不确定。某公司未来每股收益增长率会一直保持20%甚至更高吗？未来市场利率一定会保持在5%的水平吗？

谁都无法保证！

一切影响公司未来每股收益增长率和市场利率的因素都会影响到它的股票价格。宏观经济环境、市场需求、研发投入和新产品开发能力、政府产业政策、货币和财政政策、市场利率等，都会影响公司每股收益率的增长。宏观经济环境、项目回报率、企业家对未来预期等都会影响到未来利率的趋势。有了这些众多的不确定因素，股票价格就是投资者根据各种可能影响每股收益增长率和市场利率进行预期而评估的。所以，投资大师菲利普·费雪说："估价是人为的过程，含有预期在内，因为未来事件投下了它们的影子。我们的估价总是含有预期的性质。"

正因为如此，《漫步华尔街》一书就提醒我们，在估值时，必须记住3条警示：

- 警示1：对将来的预期，目前无法加以证明。巴菲特也告诫我们，内在价值是重要的，但又令人难以捉摸。
- 警示2：运用不确定信息估值，不可能得到精确值。所以，巴菲特说，没有公式可以计算内在价值，评估公司的内在价值既是艺术，又是科学。
- 警示3：市场估值有时会迅速变化，把任何一年的估值当作市场标准，都是极其危险的。

股利折现的替代方法

由于未来是不可预测的，人们不可能对内在价值做出精确的计算，只能做大致的估计。因此，人们在投资实践中还常常用另外几个更直观的指标，对股票的投资价值进行判断。

市盈率

人们在评估股票时，使用最多的一个指标就是市盈率。市盈率是指股票价格与当期的（年化）每股收益之比。例如，今年4月15日某只股票的收盘价为20元，一季度每股收益是0.1元，当天静态市盈率就是50倍。静态市盈率就是当前的股价与已实现的（年度）每股收益之比。在上面的例子中，以一季度的每股收益简单外推，认为年度每股收益是0.4元，所以静态市盈率为50倍。

有静态市盈率，那自然意味着还有动态市盈率了。如该公司公告称，预期半年度的业绩会大幅增长，每股收益将达0.3元，以此外推其年度每股收益可能为0.6元，因此，以当前的股价计算，其动态市盈率约为33倍。由此可见，动态市盈率是考虑上市公司利润变化后的市盈率。当然，这样计算市盈率也相当粗糙，它简单假定，往后每个季度或下半年得到的每股收益与过去的季度收益相同，这显然并不是事实。

市盈率之所以是衡量股票价值的重要指标，是因为当每股收益不变时，它在静态上反映了投资者完全靠现金股利来收回投资本金所需的时间。市盈率越高，收回投入的本金所花的时间就越长；反之，市盈率越低，收回投入的本金所花的时间就越短。

市盈率过高，表明股票价格严重背离其内在价值，形成了泡沫。当公司每股收益不能得到有效提高时，要消除股票市场的泡沫，就只有通过股票价格强制性地向下调整来实现。当股票市盈率大幅上升之后，往往就会出现股价大幅下挫。无论对投资者还是对整个国民经济来说，这种调整的成本都非常高昂。对市场参与者而言，市场价格的财富再分配功能使其股票财富不断贬值。这种微观结构的变化进而会波及宏观经济的整体运行，比如，财富的减少会影响总消费。

坎贝尔和席勒于1988年提出了周期调整市盈率，作为长期投资和价值计算的重要指标。正如我们在上面看到的，传统的市盈率取决于某个年份的利润和每股收益，它通常会受到经济环境或资产出售与减值等非经常性事件的影响。周期调整市盈率则可较好地克服短期因素对传统市盈率的影响。它以10年期间的平均收益来消除周期造成的一般波动。

周期调整市盈率有两个优点。首先，它使用长期平均收益，其波动要小很多。其次，它使用代表企业真实业绩的长期收益。换言之，从价值投资角度看，周期调整市盈率显示了股价何时便宜或昂贵。当经济衰退导致收益下降时，传统市盈率上升，而周期调整市盈率则随着股价下跌而下降，因为平均收益下降所需的时间要比经济衰退的时间多得多。

市净率

市净率是股票价格与每股净资产之比。企业破产时，必须在偿还所有债务之后，才能将剩余资产按股份比例分配给股东。因此，每股净资产是企业在破产清算时，股东每一股份所能得到的最大补偿。市净率越高，就意味着，投资者花了更高的成本获得了既定的净资产，也意味着，投资者给予较高市净率的股票更高的估值。但也有些股票市净率很低，甚至还不到1，即股票价格低于其每股净资产，这种现象也被称为"破净"。在股票市场行情极度低迷的时期，"破净"的股票并不少见。市净率很低，意味着投资者给予股票的估值很低。事实上，低市盈率和低市净率的股票，在股市下跌的环境里，相对于高市盈率和高市净率的股票，它下跌的空间要小得多，即它们安全边际较高。比如，2015年股灾前，银行股的市盈率和市净率都很低，股灾后，银行股股价跌幅就较指数跌幅小很多。

市销率

市销率是股票价格与每股销售收入之比。由于公司更容易通过会计操纵提高利润，因此，销售收入比利润更真实。此外，销售收入也比利润更稳定，一次性费用可能临时压低利润，在主营业务收入没有增长时，处置资产带来的非经常性损益可能让公司的短期利润大幅增长。对同一行业的上市公司而言，市销率更高的公司，可能具有更高的内在价值。

可是，市销率有一个很大的不足。销售收入给公司带来的利润可能很小，也可能很大，这取决于公司的销售利润率。不言而喻，销售利润率越高的公司，市销率越低，意味着股票的投资价值越大。在研究一家利润变化较大的公司时，市销率可能有一定的参考价值，但不能仅依赖于市销率。尤其是不要比较不同行业公司的市销率，除非这两个行业有水平相似的盈利能力（销售利润率）。

安全边际与护城河

安全边际

在明白了内在价值是基于未来现金流的折现值之后，我们就要讲讲安全边际了。在《聪明的投资者》一书中，格雷厄姆将安全边际列为投资的中心思想。自格雷厄姆之后，安全边际得到广泛应用。那些秉持价值投资的传奇人物，如巴菲特，都在自己的投资生涯中广泛应用安全边际建立自己的决策框架。

何为安全边际？

我们在前面已经看到，股票有现实的市场价格，同时又有一个基于未来现金流折算的内在价值,而且市场价格常常与内在价值不一致。安全边际就是股票的市场价格与其内在价值之间的差额。若市场价格远远高于其内在价值,则该股票的安全边际就很低,甚至没有安全边际;反之,若市场价格明显低于其内在价值,则安全边际就较高。

高的安全边际可以吸纳判断、决策失误带来的不利影响,它实际上相当于缓冲垫,在这个意义上,安全边际是投资中风险管理的第一道防线。由于无人确切知道股票的内在价值,只有以明显低于公允价值的价格买入,才能降低投资的风险,提高成功的概率。

格雷厄姆指出,对债券而言,可通过债券发行人的利润超出利息要求的能力来衡量安全边际。这样看来,利息保障倍数——企业利润与其应付利息之比,就是衡量债券安全边际最直观的指标了。利息保障倍数越高,则债券的安全边际越高;反之,利息保障倍数越低,则债券的安全边际越低。此外,也可通过比较企业的总价值与债务规模,大致计算债券的安全边际。若公允价值明显高于其对外负债,这部分高于债务的额外价值,就构成了"缓冲价值",安全边际使投资者不必对未来做出准确的预测。

由于内在价值是不太精确的估计值,因此,购买证券所支付的价格对安全边际就有最直接的影响。换言之,证券投资的安全边际直接依赖于所支付的价格。买入价格相对于内在价值越高,安全边际就会越低;反之,买入价格越是接近于,甚至低于内在价值,则安全边际就越高。格雷厄姆认为,大多数成长股价格太高,无法向投资者提供适当的安全边际。他特别指出,价格被低估的证券或廉价证券,安全边际会更好。廉价证券的投资者特别注重其投资能够抵御不利影响的能力;若价格足够低,它也能使品质一般的证券变成稳健的投资,若证券价格低到足以提供很大的安全边际,那么,该证券就能达到投资标准。

市场价格是人们可以在行情软件中观察到的,因此,在考虑安全边际时，关键在于，投资者客观、冷静地评估证券的内在价值。巴菲特在《致股东的信》中指出，内在价值是评估投资和企业相对吸引力唯一正确的逻辑。尽管在理论上，内在价值的定义非常明确，但内在价值的计算并不简单，谁也无法精确地预测某家上市公司未来的现金流，正如前文提到的警示：对将来的预期，目前无法加以证明。因此，巴菲特强调，内在价值只是估计值，不是精确的数字，它应随利率或未来现金流的预期修正而改变；账面价值也并非内在价值的指示器，是故，仅仅根据账面价值来判断安全边际，可能并不安全。

尽管内在价值难以精确估值，但巴菲特指出，有一点是肯定的，那就是高负债的公司安全边际很小。换言之，投资于负债率很高的公司，无异于到锋利的刀口上舔血。尽管信徒们认为，高负债可让管理层前所未有地专注工作，就像在汽车方向盘上装一把匕首，迫使司机提高注意力。对此，巴菲特反驳说，这种方式固然可使司机更加警觉，但汽车遇到一个小坑而颠簸，都足以发生致命的事故；商业上到处都是坑，商业计划要避开所有的坑，本身就是一个灾难。

综上，我们可以更明确地说，高负债率的公司没有安全边际可言！

风险缓冲带：护城河

前面讲了内在价值及安全边际。一个具有持续增长的盈利能力的公司，未来创造现金流的能力越强，其内在价值就越高；反之，未来不能很好创造现金流的公司，内在价值越低。那么，如何判断公司未来是否有较强创造现金流的能力呢？

答案是，是否拥有护城河！

1999年，巴菲特在《财富》上发表了一篇文章。他写道："投资的关键在于，确定公司的竞争优势，尤其重要的是，确定其竞争优势能持续多久，被宽阔的、长流不息的护城河所保护的产品或服务能为投资者带来丰厚的回报。"

《巴菲特如是说》更具体地引用了巴菲特对护城河的解释。巴菲特说："一座城堡，四周环绕着很深的、危险的护城河，而城堡内的领导者是一位诚实、正派的人。更重要的是，城堡能从领导者的天赋中获得力量，护城河是永恒存在的，成为对那些试图进攻城堡的人强有力的威慑……。我们喜欢拥有统治地位的大公司，因为它们拥有巨大的力量或能长盛不衰。"

于是，巴菲特就在格雷厄姆的安全边际基础上，向前做了推进，使投资者在无法精确判断公司的内在价值时，有了更明确的替代方法，那就是判断公司的护城河。

一家公司能够为自己、为股东创造多少价值，取决于两项因素：一是它当前创造的价值；二是它在未来持续创造价值的能力。第一个因素已经体现在了公司的财务报表中，凡是过去的经营现金流、扣除非经常性损益后的利润、累计分配和未分配的利润、资本公积金等，通过查阅其财务报表，一目了然。但第二个因素，公司未来创造收益及其持续的能力，很难确定，而这恰恰又是影响股票未来价格趋势的决定性因素。

我们又常说，做投资就是买预期，因此，第二个因素对长期投资的成功才是最重要的。

假设有两家公司，它们当前的资本回报率都较高，而且大致相当。这是否意味着，它们有相同的护城河呢？

这可不一定！只有能将这种高资本回报率维持更长时间的公司，才有能力在未来给投资者创造更多的价值。换言之，优势期长的公司，拥有的护城河更宽，能创造更大的价值。护城河并不来源于某个短期事件，比如导致公司经营利润和现金流出现爆发式但极为短期的增长。2020年元月后，随着新冠肺炎疫情在全球的蔓延，对口罩之类的防护用品需求大增，这就会提高相关上市公司的短期利润。因疫情而给口罩类公司带来的利润和现金流增长，并不能持续很长的时间，随着疫苗研发成功并广泛应用后，人们对口罩的需求就会减少，因此，它不构成此类公司的投资护城河。

晨星公司将护城河定义为"一套可保护公司抵御竞争的结构化屏障"。伟大的公司有能力抵御竞争，在未来很长时期维持高的资本回报率。那些短期内赢过竞争对手的公司或资本回报率随经济周期而得到改善的公司，具有良好的护城河。比如，2016年中国实施供给侧改革，去产能和去库存导致钢铁、煤炭等产品价格大幅上涨，这使相关上市公司利润大幅上升。但这种因短期价格上涨而带来的现金流改善和利润增加，并不构成护城河。只有凭借业务能力及所在行业的结构，能长期维护其高额利润的公司，才谈得上拥有护城河。

根据上面的分析，可以将护城河更明确、简练地定义为：公司在未来较长时期保持竞争优势、创造持续经营性现金流、维持高资本回报率的良好能力。

护城河的来源

巴菲特的老搭档芒格在不同场合阐述了创造护城河的5个基本要素。它们分别是：供给侧的规模经济和范围经济，需求侧的规模经济（网络效应），品牌，监管，专利和知识产权。

◎供给侧的规模经济

若一家公司的平均成本随产量增加或提供更多服务而下降，那它就具有供给侧的规模经济。芒格曾指出："一家具有压倒性竞争优势的公司，往往会赢者通吃。"若随着产量的扩大，其产品或服务的单位成本逐渐下降，那它就会受益于供给侧的规模经济。芒格认为，像铁路、钢铁、商业连锁等都存在供给侧的规模经济效应。有供给侧规模经济效应的公司，产量和销售量的扩大，会提高销售利润率，其创造现金流的能力就会逐步提高。

◎需求侧的规模经济

更多的人使用其产品或服务而变得更有价值。互联网公司，如脸书、推特或其他多边市场，均有各自的需求侧规模经济，它源于网络外部性。像微软的视窗系统，就具有网络外部性，使用视窗的人越多，它的网络外部性就越强，因而就越具有需求侧的规模经济效应。

在中国，微信就是具有网络外部性的需求侧规模经济的典型，当你身边所有人都在使用微信时，如果你还排斥它，那你就把自己排斥在了网络之外。但对腾讯而言，开发出微信及其各种应用小程序后，下载和使用人数的增加，并不会额外增加其程序开发的成本。用经济学的语言来说，就是边际成本为零，即每增加一个微信用户的额外成本几乎为零。网络外部性又会强化需求侧的规模经济效应。在微信支付刚刚兴起之时，很多出租车司机拒绝接受微信支付，现在仍拒绝微信支付的司机，就少之又少了。

◎品牌

品牌可通俗地理解为口碑，往往会传递一些重要信息。好的品牌形象不仅可以向那些尚未使用它的消费者提供产品质量的信息，而且会提高现实消费者的心理感受，或拥有很好的消费体验。拥有品牌优势的产品不仅可以卖出更高的价格，而且会提高消费者的忠诚度。路易威登、博柏利等奢侈品，虽然价格不菲，但那些高收入阶层的人还是愿意花大价钱去购买；茅台价格十分昂贵，但还是有很多消费者在摆宴席时，会摆上它，因为大多数消费者的体验是，用茅台请客才有面子。在诸如苹果和华为等消费电子领域，有"果粉"和"花粉"，都是因为品牌的吸引力。正如我们将在第十三章讲到的，品牌本身就是一种声誉机制，它直接向消费者传递了产品质量的信息，消费者又向其他人传递了自己的身份或财富的信息。

◎监管

芒格指出，有些企业已经把监管打造成为一种能力，使监管实际上发挥着护城河的作用。监管最终保护的往往是地位稳固的现有生产者，而不是消费者。例如，有些人认为，银行利用专业能力，建立了一种有效的保护层，致使监管者实际成了他们所监管行业的"俘虏"，这些监管限制了行业的供给和竞争，也对原有的机构形成了护城河效应。当然，在很多时候，监管也可能摧毁公司原有的护城河。2021年中国对课外教育培训行业的整顿，就直接击垮了那些原来看起来有很宽护城河的公司，相关公司股价一泻千里。

◎专利和知识产权

政府会授予某些公司专利、商标或其他类型的知识产权。实际上，得到专利保护的公司，相当于得到了合法的垄断权。这种市场准入壁垒可为专利拥有者创建一条坚固的护城河。路博润是一家生产石油添加剂的公司，它拥有1 600多项专利。芒格向巴菲特推荐了它，巴菲特最终认为，它大量的专利会带来"持久的竞争优势"，便果断收购了路博润。在制造业、医药和软件等行业，专利和知识产权保护尤其重要。公司拥有的专利技术越多，那它的护城河就会越宽阔。

护城河并非一劳永逸

即便一家公司已经建立起了宽阔的护城河，但它只在一定时间内拥有护城河是不够的，而且，随着技术变革和消费者偏好的变化，原本建立起来的护城河也可能消失殆尽。即使一家公司目前依靠竞争优势获利丰厚，也不意味着，它可以长期持续地享有这种利润。

熊彼特的创新理论，对我们理解护城河的动态过程就特别重要。熊彼特曾指出，创新是一个创造性破坏的过程，正所谓"推陈出新""建设一个新世界，要先打破一个旧世界"。19世纪的铁路投资对资本有着十分强大的吸引力，而且铁路具有经济学中所讲的自然垄断性质，按晨星公司对护城河来源之一——有效规模——的解释，铁路公司正拥有一定的护城河优势。但如今，铁路投资已引不起逐利资本多大兴趣了，在二级市场上，铁路股长期低迷。

一家拥有护城河的公司并不能够使它免受创造性破坏的冲击和影响。新技术、新产业的出现，在创造新公司和新行业之时，就会使原来这个领域中那些没有拥抱新技术的企业的护城河土崩瓦解。柯达原来是一个拥有宽阔护城河的公司，在数码照相技术出来之前，柯达和富士垄断了全球的照片胶卷市场，然而，在数码照相这个创造性破坏的技术革新后，照片被数字化并以数字化存储，人们对胶卷的需求一落千丈，柯达建立的护城河也随之瓦解了。另一个例子就是摩托罗拉。摩托罗拉是一家通信设备制造公司，在20世纪90年代乃至在新千年之初，它的两大产品——寻呼机和手机曾风靡全球，那时它也拥有明显的护城河，但智能手机的出现迅速瓦解了它的护城河。现在还有谁在使用它的移动通信设备呢？

在市场经济中，无论拥有的护城河多么宽阔，它都要在激烈的竞争中将护城河转化为实实在在的利润。然而，创造性破坏作为市场经济的基本要素和发展动力之一，使许多原本看起来十分强大的公司不得不走向破产倒闭，并被其他在创造性破坏中成长起来的企业所取代。市场经济得以发挥作用的原因之一，就是护城河难以创建，且会随时间推移而损坏。

护城河的持久性非常重要。今天有护城河，明天就可能丢掉了。有些护城河会随着时间的流逝而衰败。由于技术及信息传播方式的进步，损毁护城河的速度也越来越快，正所谓"长江后浪推前浪"，护城河持续的时间正是竞争优势持续期。

基于安全边际的标准：投资与投机

理解了内在价值、安全边际和护城河后，我们就好区分参与金融与投资活动的两种重要的行为方式了：投资与投机。在此基础上，我们又可以进一步确立价值投资的框架。

投资是投资，投机是投机

参与金融活动，尤其是试图利用金融市场获利乃至抱着实现财务自由的梦想而涉入其中，就不可避免地涉及投资与投机。但许多人并不清楚投资与投机之间的本质区别，有一种模棱两可的标准：投资是成功的投机，投机是失败的投资。这种基于结果的狡辩，对老百姓投资理财没有什么实际价值或启发。实际上，这种对投资与投机的定义和区分，会强化人们短期获利的不切实际的心理预期。

投资与投机的区分如此重要，乃至格雷厄姆和多德所著的、被誉为投资圣经的《证券分析》中，用了较长篇幅来加以阐释。格雷厄姆在《聪明的投资者》中，进一步强调区别投资与投机的重要性。巴菲特深受他们对投资与投机定义的影响，并在资产管理实践中发挥到了极致：做一位有坚守的投资者，而不是一位见风使舵的投机者！

格雷厄姆和多德在《证券分析》中指出，"投资"涉及至少 3 种含义。第一种含义是，把钱投入一个企业里或自己创立一家企业。这类投资也是常说的实业投资。张三"投资"10万元开一家杂货店就是创立企业型的投资。没有谁把小王开理发店或洗衣店视为投机。第二种含义是，将资金应用于金融领域，也就是金融投资。实际上，老百姓谈论投资时，往往就是指购买国债、基金、股票，在这个意义上，所有购买证券的行为都是投资。是不是所有买卖金融资产的行为都是投资行为呢？其实并不一定。因为买卖金融资产（如股票），既可能是投资，也可能是投机。因此，"投资"就有了第三种更为严格的含义，即与投机买卖相对。但是，格雷厄姆和多德并没有给投资与投机直接的定义，而是通过他们那个时代对投资与投机的对比加以阐释。

根据他们的分析，投资与投机常见的主要差异对比如表9-2所示。

表9-2　　　　　　　　投资与投机的主要传统区别

投资	投机
债券	股票
足额购买	以保证金形式购买
长期持有	快速换手
获取收益	获取利润
安全证券	风险证券

资料来源：格雷厄姆、多德，《证券分析》中译本（上册），中国人民大学出版社。

最早，人们普遍从金融资产的差异来界定投资或投机，认为买债券属于投资，买股票属于投机。对此，格雷厄姆和多德指出，把所有购买债券的行为都视为投资，是危险的，比如，购买违约风险很高的债券，就可能是纯粹的投机。相反，将买入一家利润非常稳定的公司股票归为投机，也不符合逻辑。

在他们看来，是"足额购买"还是"以保证金形式购买"，也与投资和投机的本质无关。以保证金形式买入较安全的证券（投资），就没有什么不妥；即便没有加杠杆，足额买入风险较大的证券，那就

第九章　金融引力：内在价值

不是投资而是投机了。是"长期持有"还是"快速换手",也不是投资与投机的根本区别。有人将买入持有证券一年以上的行为视为投资,否则就是投机。但"短期投资"与"长线投机"可能会同时并存,例如,有些投机者为弥补亏损而较长时间地持有某只证券,以期时来运转,化亏损为盈利。以赚一把就跑的投机心理入市,套牢后而被迫持有较长时间,这不是投资!

区别投资与投机的另一个传统标准是为了获取收益还是追求利润。如果买卖证券是为了获取收益,那就是投资;若只是为了追求利润或资本增值,则是投机。但在格雷厄姆和多德看来,这同样不是投资与投机的本质区别。事实上,在很多情况下,投资者并不对当期收益感兴趣。例如,低市盈率的银行股被视为最适合投资的领域之一,人们预期将获得分派股息和本金增值的收益,这时,人们买入它的动机就是等待分派股息。

格雷厄姆和多德进而指出,"投资"必须将安全放在首位,但"安全"又有很多不确定和纯主观的因素。他们以赛马为例,赌徒之所以认为自己的投注会"稳赢不输",是因为他们相信自己的下注是安全的。在1929年股市大崩盘前,普通股"投资者"根据自己对未来增长的信心,认为自己是安全的,结果却付出了惨重的代价。因此,他们指出,安全只有建立在比乐观心理预期更加真实的基础上,才真正有用。预期的安全,不足以识别投资,安全必须建立在研究和标准的基础之上;投资者也不一定要在乎当期收益,若在一段时间后,可获得可观的回报,那么,也可根据未来的回报而购买证券。

在对传统投资与投机的区分逐一剖析和驳斥后,格雷厄姆和多德说:"投资是根据深入的分析,承诺本金安全、获得令人满意的回报率的操作。不符合这些条件的操作,就是投机。"

可见,在他们看来,投资必须满足3个标准:深入分析、本金安全和满意的回报率。

所谓"深入分析",是指根据安全和价值标准对事实进行研究。没有基于事实对本金安全性和价值进行评判,就冒失地买入证券,是鲁莽的投机。"安全"则是指在所有正常、合理的条件下保护投资,免受损失,但是,安全不是绝对的。例如,只有在特殊和极小的概率下,安全的债券才会违约;对股票而言,除非发生概率极小的意外事件,否则,安全的股票在未来也必定能表现出它的价值所在。相反,若一项金融活动有较大概率遭受损失,那就是"投机"。当然,即便是投机,也有理性与非理性之分。理性投机,就是对各种因素仔细权衡之后,认为冒险是合理的。非理性投机,则是没有对各种因素进行充分研究,就冒险投入资金购买一种证券,像买彩票一样,完全靠运气。

他们进一步指出,在确定是否为投资时,还需要考虑几个方面。

首先,价格是极其重要的因素。某种证券在一个价格水平上具备投资价值,在另一个价格水平上则不具备,因此,买入证券是投资还是投机,也在很大程度上取决于你所支付的价格。就此而论,头脑发热、心痒难耐地去追随热门股,就不是投资而是投机了。因此,霍华德·马克斯指出,任何资产,只要在购买时对其有全面了解且购买价格足够低,都可成为好的投资标的;反之,若买入价格过高,那么,即便买入的是优质资产,也可能是糟糕的投资进而蜕变成了投机。

其次,投资仍要求相对分散,以减少单只证券的非系统性风险。即孤注一掷地押宝,便具有投机性质。

最后,某些类型的套利和套期保值被视为投资也是合理的,因为在购买一组证券的同时卖出另一组证券,两组证券的盈亏相反变化对冲了价格波动带来的潜在损失,因此,同时买入和卖出组合提供了相应的安全边际。

因此，巴菲特在评论格雷厄姆对投资的定义时说，"投资"包括以下3个重要的因素：（1）在买进一只股票之前，要对该公司及其业务的稳妥性进行彻底分析；（2）必须细心地保护自己，以免遭受重大损失；（3）只能期望获得适当的业绩，不要期望过高。

巴菲特说，投资者会根据公司的业务状况计算一只股票的价值；投机者则会打赌股票价格上涨，因为他们认为，其他人会出更高的价格来购买这些股票。对投机者来说，连续不断的报价好比是氧气，切断它就会出人命；投资者对股票价格的短期变动则不那么看重。

再回到格雷厄姆。他曾说过，投资者会"根据公认的价值标准来判断股票的市场价格"；投机者则是"根据市场价格来确定价值标准"。他在《聪明的投资者》中进一步指出，投资者与投机者之间最现实的区别，在于对待股市变化的态度。投机者的主要兴趣在于预测市场波动并从中获利；投资者的主要兴趣在于以合适的价格买进并持有合适的证券。实际上，市场波动对投资者之所以重要，是因为市场出现低价时，投资者会理智做出购买决策，在市场出现高价时，投资者必须停止购买，而且有可能做出抛售决策。虽然投资者也会面临市场波动，但他既不会因为价格大幅下跌而格外担忧，也不因价格大幅上涨而格外兴奋。

格雷厄姆进一步认为，可以用安全边际为标准来区分投资与投机。真正的投资必须以真正的安全边际为保障，而真正的安全边际可以通过数据、有说服力的逻辑分析以及一些实际的经验得到证明。大多数投机者都认为自己冒险的胜算机会较大，因此它们的业务具有一定的安全边际。每个人都觉得自己的买入时机十分有利，或自己技能出众。然而，这些只是建立在自己的主观判断之上，没得到任何有利证据的支持。

巴菲特说，在20世纪90年代，混淆投资和投机带来了巨大的破坏，所有人都失去了耐心，美国变成了投机的王国，急不可耐的交易者就像是夏日田野里呼啸的蝗虫，从一只股票跳到另一只股票。他告诫人们，赌博是人类天性的一部分，对大多数人来说，对其稍加抑制都不太容易，但你必须限制和约束它。

巴菲特指出，投资与投机之间的界限永远不是明确清晰的，尤其是当大多数市场参与者沉浸在愉快的氛围中时，二者的界限更加模糊，没有什么比不劳而获更容易让人失去理性的了；有了令人陶醉的经历后，任何理智的人也会被冲昏头脑。投机所关注的不是资产会产出什么，而是下一个傻瓜愿意出什么价格。用中国话来说，投机者总是一厢情愿地认为，自己不是击鼓传花接到最后一棒的人。巴菲特进而告诉人们："投机看似是天下最为容易的事，实则是最为危险的事。"投资需要持久和专注，将那些频繁买卖的机构称为"投资者"，就像将那些喜欢一夜情的家伙称为浪漫主义者一样可笑。

回忆一下凯恩斯的观点，有助于我们从另一个角度区分投资与投机。凯恩斯是杰出的经济学家，但你可能不知道，他也是一位杰出的投资实战家，尤其是，他对市场情绪和心理有着独到的见解，即便是在行为金融已有重要经济学地位的今天，他的思想依然大放异彩。有关他的投资思想，我们将在第十二章进行详细介绍。在此，我们只介绍他对投资与投机的区分。他说："投资的正确方式是投资于你了解并拥有令人充分信任的管理层的公司。"可见，他对投资的界定，与格雷厄姆和巴菲特有异曲同工之妙。在凯恩斯看来，投机是"预测市场的心理活动"，投资则是预测"生命期的未来收益"。

根据上面的分析，我们以股票为例，将投资与投机的区别，简单进行总结，如表9-3所示。

表9-3　　　　　　　　投资与投机的主要区别总结

	投资	投机
行为	资产持有	短线交易
决策心理	谨慎、耐心	大多盲目、过度自信
依据	严格分析、安全边际	启发决策、事件驱动
回报来源	企业利润增长驱动的股价上涨	短期股价波动
时间	较长时间持有	短期、频繁交易

价值投资

明白了内在价值，区分了投资与投机之后，就要讲价值投资了。

虽然常常有人把"价值投资"一词挂在嘴边，但要给价值投资下一个确切的定义，并不那么容易。格雷厄姆强调，价值投资主要是购买那些价格相对于内在价值打折的便宜股票，在市场下跌时买进。卡拉曼直接继承了格雷厄姆的这一定义，他说，"价值投资是一种纪律，它要求以当前潜在价值的大幅折扣价格买进股票并持有它们，直到更多价值得到体现为止"。

如今，距离格雷厄姆提出的价值投资策略已经差不多过去一个世纪，市场环境和实践都已经有所改变，价值投资的理念得到了扩展，但无论如何，价值投资的理念都是降低风险并提高回报。我们大致可以这样来定义：价值投资是基于内在价值估值的安全边际，买入并长期持有，分享企业创造价值的资产管理过程。

根据这一定义，价值投资主要有几个特点。

第一，价值投资把风险控制置于第一性，把收益置于第二性。价值投资之父雷厄姆就告诫："第一条，不要亏损；第二条，不要忘记第一条。"卡拉曼说："在关注回报之前，你首先要关注风险。需要关注多种可能的风险，什么可能出错，可能损失多少。"为了在价值投资中控制风险，就需要坚定贯彻安全边际原则，对那种仅仅因市场波动而带来的交易机会说"不"，只有在符合安全边际标准时，才买进，然后等待市场对那些企业价值最终做出恰当的调整。

第二，价值投资的回报来源于企业在生产经营过程中创造的价值，而不是市场价格的波动。价值投资首先要对企业的内在价值进行合理评估，这就要求，在投资前对拟买入的证券进行大量的基本面研究，而不是看K线图、听消息和追热门股。但对企业基本面的研究可能是枯燥乏味的。在较长的时间内，股票的价格会最终取决于企业创造价值和利润的能力，市场总是能够清晰地识别企业价值，但市场识别企业价值的过程可能需要数年甚至更长的时间。价值投资者不会对市场的短期上涨有兴奋感，他们对自己的分析充满信心，应对市场变动会有充分的理由。在基本面没有发生逆转时，若价格下跌则果断地买进更多股票。

价值投资会关注一些重要的参考指标，如低市盈率、低市净率或高分红等。但依据这些指标而进行的投资，并不表明投资者确实就投资了能持续创造价值并保持高利润水平的企业。实际上，高市盈率、高市净率等并不与价值投资相冲突。有些高市盈率的成长性公司，在渡过成长期而进入拥有护城河的成熟期后，通常拥有持续创造较大价值的能力。任何股票、债券或公司今天的价值取决于，在未来的存续期间，以合适利率进行贴现的现金流入和流出。是故，选择真正意义上的成长性公司作为投资标的，与价值投资并不矛盾。

实际上，回顾历史，我们可以发现，新技术革命和新产业是行业大牛股的缔造者。那些在竞争中打败竞争对手、获得垄断地位的前沿技术公司能给投资者带来较高回报。正如表9-4所显示的，以上市开盘价计，微软到2021年年末上涨了5 970余倍，苹果上涨了2 647余倍，腾讯上涨了近720倍，不一而足。

表9-4　几家新技术企业股票上市开盘价至2019年年末收盘价的上涨幅度

	微软	苹果	腾讯	谷歌	特斯拉
上市开盘价（美元）	26	33	4.375	100.01	19
上市后最低价（美元）	25.5	14.25	3.375	95.96	14.98
2021年收盘价（后复权，美元）	152 264	37 742	2 431	5 788.5	5 283.9
相对最低价涨幅（%）	5 855.3	1 142.7	554.7	56.9	277.1
相对上市开盘价涨幅（%）	5 970.1	2 647.6	719.3	59.3	351.7
2000年跌幅（%）	-62.85	-71.06	—	—	—
2008年跌幅（%）	-44.39	-56.91	-15.09	-55.51	—

资料来源：根据万得资讯整理。

不过，正如熊彼特指出的，创新是一个创造性破坏的过程。一度是新技术、新产业的公司，会随着需求的逐渐饱和、技术革命浪潮的到来，变成明日黄花。比如，今天无人问津的运河股也曾在18世纪90年代初掀起了投机热潮。1767年英国开始建设运河后，首批建成的运河一度带来了惊人的回报率，股价也随之大幅攀升，公众异常兴奋，似乎具有改造旧世界的潜力。运河投机在1792—1793年达到高潮。但法国大革命的爆发导致了1793年的商业危机，运河狂热也戛然而止。

接替运河的是铁路。随着蒸汽动力的发明，铁路开始成为主要的远途运输方式，英国的报刊杂志都宣称，铁路是史无前例的革命性进步，它不仅带来了普遍的经济利益，也对人类文明产生巨大影响，"铁路时代"将彻底改变人类的生活节奏。狄更斯在《董贝父子》中嘲讽了当时的景象："铁路旅馆、铁路办事处、铁路公寓、铁路计划、铁路地图、铁路公车、铁路街道和建筑……不管什么东西，全都冠以'铁路'二字。"伴随铁路建设热潮的便是铁路股票的投机狂潮，1825年和1845年就发生过两次铁路狂热。德莱塞在《金融家》中写道："美国金融企业中最大的事情就是与贯穿大陆的铁路有关的业务。……铁路已成了各种先驱人物头脑中的梦想。……铁路股票就是美国每一家交易所里最值钱、最重要的东西。"但今天，铁路股已不再受投资者追捧了。

　　第三，价值投资与股票市场的运行状况无关。有的年份，价值投资的年度收益可能会明显落后于市场整体收益，特别是，当非理性因素驱动市场出现泡沫化的时期，价值投资的相对收益可能就低一些。1999年，伯克希尔－哈撒韦的市值下跌了19%，标普500指数则上涨了21%，乃至一些人嘲笑巴菲特不愿意投资互联网公司而失掉了大机会，甚至有人宣称，价值投资已死。然而，互联网泡沫破灭后，大多数人不仅回吐了之前所赚得的收益，而且连本金也亏得一塌糊涂，但巴菲特坚定贯彻价值投资原则，避免了新经济泡沫破灭对价值的毁灭。2000—2002年，伯克希尔－哈撒韦的股票收益率分别为26.6%、6.5%和－3.8%，标准普尔的收益率分别为－9.1%、－11.1%和－22.1%。即便是长期给投资者带来1 000多倍收益的微软和苹果，在新经济泡沫破灭和次贷危机期间，也两度被"腰斩"过。

　　因此，价值投资并不意味着每年每月都会跑赢指数收益，它也并不意味着，买入的证券价格不会下跌，在出现系统性的市场风险时，价值投资也可能遭受收益的巨大回撤甚至亏损。但是，一旦市场总体企稳，价值投资就会有非常强的恢复能力，并在市场恢复过程中，带来更高的价值回报。再一次指出，这种更强的恢复能力和价值回报，不是来自市场情绪方面的推动，而是来自企业强大的价值创造和盈利能力带动的证券价格回升。

　　第四，价值投资者是逆向投资者，在牛市中恐慌，在熊市中乐观而坚定。为了坚持价值投资，价值投资者必须能够独立思考，而不是受市场指数的影响，更不是被市场热点左右决策。许多投资者在做投资决策时，极容易被短期事件和新闻左右，他们在经济衰退、市场下跌时感到恐慌，于是，忽略公司的内在价值而惊慌失措地抛售股票，而在市场上涨期间变得异常兴奋。价值投资者则利用市场情绪而反向决策。价值投资实践的集大成者巴菲特的名言是："别人贪婪的时候我恐惧，别人恐惧的时候我贪婪。"

第五，价值投资应该只适用于长期投资。价值投资者近期的生活不应过多依赖于股市的表现。若生活开支、孩子教育金等都取决于股市的上涨，那投资者将无法做出理性的投资决策，并且无法利用股市中的非理性获利，这是决定价值投资成功与否的主要因素。当市场下跌时，股票价值将逐渐显现，价值投资者开始买进，即使股票可能会下跌更多也在所不惜。若短期的生活依赖于取得超额的短期投资收益，那么，当市场价格跌到极低水平时，你将没有勇气去大胆地买入。然而，长期价值投资既是智力的考验，也是耐心的考验。

第六，价值投资总会建立必要的流动性缓冲。这意味着，价值投资者永远不应急于把所有资金买入证券，更不应加杠杆买入。正如凯恩斯所说，投资者"欲忽视短期市场的波动，为安全起见，必须有较雄厚的财力，而且不能用借来的资金做大规模投资"。

价值投资也会面临市场波动带来短期账面损失的风险，流动性缓冲不仅是指应对市场波动的自我保护机制，而且还是指市场波动导致证券价格低于其内在价值和创造了良好的安全边际时，要抓住机会低价买入。即使一个证券的市场交易价格只是其内在价值的一半，但因市场异常变化，它也可能变得更便宜。流动性缓冲会提高价值投资者应对市场意外波动的能力。

第十章

不耐的代价：利率

资产定价的一般原理是现金流的贴现，未来的现金流和利率都会影响资产价格。上一章详细地讲了现金流，这一章就谈谈利率。在学习利率时，我们需要注意3个问题。首先，为什么同一个国家的不同时期或同一时期的不同国家的利率存在明显的差异？利率水平并非一成不变，它随宏观经济变化而波动。20世纪70年代，美国联邦基金利率和国债利率一度超过10%，在2008年危机后又一度下降到近乎0的水平。其次，为什么长短期利率是不同的？最后，为什么不同企业、政府发行的债券的利率可能会很不相同？

储蓄、投资与利率

储蓄与投资的共同作用

一种理论认为，利率是由储蓄与投资共同决定的，当储蓄和投资相等时，就决定了均衡利率水平。

众所周知，利息是投资的成本之一。当利率上升时，投资成本就会上升。投资成本上升对投资有什么影响呢？当然会抑制投资，投资需求会下降。反之，当利率下降时，就意味着投资的利息成本下降了，这会刺激投资。

可在二维平面图中来表示投资与利率之间的这种关系。在图10-1中，以横轴表示投资量，纵轴表示利率水平。图中 I 表示投资需求曲线，它从左上方向右下方倾斜，表示投资需求随着利率下降而上升。比如，当利率为10%时，投资需求为100亿元，但是当利率下降到5%时，投资需求就上升到了200亿元。

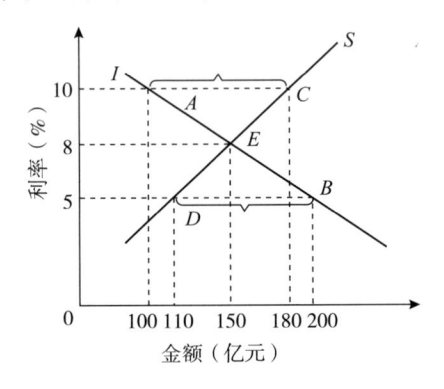

图10-1 储蓄、投资与利润

储蓄与利率有什么关系呢？通常认为，利息是储蓄的收益，利率上升，意味着储蓄的收益上升，就会鼓励人们更多地储蓄。反之，利率水平下降了，意味着储蓄的收益减少，这就会打击人们储蓄的积极性。所以，一般而言，储蓄与利率之间是同向变化的。

我们也可将储蓄与利率之间的关系在二维平面图上表示出来。在图10-1中，横轴也可表示储蓄量，纵轴表示利率水平，就得到一条向右上方倾斜的线。储蓄 S 从左下方向右上方倾斜，表示随着利率上升，储蓄会增加。例如，当利率为5%时，储蓄为110亿元，当利率上升到10%时，储蓄会增加到180亿元。

储蓄与利率关系的线向右上方倾斜，投资与利率关系的线向右下方倾斜，它们之间就会有一个交点，在这个交点上，储蓄量等于投资量，这时就决定了均衡利率水平。在图 10 – 1 中，均衡利率水平为 8%。

若市场上借贷的利率不等于这个均衡利率，那就一定会导致投资与储蓄的变动，直至利率达到均衡。比如，在图 10 – 1 中，5% 和 10% 的利率都不是均衡的。当利率为 5% 时，投资需求为 200 亿元，储蓄只有 110 亿元，有 90 亿元投资需求得不到满足。反之，当利率为 10% 时，投资会下降到 100 亿元，储蓄又上升到了 180 亿元，出现了 80 亿元过量储蓄。

当投资大于储蓄时，为了争夺储蓄，投资方就愿意支付更高的利率，促使利率上升。反之，当投资小于储蓄时，储蓄供给过剩。储蓄者为了将储蓄用出去，就会主动降低所要求的利率，使利率下降。最终，投资线与储蓄线的交点决定的均衡利率水平为 8%，这时，投资等于储蓄，都为 150 亿元，既没有过量投资，也没有过量储蓄。

问题是，哪些因素影响了投资，又有哪些因素影响了储蓄？

什么因素引起投资变动

◎边际利润决定投资趋势

不言而喻，人们投资的直接目的，就是为了获取利润。中国人常说的"无利不起早"，套用在这里，就是"无利不投资"。所以，归根结底，引诱投资变动的直接因素是边际利润。

边际是微观经济学中非常重要的概念，这是指，一个变量变动一个单位引起另一个变量变动的数量。在不同场合，"边际"一词有不同的具体用法。比如，在消费方面，就是边际效用。比如，多吃一个馒头给你带来的满足，就是这个馒头带来的边际效用。边际利润，就是指增加一个单位的资本投入，所引起的利润的增加额。若企业增加一个单位的资本投入，会带来两个单位的利润，相比于只带来一个单位的利润而言，前一种的边际利润更高。

当资本边际利润上升时，同样的投资会给企业带来更多的利润，因此，在同样的利率水平上，投资会增加。设想，你增加1元的投资，能够给你额外带来5元利润，聪明的你肯定会继续增加投资。反之，若边际利润下降了，乃至为负，增加投资就会亏损，你还会继续追加投资吗？理性的人是不会这么干的。显然，在边际利润上升的场合，投资会增加，这就形成了利率上升的动力。

◎哪些因素影响边际利润

进一步的问题是，什么因素引起边际利润变动呢？

这可从两个角度来解答。收入端，主要是边际产量和产品价格。成本端，主要包括税收、利息、工资和原材料成本等。

依葫芦画瓢，不难定义，边际产量就是增加一个资本投入所带来的产量变化。比如，每增加1元的投资，会增加5个单位的产出，其边际产量就是5。边际产量越高，投资效率就越高，这就会刺激投资。新技术引进、开发新产品都会导致资本边际产量上升。所以，在新技术、新产品层出不穷的领域，总会有更多的投资需求。

产品能够带来多少收入呢？这还要取决于价格。若产品价格水平持续上涨，增加一个单位的投入就能带来更高的收入。价格水平持续上涨，也会刺激相应领域的投资。过去几年里，国内猪肉价格一直维持在比较高的水平，养猪利润丰厚，因此国内一些原本从事互联网、电脑或手机生产的高科技企业，决定跑马圈地，建养猪场。

影响利润的当然还有成本。政府降低企业所得税、央行降息、工资和原材料成本的下降，都会提高企业投资的边际利润，这对投资具有积极的影响，所以，一点也不奇怪，政府减税、降息会刺激投资；中国在改革开放后很长一段时间里对外资有很强的吸引力，一个重要的原因就在于，中国的劳动力成本非常低。因此，经济在较低的成本运行一段时间后，随着投资需求增加，利率就会相应地上升。

什么因素引起储蓄变动

在经济学中，储蓄是收入中未被消费的部分，凡是影响消费的因素，都会影响储蓄。我们把收入中消费所占的比重，称为消费倾向；储蓄所占的比重，称为储蓄倾向。消费倾向降低，储蓄倾向提高，储蓄相对增加，若投资需求线未变动，均衡利率就会下降。反之，消费倾向提高，储蓄倾向下降，储蓄供给线就会向左移，储蓄相对地减少，若投资需求线未变动，则均衡利率会上升。

收入、消费习惯和文化都会影响储蓄。收入越高，储蓄倾向往往也会越高；人们对消费与储蓄的选择还在很大程度上受观念的影响。小时候，老一辈教育我们要将"一个铜钱掰成两半使"，就是要我们懂得节俭，这直接影响了我们成年后的消费观念。可现在越来越多的年轻人是"月光族"甚至是"啃老族"，他们似乎没有储蓄意愿，一代人不同于另一代人，这是因为观念变了。

生命周期对储蓄也有重要影响，这一点值得特别强调。对个人而言，在一生中取得收入的时间分布是不均匀的，参加工作之前或退休后，基本上没有收入或收入极低，但一生中无时没有支出，一生中收入取得和支出的时间分布具有不一致性。一般来说，在年轻和年老时的收入相对较低，中年时收入水平相对较高。为实现一生消费效用最大化，人们会尽可能使一生中的消费保持稳定，以免在消费上"三十年河东，三十年河西"。

相应地，储蓄倾向会随生命期内的收入波动而变化。具体来说，在工作后一段时间里有较高的储蓄倾向，随着工作经验的积累和职位的提升，储蓄倾向会逐渐上升，到退休后，大多数人就只有"吃老本"了，消耗以前积累的储蓄。生命周期的不同阶段里有不同的储蓄倾向，年富力强时储蓄较高，年老退休后的储蓄会下降。

这样，在宏观上，一国人口结构（适龄劳动人口与非适龄劳动人口之比）变化，就对总储蓄有重要的影响。比如，在"婴儿潮"后的30年左右时间里，适龄劳动人口比重上升，非适龄劳动人口比重相应地下降，这会在总体上提高一国的储蓄率。但随着进入老龄化社会，总储蓄率会下降。这种由适龄劳动人口比重上升带来的总国民储蓄率的上升，是"人口红利"的含义之一。

曾经左右了格林斯潘的政策

储蓄与投资相互作用，决定了均衡利率水平，这个结论鲜明而简单。可就是这两条看起来简单的线，对美联储前主席格林斯潘的政策走向产生了深远影响。格林斯潘曾经担任美联储主席达18年之久，在他的任内，美国经历了新经济繁荣，他也获得了"经济沙皇"之誉。在他担任美联储主席之前，美国利率仍处于非常高的水平。20世纪80年代，美国联邦基金利率——金融市场中期限最短、信用最高的利率，一度超过了10%，以今天接近于0的利率来看，简直无法想象。

20世纪80年代末到90年代初，东欧和苏联巨变。那些国家原本承担了居民的绝大部分福利，医疗、教育、住房都由国家保障。在那种情况下，老百姓既没有储蓄的意愿，也没有储蓄的必要，因为所有的东西都是定量配给的，即便有钱，也换不回自己想要的商品。

但巨变之后，原来的国家保障体系彻底瓦解了，住房保障没有了，医疗保障消失了，教育得自己掏腰包，所有这些，都迫使老百姓不得不通过储蓄给自己提供保障。格林斯潘敏锐地认为，这些将导致全球储蓄大幅度上升，储蓄增加就会导致全球利率水平持续下降。

这样一个重大的趋势性判断，记录在他的自传《动荡的年代》里，其依据就是储蓄和投资决定利率的理论。这也充分地表明，金融学是一门显学，理论是为实践服务的！

货币供求与利率

萨缪尔森曾说，你只要教会一只鹦鹉说"供给"和"需求"，它就成了一位经济学家。当然，事实并不是这样简单，这只是说明，供给和需求是经济学分析最基本的要素，它们共同决定了价格。将它运用到金融中，就是货币供给与货币需求决定了利率。这样一个今天看起来再平常不过的道理，却是凯恩斯在《通论》中才首次提出的。

货币供求共同决定利率

我们先来看看货币需求。

你需要或持有货币的动机是什么？假若你是一名学生，你可能会说，"我持有货币，是因为我要用它来买书、买学校食堂饭票、买衣服等"。假若你是公司财务经理，你可能会说，"我们公司持有货币，是因为用它来维持公司营运"。假若你是一位投资经理，你会说，"我们持有货币，是想等待合适的时机用它来买债券或股票等"。

这3种不同回答，分别表明了凯恩斯所区分的人们持有货币的不同动机：交易动机、营业动机和投机动机。交易动机就是指，为了购买商品和服务而持有的货币，比如，作为学生的你用货币买书和学校食堂饭票。营业动机就是指企事业单位为了开展日常经营活动而持有的货币，比如，你作为财务经理而为公司持有的货币。基于这两种动机的货币需求,取决于收入水平。收入越高,基于交易动机和营业动机的货币需求就会越多。

投机动机就是基于未来市场利率变动的预期而持有货币,以便在预期利率将要进入下行周期时买入债券。比如,你作为投资经理而持有货币等待建仓之用,就属于投机动机。

为什么会这样?

我们在前面已经讲了,利率上升时,债券价格会下跌,在利率上升周期,持有债券就会遭受损失;利率下降时,债券价格会上涨,在此阶段持有债券,就会获利。是故,当利率趋于上升时,人们就会持有货币,以免债券价格下跌带来损失;反之,当利率下降时,人们就会购买更多的债券。这样,投机动机的货币需求与利率呈负相关关系。

我们将货币需求与利率之间的这种负向关系,绘制在图10-2中,就得到了货币需求线,它是从左上方向右下方倾斜的,表明利率越高,货币需求越少。例如,当利率为10%时,货币需求量为200亿元;将利率下降到6%时,货币需求量就增加到了600亿元。

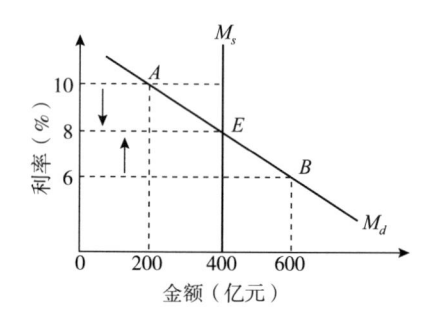

图 10-2 货币供求与利率

在凯恩斯看来,货币供给是由央行控制的,不受利率的影响,因此,货币供给是一条垂直的线,在图10-2中,无论利率如何变动,央行提供的货币始终是400亿元。

由于货币需求线是向下倾斜的，它必与垂直的货币供给线有一个交点，这就决定了利率。在图中，交点 E 决定的均衡利率为 8%，这时的货币需求恰好等于货币供给。

通过这幅图，我们还可分析均衡利率的变动。假定最初利率为 10%，此时，货币需求为 200 亿元，但货币供给有 400 亿元，超过货币需求 200 亿元。为了减少手中持有的超额货币，人们就会购买债券。买债券的多了，债券价格就会上升，其对应面就是利率向下调整。反之，若利率为 6%，这时，货币需求为 600 亿元，而货币供给只有 400 亿元，出现了 200 亿元的超额货币需求。为了弥补这个缺口，人们就会卖出一部分债券，债券价格下跌，利率上升，直至达到 8% 的均衡利率为止。

货币需求的变动

货币供给线和需求线的位移会导致利率的变化。我们先来看看货币需求这条线的位置变化后，利率会有什么样的变化。

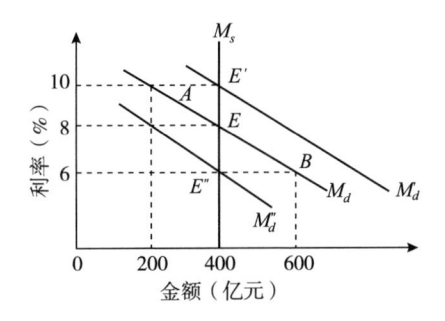

10-3 均衡利率的变动——货币需求的变动

在图 10-3 中，若货币需求线从原来的 M_d 向右上方移动到了 M_d'，货币供给线并没有发生变化，那么，由货币供给线 M_s 与货币需求线 M_d' 决定的新的均衡利率为 10%。反之，若货币需求线向左下方移动了

M_d''，货币供给线仍然没有变化，则新的均衡利率就是 6%。在这个利率水平上，货币供给与需求刚好相等。

那么，影响货币需求线的因素有哪些呢？

收入和价格水平的变化会影响人们对实际货币的需求。

收入通过两个途径影响货币需求。首先，随着收入水平的提高，财富也会相应地增加，人们会希望持有更多货币作为价值贮藏。其次，收入提高时，对货币的交易需求会增加。在经济扩张或高速增长期，收入水平大量提高，因此，货币需求也大量增加。这时，利率就可能会上升。可见，经济扩张、收入水平提高时，会导致货币需求线向右上方移动，利率有上升的趋势。

价格水平是影响货币需求线的另一个重要因素。人们关心的是持有的实际货币。当价格水平上升时，名义货币的实际价值会下降，它所能购买的商品和劳务就比涨价前少。为了使所持实际货币余额不致因价格水平的上涨而减少，人们就会持有更多的货币量。因此，价格水平上升时，货币需求会增加，使货币需求线向右上方移动，利率上升。反之亦然。

货币供给的变动

央行增加货币供给时，货币供给线向右移动；反之，减少货币供给时，货币供给线则向左移动。例如，在图 10-4 中，当央行将货币供给从原来的 400 亿元扩张到 600 亿元时，最初的货币供给线 M_s 就右移到了 M_s''，由于货币需求线没有发生位移，均衡利率从原来的 8% 下降到了 6%。反之，当央行将货币供给缩减到 200 亿元时，货币供给线就从 M_s 向左移动到了 M_s'，均衡利率也从原来的 8% 上升到了 10%。

请注意，货币供给增加导致利率水平下降，反之，则会使利率水平上升，是流动性效应作用的结果。央行增加货币供给后，人们手持货币超过了意愿持有量,出现了多余的流动性。这时,他们就会用多余的货币购买债券,债券价格上涨,利率下降。反之,央行缩减货币供给时,人们手头的流动性会少于意愿持有量,为了补足这一差额,他们就会卖掉一些债券,债券价格下跌,利率上升。因此,流动性效应使利率水平同货币供应量呈反向变化,即货币供给增加时,流动性效应会使利率下降,反之,货币供给减少,流动性效应会使利率上升。

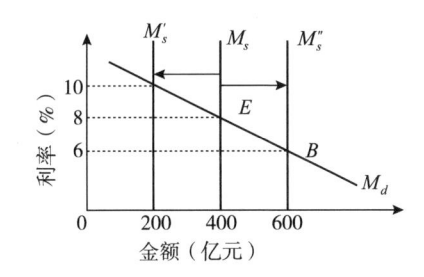

图 10-4　货币供给线的移动对均衡利率的影响

物价与利率:吉布逊谜团

英国经济学家吉布逊在对 1791 年至 1928 年长达 137 年的利率与物价水平的统计中发现,物价与利率之间基本上呈同向变化,即物价水平越高,利率水平也会越高;反之,物价水平越低,利率水平也会越低。直到现在,这种关系依然存在。图 10-5 显示了美国 CPI 与联邦基金利率之间的关系,从中可以明显看到,它们之间的变化趋势基本一致:通胀率高时,利率也相应较高。反之,利率下降的时期,通胀率也在下降。通胀与利率之间这种同向变化的现象,被称作"吉布逊谜团"。

为什么叫"谜团"呢?因为,前面讲到,货币供给增加会导致利率下降;反之,利率上升。我们也知道,央行发多了货币,会出现通胀;减少货币,通胀会下降。这样是不是可以得到结论:物价水平越高，利率会越低；反之，如果物价水平越低，则利率水平会越高。但这只是理论上的推断，事实恰恰相反，所以叫"谜团"！

如何解开这个谜团？

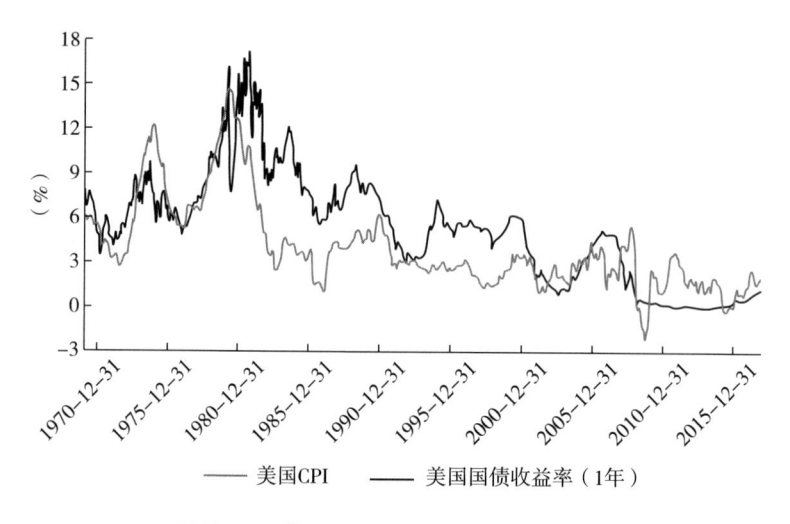

图 10-5　美国 CPI 与联邦基金利率之间的关系

注意，当经济学理论分析的结论与事实不符时，永远不是"事实"出了错，而是理论出了错！上面的推断与事实不符，一定是在推断的过程中，忽略了影响利率的其他重要因素。

再次强调，货币供给增加导致利率下降，是流动性效应发挥作用的结果。但央行增加货币供给，只有流动性效应么？

实际上，除了流动性效应，货币供应量的变化还存在收入效应、价格水平效应和通货膨胀预期效应，后 3 种效应会直接影响货币需求，因而对利率有重要的影响。

收入效应是指货币供给增加对经济会产生扩张性的影响，提高了国民收入和财富，从而增加对货币的需求。此外，当增加货币供应后，价格会上升，这也会提高货币需求，进而使利率上升，这就是价格水平效应。最后，货币供给增加，人们预期未来价格水平会更高，预期通货膨胀率上升也会提高人们的货币需求，导致利率上升，这就是通胀预期效应。

收入效应、价格水平效应和通货膨胀预期效应都使利率与货币供应量呈同向变化，货币供应增加会导致利率水平上升；反之，货币供应减少会导致利率水平下降。也就是说，央行增加货币供应后，会产生4种效应，其中只有流动性效应会导致利率下行，另外3种效应都会使利率上升。

那么，央行增加货币供应后，利率到底是上升还是下降呢？

这要取决于流动性效应相对于其他3种效应的大小以及它们的反应时滞。

第一种情况是，流动性效应大于其他3种效应。图10-6就展示了这种情况下的利率反应路径。当央行在t时增加货币供应时，由于流动性效应反应很快，利率也很快地从原来的i_1下降到了i_3。但在此之后，其他3种效应开始发挥作用，因此，利率又开始缓慢地上升。但最终由于流动性效应较强，利率只能上涨到i_2为止，不能再回到原来i_1的水平。

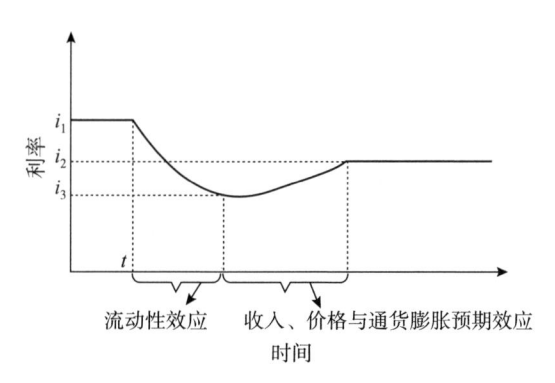

图10-6 流动性效应大于其他3种效应时，利率对货币供给上升的反应

第二种情况是，流动性效应小于其他 3 种效应，但通货膨胀预期调整较缓慢。图 10-7 展现了这种情况下的利率反应。当央行增加货币供应量后，由于流动性效应很快发挥作用，利率水平从最初的 i_1 下降到了 i_3。之后，由于其他 3 种效应开始发挥作用，利率又开始上升。同时，由于流动性效应相对于其他 3 种效应较弱，利率会最终上升至比最初的 i_1 还要高的 i_2。

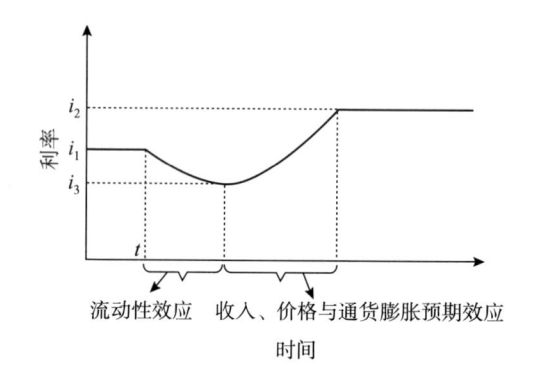

图 10-7 流动性效应小于其他 3 种效应，但通货膨胀预期调整较缓慢时，利率对货币供给变动的反应

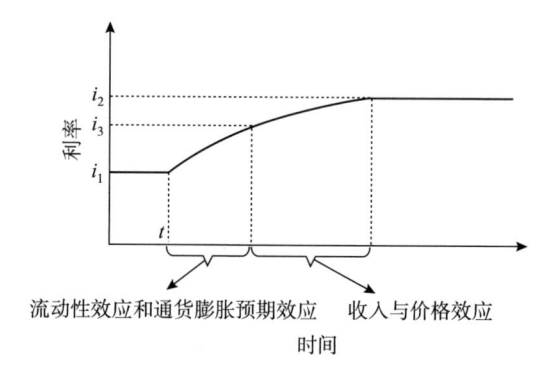

图 10-8 流动性效应小于其他 3 种效应，且通货膨胀预期调整较快时，利率对货币供给变动的反应

第三种情况是，流动性效应小于通货膨胀预期，而且通货膨胀预期迅速发挥作用。图 10-8 描绘了这种情况下的利率反应。由于通货膨胀预期比流动性效应强，且迅速发挥作用，所以，央行提高货币供给后，利率立即上升。之后，收入和价格水平效应又开始发挥作用，利率继续上升，一直上升到 i_2 为止。这意味着，央行增加货币供应的结果是，利率会很快大幅攀升，债券价格大跌。

解开这个谜团有何意义呢？实际上，无论是对股票还是对债券投资，都极为重要。我们多次讲了，利率下降时，债券价格会上涨，利率上升时，债券价格就会下降。因此，在央行增加货币供给后，利率变动的 3 种不同时间路径，实际上为投资者买入债券或卖出债券的时间窗口，提供了重要的依据。若没有出现严重的通胀预期，那么，在央行采取宽松货币政策后的一段时间里，购买债券就会获利；当央行宽松货币政策刺激经济回升、价格水平（通胀率开始回升）后，继续持有债券，那就要遭受债券下跌的损失了。

人性不耐与利率

人性不耐

成语"朝三暮四"常常比喻反复无常，主意多变。比如，用情不专的人，我们会说他朝三暮四。但这个成语一开始并不是这个意思。一个人养了一群猴子，一天，他对猴子们说，早上给你们 3 个栗子，晚上给 4 个。结果，猴子们不高兴了，商量好准备一起闹事。主人马上改口了，说，"早上给你们 4 个栗子，晚上给 3 个"。结果，猴子们的兴奋马上就写在猴脸上了。可见，"朝三暮四"最早说的是"猴性不耐"。

人在消费方面，跟猴子的"朝三暮四"本质上没什么区别，从同样数量的当前消费中得到的效用，总是会高于未来的效用。李白的消费观就是"行乐须及春""今朝有酒今朝醉"，他最在意的是眼前消费。相对于未来的消费，人们更喜欢眼前的消费，经济学家欧文·费雪把它称为"时间偏好"和"人性不耐"。

哪些因素影响时间偏好

欧文·费雪认为，有许多因素影响人们的时间偏好和人性不耐程度，主要包括：收入水平、收入的时间分布、收入的不确定性程度、收入之外的个人因素等。

第一，收入水平是影响时间偏好的首要因素。收入愈少，现在收入优于将来收入的偏好愈大，即尽早获得收入的不耐程度愈大。无论什么时候，贫困对于人生都是重大压力，它加强对即刻收入的欲望。那些食不果腹的人，你给他一个馒头，他基本不会存放到明天再享用。在维持生存都十分困难时，在辘辘饥肠甚至饿得气息奄奄时，人既没有意志力也没有必要为将来的"享用"而储蓄，对他而言，能吃上一口多挨过一天，就是天大的福气了。

贫困对不耐程度的影响既有理智的一面，也有非理智的一面。理智是因为，满足现在需要以延续生命是重要的。现在收入绝不可少，不仅是为了眼下之需，也是获得将来收入的必要条件。收入越接近生存最低限度，现在收入就越贵重。欧文·费雪说："生命线上的一个中断就足以断送整个将来。我们强调现在的重要性，就是因为，现在是通向将来的道路。"

非理智的一面是因为，贫困往往使人缺乏远见与自制能力，更多地"听命"于将来，只要满足目前的迫切需要就行了。真所谓"人穷志短"，得过且过，不为将来做打算的人性不耐，就是非理智的。这实际上是把自己未来的人生置于巨大的风险敞口之中，因此，必要的克制就是对自己未来生活风险的保险或对冲。

第二，收入的时间分布。收入分布的时间形态不同，时间偏好也会不同。若对未来特有信心，肯定收入将增加，人就会提高对现在收入优于将来收入的偏好，不耐程度就愈强，更偏好于当前的消费。李白为什么会"行乐须及春""人生得意须尽欢"，就是因为，他坚信"千金散尽还复来"，对未来信心满满。我们观察到，在经济高涨时，人们就会更大手大脚地花钱。相反，若预期未来收入减少，则会倾向于缓和不耐程度，减少对现在支出而增加对未来支出的欲望。所以，在经济下行而且预计要持续较长时间时，人们对消费更加克制。

低收入的人比高收入的人，对收入分布的时间形态的不耐程度更灵敏。对穷人现在生活的极微小限制，就足以极大提高他对现在收入的不耐程度。反之，他现在收入的微小增加，就足以极大降低他对现在收入的不耐程度，正因为如此，低收入者才会常常觉得"幸福来得太突然"。对富人而言，只有明两年收入的相对数量有极大变动时，他的时间偏好才会发生显著变化。

第三，收入不确定性（风险）。未来收入不确定性有降低不耐程度的趋势。不确定越大，不耐程度会越低。将来收入的风险越大，则牺牲现在以备将来的动力也越大，正所谓"未雨绸缪"。

第四，收入之外的个人因素包括：远见、自制、习惯、预期寿命和对他人的关怀。

一般而言，愈有远见，不耐程度愈小，反之亦然，若一个社会的成员都是些不顾将来的人，整个国家的不耐程度就较高。反之，深谋远虑的人越多，则不耐程度就较低，他们总是将现期收入的相当部分，用作将来的打算和实现个人的抱负。有创业欲望的人，就更愿增加资本投入，减少当期消费。在那些励志的创业故事里，有理想的创业者无不为了自己的事业而节衣缩食,当然,发达风光之后会如何,就是另外一回事了。

　　远见与思虑相关,自制与意志相关。意志薄弱与目光短浅一样,会提高不耐程度。习惯的影响是不确定的。富家子弟习惯于巨额收入的享用,因此,他们较之与其收入相同但出身寒微的人,会对现在收入给予更高评价。一向奢华之人,一旦倒运时,常常比那些资产相同但经济情况上升而非下降的人,更难以有节制地生活。

　　生命的预期。死亡时机是增加不耐程度的最重要的理性的因素;凡能延长人类寿命的因素,同时也能够降低人的不耐程度。生命的短暂,有力地倾向于加强不耐程度,即加强时间偏好率。利他主义,对子女的喜爱和为他们谋求福利的愿望,会降低不耐程度。进一步,子孙数量增加,会降低不耐程度。若只顾尽情挥霍而没有东西留给子孙,则不耐程度会提高。因此,有家有口的人,会降低不耐程度;未婚或只知放纵自恣而不顾后代的人,就会有特别高的时间偏好率和不耐程度。

人性不耐如何影响利率

　　人性不耐程度或时间偏好率与利率有什么关系呢?

　　欧文·费雪认为,利率是现在财货与将来财货交换的价格,只是现在财货与将来财货进行交换时的一种贴水。利率与人性不耐程度通过借贷市场而联系起来。若没有共同的借贷市场将具有不同时间偏好率的人联结起来,那么,彼此各异的不耐程度(时间偏好率)会有很大出入。费雪认为,通过借贷,每个人心中的边际不耐程度会出现均等化的趋势。但由于市场的局限性,特别是人们的风险各异,不耐程度达不到绝对的均等化。

　　举例来说。若张三的时间偏好率为10%,这意味着,他愿牺牲来年收入的 1.1 元来换取现期收入的 1 元。若市场利率为 5%，他就会发现，只要放弃来年的 1.05 元，就可交换到现期收入的 1 元。于是，他在现期借入 100 元，同意来年偿还 105 元，即是说，当他愿意付 10% 时，却以 5% 取得了借款，得到了 5 元的剩余。若通过借债使他的时间偏好率下降至了 8%，但仍高于 5% 的市场利率，那就会继续借款，直至时间偏好率与市场利率一致。

于是，欧文·费雪就得到了一个重要的结论。每个人的不耐程度（时间偏好率）通过借贷而与市场利率完全趋于一致，即不耐程度的均等化。若个人的不耐程度与市场利率不同，那他就会通过借贷调节其收入流的时间形态，使其边际不耐程度与市场利率相当。若一个人的不耐程度大于当前的市场利率，他将会借债，直到他的时间偏好率与市场利率相等为止。反之，若时间偏好率低于市场利率，他就会放款，增加偏好率，直至时间偏好率与利率一致。

由此可见，利率是记录市场上现在收入优于将来收入的共同时间偏好率的。若一些人起初有高度的不耐程度，他们就会争取减少将来收入以获得更多的现在收入，增加借款，使利率上升。反之，若一些人起初有低的时间偏好率，他们就会争取减少现在收入来获得更多的将来收入，增加储蓄并把钱借出去，从而使利率降低。

为什么不同债券的利率悬殊

有关利率的第 2 个重要现象就是，即便在同一个时点上，不同债券发行人所发行的相同期限债券收益率也存在相当大的差异，比如，无论什么时候，相同期限的国债利率总是低于企业（公司）债券的利率。此外，即便是同一家公司或企业，有时发行债券的利率可能高达 5%，而有时只有 1%，为什么会有如此大的差异呢？

违约风险与利率

我们购买任何一种债券都要承担一定的风险。为引导投资者接受市场投资组合的风险，必须向他们提供超过无风险利率的预期收益率，这就是风险溢价。人们风险厌恶越高，风险溢价就越高。同时，同样信用评级的企业，因债券合约结构的差异，也可能存在非常大的差异。

违约风险也称信用风险，指借款者到期时不能按期还本付息的可能性。在一国之中，中央政府的债务履约能力最高，因为它有税收和货币发行的权力作偿债后盾，因此，购买国债就不会承担信用风险。因此，在发达国家，政府债券一直享有"金边债券"的美誉。

相反，企业经常会因种种原因而违约。债券违约风险越高，对它的需求就会越少。当你知道把钱借出去，十有八九会收不回来，你还会借出去吗？因此，若债券违约风险上升，市场上的抛售就会增加，导致其价格下跌，收益率上升。一般而言，有违约风险的债券总是存在正的风险溢价，且其风险溢价随违约风险的增加而上升。不同发行者发行的相同期限的债券，其利率之所以有差异，主要就是其信用风险有别。

这种因违约风险或信用差异而导致债券之间的利率差异，叫信用利差或信用点差。

注意，信用利差并非一成不变的，它总会随着宏观经济环境的变化而变化。在宏观经济景气度上升或繁荣期，企业经营状况改善，盈利能力上升，现金流相对充裕，这时，违约风险会下降，因而信用利差往往会下降。前面讲了，债券价格与利率变化方向相反，是故，当经济处于繁荣期时，人们会更愿意去购买公司债券。

反之，在宏观经济下滑或衰退期，企业经营总体恶化，不同企业间的经营也会更加分化，这时，信用利差会扩大。图10-9就显示了美国企业债券与国债之间的利差。从中可以看到，在2008年次贷危机期间，这个利差大幅飙升。类似地，1998—2001年，美国经济先后受亚洲金融危机、俄罗斯债务违约、新经济泡沫破灭和"9·11"事件的冲击，信用利差也呈不断上升的趋势。这背后反映的是，在出现危机征兆或恶化之时，人们担心企业信用恶化，会大幅抛售企业债券，同时寻求安全性更高的资产，毕竟，危机时保证本金的安全比追求收益更重要。

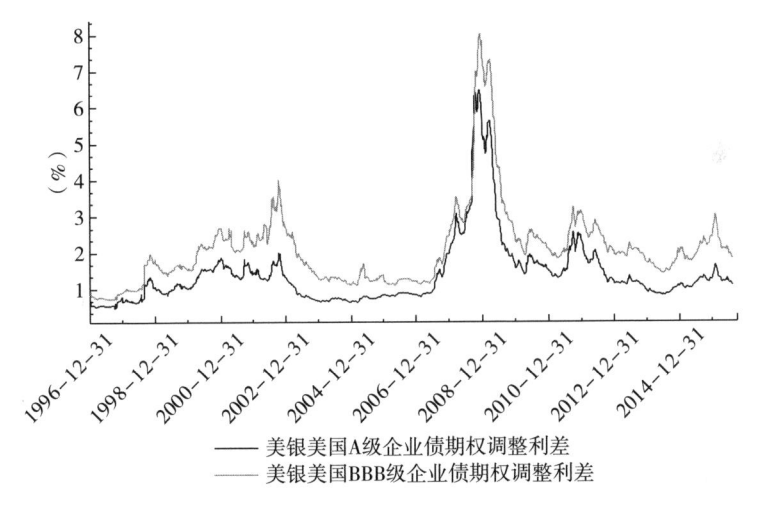

图 10-9 宏观经济波动中的美国企业债券信用利差的变化

流动性与利率

除了信用风险，影响债券利率差异的另一个因素就是流动性的不同。资产的流动性越高，将它变成现金时所受的损失就越小。一般而言，流动性越高的资产，就越受人们欢迎。但流动性越高，收益率会越低；反之，若要求更高的收益率，就得放弃部分流动性。

流动性是如何影响利率的呢？

第十章　不耐的代价：利率

考虑这样一种情况，假定有一家公司要发行10年期的债券，且没有二级市场。也就是说，你购买了该债券就必须持有到10年以后才能兑付本息。由于你不能转手卖给他人，因此，该债券完全没有流动性。在这种情况下，若你5年后要急用现金，又没有别的法子，那你就会很后悔当初买了这个债券而没有持有现金或银行存款。一旦你这样考虑了，你购买该债券的愿望就不强烈了。

因此，流动性会影响人们对债券的需求意愿。如果债券的流动性恶化了，你持有它会很难脱手，要转让给他人的话，会带来很多损失，这样，投资者会减少对流动性低的债券需求，增加对高流动性债券的需求。这就会使低流动性债券的价格下跌，利率上升，高流动性债券的价格相对上涨，利率下跌，从而使高流动性和低流动性债券之间出现相应的利差。这种因流动性的差异而导致债券的利率差异叫流动性升水（溢价）。

中国国债市场的发展，就很好地说明了流动性对利率的影响。国债素有"金边债券"之称，在所有金融工具中，国债的利率应该最低。但在我国1981年恢复国债发行后的相当长的时间里，国债利率一直远远高于同期银行存款利率，出现了利率"倒挂"现象。那时，国内的理论界对此非议颇多，认为这是极不合理的。

实际上，此种非议十分教条，将那时发达国家国债利率低于银行存款利率，套用到中国来，在理论上"简单粗暴"。中国国债利率与银行存款利率水平在那段时期的"倒挂"，有其深厚的历史背景和制度背景，直白地说，就是由流动性的差异所决定的。

那时，国有商业银行一直受到政府严格保护，它们实际上是准财政机构，无破产风险。把钱存到银行与购买国债，老百姓都不会担心信用风险。

那么，它们的流动性一样吗？

其实，那时我国国债的流动性远低于银行存款的流动性。在我国恢复国债发行的初期，并没有全国统一的国债流通市场。即便有一些"黄牛"去购买国债，但这在当时是"非法"的，国债交易面临较高的风险。"黄牛"无法形成全国统一的国债交易市场，交易非常有限，国债流动性就被打了较大的折扣，远不像发达国家那样是流动性最高的金边债券。可以说，那时买了国债，就失去了流动性。但银行存款则不同，你可以在到期前去银行提现，因此，国债的流动性远低于银行存款的流动性。

信用风险相当而流动性悬殊，能说国债利率高于同期银行存款利率不妥吗？

后来，中国建立了统一的国债交易市场，国债价格随行就市，交易成本也大大降低。况且，在经历10多年的发展后，商业银行逐渐暴露出越来越多的问题，银行不良资产不断累积，国债与银行存款之间的流动性和风险结构已经逆转。国债流动性比银行存款高，风险又相对低，国债利率比同期银行存款利率高的基础不复存在，所以，现在的国债利率比同期银行存款利率低了。

税收差异

不同债券的税收待遇是不同的。有的是免税债券，该类债券支付的利息不用缴纳所得税。而另一些债券则是含税债券，债券支付的利息需要缴纳所得税。国债通常是免税债券，在中国，地方政府债券也是免税债券。一般工商企业发行的债券，则是含税债券，它们向债券投资者支付的利息，要缴纳20%的利息所得税。由于人们关心的是税后实际利率，所以，含税债券的利率，就会明显高于免税债券的利率。利息税税率越高，税前的名义利率也应该越高。这也是国债的利率低于企业债券利率的重要原因之一。

内含选择权

债券发行时,通常赋予债券持有者或发行人一定的选择权。债券发行中包含的选择权被称为内含选择权,债券合约中是否有内含选择权,对债券的发行利率有很大影响。债券的内含选择权形式多种多样,常见的选择权包括:赎回权、回售权、认股权。

赎回权给发行人在到期日前全额或部分赎回债券的权利。发行人从赎回权中得到的好处在于,当市场利率下降时,可以先将原来以较高利率发行的债券赎回,然后用相对较低的利率发行新的债券筹集资金,这就可以为发行人节约相应的利息成本。

但在市场利率下行的环境中,债券发行人提前赎回债券会给债券投资者带来再投资风险,即债券投资者不得不再花时间去寻找收益率变得更低了的债券投资、调整资产组合。由于不能确定到期期限,赎回权就给债券投资者的流动性管理带来了难度,因此,附有此类选择权的债券,会给投资者带来额外的风险,自然地,其票面利率在发行时就相对地高一些。

回售权是给予债券投资者在指定的时期将债券以面值出售给发行人的权利,即便债券尚未到期,债券发行人也应当赎回。如果在债券发行中约定了回售条款,在发行后市场利率上升,债券价格就会下跌,继续持有债券就可能遭受资本损失。在此情况下,为了获得更高的市场收益,投资者就可以要求发行人以面值赎回债券。可见,与赎回权相反,回售权是对债券投资者的一种保护,降低了债券投资者面临利率上升时的市场风险。正因为这一特点,附有回售权的债券,发行的票面利率就会相对较低。

债券附带的认股权也对其利率有极大影响。比如,可转换债券和可交换债券,都是附带认股权的债券。可转换债券允许其投资者在约定的期限、按照一定比例（转股价格）将其持有的债券转换成公司的普通股。当发行人股价持续上涨时，就会给投资者带来很高的收益。可交换债券则是，债券投资者可在约定的期限内，以约定的价格将债券转换为债券发行人持有的另一家公司公开发行的股票。

附有认股权证的债券，当标的股票价格在行权期内明显高于约定的转股价格时，就会给债券投资者带来超乎预期的回报。但债券投资者要得到这个权利，就得向债券发行人支付相应的成本。这个成本就体现在约定的非常低的票面利率上。比如，2020年红极一时的英科转债，第一年支付的利率就只有0.5%，而当时国债利率在3%以上。

需要指出的是，认股权证、赎回权或回售权，是可以同时存在于某一只债券的。例如，可转换公司债券就可能同时附有赎回权和回售权。对于显著有利于债券投资者的内含选择权债券，其票面利率总体而言会显著地低于同期其他信用级别相似但没有此类选择权债券的利率，甚至会大大低于信用级别最高的国债利率。但对于有利于发行人的内含选择权的债券，市场参与者会要求更高的利差。

为什么长短期利率不同但会同时变动

有关利率的第3个重要现象就是，同一个债券发行人所发行的债券，在同一个时期，它们的收益率会因不同剩余期限而有明显的差异，剩余期限越长，收益率会越高，所有国家的利率均是如此。为什么同样是政府发行的债券，或在同一家银行的存款，不同期限的债券或存款的利率水平存在差异呢？这就是利率期限结构理论所要解释的。

预期假说

我们举一个具体的例子。有两个连续的1年期债券，一个债券是从现在起到一年后到期，它的年利率为 4%；另一个债券是从一年后开始到两年后到期，人们预计它的年利率为 6%。那么，现在的 2 年期债券的利率应该是多少？

假设现在你有 1 元钱来做 2 年期的投资，有两种方案供选择。一种是，直接购买 2 年期债券，且该债券每年付息一次；另一种方案是，现在购买 1 年期债券，明年到期后再购买 1 年期债券。

假设现在 2 年期债券的利率为 7%，则直接购买该债券在两年后的回报率为：

$$(1+7\%)(1+7\%)-1=14.49\%$$

分别购买两年 1 年期债券，得到的回报率则是：

$$(1+4\%)(1+6\%)-1=10.24\%$$

显然，直接购买一个 2 年期债券的回报率更高，你就不会分别购买两个 1 年期债券了。

类似地，若现在 2 年期债券利率只有 3%，那你购买它得到的回报率为：

$$(1+3\%)(1+3\%)-1=6.09\%$$

这又比你分别购买两个 1 年期债券的回报率要低，你就不会购买它而会购买两个 1 年期债券了。

只有当购买的 2 年期债券与购买两个连续的 1 年期债券的回报大致相同时，才是均衡的。也就是，只有当 2 年期债券利率为 5% 时，与直接购买利率分别为4%和6%的1年期债券得到的回报才相当。

简化计算为：

$$5\% = \frac{4\% + 6\%}{2}$$

在这个例子中，这个2年期债券的利率等于两个连续的1年期债券利率的算术平均值。若不是这样的话，那人们一定会选择收益更高的投资方案，直到两种方案的收益相当为止。这就是套利的作用。

这并不是偶然的特殊情况。推而广之，期限为 n 年的长期债券的利率，应当约等于在这期间 n 个1年期短期利率的算术平均值。这就是利率期限结构的预期假说。

根据预期假说，短期利率的上升，将提高人们对未来短期利率的预期，这就会使长期利率上升。比如，现在1年期债券的利率为5%，一年后的1年期债券利率为6.2%，那么，现在的2年期债券利率约为 $i_2 = \frac{5\% + 6.2\%}{2} = 5.6\%$，就比原来5%的利率高了。

反之，如果短期利率下降，那么，人们对未来短期利率的预期也会相应地下降，长期利率也会随之下降。

期限选择与流动性升水

期限选择理论认为，长期债券的利率等于该种债券到期之前短期利率预期的平均值，加上相应的期限升水。它也假定，不同期限的债券之间是可以互相替代的，这样，一种债券利率的变化会对其他期限债券利率产生较大影响。但投资者对不同期限债券的偏好存在差异，各种债券之间的相互替代又不是完全的。

比如，你可能喜欢 1 年期的债券，但也非常关注 2 年期债券利率的变化。若 2 年期债券利率很高，那么，你也会购买一些 2 年期债券。但由于你更喜欢 1 年期债券，因此，只有购买 2 年期债券能够得到更高回报率时，你才会愿意购买你本不太喜欢的 2 年期债券。高出的这一部分回报率就是期限升水。

是故，期限选择理论可表示为：

$$长期利率 = 短期利率平均值 + 期限升水$$

由于期限升水一般为正，所以长期利率就会高于短期利率。

劳伦斯·H·梅耶在《联储岁月》中写道："长期利率取决于当前的短期利率和预期的未来短期利率及期限升水。（美联储）工作人员强调，没有什么证据表明货币政策能够影响期限升水。在这种情况下，降低利率的唯一办法是鼓励市场预期，短期利率将在较长期内保持在较低水平。"可见，预期理论与期限升水理论，实实在在地指导着美联储的货币政策。

一般而言，金融工具的期限越长，流动性就越低；反之，期限越短，流动性就越高。长期债券的流动性较短期债券低，因此，持有长期债券就承担更高的流动性风险。要使投资者持有长期债券，就必须提供流动性补偿，这就是流动性升水理论。于是就有：

$$长期利率 = 短期利率平均值 + 流动性升水$$

由于流动性升水一般为正，因此，长期债券的利率比短期债券的利率要高。

第十一章
金融实战：组合管理

我们在前面介绍了资产定价和决策的一些相关问题，投资分析需要组合管理来落地，也只有通过资产配置和投资组合管理，在适度承担风险的基础上，才能获得必要的收益，实现财富的保值增值。

资产配置

资产配置是金融投资和资产选择的第一个环节。有的投资者偏好于房地产，有的偏好于股票、基金、债券与银行理财产品等，或它们之间的某种组合。概括地讲，资产配置就是指，依据各大类资产的历史表现以及自己的风险偏好和目标，确定不同资产类别在投资总量中的不同比重和构成。

认识大类资产

在进行大类资产配置时，首先要将可供投资的资产按某一标准进行分类，即确定大类资产，认识各类资产的收益与风险特征极为重要。在这里，我们只讲金融资产。通常，我们可以将金融资产分为股票、债权与货币、基金等基础性金融资产。不同大类资产间的收益与风险特征很不相同，这是需要特别注意的。

◎股票

股票是很重要的一种大类资产，但股票价格波动性比较大，小资金也可参与股票投资，而且一旦成功，得到的收益是其他几种金融资产难以达到的。我们在前面已经讲了，股票代表对企业的部分所有权，有权分享企业利润，推动股价上涨或投资者所得回报的核心逻辑，就是公司的利润增长。但不同行业和不同企业的股票，给投资者提供的回报差异非常悬殊。我们可以进一步将股票分为以下几类。

第一类是传统意义的价值股。此类股票的价格和市盈率、市净率都较低，公司盈利状况较好且比较稳定，因此，它们的安全边际较高，股价波动小，但它们的不足可能在于，股价在较长的时间内都不会有太大的涨幅。比如，中国股票市场中的银行、保险和券商等金融股，大多数都具有这样的特征。此类股票投资可能得到较好的现金股息分红，但要通过股票价格上涨带来资本利得，可能就会令人失望。

第二类是周期股。所谓周期股，就是公司经营业绩与宏观经济的周期波动紧密相关。有色金属、煤炭、钢铁等资源类股票都是典型的周期股。经济处于景气上升阶段或央行大规模地实施宽松货币政策后的一段时间里，大宗商品价格大幅上涨，带动公司盈利改善，周期类股票价格会随之出现较大幅度上涨。反之，在经济有衰退之忧时，需求和产品价格下跌，公司盈利恶化，此类股票价格就会出现大幅下跌。尤其是，从历史数据观察，周期类股票的涨跌，更直接地与价格的涨跌相关；历史数据也告诉我们，周期类股票不太可能出现5年以上的持续性业绩和股价大幅上涨。

第三类就是非周期类股票。非周期类股票的公司利润受宏观经济波动的影响相对较小，而且此类公司产品的价格也相对稳定，对此类公司利润影响最大的是公司产品的竞争力、需求规模和成本控制。生物医药、食品饮料、一般制造业等都属于非周期类。从历史数据来看，买入并长期持有且能够获得异乎寻常的高收益股票，基本上集中在非周期类的股票中。比如，微软、可口可乐、贵州茅台、云南白药、恒瑞医药等都是典型的代表。过去 20 多年中，虽然中国一线城市的房地产价格上涨了 10 倍有余，但所谓"核心股票"，少则有数十倍的涨幅，多则有数百倍的涨幅，此类公司虽然处于不同行业，但都有一个共同的特点，那就是公司利润在持续增长。这说明，长期最好的投资机会应当在非周期类成长性公司股票中去寻找。

◎债权与货币资产

债权与货币是另一种重要的大类资产。这里的货币不单指我们手头持有的现金，更多的指我们持有的具有极高流动性、可随时用于支付的任何债权，如银行存款等，毕竟，现在买东西时还拿出钱包数钞票的人已经很少了。债权资产就是你持有的、在约定条件下对方偿还本金且支付相应回报的资产，银行存款、政府和企业债券、信托产品等，都是典型的债权资产。

有些债权资产是标准化的，有些则是非标准化的。国债、企业与公司债券等都是标准化的债权，它们通常可以在二级市场流通和交易，当市场利率上升时，它们的价格会下跌；当市场利率下降时，它们的价格则会上涨。一旦有价格的波动，就会带来账面上的盈利或亏损。但只要没有违约，一直持有至到期日，便不会遭受本金上的损失，也能按约定的票面利率获得相应的回报。

对老百姓来说，存款便是典型的非标准化债权资产，有一些由金融机构发行的理财产品也是非标准化债权资产，这些资产一般不能交易，没有二级市场的价格波动牵动投资者的神经。

通常，我们将银行活期存款、支付宝或微信钱包里的余额，称为货币性资产，用它们来购物既不会遇到障碍，也不会受到损失。用金融学的术语来说，它们是具有完全流动性的资产，也正因为这样，它们没有或只有极低的收益率。

◎基金

现在，基金已成为老百姓日常理财的一种重要方式，就像股票投资者被形象地称为"股民"一样，基金投资者被称为"基民"。在"基金"这个名称之下，有诸多不同类型。与老百姓密切相关的则是证券投资基金。前面讲了，根据投资方向的差异，证券投资基金至少包括股票型、债券型、混合型和货币基金等，还有各类 ETF 和行业或主题基金。

证券投资基金投资方向的不同，决定了它们的收益与风险有着极大的差异。管理良好的股票型与混合型基金，在股票市场行情好的时候往往能得到非常高的收益率，2020 年上半年的医药基金最高的收益率达 80%，但也有些股票型或混合型基金的收益率非常糟糕，亏损而导致清盘的，时有发生。债券型基金收益率（价格）波动性相对较小，但如果它一年能获得 10% 的收益率，就相当高了，这与有的股票型或混合型基金在好年景时超过 100% 的收益率，差距很大。当然，若有些投资者买的债券型基金出现了亏损，也不会像有的股票型或混合型基金那样，亏得底朝天。因此，债券基金是相对安全的品种。

将股票、债权与基金等不同大类金融资产的收益与风险特征进行对比，简要总结如表 11-1 所示。

表 11 -1　　不同金融大类资产及细分的收益与风险特征比较

资产类别	进一步细分	价格波动性	优质类收益率	组内的收益率差异	风险
股票	周期股	大	较高	非常大	高
	成长股	大	高得超乎想象	异常大	高
	价值股	相对较小	一般	相对较小	较高
债权	非金融企业债券	较大	一般	大	较高
	金融债券	较小	较低	较小	小
	政府债券	较小	低	小	小
	存款	无	低	小	小
基金	股票型基金	大	非常高	非常大	高
	债券型基金	较小	较高	较大	较小
	混合型基金	较大	高	非常大	高
	货币型基金	小	小	小	小

资产配置中需要考虑哪些基本因素

在资产配置时，我们需要考虑几个基本因素。

首先，投资目标。投资目标就是，计划在未来一段时间内，通过资产配置想要达到的状态，包括收益、流动性、风险控制、投资期限安排等。理想的投资目标是在承担既定风险水平时获得最高的收益。但这仅仅是理论上的可能，现实中不太可能实现这样的投资目标。在实践和可操作性上，投资目标应设定切合实际的收益率目标，达到了这个收益率目标，就"知足常乐"而不能"贪得无厌"。

对个人而言，投资目标往往取决于年龄、财富水平、心理等多重因素。年长者的投资目标就是获得相对稳定的收益，因此会更加注重安全性而倾向于保守投资；年轻人则倾向于承担更高的风险并实现财富的快速积累，他们在资产配置中就可能比较激进。再者，淡泊名利者，投资的收益目标就会相对较低；那些将金钱视为衡量成功的唯一标准的人则有更高的投资收益目标，因此，人们的价值取向也会影响设定的投资目标。

除了收益，投资目标还要考虑流动性和期限。前面讲过，流动性就是当你急需资金而卖出资产时，不遭受损失的能力。有些资产的流动性高，有些就很低。现金和存款具有完全的流动性，国债是一种高流动性的资产，股票的流动性就低很多。流动性也会受到市场总体环境的影响，牛市时，乐观情绪高涨，要变现资产就比较容易，在持续下跌的熊市中，要急于变现就可能遭受明显的损失。需要特别注意的是，在资产配置时，不可能既有很高的流动性，又有很高的收益率和很低的风险。概言之，"高流动性、高收益率和低风险"，在资产配置中是不可能同时实现的，它们是投资的"不可能三角"。

投资目标还要考虑计划的支出和投资期限。若来年就有一笔数目较大的特定支出，却将为这笔支出而准备的资金，投入低流动性、较高风险的资产中，那就是流动性错配而且是危险的；反之，若要为15年后孩子出国留学或30年后养老支出而准备的资金，以现金或低息活期存款形式持有，同样是流动性错配。

其次，风险承受能力与风险偏好。风险承受能力不同，大类资产配置会存在明显差异。比如，养老基金在大类资产配置中，就会更偏重于安全性较高、有比较稳定的现金流的固定收益类产品，或具有稳定现金股利的大盘蓝筹股。这是因为，为满足养老金支付，需要有足够稳定的现金流。那些风险偏好的投资者，可能会将资产大部分配置于股票，尤其是风险更高的成长型股票。特别是，风险投资者专门将资产配置于那些初创型的企业，他们不会去购买债券之类的具有可预期的较稳定利息回报的产品。

个人风险承受能力同样与年龄、财富状况、价值取向相关。退休后的老年人风险承受能力就较弱；年轻人，尤其是勤奋、积极上进的英才贤达，风险承担能力就较强，"天生我材必有用"者，就有更强的风险承受能力。财富水平显然也是决定风险承受能力的重要因素。家财万贯者，些许的损失不会影响他原本优渥的生活，他就可将一部分资产用于激进的投资；如果本就入不敷出，小的损失就会使生活没了着落，是经不起任何风险的一击的。

再次，判断各项资产在持有期间或计划投资范围的预期收益和风险。在资产配置时，要对未来各类资产的预期收益和风险做出恰当、中肯的预测，这是资产配置决策的基础。在国际资产配置中，还需要考虑主权风险和汇率风险等。若将资产配置到 A 国后，该国发生政变，推翻了原来的统治者并实施资本管制，那配置于该国的资产就会遭受很大的损失。因此，在国际金融市场的资产配置中，往往更看重那些政治体制稳定、金融市场具有广度和深度的成熟市场，或是已有相当发展的新兴经济体。比如，包括挪威政府养老金在内的诸多主权财富基金，就将相当一部分资产配置到中国股票或债券之中。

最后，在可承受的风险水平上，构造能够提高最优收益率的投资组合，或在既定的预期收益水平上使风险最小化。当然，资产配置并不是一成不变的，事实上，完整的资产配置过程需要综合各方面信息并进行动态调整。

在这里要强调的是，成功的投资不仅关乎知识，也关乎心理。没有充分的知识储备，在资产配置中无异于碰运气，能走到哪一步、会不会掉进阴沟里，全然不能预测。但在风险较高的金融投资中，到处有雷区和阴沟，没有专业分析、冷静判断，翻船是必然的。换言之，不愿学习、不愿思考、不做功课的人，不适于做风险较高的投资理财。

有了充分的知识，是否就一定能够在投资管理中"会当击水三千尺"呢？不一定！因为投资管理中还会受到心理因素的左右！否则，经济学家、金融学与财务学教授个个都是大富豪了。人天生有追求财富的欲望，也有对损失的恐惧。尤其是，投入真金白银后，情绪和心理就会被市场价格的起伏所左右，上涨时精神爽快，满面春风；下跌了则情绪低落，寡言少语。许多人在模拟交易中表现不俗，一旦真刀真枪地实干，又是云泥之别。关键就在于，两种状态下的心理差异。

技术分析大师普林格说，若一直关注最新价格，情绪的影响将会增加，人们会对市场的短期变化做出下意识反应，抛弃自己原本恰当的观点和正确的判断。当然，定期监测市场环境变化也是投资过程的必要组成部分。然而，过于密切地关注市场，情绪往往会被短期事件和价格变化所左右，轻易地抛弃原本认真制定、能反映市场长期趋势的计划。他警告，失去主见的最好方式就是频繁、轻率地抛弃原来的计划。事实上，大多数成功的投资者，都是能够关注长期市场而且有定力的人。

战略性与战术性资产配置

战略性资产配置是根据投资目标，确定拟投资的主要资产类别及各自所占的比例，以建立最佳的长期资产组合结构。注意，战略性资产配置是长期资产配置，一旦确定了战略性配置结构，在较长时期内一般不再调节各大类资产的配置比例。主权财富基金就是制定战略性资产配置的代表。例如，作为全球最大主权财富基金的阿布扎比投资局，其投资组合就分散在全球市场中，它不仅投资于政府债券，还投资于股票与私募股权、房地产、基础设施。在该投资组合中，发达国家股权投资为32%～42%、新兴市场股权投资为10%～20%，政府债券投资为10%～20%、房地产投资为5%～10%、私募股权投资为2%～8%；就地区而言，北美占比为35%～50%、欧洲国家占比为20%～35%、亚洲发达国家占比为10%～20%，新兴市场国家占比为

15%～25%。

根据战略性资产配置对风险与收益的不同组合，可分成3种不同的类型。

第一种是高收益与高风险型。它的投资目标偏重于资本增值，期望未来获得更高的收益率。为此，它会将绝大部分资产配置于股票类，特别是，它非常注重在新产业和新企业中的股权投资。诸如各类股权投资基金或风险投资，就会采取高收益与高风险型的配置战略。尽管在竞争中胜出的企业回报丰厚，但失败率也非常高，因此，这种战略也面临着很高的风险。

第二种是长期成长与低风险型。此种战略注重长期投资，期望获得比较稳定的回报，避免承担过多风险。为此，它主要将资产配置于固定收益债券和优先股，或低市盈率、分红率较高且业绩较稳定的蓝筹股，以保证本金安全并获得经常性收益。

第三种是一般风险与收益平衡型。此种战略会根据市场变化，适时灵活地调整投资组合，试图达到收益与风险的平衡，并将部分收益转化为再投资。此类战略比较灵活，投资对象并不固定，预期市场风格将变化时，它就会调整各大类资产的配置比例。

战略性资产配置着眼于比较长远的资产收益与风险的预期，但金融市场变幻莫测，不可预知的事件往往会改变一定时期中不同大类资产的收益与风险对比。一类资产此时可能带来丰厚的回报，彼时却不尽如人意甚至损失惨重，另一类资产则相反。

战术性资产配置就试图抓住大类资产收益的相对变化及时做出反应，即在较短时间内根据对资产收益或风险的预测，快速调整各大类资产之间的分配比例及具体构成，以在短期内偏离长期资产配置比例，以图获取额外收益。

在战术性资产配置前，通常会对相关数据——如资产的历史收益率、相关性、波动性的长期统计特征加以分析，形成战术性资产配置决策的重要依据。然而，对资产配置具有决定性影响的，并不是它的历史表现，而是未来收益与风险的变化，一旦出现新信息，资产的短期表现就可能偏离其历史统计特征，这时，根据短期特定信息改变资产配置结构，就可能提高资产配置的总体收益率。这是战术性资产配置的重要依据。可见，战术性资产配置是基于新信息而进行的灵活调整，可谓是"见风使舵"，它也反映了投资者的这样一种心态：尽可能抓住市场中出现的最有利的盈利机会，"好处捞尽"。当然，新信息的准确性，判断和决策恰当与否，在相当程度上决定了战术性资产配置的成败。

凯恩斯曾说："斗智的对象，不在预测投资在未来好几年的收益，而在预测几个月以后，由因循成规所得市值有何变化。"这大概就是在解释战术性资产配置。

资产配置策略

战略性与战术性资产配置是资产配置的"大政方针"，要在投资实践中贯彻它们，就需要有具体的资产配置策略。资产配置策略可分为：买入并持有策略、恒定组合策略、投资组合保险策略和动态资产配置策略等。

◎买入并持有策略

买入并持有策略是，一旦完成了资产配置和投资组合，就会在未来长时期保持不变。不管市场如何变幻，不管资产的相对价值（收益和风险）发生了怎样的变化，都不会随意地调整已然形成的资产配置，大有"不管风吹浪打，胜似闲庭信步"的气势。买入并持有策略通常忽视短期波动，而着眼于长期投资。投资大师巴菲特说，对股票最好的策略就是买入后长期持有,"长期就是永远""买入后近乎树懒似的无所作为",就是该策略的成功典范。

买入并持有策略产生的交易成本和管理费用非常低,毕竟,每一次资产配置的调整(买入和卖出)都会产生印花税、佣金、信息收集和处理的成本等。但它放弃了从市场波动中获利的机会。面对其他资产价格在某一段时间内大幅上涨的诱惑而不为所动,坚定买入并持有的策略,是对投资者内心的极大考验,需要他们对自己的判断和决策有坚不可摧的信念。

◎恒定组合策略

买入并持有策略是从时间轴上纵向地考察资产配置策略的,在横向上,恒定组合策略就是在未来对各大类资产的配置比例保持相对固定的资产配置策略。若设定配置于股票的市值占总资产的比重为60%,其余40%配置于债券或货币市场工具等其他低风险或收益率相对稳定的资产,那么,当市场行情变化时,就要买入或卖出某类资产,使各类资产的市值比重保持稳定。假若股票市场上涨了,那么,资产配置中股票市值就会上升,它在资产配置中的市值占比就会超过既定的比重,这时,为了保持稳定的大类资产配置比例,就会卖出部分股票,买入债券或货币市场工具等其他金融资产。

反之,若受到利空消息的影响,股市下跌了,而债券或货币市场工具价格没有下跌,那股票市值在资产配置中的比重就会低于既定的比重,这时,为了保持既定的资产配置比例,就需要卖出部分债券或货币市场工具,买入股票。可见,恒定组合策略对资产配置的调整并不是基于资产收益率或风险的预期而做出的相机调整,而只是简单地假定资产的收益和投资者偏好没有什么变化,因而最优资产配置比例长时间不变。

由于恒定组合策略实际上要求"越涨越卖、越跌越买"，因此，在股票市场持续大幅上涨的牛市行情中，该策略要在每一次上涨的市场中卖出股票，买入收益率相对较低的债券等，在牛市里，该策略的投资收益率会明显低于买入并持有策略。相反，在股票市场熊市中，它又要卖出收益相对稳定、风险相对较小的债券等资产，转而买入更多股票等权益类资产。可以想见，此时，它遭受的亏损也会高于买入并持有策略。可见，无论是股票市场大幅上涨或大幅下跌，恒定组合策略的收益率表现，可能都要逊于买入并持有策略。

◎投资组合保险策略

买入并持有策略和恒定组合策略似乎都比较机械，不够灵活。相比较而言，投资组合保险策略就要灵活得多。

国外在资产配置实践中，开发出了多种不同的投资组合保险策略。以期权为基础的投资组合保险策略，就是其中之一。假设一位投资经理在买入股票的同时，也买入对应股票的看跌期权，那么，他就可以使投资组合的价值在期权到期日时保持在比较合意的水平上。

假设某公司的股价现在为 20 元，张三以 20 元的价格买入了 5 万股，若未来股价下跌了，他就要亏损。于是，假设他在买入该公司股票的同时，又以 1 元的价格买入了该公司股票的卖出期权 5 万份，行权价格为 19.5 元。假设在该期权到期日前，该公司的股价上涨到了 25 元，则张三卖出股票获利 25 万元，同时在期权上损失 5 万元的期权费，他在这个投资组合保险策略中获得了 20 万元净利。反之，若股票价格并没有上涨，而是下跌了，比如说下跌至 15 元，则他在股票上的损失为 25 万元，但由于他买入了 5 万份该公司股票的卖出期权，这时他就会要求以 19.5 元的价格行权，行权后他在期权上获利 22.5 万元，再扣除期权费及股票损失，最终只损失 7.5 万元了。

然而，基于期权的投资组合保险策略在实践中的最大障碍就在于，并非所有的金融资产都有其对应的期权产品。

所幸的是，通过设定资产配置（组合）中的风险资产与无风险资产的适当比例，可以复制出与欧式看跌期权组合相似的风险和收益特征，于是，就产生了更加现实可行的投资组合保险策略。它是在将部分资产配置于无风险资产，在保证资产组合价值不低于设定最低值的前提下，将其余资产配置于风险相对较高的资产，并随市场环境变化而相机调整风险资产和无风险资产比例，以抓住资产升值机会的动态调整策略。若预计未来风险资产收益率将会上升，将有助于提高资产配置的总体收益时，就会提高风险资产所占的比重。反之，则会降低风险资产所占的比重。若预计未来股票市场将持续上涨，投资组合保险策略就会在市场上涨初期提高股票所占比重，在持续下跌的市场行情中，则会降低股票所占比重，既保证资产组合的总价值不低于设定的最低值，又不放弃市场环境变化带来的提高收益率的机会。

◎动态资产配置策略

动态资产配置策略是根据未来市场环境变化而对各类资产的比例进行相应调整的策略。比如，平衡型证券投资基金，根据宏观经济周期中的股票与债券市场表现的差异，灵活调整在股票与债券等资产之间的配置比例，就是典型的动态资产配置策略。

需要指出的是，动态资产配置策略并不是长期对所有的资产配置比例同时调整，而仅指根据市场变化对资产配置比例进行适当调整，换言之，任何特定的市场调整都会引发资产配置比例的改变。动态资产配置更加灵活多变，它成功的关键在于，对经济周期、大类资产收益与风险预测和判断的准确性。

周期中的资产配置

经济周期对资产配置有重大影响。在经济周期的不同阶段，不同大类资产表现差异很大。需要注意的是，金融市场的波动并不是亦步亦趋地追随经济周期的波动，这就有了金融周期与经济周期之别。一般而言，金融市场的调整要先于经济周期的调整，这是因为，金融周期既受经济周期的约束，又反映了金融市场对宏观经济和企业盈利前景的预期，受情绪的左右更大。所以，在经济扩张或衰退前，金融市场可能率先做出反应。

◎投资时钟

早在1937年，伦敦的《标准晚报》就根据在经济周期不同阶段资产表现的差异，首次发表了投资时钟。现在，美林证券于2004年提出的投资时钟，成为一些机构资产配置的经典框架，它也被称为美林时钟，在投资界的影响很大。

美林时钟将经济周期分为衰退、复苏、过热和滞胀4个阶段。它对美国1970—2003年的历史数据研究后发现，在经济周期不同阶段，股票、债券、大宗商品和货币等四大类资产会有不同表现。美林时钟认为，驱动资产走势的核心因素是经济增长和物价。

在经济和物价下行阶段，债券表现最好。原因在于：其一，由于经济增速下行，前期产能过剩迫使物价下行，债券的真实利率随之而上升；其二，央行往往会采取降息等扩张性货币政策以稳增长，这会带动市场利率下降，债券价格上涨。当然，由于预期的影响，市场利率往往在央行采取行动之前就已出现了下行趋势。

在复苏阶段，前期刺激政策带动经济逐渐上行，但由于过剩产能没有得到充分利用，通胀率仍处于较低水平。在经济增长上升、通胀率处于低位的环境下，企业盈利逐渐得到修复和改善，但货币政策保持比较宽松，市场流动性较充裕，是投资股票的黄金时段。

随着复苏进程加快，企业盈利进一步上升，企业家和消费者信心都不断增强，设备利用率大幅上升，企业的资本（投资）支出和消费者支出更快地增长，通胀率也明显上升，经济进入扩张和过热阶段。央行为控制通胀，就会采取诸如提高利率等紧缩性货币政策。由于债券收益率随通胀和货币政策的调整而上升，债券市场进入熊市。美林时钟认为，在这个阶段，大宗商品表现最好，股票收益则很难断定。

随着央行持续加息，利率进一步上升，企业融资成本增加，投资和消费需求都会减缓，经济增长率便开始下行，但在最初一段时间里，通胀率仍会有所上升并带动市场利率上行。于是，宏观经济便进入"经济增速下降，通胀率上升"的滞胀阶段。在此阶段，企业盈利能力减弱，通胀率仍保持在高位，因而，利率也会相对较高，股票和债券都会比较糟糕。

这就是美林时钟的核心逻辑。在周期的不同阶段，股票、商品和债券市场的收益与风险表现会交替变化，出现"资产轮动"现象。打个比方，美林时钟的资产配置就像我们在一年四季中的服装变换一样，冬天穿毛衣、羽绒服，夏天穿短袖、衬衫，虽然春秋穿薄外套，但仍会有"春捂秋冻"。

美林时钟为人们的资产配置提供了一个简洁明晰的行动指南。这是否意味着，我们在投资理财中，机械地按经济周期来做就能获得高收益呢？还是那句话，理论是灰色的，实践之树常青！要将美林时钟用于资产配置的实践，前提就是要能够很好地划分和判断经济所处的周期阶段。但经济周期并不像春夏秋冬的四季轮回那样有着铁定的规律，即便是知名的宏观经济学家、训练有素的央行官员，也很难对经济状态做出准确诊断。

虽然美林时钟在业内名气颇大，但它也还是有一些不足。比如，它没有对大类资产做细分，只关注短期的大类资产轮动，忽略了大类资产的长期收益特征，对成长性的股票投资尤其如此。虽然大宗商品和债券的收益率与经济周期的联系特别密切，但股票类资产则不能一概而论。在"股票"这一名称下，不同公司的表现差异极大。有的股票，比如铜、铝等资源类公司，其盈利状况在很大程度上取决于大宗商品价格；提供资本设备的公司，销售和盈利又直接依赖于企业投资和资本支出。这些公司的股票，就是人们常说的周期股。

但有些公司，它们的价格在经济周期中波动很小，比如医药公司，人们不会因为经济复苏和繁荣、收入增加而故意多生病，也不会因为经济衰退、收入减少而故意少生病。此类公司的产品价格波动小，长期盈利能力取决于其销售量的增长，它们对经济周期的变化不太敏感。

事实上，那些带来长期高额回报的公司，主要集中在此类非周期股票当中。对于那些能够给投资者带来长期高额回报的公司，过多关注经济的周期波动，反而可能会丧失长期的盈利机会。美林时钟无法抓住这种高成长性的、能带来长期回报的股票类资产。

◎桥水全天候策略

为了克服周期判断不易的缺陷，桥水基金开创了另一种资产配置策略，就是著名的全天候策略。它假定，从长期来看，风险资产的收益率比无风险资产收益率更高。它吸收了美林时钟资产配置的基本驱动因素是经济增长和通胀这一核心逻辑。虽然无法准确判断经济所处的周期阶段，但也无非是衰退、复苏、过热和滞胀4种状态。根据美林时钟，无论在哪种状态下，总会有一类资产能够带来正的收益。于是，全天候策略就是，把股票、债券和大宗商品都配置一些，在股票下跌时，债券价格则会上涨；在债券价格下跌时，大宗商品则会上涨。这就是风险平价，意即在资产配置中涵盖股票、债券、商品等不同资产，使资产的总体风险保持相对均衡，以"在相当长时间内适应不同的经济环境，并在风险最小的情况下取得市场平均收益"。其核心理念就是：风险匹配。

达利欧首先考虑的是控制风险，因为如果风险没有被抵消，那么资产组合就会一直暴露在风险之下。若只持有股票组合，那就会使资产暴露在经济增长可能无法达到市场预期的风险之中，但若搭配其他价格在股票市场下跌时反而会上涨的大类资产，就可对股票类资产的风险起到对冲的效果。但在传统的资产配置中，通常是股票占60%，债券占40%，这时，股票可能集中了整个资产配置90%的风险，股价下跌带来的损失并不能从债券上涨的收益中得到完全弥补。于是，达利欧提出了一个新的风险匹配策略，即全天候策略。

那么，如何构造全天候策略呢？

达利欧根据经济环境绘制了全天候策略的"四宫格模型"（见图11-1）。在左上格中，若预计经济增速上升，那么，股票、商品、信用产品（如公司债）往往表现较好。在右上格中，预期通胀上升时，与通胀挂钩的债券、大宗商品往往较好。在左下格中，经济增速下降，普通债券与通胀挂钩债券表现往往较好。在右下格中，通胀下降，股票、债券表现要好。

达利欧认为，"四宫格"涵盖了所有可能的经济情形，并且，4种情况出现的概率是相同的，在每一情境中都配置相同的风险，无论在哪种情况下，都能较好地控制风险敞口。

全天候策略的优势在于，在相当长的时期内可适应各种经济环境，在风险较小的情况下获取平均收益。达利欧曾建议，投资者将30%的资产配置到股票中，55%的资产配置到中长期国债中，将其余15%的

	经济增长	通货膨胀
上升	25%风险 股票、商品 公司债 新兴市场信用债	25%风险 通胀挂钩债券 大宗商品 新兴市场信用债
下降	25%风险 国债、公司债 通胀挂钩债券	25%风险 股票、国债 公司债

图 11-1 全天候策略的四宫格模型

资产配置到大宗商品和黄金中,以对冲通胀和股债双双下跌的风险。当然,这仅仅是一个建议,而不是资产配置的金科玉律。

投资组合策略

制定资产配置战略之后,需要在各个大类资产中选择更具体化的投资标的,这就是投资组合。投资组合是对资产配置的"大政方针"的具体实施,直接决定了资产配置的效果。投资组合策略包括积极策略和消极策略。

积极策略与消极策略

积极策略利用所有可能利用的信息和分析技术,在对种种因素进行综合判断和预测的基础上,制定相应的投资组合策略,并根据市场环境变化而及时调整,增加预期收益率将上升的资产的投资,减少对预期风险上升或收益将下降的资产的投资。用行话讲,积极策略就是不断地寻找和判断"风口"。例如,在股票投资组合中,就需要对不同行业、同一行业中不同公司的经营现状及未来可能的变化进行判断。

在债券投资中，则包括对未来利率走势、长短期利差、信用利差或违约风险进行分析和判断，在此基础上选择具体的投资标的及分配投资金额等。对于国际投资者而言，在配置海外资产时，不仅需要对汇率变动做出预期和管理汇率风险，还需要考虑资本管制和主权风险等。

积极策略有"自上而下"和"自下而上"之别。自上而下是按照宏观、中观、微观3个不同层级依次考虑的投资决策过程。在宏观层面上，需要全面评估国内外的宏观经济环境与政府的经济政策调整，以及金融市场对宏观环境变动的可能反应，进而确定投资组合和各个投资标的的投资规模、买入和卖出时机。在中观层面上，通过分析各细分市场的潜在风险与收益，来选择投资风格、拟投资的市场区域和产业行业等。在决定了分配于每一市场区域和产业、行业的资产配置金额之后，再决定投资组合中的具体投资对象，例如，投资哪些公司的股票或债券，买入什么样的证券投资基金等。

自下而上的积极策略则集中于单只证券的分析，不太关注宏观经济和市场大势的变动。对非周期性的或对宏观经济变动不太敏感的投资标的，就非常适合自下而上的方法，比如，医药类、消费类和科技类的公司，其产品的价格波动相对较小，它们的证券对一般性的宏观经济波动就不太敏感。尽管如此，在市场剧烈下跌或进入较长时期的经济衰退，这些公司的盈利依然会受到影响，并最终传递到证券价格上。正因为如此，人们也可能会将自上而下和自下而上的积极策略结合起来。

与积极策略相比，消极策略往往并不对某一具体的股票或债券做出判断或预期。典型的消极策略就是指数化策略。当然，在积极策略与消极策略之间出现了一些过渡形态的投资组合策略。例如，某个投资组合的主体部分可能采取指数化策略，其余部分则采取积极策略，这种策略通常被称为增强指数化策略。

投资者采用积极策略还是消极策略取决于几个因素。首先，投目标与风险容忍度。若投资者是为了追求更高的收益，或可容忍更高风险，那么，他就会采取积极策略。反之，若可容忍的风险度较低，采取积极策略就是比较危险的。其次，投资者对相关理论，尤其是市场有效性理论的态度和看法。若他信奉有效市场假说，那就等同于认为，采用积极的投资策略并不能获得超额收益，因此会倾向于采取消极策略。相反，若他认为市场并非完全有效，通过积极管理能够获得超额收益，那他就更多地采取积极投资组合策略。

在确定投资组合策略后，就需要选择具体的投资标的，并对每种标的资产估值的合理性做出判断。投资标的选择一定会与投资策略相结合。在消极策略中，尤其是指数化投资，由于是复制指数的标的公司及权重来构造投资组合，不用费时费力地去主动选择个券。在积极策略中，选择投资标的则需要费时费力，是"烧脑"的过程，尤其需要找出被不当定价的证券，买入被低估的证券，卖出被高估的证券，或者寻求未来具有良好成长前景的证券。谨慎地选择投资标的是实现投资目标的关键所在。

不同的积极策略

积极策略是投资者利用可以获得的一切信息和预测方法，对资产组合中各类资产的类别和具体品种的表现进行预测，希望通过主动调整资产类别、选择资产品种和把握买卖时机，以获取超过市场平均水平的收益率。

在具体投资组合实践中，积极策略还包括基本面分析、技术分析、市场异常策略和逆向投资策略等基本方法。

◎基本面分析

积极策略的主要方法就是，基于经济与证券发行者的基本面分析作为投资组合决策最重要的依据。我们已经看到，资产定价的一般方法就是，对未来现金流按照市场利率进行贴现。于是，基本面分析的核心就在于，寻找、分析和判断拟投资标的资产在未来的现金流和市场利率变动趋势。影响现金流的主要因素，既包括宏观经济、标的资产所处的行业与产业背景，也包括证券发行人的自身状况等。

首先，在宏观上，基本面分析就是要对经济周期、增长率和通胀率的趋势、投资与消费、财政收支和进出口贸易、财政货币政策反应等加以前瞻性分析和判断。例如，在经济增长率上升或繁荣的周期，往往伴随着投资和消费支出增加，大宗商品价格和通胀率上升，企业盈利和现金流改善，这会推升股票市场上涨。在经济衰退期，企业经营状况不佳甚至恶化，股票市场就会下跌。但债券市场则不同，由于它是支付固定的利息的（现金流是不变的），而市场利率会随通胀率和资金需求增加而上升，因此，经济扩张和繁荣阶段的债券市场往往会下跌。相反，在经济不景气或衰退中，通胀率下降，企业盈利能力下降，央行为"稳增长"往往会放松银根，增加货币供给，市场利率随之下降，债券价格则进入上升周期。是故，在金融市场中，就有"股票是赚经济扩张和繁荣的钱，债券是赚经济衰退的钱"之说。

其次，证券发行人所处的行业，对它未来的现金流也有重要影响。例如，周期性行业与非周期性行业、产能过剩的夕阳行业或战略新兴行业的企业现金流是很不相同的，市场对它们的估值和风险偏好也不相同。

例如，周期性行业就取决于全球投资需求和国家产业政策的影响。2016年和2017年中国供给侧结构性改革，大规模压缩了包括钢铁、煤炭、有色等行业的库存和产能，结果，这些行业的产品价格成倍地上涨，相关上市公司的盈利大幅改善，与之相关的股价也一度是"风景这边独好"，市场人士形象地称其为"煤飞色舞"。市场也会对新产业和新行业给予更高的估值和更高的风险偏好，像特斯拉，尽管它过去连年亏损，但一直受到市场追捧，原因就在于，市场认为，新能源取代化石燃料、新能源汽车取代传统燃油汽车是大势所趋，作为新能源汽车引领者，特斯拉未来的需求可期。

在同样的宏观经济和行业背景下，有的企业盈利能力强，有的却很弱，即便是新兴产业，也并非所有的都能取得成功而给投资者带来丰厚的回报；同样的传统周期性行业，也有盈利一直保持不错的企业。

因此，需要对拟投资的证券发行人（公司）进行基本面分析。微观层面则着重分析公司的发展战略、产品核心竞争力和市场需求，公司的主营业务收入和利润增长的可持续性、资产负债率及其结构、研发实力与研发投入等，特别是，企业的高级管理人员及其战略，会影响一个公司的成败。简言之，基本面分析的核心就是我们在第九章所讲的公司是否有"投资的护城河"。投资者的偶像巴菲特就特别看重对公司的基本面分析，一旦在基本面上被他认准的公司，他在投资中就情有独钟。

在中国的股票市场上，像格力、美的就因为专注于耐用家电消费品和不断的技术投入，提升产品品质，维持着比较稳定的销售利润率，虽然在周期性的股票牛市行情中，其股票的市场表现并无惊人之举，但在长期仍给其投资者带来了丰厚的回报。然而，格力与美的集团的表现并不意味着，所有的家电类上市公司都给投资者带来了同样丰厚的回报，有的家电企业曾经红极一时，广告宣传铺天盖地，但因战略失误、产品不被消费者认可而给投资者带来损失，这样的例子，不胜枚举。说到底，对公司微观分析的要义在于投资者对护城河的识别，前面已经讲过，这里就不再多言了。

◎技术分析

技术分析是积极策略的一种常用方法，它是以金融市场历史交易数据（尤其是 K 线图）为基础预测未来一段时间的资产价格变动趋势，并做出买入、卖出或者观望的决策。基于技术分析的积极策略认为，技术指标或图表反映了一些影响市场价格的信息，如宏观经济与行业趋势、公司自身经营状况等方面，它也相信，历史会在相当程度上重现，因而对历史数据的分析可以在一定程度上预测证券价格未来的趋势。

由此可见，技术分析投资策略否认了市场有效性。因为若金融市场是有效的，证券价格已经充分反映了与之相关的所有信息，以所有公开或未公开的信息为基础进行投资决策，并不能获得超额收益。而以技术分析为基础的投资策略恰恰相信，仅仅通过分析证券的历史数据，就能推测证券未来的价格变化趋势，取得超额收益。

技术分析有多种方法，但比较流行的技术分析是道氏理论和波浪理论。

道氏理论是查尔斯·亨利·道建立的关于股票市场未来动向的理论，后来也被广泛应用到了包括外汇、债券等其他金融市场的分析之中。根据道氏理论，证券价格有 3 层次的趋势或周期，即主要趋势、次级趋势和三级趋势。其中，主要趋势是证券市场的长期运动，次级趋势则代表了证券价格与趋势线的短期偏离，三级趋势是证券价格的短期波动。根据该理论，在证券市场向上运动过程中，会由于动量减弱而产生回落趋势，因此，证券市场上升趋势会被其他一些回落趋势所减缓。当证券价格的上升动能减弱时，市场就会出现反转。

具体来说，当行情突破阻力区，便很可能会继续上扬，这时，前期阻力区便成了支撑位；反之，若价格未能突破阻力区，反而跌破前期低点的支撑位，那就意味着，市场将继续下跌。因此，道氏理论认为，综合考察证券市场运动，有利于对证券市场变动趋势做出更恰当地判断。根据道氏理论，当行情上涨超越上一个高点时，应买入证券；反之，当行情下跌击穿前一个低谷时，则应当卖出证券。需要特别注意的是，对这种技术分析加以简单化和机械化地运用，往往会造成特别大的损失，比如，突破一个阻力区而超越上一个高点就买入，没准就充当了高位"接盘侠"，这是悲惨的事。

波浪理论是艾略特创立的。他在大量观察道琼斯工业平均指数涨跌变化的趋势后，首先提出了描绘股价涨跌变化的波浪理论。他认为，证券市场价格上升和下跌的交替出现，是金融市场价格的永恒主题。若以时间为横轴，证券价格为纵轴，将每日价格绘于一个二维平面图上的话，就会发现，证券价格趋势与波浪的循环极其类似。但由于证券价格变化受多种因素影响，证券价格波动周期并不是固定的，但人们还是可以从历史价格波浪运动中发现一些规律，并以此做出相应的投资决策。

技术分析与基本面分析显然存在较大的差异，其中最大差异在于，新市场信息对价格调整的时差的判断。技术分析者认为，证券价格对新信息的反应时间比较长，因此，可以通过寻找市场信号、分析各种技术指标来预测证券未来的价格趋势。基本面分析则认为，证券价格能较快地对新市场信息做出反应，投资者可通过寻找证券价值变化的原因来预测证券未来的价格趋势。再进一步说，技术分析更着眼于证券在未来的短期价格变动趋势，它往往采取短期操作，试图在市场的每一次波动中获利，它的"极端美好愿望"操作就是"做波段"。

基本面分析的积极策略，则更着眼于证券在未来更长时期的价格趋势，因此，基于该种策略买入证券（尤其是股票没有特定期限和交割日）后持有期往往比较长。像巴菲特倡导的"长期就是永远"的积极策略，是完全不在乎市场短期波动的，当然巴菲特不会去看K线图是突破了阻力位还是跌穿了支撑位，即便股市大跌，他仍会气定神闲地坐在自家的前庭后院喝咖啡或享受阅读，丝毫不受市场总体波动甚至趋势性下跌的影响。

在这个意义上，技术分析是"术"，基本面分析是"道"！

◎市场异常策略

我们已介绍了证券（尤其是股票）市场的一些异常现象。这些异常现象也常常成为一些投资者实施积极投资策略的重要依据。

小公司效应是指，小公司的投资组合表现大体上要优于证券市场的总体表现。需要指出的是，在某些时期，小公司的股价波动往往更大。因为小公司成长为大公司而具有垄断地位后，往往会给它的投资者带来异乎寻常的投资回报（比如腾讯），但最终能从小公司发展成拥有垄断地位的公司，毕竟是凤毛麟角。就股票而言，有时候，在股市处于上升的牛市行情中，小公司往往会有比市场平均收益更高的收益率，但在下跌的熊市行情中，小公司往往会有更大的跌幅，因而也意味着更大的损失和风险。

低市盈率效应是指，由低市盈率股票构成的投资组合的表现要优于高市盈率股票构成的投资组合。因此，在投资组合中更多地配置小公司或低市盈率公司的股票，往往能够获得超额收益。然而，也有研究发现，当价格和收益率随着时间的变化，再对投资组合的构成进行调整时，在扣除交易成本后，低市盈率投资组合并不能获得更好的收益率。

证券市场也存在日历效应，即一些证券在一年之中的某些特定时段或者证券市场总体在一年之中的某些特定时段能够提供更高的投资收益率，例如，1月效应、年度中的月份效应以及节假日效应等。因此，利用日历效应的积极投资策略是在统计检验的基础上而提出的某些策略的时机。在日历效应对应的日期到来之前买入证券，而在日历效应日期结束时卖出，似乎可获得一定的超额收益。当然，这些仍需要在可靠的统计检验基础上进行谨慎决策。

金融市场的一个显著特征在于信息不对称，内部人总是掌握着外部投资者所不具有的信息优势。内部人通常包括公司的高级管理人员、董事以及公司的大股东。若证券市场不是有效市场，那么，根据未公开的内部信息可能获得超额收益或规避相应的风险。比如，当上市公司的大股东、高级管理人员动用大量资金增持自家股票时，意味着它们对公司未来充满了特别的信心，此时，跟随他们买入公司股票，就可能获得超额收益。反之，当大股东或高级管理人员大幅减持公司股票时，意味着他们特别看淡公司未来前景，及时地跟随他们卖出公司股票就可能规避相应的风险。需要特别指出的是，这也并非总是如此，公司高级管理人员增持后，股价跌跌不休，也是常有的。

与此相关，许多人还认为，金融市场中拥有资金优势的机构也可能拥有信息优势。当一些大机构不惜重金买入某公司股票后，其他中小投资者会跟随买入。在中国股票市场就有所谓"证金概念股"，它是源于2015年中国股灾中的救市期间，中国证券金融股份有限公司买入的股票，是时，证金公司承担着买入股票、稳定市场的重任。结果，当公司公告证金公司大量增持股票后，大量中小投资者积极地跟随买入，导致该公司的股价大幅上涨。

与之类似的还有所谓"社保概念股""基金重仓股"等。当然，依据信息优势方的投资行为做出的积极策略，也可能面临极大的风险。原因在于，当公司公告大股东、高级管理人员或机构投资者集中买入后，可能会吸引大量投资者跟风买入，导致该公司股价在短时间内过快、过大幅度地上涨，而风险就在价格上涨的过程中快速地积累并最终暴露，让那些"接盘侠"深陷其中。

市场过度反应理论认为，当出现未预期到的利好信息时，市场可能出现过度反应，使证券价格上涨的幅度比本来应该上涨的更高，但随后将出现反向修正，使证券价格向本应具有的价值回归。反之，当出现未预期到的利空信息时，过度反应将导致价格的过度下跌及其随后的反弹。过度反应理论还有几个重要的判断和预测。以股票为例，投资者会持续地高估热门股、低估冷门股；股票市场收益将朝着利于原本表现"最差"的股票转移；与之相对应，热门股和冷门股都会出现均值回归。根据过度反应，一个时期已成为热门的股票，应均值回归，它在接下来一段时间的收益表现将会回落；反之，原本的冷门股票，则可能在接下来一段时间提供更高的收益。

◎逆向投资策略

那么，过度反应和均值回归对投资策略意味着什么呢？

那就是我们常常听说的逆向投资策略。巴菲特说："别人恐惧的时候我贪婪，别人贪婪的时候我恐惧。"这是对逆向投资策略的一个经典概括。雷德曼还写过一本《逆向投资策略》，该书也不断再版，颇受投资者欢迎。实际上，逆向投资策略的核心依据就是过度反应与均值回归。雷德曼基于此提出了4个逆向投资策略，分别是：低市盈率策略、低股价现金流比率策略、低市净率策略和高股息策略。

第一，低市盈率策略。在所有的逆向投资策略中，低市盈率策略是最古老的而且保持了最好纪录。20世纪30年代以来，该策略无论是在市场上涨还是下跌时都有出色的表现。应当指出的是，这里的市盈率是持续经营市盈率。若公司处置资产计入当期损益让利润大增，使当期的静态市盈率非常低，但其主营业务带来的持续经营利润非常低甚至还亏损。这时，做低市盈率逆向投资策略就可能非常危险。

第二，低股价现金流比率策略。现金流一般被定义为税后收益加上折旧和其他非现金费用。很多分析师认为，现金流远比利润重要，因为管理层可以操纵利润，比如将过多的利润转为公积金或损失预提，也可能少提折旧或其他开支来增加利润。尽管这些科目不会显示在利润中，但在现金流量表里可以看得清清楚楚。

第三，低市净率策略。市净率是格雷厄姆和其他早期价值投资者喜爱的一个工具。根据雷德曼，低市净率股票的平均收益率明显高于市场总体的收益率，相对于中等和高等市净率的股票的收益率，优势就更加明显了。

低市盈率、低市净率和低股价现金流比率策略，在雷德曼研究的时间范围内都轻松地击败了市场。为什么会如此？雷德曼认为，关键因素在于，此类股票比市场总体具有更高的股息和更高的资本增值。雷德曼总结到，买入并持有这3种策略的股票，并在3~5年内不换股，得到的收益就会高于那些热门股的收益。基于此，他进一步提出了指导原则：避免不必要的交易！买入并持有策略在几年时间内可以提供远高于市场水平的收益。

第四，高股息策略，也就是买入那些派发股息率较高的股票。在雷德曼统计的时间范围内，买入并持有高股息率股票可以跑赢市场，但收益率明显低于前3种逆向策略。尽管如此，买入并持有高股息策略仍然是有效的。对追求收入的投资者而言，随着时间推移，这一策略要优于债券。买入高股息股票，对利率敏感的投资者是有用的策略，而且在熊市时也能为投资者提供最好的保护。

消极策略

消极策略是指投资者完全放弃对投资对象价格转折点进行预测的努力，仅根据投资对象价格的一些基本特征制定相应的投资策略。消极策略以有效市场假说为理论基础。根据有效市场假说，证券价格已经及时地反映了所有市场信息，证券价格是不可预测的，因而，长期来看，人们不可能获得高于市场平均水平的超额收益，再高明的投资者也只能获得市场平均收益，这正是消极投资组合策略的依据。

消极策略可分为简单型和组合型两种。

简单型消极策略也可称为简单长期持有策略，投资者一旦确定并实施了投资组合，不管市场如何波动，就不再随时买入或卖出证券，他们也不关注买入或卖出的时机。组合型消极策略的投资者长期持有并模拟市场构造投资组合，以获得与业绩比较基准相一致的风险收益特征，它关注的重点不在于进出场时机，而在于未来投资期间的市场总体收益率。指数化投资就是典型的组合型消极策略，它通过构造与某一指数的成分标的证券完全相同的投资组合，期望获得与该指数相当的收益。

与简单型消极投资策略相比，组合型消极投资策略更强调严格遵循并尽可能模拟市场结构，因此，该策略也被直接称为指数消极策略，通过跟踪一组股票或债券指数的整体业绩来设计投资组合。在指数消极策略中，投资者需要在选定指数的基础上构造用来与该指数相匹配的投资组合，即复制性投资组合，尽量降低组合业绩表现与该指数的差异。

当然，指数消极策略也可扩展到积极投资策略之中，使之成为增强指数化策略，它利用预期收益率和适当的风险估计，建立能够有效分散和控制风险的投资组合，使投资组合中的一部分采取指数化策略，另一部分则采取积极策略，在包括公司基本面等因素在内的基本指标基础上，通过使跟踪误差最小的办法，将投资组合的表现与基准指标紧密地联系起来，既获得部分指数的收益，也可利用市场波动获得积极管理收益。有的积极型投资者可能吸收了指数化投资方式，而有的消极型投资者可能在不偏离基本原则的基础上，增加积极投资的因素。但增强指数化策略与积极投资策略的风险控制程度存在很大不同。增强指数化策略的重点在于风险控制，不会导致投资组合的总体特征与基准指数之间发生实质性偏离；积极投资组合则有可能与基准指数的特征产生实质性的偏离。

　　但随着相关金融市场理论的发展和技术的进步，人们意识到，已有的金融理论，只不过是基于人们对现有金融运行的认识高度，一种理论（如有效市场假说）并不一定是对金融市场准确、完整的刻画，依据某种理论或学说，制定完全的积极策略和消极策略，都存在一定的局限性，于是，将积极策略与消极策略融合起来，以更好地降低风险或获得相对更好的投资组合业绩的尝试和努力，也有了相应市场。

第十二章
他山之玉：大师的投资思想

在本章，我们将介绍一些投资大师在实践中总结出来的金融投资理论。了解、吸收投资大师的思想精华，对投资实践是有帮助的。正如武侠世界里，真正的大师一定是兼收并蓄，吸收了各门各派武术中最厉害的功夫。这些实践中的大师，共同的地方在于：做足扎实的基本面分析，都特别强调冷静理性和耐心！

凯恩斯：动物精神

在哪里跌倒，就在哪里站起

凯恩斯是历史上最伟大的经济学家之一。一提起凯恩斯，人们首先想到的是他的《通论》。其实。凯恩斯的过人之处，不仅在于他奠定了宏观经济学，还是投资大师。

1883年，凯恩斯出生于英国剑桥的一个中产家庭。他自幼聪明，家境优渥，自信中带着疏狂。1902年他进入剑桥大学。他有极强的数学天分，但他还是被马歇尔引入了经济学的殿堂，成为一代宗师。他的《通论》创立了国家干预主义，但他不是象牙塔里热衷于模型的经济学家，而是一位立足实践的经济学家。他的实践，不只制定经济政策，而且在金融市场上真金白银地实干。凯恩斯不仅献身于经济学的理论研究，还管理过数额不菲的基金，其投资生涯穿越了两次世界大战，包括让资本主义垂死的大萧条。尽管他做投资并非顺风顺水，有两次甚至亏得差点破产，但他还是打败了市场，取得了远超过市场平均的收益率！说他是20世纪全球最伟大的投资家之一，名副其实。

凯恩斯在成为经济学家前，曾公开发表过《概率论》，他本来应成为数学家的，一不小心，却成了著名的经济学家。一本写他的传记认为，他"与马克思、达尔文、弗洛伊德及爱因斯坦等人物具有同等地位"。凯恩斯说，"我们关于经验事物的所有信念，几乎都是建立在概率判断之上，而概率判断无疑又取决于强烈的心理倾向……"，在这里，他就已萌发了"动物精神"的思想。在他看来，统计学可以描述过去和现在，但不一定能预测未来，经济世界不可能单凭数学就能得到准确地描述。正如马克·吐温说，世界上有3种谎言——"谎言、该死的谎言、统计数字"！

凯恩斯在给学生讲投资时就区分了投资、投机与赌博。他说："投资的本质特征是透彻的知识。这不是指投资未来的实际收益，而是指收益的期望收益率。此概率在某种意义上取决于知识水平，因此是主观的。若把投机看作根据已知数据预测未来的理性行为，它便称得上是所有明智投资的统治者。"在他看来，赌博不依靠具体的知识或推理，赌博者像所有人一样努力赚钱，其专注与诚恳非比寻常。他甚至不失幽默地说，赌博者"严肃可比法官，深思宛如哲学家，虔诚不输主教；无论他们犯下什么错，都不能责怪他们轻薄浮夸"。

在第一次世界大战前，凯恩斯就开始投资于股票、货币和大宗商品，把他以前获得的所有奖金悉数投入，足见他对赚钱有强烈的欲望。

第一次世界大战后，毁于战火的欧洲，百废待兴，欧洲的重建，创造了巨大需求，物价随之上升，精明的投机者嗅到了赚钱的味道。凯恩斯自信地认为，自己是大宗商品投机的"先知"，能够根据市场价格与他推测的合理价格之间的差异而获利。他认为，市场是无效的，会存在错误定价。投机者能够吸收生产者不愿意承担的风险，若他推测正确，就能"凭冒险赚取可观的收入"。他对大宗商品研究后认为，影响大宗商品价格的重要行为因素就是信心。当人们对企业前景抱有过度信心时，大宗商品价格就会上升。为了搏击于变幻莫测的大宗商品市场，他建立了自己的"大宗商品数据库"。

尽管他学识过人，又异常勤奋，有优于常人的预测方法，但市场还是以出其不意的方式给了他当头一击。1928 年，也就是大萧条前夕，当全球市场开始出现逆转，物价下跌之际，他仍在充当商品多头，买进橡胶、小麦、棉花、锡等多头合约，结果，1929 年股市崩盘后，他的净亏损一度达 80%，差点破产。

但这个败绩并没有打垮他坚强的内心，于是，他在经济惨淡的 10 年之中，重整旗鼓，充分吸取了过去预测缺陷的教训，最终成为一名极其成功的投资者。在他看来，试图预测经济趋势，并将预测与货币和大宗商品交易联系起来的宏观观点，在很大程度上失败了。他意识到，自己在商品投资中之所以亏损严重，主要原因在于，傲慢导致他对自己的决策过度自信。

于是，他转而开始研究信心、情绪和心理的影响。在吸取教训之后，他克服了自己原来顽固不化的观点，开始买入并持有更多股票，理念也从短期交易和投机，转变为基于公司基本面分析的长期投资，买入那些在他看来能度过崩盘难关的公司股票。在 20 世纪 30 年代大萧条的困顿之中，凯恩斯投资基金公司的董事敦促他将股票平仓，但他拒绝了。他坚定地认为，虽然大萧条导致了他的大宗商品爆仓，但股票一定会反弹。他认为，崩盘只是技术性的，好比汽车发动机出了问题，修复之后仍能前进，市场也不会一直在深渊中一蹶不振。

那么，凯恩斯在股票上的投资策略是什么呢？在他看来，什么样的公司股票能够最终渡过经济和市场的难关呢？

凯恩斯在股票投资中并不是靠打听消息，他购买的是那些不仅有稳定的现金流和收入，而且有派发红利的潜力的公司股票。他重点考虑分红增长潜力，公司对投资者持续增加分红的可能性有多大。即他更偏好于购买分红型公司的股票。钱伯斯和迪姆森发现，20世纪30年代早期，凯恩斯就采取了"自下而上"策略，即精心选择个股而不是跟踪宏观趋势，这是他取得优异投资业绩的根本所在。这个转变，使他开始青睐可以便宜价格买进的大型公司股票，这就是"价值投资"的萌芽。

高明投资，乃先发制人，智夺群众

凯恩斯的《通论》虽然是一部宏观经济学的开山之作，但他在这部晦涩的著作中解释了股票收益的两个基本来源，那就是实业和投机。

实业是什么呢？他说，实业是"在整个生命周期预测资产的预期收益"，而"股票价格代表证券交易所的平均预期"。投机又是什么呢？他说，投机是"预测市场心理"。这两个因素共同决定了投资者的长期预期状态。

在凯恩斯那个时代，机构投资者并未大量兴起，主要由个人直接投资于股票，但人们对商业运作或估值并不特别了解，使得短暂、无关事件导致了市场短期的过度波动。基于此，他认为，短期而言，投机（市场心理）能压倒长期实业因素而成为资产价格的主要决定因素，同时，投资收益的短期波动也会导致积极和消极的情绪不合理波动。可见，凯恩斯实际上奠定了将基本面与投资者情绪（心理）因素结合起来的投资分析框架。

对投资者而言,《通论》虽然不像格雷厄姆和多德的《证券分析》那样,对证券投资的方方面面进行详细的分析和研究,但他也阐述了许多投资的真谛。

第一,虽然凯恩斯是宏观经济学家,但他在投资中却更注重公司层面的微观因素。他曾说:"不要试图把握整个市场的运行,应努力找出你理解的公司,然后仅关注这些公司。"这与现代巴菲特的理念不谋而合。他告诫说,重要的是我们对公司的信息掌握程度。他强调,公司的账面价值是投资的核心原则,因为它决定了公司被清算时,它对股东的价值。账面价值与市场价值的差异,要么溢价,要么折价。价值投资者就是偏好以折价买入,相信未来股票的市场价格会更高。这实际上已非常接近格雷厄姆的安全边际思想了。凯恩斯重视"我们自己所做决策的可靠性",他甚至强调,模糊的正确要强于精确的错误。

第二,市场不是一无所知。凯恩斯认为,自由市场并不能对资产进行准确定价。公众并不能得到与定价相关的充分信息,这就会导致错误定价。他说,投资者"在价值评估方面的实际知识都在严重减少"。市场也常常是非理性的,这会产生严重干扰。虽然短期信息对价值影响不大,但它也构成了趋势的一部分,投资的利润天天波动起伏,对市场就会产生过度乃至荒谬的影响。因此,他认为,市场无法逃脱"动物精神"的左右,他说:"循此成规所得市价,只是一群无知无识者心理的产物,自会因群意的骤变而剧烈波动。且此使群意改变的因素,亦不必真与投资的未来收益有关。"

第三,由于受情绪和心理因素的影响,市场变化比人们的思路转变还要快。关键还在于,公众对市场看法的改变,不一定与未来收益有关。是故,公众的短期思路增加波动性,而且,资产定价当中投资者的相互影响，会使人们失去原有的客观标准。根据他的"选美"论（见第八章），投资者运用同样的集体思维，追逐被大多数人认为"最优"股票，而不是依据自己原本的价值标准进行决策。

第四，短期投资成功的关键在于，智夺他人，把坏东西留给别人。凯恩斯强调，我们对未来的预期往往是极不可靠的，因为，"我们据以推测未来收益的一点知识，其基础异常脆弱。若干年以后，何种因素决定投资收益，我们实在知道得很少"。因此，即便是企业家，也是"玩一种既靠本领又靠运气的游戏……。如果人性不喜欢碰运气，或对建设一厂、一铁路或一矿本身（即除了利润）不感兴趣，而仅靠冷静盘算，则恐怕不会有多少投资"。

对未来不可预知，决定了人们喜欢进行短期投资，因为，"根据真正的长期预期而做投资，实在太难，几乎不可能。凡想如此从事者，较之仅想对群体行为比群众猜得略胜一筹者，其工作量较大，其风险较大。……要击破时间势力，要减少我们对于未来的无知，其所需智力多，要仅仅设法先发制人，其所需智力少"。当然，人们热衷于短期投资的一个原因是"人生有限，故人性喜欢有速效，对于即刻致富之道最感兴趣，而对于遥远未来能够得到的好处，普通人都要大打折扣"。而"长期投资者固然最能促进社会利润，这种人的行为最遭受批评……因为在一般人眼里，这种人行为古怪，不守成规，过分大胆"。

是故，"从社会观点看，要使得投资高明，只有增加我们对于未来的了解；从私人观点，所谓高明投资，乃先发制人，智夺群众，把坏东西让给别人"。而"斗智的对象，不在预测投资未来好几年中的收益，而在预测几个月以后，由因循成规所得市价有何变化"。这种投资中斗智的游戏，"也不须外行参加以供职业投资者鱼肉，职业投资者之间就可以玩起来。参与者也不必真相信，从长期看，因循成规有合理根据"。

总结起来看,在《通论》中的"长期预期状态"一章中,集中体现了凯恩斯对市场的观点和思想,基本面和市场心理活动共同决定了投资市场的价格表现,应当说,这比后来的有效市场假说和行为金融学,都更早、更全面客观地揭示了金融市场运行的内在规律。尽管他在管理国王学院和两家保险公司基金期间也曾受人们的质疑,但20世纪30年代末,他在投资中的冷静分析和对市场运行独树一帜的见解,终于助其取得了辉煌的投资业绩。

格雷厄姆:价值投资之父

逆境造就坚韧

格雷厄姆,原名叫格罗斯鲍,1894年出生于伦敦。他们全家移民美国后,才改名为格雷厄姆。在他不到9岁时,父亲病故,家道中落,他不得不在纽约街头贩卖报纸,童年的苦难生涯使他很早就明白了"钱"的价值。金钱是真实而具体的力量,给他家庭带来过荣耀,也带来了毁灭,是他小时候必须通过劳动换取的生存工具。

格雷厄姆的父亲去世后,他父亲原来经营的公司也倒闭了。家庭重担落在了他母亲的身上。为了养家糊口,他母亲把家里所剩的钱投资于股市,在1907年恐慌前重仓买入钢铁股。但她并没有多少股市投资的知识,又没有交易经验,损失惨重。

她母亲在股市中以真金白银换来的教训告诉他,心血来潮的投资有极大的风险,恐慌让他认识到了"市场先生"的怪癖,成功的理财必须攻守兼备。正如他曾说:"家父病故后的困难岁月……,让我养成了严肃对待金钱的态度,愿意为小钱努力工作,也养成了花钱极度保守的性格。"

格雷厄姆天资聪颖，从小就兴趣广泛，不仅热爱文学，还研究宗教。他 10 岁时，以第一名的成绩进入声誉卓著的汤森哈德里斯中学，他仅用 3 年的时间就完成了中学 4 年课程的学习。尽管他学习成绩优异，但鲤鱼跳龙门并不顺利。他向往的是哥伦比亚大学，可阴差阳错，他首次申请奖学金却失败了。后来才得知，是因为有一位与他同名者之前已经得过奖学金，而学校误以为，彼格雷厄姆是此格雷厄姆，当然不能把奖学金授予一人两次。

进入哥伦比亚大学受阻，他不得不进入纽约市立大学，但他觉得，这是对他智力的羞辱，因此，他并不安于纽约市立大学的学习，就跑去莱夫勒电话公司打工，同时仍毫不气馁地给哥伦比亚大学写信，最终得到了凯佩尔校长的回复，圆了他的梦。到哥伦比亚大学后，他也是以 3 年的时间完成了本应 4 年才能完成的学业。毕业后，他任教于哥伦比亚大学，而且是唯一同时获得数学系、古典文学系和英语系 3 系教职的人。

然而，格雷厄姆的收入水平并不高。他被迫于 1914 年春到华尔街一家名不见经传的公司去兼职，做初级债券业务。他发现，自己并不适合做债券交易，但绝对是债券分析的顶尖高手，于是，他打算跳槽到另一家公司的统计部门去工作。当他提出辞呈申请时，纽伯格却把他挽留了下来，而且也完全"因人设岗"，专门为他成立了统计部门，格雷厄姆自然成了这个部门的领导，为公司和客户评估各种投资机会。格雷厄姆的数学天分，使他拥有了非凡的计量分析能力，并在后来建立一套成熟的价值投资理念和分析框架。

价值投资之父

虽然凯恩斯已有了价值投资的探索，但格雷厄姆提出了一套完整的价值投资理论和分析框架。价值投资构成了格雷厄姆投资的核心理念和投资哲学。

格雷厄姆创建了价值投资 4 项原则：(1) 将股票看成相应比例的企业所有权，股票并非仅仅是交易代码或电子信号，而是表明拥有实实在在的企业所有权，企业的内在价值并不依赖于其股票价格；(2) 在价格大幅低于价值时买进，以创建安全边际；(3) 让"市场先生"成为你的仆人，而非你的主人；(4) 保持理性、客观和冷静。

芒格称，格雷厄姆的这 4 项原则永远不会过时，不遵循这些原则的投资者，就不是格雷厄姆价值投资者。在格雷厄姆看来，投机者与投资者是截然不同的两类，投机者与价值投资不沾边，投资是经过缜密分析后，能够承诺本金的安全及创造令人满意收益的行为。

那么，如何保证本金的安全呢？

他的答案是，投资时要确保安全边际！

安全边际是格雷厄姆的创造，在他的价值投资理念中占据了核心地位。换言之，在他的投资哲学中，安全边际是价值投资的本质，是投机和投资之间的根本区别。一个不注重本金安全而想获利的人，就像赤手空拳地与虎谋皮。因此，他认为，许多看起来有可能迅速获利的证券，事实上存在不可控制的风险，甚至导致不可挽回的巨额亏损。后来，巴菲特说，安全边际是格雷厄姆重要投资原则之一；多尔西说："安全边际对投资者非常重要，因为它承认人类是有弱点的"。足见格雷厄姆的这一观点对后人的影响之大。

基于安全边际的投资哲学，格雷厄姆专注于挑选经营稳健、资产负债表扎实、有着良好长期获利表现的公司。他发现，这样能够让他对投资前景有更大的把握，也比追逐热门股安全得多。更何况，未来能够获利多少，不仅取决于购买的证券的公司经营状况，也很大程度上受到买入价格的影响。这其中的道理是再也简单不过的：付出的价格越高，能够得到的回报就越少。

安全边际可以帮助投资者保护本金的安全，避免鲁莽、轻率带来损失。事实上，基于安全边际的投资，是降低投资风险的有效方法，安全边际越大，承担的风险就越小，获利潜力越大。例如，以40%的安全边际买入某公司股票，比仅以10%的安全边际买入，不但有更大的缓冲空间，而且获利机会也更大。

在具体投资操作中，格雷厄姆注重安全边际的两个重要指标：价格低于公司净资产2/3或低市盈率。格雷厄姆认为，若股价低于公司净资产2/3，那它就是好的投资对象。但很难找到满足这一条件的股票，特别是在牛市的时候。因此，格雷厄姆认为，买入低市盈率股票，也是具有安全边际的投资。

格雷厄姆认为，当短期与长期价格出现背离时，从中获利的最好方法，就是在市场忽略股票内在价值时，找出安全边际较大的股票，耐心等到市场价格充分反映内在价值后，才将股票卖出。当市场修正原来的错误时，价格钟摆通常会过度地摆向另一边，此时市场给出的价格将远远高于其内在价值！这就创造了获利卖出的机会。

市场先生

"市场先生"是格雷厄姆为解释市场行为而创造出来的。他在《聪明的投资者》中塑造了一位"市场先生"，就像西方基督教世界中的上帝一样，从来没有人见过，但总相信他是世间万物的主宰，"市场先生"就是金融市场的主宰。格雷厄姆构造"市场先生"的形象，有助于人们跳出严格的计算范式，建立市场心理和情绪发挥重要作用的整体分析框架。

他写道：

假设你花1 000美元买了某家公司的股份。你有一个叫"市场先生"的伙伴，他每天都会告诉你股票价值几何，且愿意以该价格从你手中买入或卖给你。有时，"市场先生"对价值的看法和你一致。他时而热情，时而恐惧，捉摸不定，你觉得，他给的价格简直愚蠢可笑。

若你是谨慎的投资者或敏锐的企业家，会任由"市场先生"每天的喜怒哀乐左右你的估值吗？当"市场先生"给你的报价高得离谱时，你可能兴高采烈地把股票卖给他；当他的报价很低时，你则会开开心心地从他那里买入。但是，除了这种情形，你的明智之举是，根据公司运营与财务的完整报告，形成对股票价值的看法。

格雷厄姆说，股票市场是一位受情绪摆布的商业搭档。"市场先生"每天都会透露一个价格，不管他的出价多么疯狂，也无论投资者如何拒绝他的报价，第二天都会给出新的报价，周而复始。巴菲特说，"市场先生"应成为投资者的仆人，而非主人。

多数时候，"市场先生"的估价是准确的，但也会出现严重错误。股价上涨时，他会欣然以比股票实际价值更高的价格买入；股价下跌时，他又会按低于实际价值的价格拼命卖出。聪明的投资者不应该完全忽视"市场先生"，而应让"市场先生"为自己服务。"市场先生"的任务是向投资者提供价格，投资者的任务则是判断他提供的价格对自己是否有利。不让"市场先生"成为自己的主人，他就会乖乖地变为自己的仆人。毕竟，他在一个方面消灭价值时，又在其他方面创造价值。聪明的投资者享有独立思考的权利，完全可自主选择是否去追随"市场先生"。当然，巴菲特强调，对长期投资而言，"市场先生"每日捉摸不定的波动，根本就不重要。对长期投资者而言，"市场先生"报出不断下跌的价格就是在创造买入良机。不要害怕熊市，要欢迎熊市！

"市场先生"个性极端，常常导致非理性地高估或低估股票价值。这为投资者创造出有利的买卖机会。正因为如此，格雷厄姆认为，"市场先生"是价值投资者最好的朋友。基于此，格雷厄姆建立了自己的核心原则：第一条，不要亏损；第二条，不要忘记第一条！

格雷厄姆认为，投资最大、最可怕的敌人是投资者自己。因此，投资成功的秘诀在于自身。若能批判性地思考，不轻信且持久投资，就会获得稳定的收益。关键是，培养起自己的约束力和勇气，就不会让他人的情绪左右自己的投资目标。

市场就像一个钟摆，永远在短命的乐观和不合理的悲观之间摆动。聪明的投资者则是现实主义者，他们向乐观主义者卖出股票，并从悲观主义者手中买进股票。格雷厄姆认为，股市波动难以避免，投资者应该从财务和心理两方面具备应对市场波动的心态，不仅在认知上清楚市场会波动，而且应有情绪上的镇流器。因此，他说，真正的投资者几乎从不被迫卖出股票，也不会天天关心市场行情。

菲利普·费雪：成长的价值

巴菲特曾说，他的思想85%来自格雷厄姆，15%来自菲利普·费雪，足见菲利普·费雪在巴菲特心中的地位。很多人知道格雷厄姆，更对巴菲特顶礼膜拜，但或许对菲利浦·费雪有些陌生。

1928年菲利普·费雪毕业于斯坦福大学商学院，旋即在旧金山开始了他的投资生涯。那时，格雷厄姆正在撰写后来被誉为"投资圣经"的《证券分析》，而菲利普·费雪还名不见经传。但他不断总结资产管理的实践，逐渐形成了自己两个重要的观点。首先，要在投资中获得高收益，必须有耐性；其次，股票市场有一种欺骗投资者的特性，若投资者只知道随大溜或按自己内心不可抗拒绝的欲望去行事，结果将证明，自己的决策是错误的。后来，他把经验总结成了《怎样选择成长股》和《保守型投资者夜夜安寝》等著作。

普通股不普通——怎样选择成长股

前面我们讲到，格雷厄姆基于安全边际，提出了实际操作的两个直观指标，买入价格低于公司净资产2/3的或低市盈率的股票。因此，格雷厄姆选择的是，价格"低得不公平"、在市场中并不受欢迎的股票，所以他的策略叫"烟蒂"投资。

投资者很容易找到低市盈率的股票，但要找到价格低于公司净资产的2/3（也就是市净率不足0.66）的股票，几乎不可能。鉴于此，菲利普·费雪突破了格雷厄姆价值投资的内涵，他的基本信念是，聪明的投资者"不应仅因股价便宜就买入，而应该是只有在它能为你带来回报时才购买"。经过菲利普·费雪的发展和突破，成长性公司的投资也成了价值投资的重要部分。

菲利普·费雪的《怎样选择成长股》已表明，他的投资哲学核心就在于，找到被市场忽视，但未来公司盈利将大幅增长的股票！

通过实践观察，菲利普·费雪认为，投资于那些拥有超出平均水平潜力的公司，或与能干的管理层合作，都可能带来超级利润。因此，他特别指出，若能找到真正优秀的公司，坚定持有其股票，即使在市场剧烈震荡中也毫不动摇，就会比那些试图"低买高卖"者获得更高的收益。

可见，菲利普·费雪的核心思想无非两点：寻找出优秀的公司并坚定持有！

关键在于，如何从众多公司中选出优秀的公司。在《怎样选择成长股》一书里，他总结了选择优良普通股的 15 个原则，若一家公司满足其中大部分原则，就可能是好的投资标的；反之，就不值得投资。

我们将他的 15 个原则，加以总结，分为以下几类。

第一类是经营原则。在经营原则中，菲利普·费雪特别强调销售和利润两个方面。

首先，公司产品或服务是否有充足的市场潜力，以使其销售额至少在几年之内能保持大幅增长。有的公司销售额并没有持续增长，但通过成本控制，也能在短期增加利润；有的公司仅仅因为商业环境改善而带动销售额的增长，一旦环境生变，其销售额很快转为疲弱之势。这些公司是不值得长期投资的。菲利普·费雪认为，管理层的非凡能力对公司的成长是必须的，没有哪家公司仅凭好运就能保持长期的高增长。它必须持续地拥有杰出的经营管理团队，否则，无法保持自己的优势地位不受竞争对手的威胁。

其次，当公司现有最佳产品的增长潜力接近极限时，管理层是否有决心继续开发新产品或新工艺，制造出新的利润增长点。若公司没有对产品进行进一步开发的政策或计划，那它就不可能依靠产品的持续升级为公司赚取源源不断的利润。

再次，利润率是否足够高。只有能够增加利润的销售，才是有价值的。公司的利润率对投资就极其重要。一般而言，企业所在行业处于大发展时，它往往有很高的利润率。若要对一家利润率极低的公司做长期投资，唯一的理由就是，有明确而强烈的迹象预示着，它的经营正在发生根本性变化，经营效率在增强、利润在增加。

基于此，公司采取了哪些举措来维持或提高利润率，是投资必须考虑的另一个原则。若公司不能采取好的措施来维持原来的利润率，那也将会成为一笔糟糕的投资。此外，公司对利润是否有短期或长期展望。有的公司追求短期利润最大化，另一些公司则以牺牲短期利润来建立良好的信誉，以获得更高的长期利润。在这两种不同的目标下，公司与其供应商和下游经销商或客户之间的关系会大不同，也会影响企业的长期发展潜力。

销售额既取决于产品的持续竞争力，也取决于新产品的开发和创新，以激发新的或潜在的需求，同时也取决于营销策略和团队。

最后，公司是否有高于行业平均水平的销售团队。只有通过销售，才能实现产品或服务的价值，离开了有能力的销售团队和有效的销售渠道，企业就不可能把产品卖给消费者，实现产品的价值。若在营销方面有所欠缺，就无法发掘出最大的市场潜能。在判断一家公司的投资价值时，其销售团队是需要考量的重要因素。

第二类是人际关系原则。

菲利普·费雪指出，人际关系良好与否，比罢工对利润的影响还要大。若员工觉得自己得到了公平对待，那就是一个高效的工作环境，工作效率将大大提高。若员工流动频繁，公司将不得不付出更多诸如培训方面的成本，新员工也要花时间熟悉新的工作环境，融入公司文化。同时，管理层的判断力、创造力和团队协同力，对公司的运营有举足轻重的作用。管理层关系融洽的公司，也能给人们提供更好的投资机会。

第三类是管理原则。

公司管理是否有层次。若公司不能培养出高级管理人才，那么，它就会遇到发展瓶颈。有层次的管理，必须深入培养起合适的管理梯队，对管理得有充分的授权。否则，管理人才就如同被关在笼子里的动物，无法发挥自己的才干和活力。另外，若高级管理者事必躬亲，公司也不太可能成为有吸引力的投资目标。管理层是否有无可置疑的诚信、正直的态度，也是管理原则的一个重要方面。若管理层通过关联交易、滥用股票期权激励等牟取利益，这当然是以投资者的损失为代价的。投资者应只投资于那些管理层对股东怀有强烈责任心和道德感的公司。

第四类是涉及会计信息的原则。

公司的成本分析和会计记录做得如何。财务记录既有利于投资者对公司的了解，更是公司评判经营绩效、改善管理的重要依据。若不能准确和详尽地列出业务运营中每个细节的成本状况，公司一定无法在长期取得经营上的成功。管理层是不是只向投资者报喜不报忧。即使经营管理最好的公司，也会碰到始料未及的困难。若公司设法隐瞒坏消息，这样的公司是不值得投资的。

菲利普·费雪认为，仅仅通过阅读公司的财务报表，并不能获得投资所需的全部重要信息，因此，他非常反对仅凭几张财务报表就匆忙下结论和做出投资决策。"闲聊"有助于丰富信息来源。通过与投资标的公司竞争对手、供应商和客户、员工等多渠道的闲聊，从侧面了解公司至少50%以上的信息后，才可去访问公司的管理层，否则，就极易被公司的管理层所误导。

第五类是创新与持续竞争优势原则。

相对于行业内的其他公司而言，公司是否具备竞争优势。影响竞争优势的因素很多，但菲利普·费雪着重强调了专利。专利越多，可以防止公司某些业务部门的运营遭遇激烈的外来竞争，专利也会带来较高的利润率，高壁垒的专利能让公司以简单、低成本的方式生产产品，因此，专利越多，竞争优势越大。

竞争优势在很大程度上取决于公司的研发取得了多大的成效。研发的成效不仅取决于研发投入比（如研发额与销售额之比）、研发团队的研究实力，管理层还必须有能力协调在技术、能力方面各有所长的研究人员，形成有向心力的研究团队，激励团队中每位专家发挥最大的潜能。菲利普·费雪说，若公司不停地致力于新技术、新产品、新工艺的开发，那它就有望给投资者带来很高的利润，因此是值得投资的。

买卖的时机

通过收集信息，辨别出成长性的优秀公司后，确定买卖时机对提高收益也十分重要。在菲利普·费雪看来，买入时机主要取决于公司的表现，而不是对宏观经济的预测。他认为，经济预测类似于中世纪炼金术时代的化学，那时，人们花太多精力去争论"针尖上可站多少天使"。投资者则花大量精力去预测经济周期，但这并不能帮助确定成长股的买入时机。

成长股的买入时机唯一取决于其自身的特质！

值得投资的成长股，通常在行业中处于技术领先地位。普通股的买入时机，取决于开发新的工艺、产品，何时可以开始全面商业化生产。经营良好的公司正在研发好产品的消息一经传出，买家就会蜂拥而至，推高股价；试生产工厂运转成功后，股价则会进一步上涨。这一阶段，正像在崎岖山路上，开车的时速可能只有10公里；正式量产后，则犹如在平坦大道上时速可达100公里。

但是，商业化量产过程会有所反复，利润不会很快就大幅上涨。利润增长不及预期，一些投资者产生悲观情绪，大量卖出股票，使股价下跌。这种状况持续越久，股价跌得就越多。当商业化顺畅后，盈利持续上升，股价则进入长期上升通道。是故，买入最佳时点应该在"盈余即将大幅改善，但盈余增加的展望还没推升公司的股票价格"之时。当然，市场原因导致的股价大幅下跌，也是买入优质股的好时机。

菲利普·费雪指出，买入了正确的股票，长期持有会获得可观的利润。但出现以下3种情况时，则需要改变"长期"的策略，选择卖出。第一，原来买进时犯下了错误，没能选择正确的公司。第二，公司的基本面出现了重大不利问题，比如，管理退步，市场节节败退，增长潜力消耗殆尽，持续成长性可能近乎枯竭。第三，发现了比手中持有的股票更优秀的品种。他认为，最后一种情况非常少见，而且，随时准备更换持股组合的风险，其实很大。

清规戒律

菲利普·费雪还为投资者制定了若干投资的清规戒律。在这里，我们介绍其中几个重要的方面。

一不："不"买入创业阶段的公司。对个人投资者而言，选择创业型股票投资面临较大风险，最好等公司渡过创业期，进入成长期后再投资，风险就小得多，才会有更大可能实现预期回报。不管第一眼看上去创业公司多么诱人，都应该留给专业机构去投资。

二不：不要仅仅根据年报对前景的美好描述而买入。根据年报的美好描述而买入，就像受广告吸引而冲动地买入某种商品，回家后就会产生被骗的感觉而后悔。

三不：不要以为，股票市盈率高就表示该公司的盈利增长已经反映在价格上。市盈率只反映了短期经营状况的信息，并不能准确反映未来收益和成长空间。显然，这与格雷厄姆强调的低市盈率投资大相径庭。菲利普·费雪认为，投资关键在于了解公司的特质。他告诫投资者，不要因为一只成长股股价高而不敢投资。他认为，在一生之中，能够找到2~3只具有成长性的股票，即可获得相当不错的投资回报。

四不：不要过度强调分散化投资。过度分散化可能导致过多买入自己根本不了解的公司。实际上，买入自己不了解的公司股票，比投资不够分散化更危险。

五不：买入真正优秀的成长股时，不要忘了时机。

六不：不要从众。与时装一样，股市里也有时尚和流行款，而且可能持续好几年，但它扭曲了当下的市场价格与股票实质价值之间的关系。追逐时尚而做投资，是极其危险的。

菲利普·费雪最后还指出，即便知道这些准则和常犯的错误，若没有耐心和自律，也难以成功。在股票市场，强大的神经系统比聪明的头脑更重要。正如莎士比亚所说："只有经过了狂风巨浪，才能发现财富。"这句话非常适合于投资过程。

巴菲特：价值投资之大成

业绩长跑冠军

依靠自己的投资业绩而被人们奉若神明的投资家，非巴菲特莫属。一年一度的巴菲特股东大会，吸引着全世界许多投资者像朝圣一样涌向奥马哈。通过竞拍而获得与他共进午餐的机会，可能需要支付数千万元人民币。其管理的伯克希尔-哈撒韦的股价之高，超过了纳斯达克系统所限，乃至纳斯达克不得不专为它的价格而修改计算机系统里的报价参数。

这就是巴菲特在投资界所享有的崇高地位。

1930年8月，巴菲特出生于内布拉斯加州的奥马哈市。他什么时候开始涉足投资的呢？11岁！那一年，他买了平生第一只股票。当时，他和姐姐多丽丝以每股38美元的价格买了3股城市服务公司股票。但他买入后，股价急转直下，当股价跌到27美元时，他开始有些坐卧不安了。后来，当股价反弹到40美元时，看到自己解套了，他就急匆匆地抛掉了。然而，再后来，它一路攀升到了200美元。虽然这只是一次小小的投资经历，但他从中吸取了深刻的教训：要想获得高收益，就需要有耐心！

　　巴菲特第一次投资虽然获得了正的收益，但相对于后来的表现无疑算是失利的。失败是成功之母。耐心加上睿智的判断，让巴菲特合伙股份公司在1956—1969年保持了32%的税前平均收益率。这是由100人组成的合伙企业，合伙关系结束后，巴菲特便着手把伯克希尔－哈撒韦从纺织厂改造为控股公司。巴菲特最初只买了200股伯克希尔－哈撒韦股票，股价只有7.5美元。那时，它是一家衰落的纺织厂。巴菲特曾说，这是他投资生涯中所犯的最大错误。1965年，巴菲特获得了伯克希尔－哈撒韦的控股权，果断地放弃了它的传统业务，将它改造成了一辆驰骋投资沙场的无往不胜的战车。在巴菲特掌舵伯克希尔－哈撒韦的数十年间，公司账面价值增长率是标普500指数的两倍。晨星公司指出，自1965年以来，伯克希尔－哈撒韦的收益率年均为22%，标普500指数的年均上涨率约为10.4%。若你在1965年投资1万美元到伯克希尔－哈撒韦，到2006年，这笔投资就增长到了3 000多万美元；若将它投资于标普500指数，同期末它将变成50万美元。

　　巴菲特说，要有自信，不气馁，但是不要过度自信，市场就像救世主，会帮助那些能自救的人。他还警告，你不可能由于把握住市场风险就变得富有，市场是一个参照物，我们只能借此判断某人是否在做蠢事。若发现一家值得投资的公司，其市场价格并不会对我们的决策产生实质性的影响。从本质上说，我们是通过公司与公司之间的比较来做出决策的，几乎不考虑宏观经济因素，只是试图关注自己了解并且价格合适、管理层令人满意的公司。因此，他不会根据看起来高深的模型而做投资，他说，"远离任何带有希腊字母的东西"。

　　巴菲特还说，人性的弱点使人们喜欢把简单的事情复杂化。当大多数人对股票感兴趣时，只会随大溜，但不能指望通过买进热门股票获得高收益。因此，他一般是在没有人对股票感兴趣时，对股票产生兴趣。他说："你不必是一位航天科学家。投资并不是一场智商 160 分的人就必然能战胜智商 130 分的人的游戏。对投资来说，理性至关重要。"

如何确定什么是有吸引力的价格？很多分析师认为，"价值"和"成长"是对立的，取此必舍彼。但巴菲特认为，成长其实是价值的组成部分。最值得拥有的公司是那些可不断利用资本获得高收益率的公司，最糟糕的公司则是那些必须或将会要求大量资本投入但收益率低的公司。然而，发现好公司需要慧眼。巴菲特投资时：（1）坚持自己了解的东西，这意味着，它们必须相当简单，并且经济特征稳定。若公司太复杂或一直不断变化，那是无法预测其未来现金流的。对大多数投资者而言，懂什么并不重要，更重要的是要知道自己不懂什么，投资者只要做出为数有限的正确的事，就可以避免重大错误。（2）坚持买入时的安全边际。若计算一只股票的价值仅略高于其价格，巴菲特是没有兴趣购买的，他特别强调，格雷厄姆主张的安全边际原则，是投资成功的基石。

慧眼识珠——如何筛选企业

巴菲特认为，买下整个企业与购买股票以部分持有企业，没有根本性的不同。但他倾向于直接拥有整个企业，因为这可让他对企业资本配置之类的最重要的事项有决策权。仅购买企业部分所有权的不利之处在于，作为二级市场的小股东，无法控制企业。但购买股票也有其优点。虽然不能控股，但可供选择的投资对象更多；股市可提供更多的、价格更低廉的好机会。无论是拥有整个企业，还是购买部分股票，巴菲特都遵循一个根本的策略，那就是，寻找那些让人看得懂、长期前景光明、管理层诚实能干的企业，同时，价格有吸引力也是最为重要的。因此，在投资时，要以企业分析师而不是市场分析师的眼光，也不是宏观分析师，更不是股票分析师的眼光去寻找投资机会。

《巴菲特之道》总结了巴菲特筛选企业的四大决策准则。分别是：企业准则、管理准则、财务准则和市场准则（见表12-1）。

表12-1　　　　　　　　巴菲特企业筛选准则

企业准则	是否简单易懂；是否有持续稳定经营的历史；是否有良好的长期前景
管理准则	是否理性；对股东是否坦诚；能否抗拒惯性驱使
财务准则	重视净资产收益率，而不是每股收益；计算真正的"股东盈余"；具有高利润率；每一美元留存利润，至少创造一美元的价值
市场准则	必须确定企业的市场价值；能否以低于内在价值的价格买到

◎企业准则

巴菲特认为，股票只是抽象概念。他认为，若仅基于肤浅的概念，而不是基于对企业基本面的了解进行投资，一旦遇见市场波动和些许麻烦，人们就容易望风而逃，并在此过程中亏钱。那么，企业准则到底有哪些方面呢？

首先，简单易懂。巴菲特持有一些不同行业的公司，但他对所有的企业均有敏锐的观察，他对企业营收、成本、现金流以及资本配置等需求明察秋毫，只选择那些易于理解的企业。若对企业及其所在行业根本不了解，就难以准确判断其发展前景，更难以做出明智决策。因此，他强调，在自己的能力圈内投资，而且，投资不是靠你懂多少，而是认清自己不懂多少。

其次，持续稳定的经营史。巴菲特对复杂的或陷入麻烦的企业避而远之，那些因发展失利而彻底转型的企业，经营中犯错的可能更大。从他的经验来看，最好的回报来自那些多年经营稳定的公司。许多人总是被明天即将发生的虚幻之事所吸引，恰恰忽视了眼下真实的企业。因此，他在投资中从不关注热门股，只钟情于那些他认为能够成功地保持长期盈利的企业。在他看来，预测企业未来能否成功，并不是件容易的事，但它过去的经营轨迹是相对可靠的。若一家企业较长时期内都持续稳定地经营，年复一年向市场提供上乘产品和服务，那么，也就可以合理地推测，其成功仍会持续。

最后，良好的长期前景。在他看来，伟大的企业的特点是，其产品或服务的需求旺盛、可替代性低、没有管制。这就使得伟大企业对自己产品或服务拥有并能保持定价权，而不是市场价格的被动接受者，它有时甚至还能提高售价却不会因此失去市场份额。因此，低价格弹性可以让拥有特许权的此类企业获得超过平均水平的资本回报率（比如，异常高的销售毛利率和净利率）。伟大企业都具有护城河。给企业带来清晰的优势，防御其他入侵者。护城河越宽，可持续性就越强。那些具有宽护城河的企业，它们的产品或服务能给投资者提供回报。

反之，平庸企业的产品实质上是极其普通的，无法与其他竞争者的产品区别开来，用户黏性和忠诚度低，在很大程度上只能依靠价格竞争。这就意味着，它们只能获得较低的资本回报率。

◎管理准则

我们常听说，有人抓到一手好牌，却会打出一手烂牌。掌握牌局的人，对结果具有极重要的影响。对企业而言，抓牌、握牌和出牌的人，就是管理层。同一个行业中经营着相似产品或服务的企业，有的能够持续保持丰厚的盈利水平，有的却苦苦挣扎。造成这个悬殊结局的原因，就是管理层的差异。巴菲特对企业管理层的最高评价，是管理层像公司的主人一样行为和思考。一个基于企业所有者角度而决策和经营的管理层，就会把提升股东价值作为重要的经营目标并做出理性决策。对那些有责心、坦诚、向投资者充分披露信息的管理层，巴菲特不吝给予高度赞扬。

◎财务准则

伟大的企业、优秀的管理层，最终都要靠财务来衡量。一家财务总是陷入麻烦的企业，肯定不是值得投资的企业。在财务准则中，巴菲特主要有4个分项指标。

第一，资产收益率。分析师通常以每股收益（EPS）来衡量公司的表现。巴菲特则认为，每股收益只是过滤嘴，因为大多数公司都会留存部分公司盈余，这就会提高公司净资产。是故，他倾向于以净资产收益率来衡量公司经营业绩。有些企业通过提高资产负债率（加杠杆）来提高净资产收益率。好企业在没有负债或极少负债的情况下，也能取得良好的收益。

第二，股东盈余。巴菲特认为，现金流也不是一个完美的评估价值的工具。实际上，它常常误导投资者。对初期需要大量投资而后期支出少的企业（如房地产开发等），现金流是合适的评估方法。但对要求持续资本支出的制造业，并不能仅用现金流准确地评估其价值。而且，在考察现金流时，人们往往遗漏了资本支出。长期而言，若公司资本支出不足，竞争力就将下滑，资本支出就像人工费和水电费一样，不可或缺。

因此，投资者需要考虑的是，一家公司要将多少利润再投入新设备和更新改造，才能维持其市场竞争地位？他承认，该指标无法提供很多分析师需要的精确数字。计算未来的资本支出经常只能预估，他引用凯恩斯的名言，"宁要模糊的正确，不要精确的错误"。

第三，利润率。像菲利普·费雪一样，巴菲特注意到，若不能取得较高的销售利润率，看起来伟大的企业也会变成糟糕的投资。提升盈利能力的途径之一就是控制成本。根据他的经验，高成本运作的管理层往往有铺张浪费之嫌，好的管理层总会寻找节俭之道。为股东着想的管理层的公司的市场价值，会不断提到提升。

第四，一美元原则。巴菲特认为，若公司使用留存盈余长期低效，最终会导致公司股价低估。反之，公司使用留存资金的效率高，能产生超过平均水平的收益，它迟早就会反映为股价的上涨。他创造了著名的"一美元原则"，即公司每留存一美元利润，至少应创造一美元的市场价值。他总结道："股市是巨大的拍卖场，我们的工作就是选出优秀的企业，它们保留一美元最终都会创造出至少一美元的市场价值。"

◎市场准则

市场准则的首要方面是确定企业价值。金融分析师使用过很多公式计算内在价值。有人在估值时，喜欢看诸如市盈率、市净率和分红率等指标。但对投资者而言，这些指标只是市场对公司估值的结果。根据巴菲特的观点，估值的最好方法仍是威廉斯的定义："公司价值取决于在其生存期间产生的所有预期现金流，以合理利率的折现值。"

因此，确定企业价值的核心因素就是现金流和合适的贴现率。在他看来，若企业业务简单易懂，他就能以较高的把握预测其未来的现金流。反之，他就会放弃。

确定企业未来的现金流后，下一步就是确定适当的利率作为贴现率。学院派认为，合适的贴现率应是无风险收益率加上风险溢价。风险溢价是资本资产定价模型中的概念，它用价格波动性去衡量风险，股价波动性越大，风险溢价就越大。但巴菲特认为，用波动性衡量风险溢价是不合理的。在他看来，若公司拥有持续的、可预测的盈利，企业风险即便不是消除了，也是减少了。因此，他说，"风险来自你不知道自己在做什么"。他还说："市场就像上帝，助自助者；与上帝不同之处在于，它不会原谅那些不知道自己在干什么的人。"

市场准则的次要方面就是低价买入。巴菲特所关注的不仅是公司拥有超越平均水平的资本回报率，还包括能否以低于其内在价值的价格买入，这就是安全边际。若他认为，公司股价高于内在价值，或只比内在价值略低，安全边际就很小，只要环境一有改变，公司未来现金流下滑就可能导致股价大幅下跌。反之，若安全边际足够大，风险就小得多。此外，运用安全边际折价买到杰出公司的股票，当市场回归正常时，就将大获其利。

集中投资

我们经常被教导，不要把鸡蛋放在一个篮子里，投资要分散化。可巴菲特却说："多元化是无知的保护伞。"因此，他与学院派的理论家反其道而行之，采取的是集中投资，挑选能产生长期超额收益的股票并重仓持有。集中投资的核心要义在于，将资金集中在那些可能提供最高收益的公司中，而不是撒胡椒面式的投资。这一点，他是继承了菲利普·费雪的思想，菲利普·费雪就以集中投资而闻名，他宁愿持有少数自己非常了解的公司，也不愿为了分散投资而持有大量平庸的公司，菲利普·费雪的组合通常保持在 10 个公司以内，而且，三四家公司的持仓比重可能达 75%。毫无疑问，集中投资由于持股较少，不可避免地要承受股价波动的心理负担。集中投资者之所以能够经受住波动，是因为，长期而言，所持有的企业会提供足够的回报，以补偿短期波动带来的折磨。

在集中投资策略下，巴菲特完全不依赖电脑系统的分析，也不理会政府经济政策，他是彻头彻尾的基本面分析家。有人曾做过统计，巴菲特对所投资股票持有期没有少于 8 年的。他说，股市预测是毒药。

在投资时，为自己定下合理的长期平均收益率是成功的基础。要成功地进行投资，你不需要了解贝塔、有效市场、现代投资组合理论等，实际上，最好对此一无所知，但一定要准确地理解公司。

理性与耐心的价值

成功的投资者不仅需要良好的基本面分析能力，还需要拥有以下这些心理素质。

◎扎牢情绪的笼子： 冷静理性

理性是信念，是基于理由、知识而形成的见解、判断或行为，而不是情绪的反应。理性的人应该思维清晰、理智、富有逻辑。理性不完全取决于智力，聪明人也常常干傻事。单单有高智商，不足以投资成功。在投资中，将理性从情绪中分离出来就极其重要。"理性最为重要。这就是赚钱的秘密。"缺失理性，就容易陷入我们前面讲的快系统思维，只会做出浅显而不是深思熟虑的判断和决策，甚至成为恐惧和贪婪情绪的奴隶，更容易成为"韭菜"，或不断被人"薅羊毛"，不适于复杂的金融投资。巴菲特说，当人们贪婪或畏惧时，经常以愚蠢的价格买卖股票，为避免情绪驱动的决策失误，就只有增强自己的理性、耐心和坚守。

巴菲特的冷静和理性，使他对悲观与乐观的市场气氛有着截然不同于常人的感受。在他来看，悲观主义是导致股价低迷最常见的重要原因，在别人因恐惧、悲观而抛售时，巴菲特却看到了悲观主义所带来的价值，因此他特别喜欢在悲观的环境中买入股票。他在《巴菲特致股东的信》中说："对理性的买家而言，乐观主义才是敌人。""恐惧和贪婪是资本市场上时不时暴发的两种具有超级传染性的病症……我们的目标是，在别人贪婪的时候恐惧，在别人恐惧的时候贪婪。"

◎做时间的朋友： 耐心

巴菲特 11 岁时和他姐姐在一起小小的投资经历中，因过早卖出城市服务公司的股票而错失了一次获得高收益率的机会，这次经历让他学到了耐心的价值。正如托尔斯泰在《战争与和平》中说："天下勇士中，最为强大者莫过于两个——时间和耐心。"

投机者没有耐心，巴菲特却有超强的耐心。他说："时光的最佳之处在于其长度。"作为投资者，目标仅仅是以理性的价格买入一家有所了解的公司股票，在从现在开始的 5 年、10 年和 20 年里，收益肯定可以大幅增长。一旦看准了，就应当买入相当数量的股票，忍受偏离你的指导方针的诱惑。他还告诫，若你不愿意持股 10 年，那就不要考虑拥有它 10 分钟。

而且，耐心与否会在很大程度上决定市场波动是否转变成实实在在的损失，更决定了是否能够把握住长期获取高收益的投资机会。许多投资者，正是因为缺乏耐心，要么本已煮熟的鸭子飞了，要么割肉割在了地板上。因此，风险在很大程度上取决于投资者的耐心，投资者面临的风险实际上是企业的"内在价值风险"，而不是股价趋势，长期股价变动趋势不过是企业内在价值变动的镜像反映。而且，风险与投资期限有着千丝万缕的联系，若打算今天买入明天就卖出，这就等于参与了风险交易。然而，若你选择了正确的投资标的且将投资期限延伸数年，实际风险就会大大降低，而不是增加。

林奇：战胜华尔街

有人说，巴菲特是股市神坛中的偶像，林奇就是平民中的英雄。他管理的资产规模年均收益率高达近 30%，大大超过市场基准收益率。他被誉为"全球最佳选股者",是"历史上最具传奇色彩的基金经理",就连他自己也称自己为"股票天使"。当然,他的这些赞誉绝不是浪得虚名。他将自己的投资经验和感受总结成了几本有影响力的书,其中一本叫《战胜华尔街》,提炼了25条投资的黄金法则。

理财之道——精心挑选而长期持股

林奇说,想多赚钱就买股票吧。这不是鼓动,而是事实。过去100多年里,美国股票平均收益率为13%左右,比投资于债券等固定收益产品高出一倍以上。因此,他首要的投资法则就是:"那些偏爱债券的投资者啊,你们可知道不投资股票,错过了多么大的财富啊!"

但是,这有两个前提:精心挑选,长期持有。

投资于精心挑选的股票,业绩表现肯定胜过由债券或债券基金构成的投资组合。但是,不经深思熟虑、胡乱挑选股票而投资,还不如把钱放在床底。在他看来,任何正常人,只要用自己3%的脑筋选择股票,就会不亚于那些华尔街的专业人员所取得的业绩。

林奇说,投资切忌跟着感觉走。凭感觉选股,最大的毛病就是,在市场大涨后,股票已被高估,会觉得股市还能涨得更高,因而会大胆地以高价买入,结果,股市调整而被深度套牢。在股市大跌之后,股票普遍被低估,又反而觉得股市会跌得更低,缩手缩脚,结果在股市反弹时错失低价买入良机。

艺术、科学与调研

选股既是科学,又是艺术,过于强调其中任何一方面,都是非常危险的。只把选股当作科学,会过于迷信量化分析,根本不可能取得良好的投资业绩。他认为,若仅依靠公司发布的财务报表就能准确预测未来股价的话,那数学家和会计师应该是当今世界上最富有的人。

可是，看看富豪榜，怎么连一个也没有呢？过于迷信量化分析，会形成误导。古希腊哲学家泰勒斯，只顾沉迷于分析计算天上的星相，忘了看脚下，结果掉到泥坑里了。

只把选股当作艺术，同样不可能有好的作为。用艺术家眼光来看，寻找有利可图的投资机会，需要只可意会不可言传的灵感。似乎有了它，投资者就能赚钱。那些迷信选股是艺术的投资者，完全忽视研究基本面，简直就是"玩"股票，结果只有一个，那就是玩股焚财。然而，他们并不认为，赔钱是自己没有做扎实的基本面研究，反而认为是自己还没有找到那种艺术般的、只可意会不可言传的选股诀窍。对于投资赔钱，他们常常找的理由是"股票如女人，永远猜不透"。其实，这句话对女性和股票都不公平。

因此，林奇选股的方法是，艺术、科学加调研。他说，若不对上市公司进行调查研究，对基本面进行详尽的分析，拥有再多股票软件和信息服务系统也没有用。要从众多公司中发现有价值的好股票，就像在石头下面找到螃蟹一样，翻十块石头，可能只会找到一只。他告诫投资者，千万不要买入自己既陌生又不了解的公司股票，只专注于自己能力所及的几家公司，就不错了。他总结的第一条黄金法则就是："投资既有趣，又刺激，但若不下功夫研究基本面，就会很危险。"

把股票当企业

每只股票背后，其实都是一家公司，在做投资时，你得弄清这家公司到底是如何经营的。弄清股价与业绩表现的短期和长期相关性的差别，对投资很重要。短期而言，一家公司的股价与业绩表现毫不相关，但长期来看，股票价格肯定是与公司业绩完全相关的。这就意味着，选择成功企业的股票，方能有成功的投资；而公司的业绩也是长期积累的过程，因此，投资就需要耐心，所以，林奇说："要投资于企业，而不是投机于股市。"在他看来，任何产业或板块，都能从中找出潜在的投资目标，只要公司潜质好，股票价格合理，就可买入并持有。他告诫自己，股票绝非彩票，股票代表着对一家公司的部分所有权。可见，在这一点上，林奇与格雷厄姆和巴菲特的观点是完全一致的。

不要预测股市

林奇认为，预测股市是危险的，也不要听信那些经济学家对宏观经济的预测，因为，若能连续两次成功地预测，那他们早就成为富翁了。可实际上，大多数经济学家还在为了薪水而拼命工作。

许多人的预测实际上是基于历史会重演的假设之上的。但基于历史数据而预测未来，对投资并没有多大的帮助，投资需要做的是，为将要发生的事做准备。然而，上帝和人类开的最大玩笑就是，下次永远不会和上次一模一样。正如玛雅人备灾的故事。传说玛雅人遭过数次灾，他们每次都从灾难中学到了教训，并为下次灾难做充分准备。第一次灾难是洪水，幸存者记住了洪水的教训，就搬到了地势较高的森林里去住，把房子建在树上。可第二次发生了火灾，整片森林都化为灰烬。在吸取火灾的教训后，幸存者就用石头沿着陡峭山壁建新房，结果，不久又遇到了大地震。

因此，林奇说，我们不可能准确地预测股市和经济的走势，与其去做徒劳无益的预测，不如像巴菲特那样寻找具有盈利能力的好公司。正如巴菲特曾说："股票市场根本不在我关心的范围。股票市场不过是提供一个参考，看看是不是有人报出错误的买卖价格。"

熊市——治疗幻想症的良药

从林奇总结出的投资经验，可以看出他过人的一面。托尔斯泰讲过一个贪心农夫的故事。魔鬼答应农夫，可把他一天内所能圈下的土地都给他。疲于奔命几个小时之后，农夫获得了好几平方公里的良田，足以使他世世代代丰衣足食。但这个农夫对财富的贪婪，使他无法控制自己，他继续向前跑，希望最大限度地把握这个机会，通过奔跑圈到更多的地，他最终筋疲力尽而死。林奇说："我希望能够避免这样的结局。"

林奇的投资法则之一就是，要治疗人们觉得股票肯定会大涨的幻想，最好的药方就是股价大跌。他应对股价大跌的经验，就来自自己愚蠢幻想的破灭。他在担任麦哲伦基金经理的 13 年间，一共遇到过 9 次大跌，麦哲伦基金每次都比大盘跌得更惨，但在反弹时，往往也比大盘上涨更大。鉴于此，他总结道，长期而言，让你收益最多的股票，往往也是一路让你磕磕碰碰受伤最多的股票。

对那些曾经持有但后来卖了的股票，尤其是那些卖掉后却大幅上涨的股票，人们会有意回避，不再去看它们现在的行情，以免产生痛苦的回忆。林奇说，这是人的本性，就像在超市突然碰到老情人，会故意躲开。可是，要成功投资，就必须努力学会克服这种畏惧心理。不要把一家公司的发展视为时断时续的个体事件，而要看成一个连续不断的长篇传奇。

麦哲伦基金投资组合中持有的股票，当然不都是赚钱的大牛股，还有几百只赔钱的。林奇说，他买了之后赔钱的股票有一大串，要是列个清单，会有好几页！选错了股票赔了钱，这没什么好羞耻的，再高明的人也有看走眼的时候。但若发现公司基本面恶化，那还死死抱住这家公司的股票不放，甚至还错上加错进一步加仓，那就应该感到羞耻了。

因此，林奇的另一个投资法则就是，当一家公司即将灭亡时，千万不要押宝公司会奇迹般地起死回生！

大局观

在经济衰退时，股市持续下跌到谷底，许多股票每天都在创出新低。林奇说，在此市况下，他反而非常高兴。在大牛市中，股市持续上涨，许多股票每天都在创出新高，他反而非常沮丧。在熊市中，到处都是物超所值的便宜股，而经济衰退迟早会结束，这些被低估的好股票最终肯定会大幅反弹。但在股价过度高估的牛市中，很难找到值得买的便宜股票。这大概就是林奇版的"别人贪婪的时候我恐惧，别人恐惧的时候我贪婪"。用中国人的话说就是，"熊市跌出来的是机会，牛市涨出来的是风险"。

但是，无论在怎样的市场环境中，选择股票的成功依赖于自己有坚定的信心。也许，你是世界上最厉害的财务或估值专家，但若没有信心，就会容易相信那些新闻报道的悲观预测，在股市恐慌中吓得胡乱抛售。

那么，信心来源于哪里呢？那就是，始终相信国家会继续发展。当对目前的大局感到忧虑和失望时，努力让自己关注于"更大的大局"。更大的大局是从更长远的眼光来看股市，正所谓"不畏浮云遮望眼"，历史潮流，浩浩荡荡，总是要不断发展的。用这种发展的大局观来看股市，坚定信心，长期投资股票，收益率肯定要高得多，而听信那些新闻评论和专家的悲观预言，吓得全部抛出股票而投资债券，收益肯定比坚定信心长期投资股票要低得多。

林奇说，成功的选股和股市下跌的关系，就像明尼苏达州的居民和寒冷天气的关系一样。你知道股市大跌总会发生，也为安然度过股市大跌做好了准备。每当股市大跌，对未来忧虑之时，不妨回忆历史上的股市大跌，以安抚恐惧的心。林奇告诉我们，股市大跌是好事，创造了以更低价格买入那些优秀公司股票的机会。

投资前的测试

林奇提醒投资者，入市前需要自我测试：我有一套房吗？未来需要钱吗？

这两方面的测试意味着，投入股市里的资金，应限于能承受得起的损失量，即使真的出现了亏损，甚至血本无归，在可预见的将来，也不会对日常生活产生任何影响。

测试的第三个内容是具备成功投资的个人素质吗？股票投资需要具备必要的个人素质：耐心、自立、常识、对痛苦的忍耐力、坚持不懈、灵活谦虚、独立研究、主动承认错误、冷静地分析和决策。

缺乏耐心的投资者总是盲目追涨杀跌，他们经常为欲望所主宰，在股市热火朝天时急急忙忙地买进，当股市大幅下跌时，因为恐惧又慌不择路地卖出。市场永远存在机会，但把握住机会需要耐心。要有耐心去研究公司，买入合适的公司后就要耐心地持有。投资与减肥没什么两样，其结果取决于毅力。林奇说，投资诀窍不是相信内心的感觉，而是要约束自己不去理会内心的感觉。只要公司的基本面没有发生根本变化，就要坚定地持有。

虽然勤奋不一定能成功，但不勤奋肯定不会成功。勤能补拙，投资需要努力地做扎实的功课，林奇每天要工作十几个小时研究、分析公司。这就像沙里淘金，在一捧沙子里很难发现黄金，可不断筛选含金的沙子，迟早能发现闪闪发光的黄金。

绝大多数投资者内心的秘密角落里都会隐藏着自信，觉得自己拥有预测股票价格、黄金价格和利率的能力，尽管事实上这种虚妄的自信早已一次又一次地被客观现实击得粉碎。因此，抵抗自己人性的弱点及内心的直觉，谦虚谨慎，至关重要。

人的本性让投资者情绪成了股市的晴雨表。那些格外大胆、缺少谨慎的投资者，不断地在担心害怕、洋洋自得、灰心丧气等三种情绪之间摆动。在股市下跌后或经济停滞不前时，他们对股市格外关注。由于过于担心股市进一步下跌，没有胆量乘机以低价买入股票；在股市开始上涨时，又以较高的价格追涨，当买入的股票随着股市上涨而上涨，举手投足中都表露出洋洋自得的心态。当股票不断下跌时，又灰心丧气，对后市绝望透顶，决定放弃投降，慌慌张张地以低价把股票卖掉了，于是，落入了"一卖就涨"的命运。

第四篇
金融风险

第十三章
知面不知心：信息不对称

我们在第七章讲到，有效市场的前提是充分信息，但事实上，人们总是在不对称的信息中做出决策的。信息不对称对我们的投资理财具有极大的影响，许多人被"坑"、被"骗"都是信息不对称的结果，当其积累到一定程度，就会在宏观上引发系统性的金融风险。要理解金融的运行和风险，就需要理解信息不对称。

无处不在的信息不对称

20 世纪 80 年代初，中国有一部动画片叫《老狼请吃鸡》。一天，老狼抓到两只鸡，准备请老熊一起美餐。老狼把鸡扔进锅里后，就出门去请老熊了。它哪承想，一只狐狸溜进来，把鸡偷吃了。狐狸从老狼家跑出来，在路上遇见老熊，装成一只受害的狐狸娘娘，还添油加醋地挑拨离间，说老狼正在磨刀子，要割老熊的耳朵。老熊推开老狼的门，见它真在磨刀，吓得撒腿就跑。狐狸又对老狼说，老熊一定偷吃了你的鸡，做贼心虚。老狼揭开锅盖一看，原来炖的两只鸡，连骨头都不剩了，气得操起刀就去追老熊。老熊在前面跑，老狼拿着刀在后面追，更强化了老熊认为老狼要割它耳朵、老狼认为是老熊偷吃了鸡的看法。最终，老熊和老狼大干一场，拼得你死我活。

老狼本欲讨好老熊，却被狐狸利用信息不对称，生出是非。那么，我们人类呢？

通常地讲，信息不对称是指，具有利害关系的双方当事人之间，一方拥有另一方所不具有的信息，而这些信息会影响双方之间的利益分配。中国人常说，"知人知面不知心""人心隔肚皮""我又不是你肚子里的蛔虫"等，都是信息不对称的通俗表述。信息不对称轻则带来感情上的伤害，重则以巨额的金钱损失或生命为代价。总之，信息不对称是一个古老而又普遍存在的问题。

即便是信息技术已经高度发达的今天，大数据、云计算等新的信息技术已得到广泛应用，但人们依然生活在信息不对称的环境里。网上购物，消费者事先并不清楚所购商品质量，企业自己对商品质量的信息，比消费者更有数。在劳动力市场上，求职者对自己的知识水平和劳动技能、是否能吃苦耐劳、是否有进取心、是否善于处理同事之间的关系等方面的了解，比用人单位要多。男生追求心仪女生时，自己对待感情是不是认真，比女生了解更多。与人的日常交往中，自己对自己的心事、心理活动的掌握，比别人对自己了解要多。所谓"误会"，其实是信息不对称的结果。

在金融活动中，信息不对称也比比皆是。

我们购买某公司的股票，即便是信息化的大数据时代，公司董事、高级管理人员对公司的业务发展状况，肯定比作为投资者的我们掌握更多、更真实的数据。即便我们花了大量时间去阅读公司定期发布的财务报表，财务报表可能让公司看起来很漂亮，值得我们对它进行长期投资，但有的公司会给财务报表涂脂抹粉甚至整容，仅从漂亮的财务数据，就断定值得长期投资，可能就上当了。有些公司还经常讲一些让投资者心潮澎湃的故事，但真实性如何，投资者难以辨别，只有那些编故事的人，才心知肚明。

作家刘墉说，当他的朋友向他借钱时，他通常都是出借的，往后那些借钱不还的朋友，就不会再来找他了。芸芸众生，总有人对他的"朋友"知根知底，信任有加，但最终还是在金钱关系上给自己造成了很大伤害。刘墉与朋友之间，尚且如此，更何况若毫无防范地将自己的一大笔钱"放心"地借给不认识的人去"经营"，信息不对称就更加严重了。前几年，很多老百姓只是看到了那些在互联网借贷平台上承诺的令人心动不已的收益率，就动动指头，方便、"放心"地将自己银行卡里的钱转出去了。但借款人姓甚名谁？会坚守信用的美德吗？完全就没考虑过。在信息不对称的情况下，勇猛地将钱借给并不认识的人，实在是极其鲁莽的行为。

在股票投资、借钱给他人时，我们处于"信息劣势方"。但在另一些情况下，我们又变成了信息优势方。我们向银行申请贷款时，对自己的收入状况、个人品格、职业规划和收入前景，就比银行了解得更多。一家大型银行行长曾讲过，银行也是弱势群体。此话一出，人们惊诧不已。银行日进斗金，怎么还成了弱势群体？银行要将大量的钱借给它并不认识的企业和个人，处于信息劣势的地位，他这么说，似乎有点道理。在保险活动中，我们作为投保者，对自己的了解总比保险公司多，我们又变成了信息优势方。被保险人的性格就可能影响保险公司的利益，但保险公司并不真正完全了解被保险人的性格特征。

信息不对称的后果：碎玉平铺作陷坑

信息不对称会带来什么样的后果呢？我们先从刘备"借"荆州说起。

刘备"借"荆州

作为中山靖王后代的刘备，虽是汉室宗亲，但曹操、孙权逐鹿汉室天下之时，却无立锥之地，与关羽、张飞逃到荆州后，刘表让他在新野得到了初步发展。刘表死后，孙权派鲁肃前来向刘备收取荆州。但诸葛亮要孙权先将荆州借给刘备，在刘表之子刘琦死后，归还荆州。

后来，刘琦去世了，鲁肃便来索荆州。可诸葛亮巧舌如簧，刘备又装疯卖傻，鲁肃不知如何应答，借出去的荆州硬生生地变成了东吴的不良资产。但欠债不还总是理亏，诸葛亮主动向鲁肃提出了一个重组方案，他承诺："暂时把荆州借给我当作本钱，等我们图得西川后，再将荆州还给东吴，如何？"鲁肃将信将疑，不得已接受了这个重组方案。

但刘备、诸葛亮取得西川后，再一次爽约。这次东吴派去讨债的是诸葛亮的弟弟诸葛瑾。诸葛亮把前来讨债的亲兄弟骂得抱头鼠窜而去。东吴借出的资产——荆州，眼看就要变成永久性的不良资产了。

在这个故事里，鲁肃作为信贷员，面对作为借款者的刘备集团，就面临着信息不对称问题，他并不了解刘备集团的真实意图。虽然当时有形势所迫，东吴希望通过刘备集团来制约曹操南下，但鲁肃与刘备集团之间的信息不对称，给东吴带来了一笔巨额的不良资产，乃至在刘备集团违约后，作为信贷员的鲁肃多次上门讨债，都无功而返，最后不得不通过军事这种"暴力追讨"的方式来保障作为债权人的东吴的利益。

为了保住"欠债不还"而形成的资产，刘备向西川进发时，不得不派自己最信得过的关羽驻守荆州。但骄傲自满的关羽大意失荆州，马失前蹄，被潘璋所害。报仇心切的张飞被两员手下杀害、一意孤行的刘备又被陆逊火烧连营。刘备集团军力大损，加速了蜀魏灭亡。不得不说，刘备集团借了荆州一而再地爽约，是蜀国在三国中最先灭亡的重要原因之一。

这千真万确地告诉了我们一个道理：欠债不还，不讲信用，可占得一时便宜，但终究要付出沉重的代价！

次品车

东吴把荆州借给刘备集团，就是在不对称信息下做出的决策。阿克洛夫对信息不对称的后果做了开拓性研究。早在1970年，他研究二手车市场的交易后，得到的结论是，信息不对称使市场交易难以顺利完成。

道理其实很简单。旧车卖主对车况的了解，肯定优于买主，他知道旧车的性能如何，买主不一定知道。假设二手车市场上有好车和次品车两种类型，买主有50%的可能性碰到好车和次品车。再假定，卖方刚好各有一辆好车和次品车，好车本来值18万元，次品车值10万元。

由于买主不知道旧车质量，他就只愿以旧车的平均质量来支付旧车价格，即他愿意支付的价格是14万元。在14万元的价格上，若所卖的旧车是次品车，卖主自然很乐意，因为他以14万元的价格卖出了只值10万元的车。但是，若是一辆好车，买主所愿付14万元的价格，就低估了该车的质量，卖主不愿只以这个价格把本来值18万元的车卖掉。即便卖方愿接受这个价格，但消费者普遍存在"便宜没好货"的心理，既然卖家愿意以14万元的价格把他称为"好车"的车卖掉，买方一定会在心里犯嘀咕，肯定有"猫腻"。结果必然是，旧车市场上只有次品车，没有好车，即次品车把好车挤出了市场。

这种因信息不对而导致好车被挤出二手车市场的现象，称被为逆向选择，也叫"柠檬问题"。更一般地说，逆向选择就是因信息不对称而导致人们在交易过程中把资源配置到了本不想配置的地方去。鲁肃把荆州借给刘备，就是逆向选择。实际上，在我们的生活中，常常面临着类似的问题。"女怕嫁错郎""鲜花插在了牛粪上"，大概就是女孩子在自己的人生大事上选择了"次品车"。

"次品车"在金融领域无处不在。

在保险中，常见的现象是，一定年龄（比如65岁）以上的人，就很难买到医疗保险了。为什么保险费就不能一直上升到与风险相当的水平，让那些有能力支付相应保费的人购买到医疗保险呢？

原因在于，当保险费提高时，只有那些越来越确信自己有必要投保的人，才会去购买保险，身体健康者则没有积极性花大价钱去买保险。由于投保者比保险公司更了解自己的身体状况、生活习惯等。当保险费上升时，那些最积极地去购买医疗险的人的平均健康就会不断下降，也就是说，在保险公司客户中，高风险者所占比例会不断上升，保险公司面临着更高的风险和理赔，这就是保险中因信息不对称而产生的逆向选择。最终，即便有投保者愿意支付更高的保费，保险公司也不会向他们提供保险。

再以车险为例。若保险公司无法确定每个参保司机发生交通事故的概率，只能对所有参保司机确定统一费率，比如，保费率为投保金额的2%。但每个司机出事故的概率是不同的，有人安全意识高，严格遵守交通法规，发生事故的概率自然就低些；有人粗心大意，或喜欢为寻求刺激而超速驾驶，出事故的概率自然就要高一些。保险公司因信息不对称而难以分辨这两类参保人，就收取了统一的保费率，这样，最积极购买保险的，往往是那些事故概率较高的司机，驾驶谨慎的司机则较少购买保险。这恰恰是保险公司不愿看到的结果。

在信贷市场上也存在同样的"次品车"问题。简单说来，由于信息不对称，银行往往难以精确地分辨借款者的状况、风险程度，只能按一定的违约概率对所有借款者都收取相同的利率。一般认为，银行通过收取较高利率，可将那些偿还概率较低（风险更高）的借款者挤出信贷市场，因此，利率对借款者有筛选功效。但当银行在不完全信息中对所有借款者都收取相同利率时，结果，最积极前来借款的，恰恰是那些高风险的借款者了，低风险借款者反而被挤出了信贷市场，银行就面临着更高的信用风险。

实际上，亚当·斯密早就注意到了这个问题。他在《国富论》中写道："法定利率，虽应略高于最低市场利率，但亦不应高得过多。比如，如果英国法定利率，规定为 8% 或 10%，那就有大部分待借的货币，会借到浪费者和投机家手里去，因为只有他们愿意出这样高的利息。诚实人只能以使用货币所获利润的一部分，作为使用货币的报酬，不敢和他们竞争。"

亚当·斯密短短几句话就阐明了信贷市场的逆向选择，在 200 多年后还需要经济学家们用一堆复杂的数学公式来证明。这段话也提醒我们，当你在打算大举买入异乎寻常的高收益的理财产品时，也要掂量一下，自己是否将把钱借给那些不诚实的浪费者手里？

这种因信息不对称而遭遇的逆向选择，很多人因此吃过大亏。比如 P2P 网络借贷，给了人们深刻的教训。

2012 年后的几年里，互联网金融在中国出现蓬勃发展之势，各种 P2P 平台涌入老百姓的理财视线，这种被称为互联网金融的新现象，得到了一些学者的鼓吹和资本的追捧。当潮水退去后，人们惊讶地发现，当初披上无限荣光的 P2P 几乎都在裸泳。

这其中最令人震惊的就是"e 租宝"事件。2014 年年初，钰诚集团收购了金易融，便将其改造为"e 租宝"，打着互联网金融的旗号上线运营。钰诚利用 e 租宝、芝麻金融平台发布虚假融资项目，以承诺还本付息等为诱饵，通过各种渠道公开向社会进行利诱性宣传。它甚至还命名了"e租宝号"高铁列车，以此把自己乔装成可高度信任的理财产品。在不到 3 年的时间里，它从 115 万余人的口袋中吸收资金高达 762 亿余元。除部分集资款用于返还前期承诺本息、支付工资，其余大部分均被肆意挥霍，集资参与者总的损失超过 380 亿元。

这正应了《水浒传》所说："烂银深盖藏圈套，碎玉平铺作陷坑。"中国银保监会主席郭树清后来讲，在高收益理财中，你看中的是收益，对方看中的是你的本金！

不仅普通老百姓因信息不对称而可能被欺诈，就连市值达数万亿元之巨的中国互联网巨头腾讯也遭遇过合同诈骗。2020 年 6 月，腾讯以贵阳老干妈公司拖欠广告费为由，起诉老干妈，并向法院提出财产保全申请，要求查封、冻结老干妈 1 600 万余元的资产。但老干妈说，它从未授权他人以"老干妈"名义与腾讯签署联合市场推广协议，也从未与腾讯有商业合作，老干妈也向警方报案。

最后发现，原来这是一起利用信息不对称而进行的合同诈骗。曹某、刘某和郑某 3 人伪造老干妈印章，冒充其市场经营部经理，与腾讯签订合作协议，其目的是获取腾讯在推广活动中配套赠送的网络游戏礼包码，之后，通过互联网倒卖非法获利。剧情急转，让人们惊掉下巴，一个互联网巨无霸，居然被游手好闲者骗得团团转。

道德风险

由信息不对称引起的"次品车"问题或逆向选择，是在合约签订之前发生的。在签订合约之后，因信息不对称发生的问题，就叫道德风险。e 租宝在募集资金后，大肆挥霍，就是道德风险。刘备集团向东吴借得荆州后，还谋划着把它变成自己的本钱，反欲消灭东吴，就是孙权面临的刘备集团的道德风险。

在信贷市场上，借款者在获得了一笔借款后，由于使用的是别人的钱，他们就可能去从事更高风险的活动。不妨举个假想的例子。你好友从你那里借了20万元准备开咖啡馆，加上他自己的5万元，总投入为25万元，他承诺，支付给你10%的年利率。若经营得好，咖啡馆一年的收益率可以达到20%，即在一年后可得到5万元的回报，在偿付你的2万元利息后，还剩下3万元利润，即他自己的年投资收益率高达60%。

但这位好友从你那里借钱后，看到街上到处都在卖体育彩票，特等奖500万元的金额实在太诱人了，于是，他就拿着从你那里刚借来的钱去买彩票。但中特等奖的概率极低，全凭运气。又或者，他看到最近股票行情不错，觉得牛市来了，不想错过机会，在你不知情的情况下，把钱投到股市里，想打个时间差。结果，股市波动不仅让他没赚到钱，还亏了个底朝天，无法还你了。最终应了刘墉的话，这不仅让你失去了钱，而且失去了朋友。

更一般地说，信贷市场中的道德风险是指，借款者在获得了资金以后，从事贷款者（投资者）所不希望的、有损于贷款者利益的活动。而且，贷款者收取的利率越高，借款者发生道德风险的激励和动机就越强，因为它只有去从事更高风险的活动，取得的收益才可能覆盖借款成本。因此，对银行而言，向企业收取的利率越高，借款企业出现道德风险的概率也越高，反而对银行的贷款本金安全构成了威胁。

在保险中，投保者在购买了保险后就可能降低自我防范的意识，因为，一旦出了事故，反正有保险公司兜着，这就是保险中的道德风险。有的投保者在购买保险后，就人为地制造事故，然后向保险公司索赔，这是保险公司面临的道德风险。

在股份公司，类似的道德风险被称为委托－代理问题。这里的委托人一般是指股东，代理人是指经理人员。若经理人员所持股份极少（或根本就没有），所有权与控制权就出现了分离。它的好处在于，可将资本和企业家的经营有效地融合起来,让资本得到更有效地利用,让企业家的才能得到更充分地发挥。但这可能使经理人员产生道德风险,他们极有可能按自己的利益,而不是股东利益行事。还是以总投资 25 万元的咖啡馆为例。这位好友没钱,但你和另外 19 个人觉得,他有经营才能,于是,你们 20 人决定每人出 1.25 万元。你们一致决定,将咖啡馆的经营交给好友小王,每年给他 5 万元的工资,再加 10% 的业绩提成。咖啡馆的经营控制权实际上就归小王了,经营权与控制权便分离了。

假设小王拼命地工作,扣除各项成本后,咖啡馆每年能净赚 11 万元。但由于每个投资者都拥有餐馆的 5% 的股份,你们每人每年可得 5 000 元红利。小王的工资加业绩提成为 6.1 万元。但若他爱偷懒,时不时地跑出去逛公园,咖啡馆不仅没赚到钱,反而还有亏空,他在这一年中照样拿工资,大不了少了业绩提成。他对这点损失满不在乎。

除了偷懒,小王还不诚实,把当天营业的部分收入卷入自己的腰包,或通过种种途径给自己谋利。这就产生了内部人控制。只要看看一些上市公司的情况就知道了,尽管公司经营业绩很不理想,但公司的高层经理人员却住着宽敞的高级寓所,驾着豪华靓车,出差时住的都是高档星级宾馆。当然,所有的花费全都是由公司财务列支的,即真正的"埋单"者是公司股东。所以,亚当·斯密就曾有言,"股份公司的董事,由于是管理他人的财富而缺乏经济利益的激励。在钱财的处理上,股份公司的董事为他人尽力……所以要想让股份公司的董事监视钱财的用途,像私人合伙那样刻意周到,是很难做到的"。

信息优势方如何发挥优势

在不对称信息中,一方处于信息优势,另一方处于信息劣势,解决或缓解信息不对称问题，自然就会从信息优势方和劣势方两个角度来考虑。当然，还可利用第三方来缓解信息不对称。

信息优势方可从多个渠道来缓解信息不对称，主要包括：信号发送、声誉机制、承诺与守信、抵押与净值等。

信号发送

信息优势方首先可通过信号发送来解决信息不对称问题。

斯彭斯在哈佛大学读博士的时候，就注意到了劳动力市场中的信息不对称问题。他发现，雇员有动机通过文凭等来向雇主传递自己能力的信息，以此克服信息不对称。文凭、所上大学排名的高低，不仅仅代表了求职者的学习能力、刻苦用功程度，更通过它传达求职者的个人基本信息。

信息优势方的信号发送在日常生活中比比皆是。在人际关系中，"开诚布公""推心置腹""打开天窗说亮话"等，都是信息优势方把真实信息告诉对方，来缓解信息不对称。

在动物界，也有类似的信号发送。许多鸟类在求偶时，都会向对方展示自己漂亮的羽毛。典型的就是孔雀，为了求得雌孔雀的欢心，雄孔雀就通过开屏把自己的积极信号发送给雌孔雀。张维迎在《博弈与社会》中介绍了以色列动物学家扎哈维的"累赘原理"。该原理指出，长尾巴是一种信号，传递出雄孔雀的繁殖能力，因为尾巴长是累赘，尾巴越长，负担越大，但雄孔雀拖着长长的尾巴，还能雄赳赳气昂昂地走起路来，甚至轻松地飞上屋顶，它就是在向雌孔雀宣示，自己体格非常健壮，拖着这么长的尾巴，走起路来昂首挺胸，肯定是孔雀界的肌肉男、有力量、性感。因此，雄孔雀的长尾巴就变成了一种信号，用来传递其重要私人信息，赢得雌孔雀的欢心。

英国经济学家配第曾说："信用在一切地方都只是一种虚幻的东

西，如果对人们拥有的财富或实际资产毫无所知，那就不能了解人们是否可靠，……我想证明，尽管比较穷困的人一般都比别人勤勉，但如果每个人都能随时将其资产状况写在他的前额上，那我们的产业就会因此而大大发展。"将资产写在额头上，就是一种信号发送，让人更好地辨别自己的偿债能力。这就是企业要详细地向外界发布财务报表的重要原因。

富兰克林也曾说："如果你向朋友借钱后，在你该干活的时候，他却看到你在喝咖啡，那他就会上门向你清讨债务，而且是急于一次还清的。反之，若在你该休息的时候，他却看到你还敲敲打打地辛苦干活，那他就会很放心地把钱借给你用。"在这里，该干活的时候喝咖啡，或者该休息的时候却辛苦地干活，也是一种信号发送。所以，在经济和金融活动中，信号发送并不只是公布财务数据，一言一行、举手投足，都在向他人发送相关信息。我们也常说，这个人"慈眉善目"，面容就向他人发送了一种积极的信号。

依靠信息优势方的信号发送并来缓解信息不对称，其前提是，发送的信号是真实的。但问题在于，信息优势方有时故意发送虚假信号，这时，依靠它发送的信号来做判断和决策，就会面临更严重的信息不对称。我们常常说，"口蜜腹剑""口是心非""说一套做一套"等，其中的"口蜜""口是""说一套"都是发送的积极信号，但背后却隐藏着更大的逆向选择和道德风险。这就引出了另外的问题：信息优势方要发送真实的信号，诚信就非常重要；对信息劣势方而言，还需要进行信息甄别。

声誉机制

不完全信息如何影响人们在重复博弈中的行为？在《博弈与社会》中，张维迎教授介绍了克雷普斯、米尔格罗姆、罗伯茨和威尔逊于 1982 年提出的著名的声誉模型，它表明，若所有参与者对其他参与者的特性不具有完全信息，那么，即使重复博弈的次数有限，人们仍然有积极性来建立合作的声誉，但在合作后期，不合作者终于"露出了狐狸的尾巴"，原形毕露。

简单说来，在不完全信息的情况下，只要博弈次数足够多，每人有足够的耐心，参与者在博弈早期有积极性建立合作声誉，但到博弈后期，就会有人出现背叛。对这一结论，可直观地解释如下：尽管每个参与者在选择合作时，都会冒着被对方出卖的风险，但选择不合作，就暴露了自己非合作的特点，这极有可能让他失去合作带来的收益。若博弈重复次数足够多，参与者有足够耐心，未来收益就会超过短期被出卖的损失。因此，博弈一开始，每个参与者都会树立合作形象，让其他人误认为自己是喜欢合作的（即使自己是非合作型的）；只有在博弈行将结束时，非合作者就会于声誉不顾了，合作就因此而终止了。

声誉模型解释了日常生活中的许多现象。在投资理财中，也经常有这样故事发生。比如，某公司发布了高收益理财产品信息，承诺年收益率达到 20%。但该公司干的实际是金融诈骗，以高收益为诱饵，让投资者去买它所谓的"理财产品"。有哪个骗子公司会向投资者说它在行骗呢？若该公司做了这样的收益承诺，它就会在早期向先来的投资者兑现它承诺的收益，以便向投资者传达"合作"和"可靠"的形象，让更多投资者"更多地、更放心地"买它的产品。当销售"理财产品"的金额达到一定程度后，它就会原形毕露，卷款跑路了。

声誉模型告诉我们，在信息不对称的环境下，不要被别人早期热情的合作形象所蒙蔽，否则，吃亏的就是自己。当然，此类例子从合作到背叛，一开始它的动机就是不纯的，压根就没将它当作一个事业来发展。

对于那些想寻求基业长青的机构而言，就是在长期的不断重复博弈中通过品牌来建立自己的声誉，缓解它与其客户间的信息不对称。在企业经营中，品牌就是一种声誉机制。信息越不对称，品牌的价值就越大；信息不对称带来的问题越严重，品牌的价值也会越大。像土豆这种信息不对称程度最低的产品，品牌价值很小，所以土豆一般没有品牌。在家电行业，比如电视机、冰箱等产品，信息不对称会严重一些，品牌价值就大一些。在更加复杂的医药、服务和汽车行业，安全性要求更高，信息不对称就更加严重，品牌价值就更大，因此，会计师或审计事务所的品牌本身就非常重要。类似地，咨询服务、信用评估、投资银行、商业银行和保险等，品牌的价值也非常大。信息不对称越严重，品牌在构成核心竞争力中就越重要。

2019年，西安某女士花60余万元买了一辆奔驰车，取车后开出20公里就漏油了，这样的事儿，不论谁遇到，都会不高兴。于是，她要求经销商更换新车，可经销商就是不同意。不得已，她只好坐在引擎盖上维权，引发社会关注。

毫无疑问，这给奔驰的品牌形象造成了极为负面的影响。但消费者是否会因发生过车主坐引擎盖维权而不再信任奔驰了呢？

答案是否定的。

这其中，最重要的原因之一就在于，那个三叉形的标识，不仅仅是一辆可以行驶的汽车，也是产品质量的信号传递，更是身份的象征。尽管某一辆奔驰车存在质量问题，但所有奔驰车的平均质量，仍然是不错的。所以，品牌本身就是一种信号传递，它是解决信息不对称的基本手段之一。

承诺与守信

承诺也是信息优势方解决信息不对称的重要方式。所谓"君子一言，驷马难追"，就是承诺。在日常生活中，当朋友之间存在不对称信息时，解决方式之一就是"发毒誓"，这是典型的承诺机制。桃园三结义的故事，大家耳熟能详，刘备、关羽和张飞结拜为兄弟，虽然他们都有行侠仗义之心，但还是面临着彼此间的不对称信息，于是他们发誓"不在同年同月同日生，愿在同年同月同日死"，这是一种承诺。在春秋战国时期，各诸侯国结盟之时，会"歃血为盟"，对天发誓，这也是一种承诺。

在经济活动中，我们在购买商品时，卖家（或生产商）与买家（消费者）之间就存在产品质量信息不对称，消费者对产品质量的信息总比生产商知道的要少。解决办法之一，就是生产商向消费者做出质量上的保证（质保），承诺在若干时日内，若出现产品质量问题，消费者可无条件退换货。还有一种方式，就是国内某家电企业的做法，当消费者购买它的彩电、冰箱或洗衣机后，若出现产品质量问题，它就派人上门维修。现在，在电商平台购物，也面临价格和质量方面的信息不对称，为了缓解消费者的疑虑，电商平台往往会做出一些承诺，如一周之内无理由退换货；若买家发现其他平台价格更便宜，那他也可以向买家申请退还其间的差额。

在金融活动中，金融机构也可通过各种渠道向作为信息劣势方的金融消费者做出承诺。实际上，"刚性兑付"就是一种承诺机制。我们在购买理财产品时，就与其发行人之间存在信息不对称，理财产品发行人拥有更多的信息，购买者处于信息劣势，这加剧了理财产品购买者面临的风险。若金融机构承诺对理财产品进行刚性兑付，那它就有更大的积极性去谨慎、周全地评估底层资产的风险。因此，从信息不对称的角度来看，理财产品中采纳"买者自负"的原则，可能并不完全恰当。

当然，做出了承诺，就要守信。言而无信，反而会造成更严重的信息不对称。在桃园三结义后，刘备、关羽和张飞都较好地坚守了各自的承诺。尤其是，关羽身在曹营心在汉、千里走单骑，已成为坚守承诺的美谈。信息优势方的诚信和对承诺的坚守，对缓解信息不对称是极为重要的。试想，说话不算数，出尔反尔，那是不可能在信息不对称中建立长期的合作关系的。正是孔子说："人无信而不立。"

抵押与净值

虽然信息优势方的承诺是缓解信息不对称的方式之一，但承诺可能是不可信的，并不是所有人都像关羽那样，能够信守当初的承诺。那些不怀好意的人，总是会轻易做出各种承诺，以此获得他人的信任。因此，当我们在与他们做一笔金融或经济上的交易时，对方满口答应对你有利的种种承诺时，就得要小心了。"食言""背信弃义"者并不在少数。

为了使承诺更具有可信性，信息优势方还会提供其他方法。抵押就是常见的一种。

在春秋战国时期，各诸侯国之间往往会建立同盟关系，但盟国也可能背约。为了打消对方的疑虑，诸侯国就把世子或王孙送去做人质，这是缓解信息不对称的普遍方式。到了清朝康熙时，吴三桂的势力受到朝廷的削弱，他担心朝廷怀疑自己，就将自己的儿子吴应熊送到京城做人质，试图打消朝廷的疑虑。

春秋战国时期，诸侯国之间缓解信息不对称的另一种办法就是通婚，这其实是一种变相抵押，典型的是秦国与晋国之间的通婚，直到现在，人们还把姻缘缔结称为"秦晋之好"。在刘备集团借荆州的案例中，东吴一开始并没有向刘备集团要求提供抵押品，完全是"信用放款"。只是后来才想起这茬事，就借刘备续弦之需，把刘备哄到东吴取孙权之妹，想趁此机会，把刘备变为抵押品，结果"赔了夫人又折兵"。

在金融活动中，抵（质）押同样是缓解信息不对称的重要措施。若借款者投资失败，贷款者可从抵押品中收回自己的全部或部分权益，降低了贷出资金面临的不确定性。重要的是，判断财物（抵押品）的价值，比判断人品容易得多。还有，若借款者跑路，他就必须掂量自己失去抵押品的损失。因此，若抵押品比较完善，骗钱者在借贷前就需好好地思量一番，好的抵押品本身就是对诚实借款者和不诚实借款者的一种筛选机制。另外，好的抵押品会促使借款者在投资风险比较高的项目前三思而行，遏制了道德风险。由此看来，抵押品具有双重功用，一是把骗子赶出市场，二是降低借款者那种机会主义的冒险冲动。

因此，现在银行在发放贷款时极少不要求抵押或担保的。我们申请住房信贷，银行一般都要求以所购买的住宅作为抵押；银行在向企业发放贷款时，也会要求企业以相应的设备、厂房等作为抵押。抵押品的价值与贷款额之比越高，借款者违约的可能性就越小。若借款者发生贷款违约，贷款者可变卖抵押品，并用出售所得的款项补偿未清偿的贷款余额。

然而，人们往往不能从感情上接受抵押。《威尼斯商人》里的夏洛克，借了3 000英镑给安东尼奥，抵押品是安东尼奥胸前的一磅肉（约为0.45千克）。人们强烈谴责夏洛克行为的势利和残忍。但《从资本家手中拯救资本主义》中指出，恰恰是作为抵押品的这磅肉，才使得威尼斯商人得到了他想要的借款。尽管《威尼斯商人》是对高利贷的控诉，但从金融角度看，安东尼奥以胸前的一磅肉作为抵押品，非常好地解决了夏洛克与安东尼奥之间的信息不对称问题。因为，对夏洛克而言，他真正需要的，是安东尼奥偿还的钱，不是那一磅肉；对安东尼奥来说，自己胸前的肉无比宝贵，失去了那一磅肉，就会失去生命，若非万不得已，他也决不会违约。

当然，贷款要求抵押，可能会加剧不平等。这并不是说，若借款者违约，贷款者索取抵押品造成了不平等，而是因为，贷款者事先就可通过抵押品限制贷款，结果是，只有有产者才能够得到贷款。这正是："因为凡有的，还要加给他，叫他有余；没有的，连他所有的也要夺过来。"

净值发挥着与抵押品相似的作用。

净值＝总资产－总负债，在资产负债表上，它相当于所有者权益。

以个人住房抵押贷款为例。假设张三买了一套价值600万元的房子，首付20%（即120万元），从银行借480万元。这意味着，一开始，他在这套房产上总资产为600万元，总负债为480万元，净值为120万元。

假设一年后，房价上涨了50%，他在这套房子上的资产总额就变成了900万元。再假定他在这一年中还了银行30万元的本金，那他就还欠银行450万元。就是说，他欠银行的钱不会随房价上涨而相应地增长。这时，他在这套房子上的净值就从原来的120万元增加到了450万元。

相反，若一年后房价下跌了50%，也就是现在只值300万元了，那他在这套房子上的净值发生了什么样的变化呢？房价下跌了，现实是银行没有那样的同情心将张三所欠的贷款减少一分的。在他偿还银行30万后，还欠450万。这意味着，他在这个房产上的净值就是－150万元了。也就是我们所说的"负资产"。

这两种不同的情况有什么差异呢？在第一种情况下，他会积极工作，努力挣钱，按时还本付息，保留对这个被抵押的房子的所有权。在第二种情况下，他的理性选择就是，违约！

由此可见，净值越大，即便借款者从事了导致亏损的投资，出现了违约，贷款者仍可取得公司净值的所有权，并将其售出，用销售所得款项补偿未清偿的贷款。净值越大，借款者违约可能性就会越小，他拥有偿还贷款的缓冲资产。当企业家个人投入项目中的净财富占投资总额的比例越高，企业家对项目的选择就越谨慎。对贷款者而言，发生逆向选择的概率降低了；而且，企业家投入项目中的净财富越高，企业家改变资金投向，去从事一些高风险的不利于借款者利益的动机也会减弱。

住房抵押贷款的例子也告诉我们，资产价格的变化会影响借款者的净值。资产价格上涨，借款者的净值就会相应增加；反之，资产价格下跌，借款者的净值就会下降甚至变成负资产。因此，我们看到，在资产（房地产）价格上涨的环境里，违约事件就要少很多，而在资产价格下跌的环境里，违约事件就会成倍增长。这就解释了，为什么政府阻止房价下跌的动力，会远远超过防止房价上涨的动力。

信息劣势方如何应对

信息劣势方也可从多方面来缓解信息不对称。包括主动收集信息、重复博弈、信号甄别与机制设计、发挥金融机构的作用，等等。

主动收集信息

由于道德风险和逆向选择是由信息不对称引起的，因此，获取尽可能多的信息就是解决逆向选择和道德风险的关键。我们常说要"三思而后行"，其含义之一就是，在行动之前要尽可能地收集各方面的信息，以免做出对自己不利的选择。

"黔驴技穷"就形象地说明了周详地收集信息是如何避免了逆向选择的。毛驴刚到贵州时，老虎见它是庞然大物，不知毛驴有多大的本领，于是就躲在树后偷偷观察；过了一会，老虎就从树后走出来，渐渐接近毛驴，毛驴大叫一声，老虎被吓了一大跳，仓皇逃跑了。

后来，老虎对毛驴的叫声习以为常了，觉得毛驴并没有什么了不起的本领，就故意去冒犯毛驴。毛驴一怒之下，用脚去踢了老虎。毛驴这一脚，向老虎传达了它所有本领的信息，老虎据此判断，毛驴的本领不过如此。老虎经过详细、耐心地收集毛驴的信息，在有效控制风险的前提下，最终将毛驴吃掉了，老虎避免了自己反被毛驴吃掉的逆向选择。

所以，在金融活动中，人类要向老虎学习，在做出任何投资决策前，主动去收集足够多的相关信息，这是缓解信息不对称和避免损失的必要手段。银行在提供一项贷款之前或机构投资者在购买公司债券之前，往往都会做尽职调查，不仅事前如此，在提供贷款或购买债券后，它们还会对借款去向进行跟踪。所有这些，实际上就是主动去收集信息的过程。

重复博弈

在单次经济或金融活动中，面临的信息不对称问题更突出或更严重。"一锤子买卖"，人们会更容易上当受骗，也就是面临更严重的信息不对称。在一次性博弈与交易中，声誉机制发挥不了作用，总有一些信息优势方只顾眼前利益，声誉对他们没有任何约束力。

那些志在打造百年老店的生意人，则更愿意向消费者传递更积极的信号，因为它们需要消费者在不断的重复交易中，建立对自己的信心和信任。这就是一家拥有金碧辉煌大厦的银行，会比一个你都不知道在哪里办公的网络理财公司更安全的重要原因，前者需要在重复交易中让金融消费者建立起对自己的信任，而后者更可能做"一锤子买卖"，甚至公然地进行金融欺诈。

"路遥知马力，日久见人心"，就非常好地说明了，在重复交易或重复博弈中，可以让信息劣势方获得更多的恰当信息。对信息劣势方而言，重复博弈也可以让他们"吃一堑，长一智"。所谓"心急吃不了热豆腐",也从重复博弈中得到了解释。

信息甄别与机制设计

拥有"好信息"的一方会主动通过信号传递的方法来告诉对方自己的信息。但通常来说,拥有"坏信息"的一方并没有积极性披露自己的真实信息,甚至还可能发送虚假信息,误导对方。周瑜就通过制造假书信,让曹操将自己麾下擅长水战的两员大将杀了;周瑜打黄盖,蒙蔽了曹操,让曹操以为黄盖真会给他一船一船地运送粮食来。在金融活动中,企业向银行贷款时,可能不愿意如实告诉银行自己项目的风险,投保者也不愿向保险公司披露自己真实的健康状况。更恶劣的是,有的上市公司通过编制虚假财务报表,误导投资者。

面对信息不对称,有时可借助于自然科学的实验方法,比如,鉴别某件贵重的物品是否为赝品。最著名的例子就是,阿基米德为叙拉古国王鉴定金皇冠。当国王收到金皇冠时,怀疑里面掺了银。他要求阿基米德鉴定是否为纯黄金打造,但不能毁坏它。阿基米德开始一筹莫展,但他在洗澡时发现,从浴缸里溢出的水量,等于他身子泡在水里的体积。他推而广之,认为浸入水中的物体所排出的水的体积,等于该物体自身的体积,而且,即便物体的重量相等,但体积不一定相等。紧接着,他就用黄金和银分别铸造了与皇冠重量相等的两块金属,放入水中测量它们排出的水量,再把皇冠放入水中测量其排出的水量,发现皇冠排出的水量多于金排出的水量、少于银排出的水量,据此他判定,皇冠不是纯金打造的。

然而,在金融与经济活动中,很多时候并不能通过实验来得到真实信息,但信息劣势方可设计一些激励方案,让信息优势方"说"真话,这就是"信息甄别"或"机制设计"。

"谁是孩子母亲"的故事,就阐明了一种机制设计原理。有两个妇女争论说孩子是自己的，为此，她们闹到了所罗门王那里。那时没有 DNA 鉴定，所罗门王并不知道谁是孩子母亲，但两个妇女都知道谁是亲妈。所罗门王说，既然你们都说孩子是自己的，争论不休，我只能把孩子分成两半，你们一人拿一半好了。这时，一位妇女放声大哭，说孩子不是自己的，不要了，另一位却无动于衷。所罗门王据此断定那位放声大哭的妇女才是孩子亲妈。

《梦溪笔谈》中也讲了一种信息甄别方法。陈述古在建州浦城任县令时，有一家丢了东西，官府抓了一些嫌疑人，但所有人都矢口否认。陈想了一个办法，说，"庙里有口钟，能辨认窃贼"。他把那些嫌疑人带到钟前，告诉他们，每人摸摸钟，若不是窃贼，摸到钟时，它就不会响；若是，它就会响。他用黑布将钟罩了起来，又暗地里派人用墨涂了钟壁。他再让所有嫌疑人去摸钟，然后查验手掌，断定那个手掌上没有墨的，一定是窃贼。

这种机制的设计原理，被广泛地运用到了产品定价中。企业并不知道张三和李四各自愿为它的产品或服务付多少钱。它是否有办法把不同付费意愿的人识别出来呢？其中，最常见的办法就是，针对不同顾客索取完全不同的价格，即经济学里所讲的价格歧视。

张维迎在《博弈与社会》一书中，就讲了富人花钱、穷人受罪的价格歧视的故事。在 19 世纪中期，法国火车上有头等车厢、二等车厢和三等车厢，不同车厢价格相差较大。头等车厢非常舒适，二等车厢有顶盖，三等车厢没有，坐在三等车厢的旅客就要忍受日晒雨淋的痛苦。实际上，给车厢加个顶盖并不需要多高的成本，为什么铁路公司不这样做呢？

原因与不对称信息有关。铁路公司想从每一个旅客那里赚更多的钱。但它并不知道每个乘客愿付多少票价。若有财力坐二等车厢的乘客选择了三等车厢，对铁路公司是个损失。因此，铁路公司故意不给三等车厢加顶盖，有财力坐二等车厢的人，就不会到三等车厢忍受痛苦了，只有那些实在没有财力的人，才会坐三等车厢。这种让富人花钱、穷人受罪的做法，其实是获取不同人群付费意愿的一个机制设计。

类似的例子，在我们的生活中屡见不鲜。比如，现在家长一般都会去影棚给自己的宝贝拍周岁照和全家福。为了吸引家长，影棚可能会承诺打折，还会制作一套精美的相册。但影棚并不知道哪些家长愿意为宝贝花更多的钱，影棚是否可通过一套机制（想办法）将不同类别的家长区别开来呢？

带自己宝贝拍过照的家长马上就能回答了。按照原来看起来有吸引力的价格，影棚是绝对不会将底片拷贝给家长的。若要拷走底片，影棚可能会标价每张底片（比如说）80元。在照相套餐中，售价高的可拷贝，售价低的不可拷贝，就把家长的支付意愿直接区别开来了。实际上，家长拷贝一份照片，对影棚而言，其边际成本为零。

发挥金融机构的作用

与老虎收集毛驴本领的信息相似，解决道德风险和逆向选择的办法，是向资金供应者提供那些正在为投资寻求资金的个人或公司的详细情况。若保险公司能识别司机发生交通事故的概率，他就可针对司机出事故的概率大小来收取保费。若你知道你那位好友会把你借给他的钱拿去买彩票，你大概也不会把钱借给他；若你和其他投资者知道那位好友不会如实报告经营业绩，你们就会要求对咖啡馆每天经营情况做出详细记录。

在金融活动中，你在投资之前，也可对拟投资的公司进行调查。然而，信息在某种程度上是一种公共产品，其效用并不会因为别人的使用而下降，信息产品消费的边际成本为零，而且对信息的使用是难以监督的，很难像有形私人物品那样通过市场交换后才能获得效用，在信息消费中，广泛存在搭便车的现象。加之，信息收集和加工需要有丰富的经验和专业知识，遗憾的是，许多人并不具备这种能力。鉴于此，充分发挥金融机构的作用，便是缓解信息不对称的另一种重要途径。

金融机构，比如商业银行和投资银行，它们实际上都是信息生产商。金融机构能够成为生产借款者信息的专家。银行具有从信息生产中获利的能力，是因为银行在长期贷款活动中，可以积累起对公司信息生产和加工的经验。银行之所以有收集这方面信息的激励，一个重要因素在于，它们主要发放私人贷款，而不是购买在公开市场上交易的证券，这就有效避免了搭便车问题。由于信息收集、处理和加工成本不因贷款规模的大小而有大的变化，银行去收集处理企业的信息，然后向企业发放贷款，就有效降低了投资的单位信息成本。

但是，金融机构只是部分地解决了信息不对称问题，并没有解决信息不对称的全部。事实上，金融机构也常常面临信息不对称之苦。为了更好地获取信息，还可以采取其他手段，这其中，合约的正向激励就非常重要。

合约的正向激励

合约的正向激励就是交易双方在签署金融合约时约定，若信息优势方没有出现有损于劣势方的行为时，信息劣势方将会以优惠条件向后者提供相应的金融服务。在保险合同或资金借贷合同中，通常会有合约的正向激励条款。比如，在汽车保险中，若在投保后没有发生事故，那么，在下一次投保时，保险公司会给予更高折扣的保单。

再比如，若过去没有违约记录，那么，银行可能会以更优惠的利率向借款者提供贷款。2009年10月，央行在调整利率时，将住房抵押贷款利率的下浮区间扩大到30%，即商业银行发放的房贷利率可在央行规定的基准利率上打七折。但许多银行规定，能够享受这一优惠的借款者，必须过去没有违约记录。有的借款者因没有及时还清信用卡极少的利息，在征信系统中产生了不良信用记录，无法享受到七折的利率优惠。

理财中的信息不对称：非法集资

在普通人的理财活动中，常常遇到的信息不对称就是非法集资，它给财产安全造成的危害特别大。非法集资一般有 4 个特征：

- 非法性，即未经相关部门依法批准或违反国家金融管理法律法规。
- 公开性，通过一切可能的媒介大肆公开宣传，扩大信息传播面，让更多人参与其中。
- 利诱性，承诺在一定期限内还本付息，并且承诺给予远远超过正规金融机构（比如银行存款或国债利率）的收益率。以高收益为诱饵是非法集资的典型特征。
- 不特定性，向社会不特定对象吸收资金。它借助现代信息技术，通过大肆地利诱宣传，从发达城市到偏远农村，从拥有高学历的白领到辛勤劳作的农民，都可能向集资者贡献他们好不容易积攒的钱财。

银保监会消费者权益保护局结合近年来非法吸收公众存款、集资诈骗等典型案例，为作为信息劣势方的老百姓支了"三招防骗术"。

第一，不受高收益诱惑而冲动投资。不要轻易相信所谓的"稳赚不赔""无风险、高收益"宣传。不法分子就是抓住一些集资人——尤其是老年人等特定群体——害怕风险、贪图利益的心理特点和金融知识匮乏的弱点，编造无风险、高回报谎言骗取资金。金融投资专业性强，涉及种种风险，人们应当保持理性投资观念和风险意识，正确评估自身经济实力和风险承受力，切莫因一时冲动被骗入局。

第二，不轻信不明身份的机构或个人。要了解融资合法性，除了看是否取得营业执照，还要看是否取得相关金融牌照。对于主动找上门来，口若悬河地介绍"投资商机"的"营销人员"，要格外提防，不要盲目相信造势宣传、熟人介绍、专家推荐。要坚决远离不具有相应资质、超范围经营、经营异常或自称公司在境外接受监管的机构。通过正规渠道购买金融产品，不与银行、保险从业人员等个人签订投资理财协议。

第三，不轻易投资不透明、不了解的产业或项目。遇到投资集资宣传，不要受宣传误导盲目投资，要认真了解产业或项目的资质许可、经营模式、真实性、资金去向和获利方式等，考虑自己是否了解市场行情、规律和潜在风险，远离看不懂的业务、说不清楚的风险点或看不透风险的产品，不要被各种噱头迷惑。

总之，无论非法集资如何花样百出，他们的最终目的都是想方设法套取公众财产，非法据为己有。防范非法集资，保护个人财产，应始终保持清醒和理性。2018年，银保监会主席郭树清就曾公开说，"在打击非法集资的过程中，努力通过多种方式让人民群众认识到，高收益意味着高风险，收益率超过6%就要打问号，超过8%就很危险，10%以上就要准备损失全部本金"。这是非常有道理的。

第三方的作用

市场化中介机构

会计师事务所、信用评级机构都是作为第三方，通过市场化的手段来缓解信息不对称。它们都是以盈利为目标的商业性信息生产商，在缓解信息不对称中扮演着各自不同的角色。

席勒在《金融与好的社会》中将会计师和审计人员誉为"金融架构的护航者"。他说，如果首席执行官是大脑的前额皮质，那会计师则是大脑的海马体，它将短期记忆转化为长期记忆，并把大脑中不同的记忆串联在一起。会计师是核心信息的储存者，因此，他们也是维护机构道德标准的监督者。会计师则对公司的财务报表、销售凭证等进行真实性审计，当他们出具无保留意见的审计报告时，这表明，他们认为公司财务数据是真实的；若无法出具无保留意见的审计报告，就意味着存在严重的会计质量问题。

类似地，信用评级机构也会对证券发行企业进行跟踪评级，评级本质上也是信息生产、加工和输出的过程。1909年，穆迪开了公开企业债券评级的先河。但直到1929年大崩盘，美国监管部门才开始要求银行、保险公司等要重视评级。后来，美国证券交易委员会创造了全国认定量化评级组织的设计理念。但2001年的安然事件让人们意识到，评级存在重大缺陷，三大评级公司在安然倒闭前5天都对其给予了很高的评级；2008年美国的次贷危机前，评级机构对美国次级抵押贷款债券也曾给予了相当高的评级。

利用第三方中介机构，可能存在利益冲突。它是指，当作为中介机构有多重目标（利益）时，其中一些目标与另一些可能存在冲突。当不同目标和利益间存在着潜在冲突时，它们就可能选择隐瞒或散布误导性信息。比如，投资银行为了获得巨额承销费，就可能帮助拟上市公司隐藏不利的会计信息。中国股票市场因欺诈发行而退市的第一案——欣泰电器，作为保荐机构的兴业证券，就没有尽到勤勉尽责而被证监会处以重罚。会计师的审计费用是由被审计的上市公司支付的，为了不失去业务机会，会计师可能对明显不利的会计信息视而不见。康美药业数年间财务报表中长期趴着并不存在的300亿元的货币资金、虚增利润，作为其审计机构的正中珠江会计师事务所，并没有做出任何专业性的提示,实际上都是利益冲突的表现。

利益冲突会促使那些本应勤勉尽责提供完全信息的中介机构降低信息量,甚至成为财务欺诈的帮凶,反而会加剧、恶化信息不对称,不仅不能将有限的金融资源分配给那些善于经营的企业家,而且也给投资者带来不可挽回的损失。

因此,我们需要另一种具有强制约束力的信息不对称缓解机制,那就是,政府的作用。

政府的作用

◎强制信息披露

在世界各国,金融业都是受政府严格监管的领域之一。各国都制定了法律,要求公司使用标准的会计准则,以便人们更容易判断公司的真实经营状况;政府还规定,上市公司必须定期公布财务报表,对各种重大经营事项要及时在指定刊物上予以披露。我们几乎每天都可在《中国证券报》《上海证券报》《证券时报》等媒体上看到一些公司的重大事项公告,这是它们按照监管要求履行强制性信息披露的义务。

需要注意的是,尽管上市公司都披露财务信息,但提供虚假信息,隐瞒亏损或虚构盈利,屡见不鲜,这通常叫财务欺诈(或会计欺诈)。我们举两个例子。

第一个案例,康美药业300亿元的货币资金竟然是会计差错。康美药业以中药材贸易起家,经过20余年发展,市值一度达到1200亿元。然而,2018年第四季度后,该公司股价急速下跌,市值大幅缩水。该公司后因涉嫌信息披露违法违规,被证监会立案调查。

后来,该公司发布了"前期会计差错更正公告",称"由于公司核算账户资金时存在错误,造成2017年货币资金多计299.44亿元",

同时，"由于采购付款、工程支付及确认业务款项时的会计处理存在错误，造成存货少计195.46亿元"。康美药业后来不仅债务违约，股价也一落千丈，投资者损失惨重。

第二个案例，獐子岛的扇贝游走了。2018年年初，上市公司獐子岛称，预计2017年亏损5.3亿元到7.2亿元。但在3个月前，它还预计盈利9 000万元到1.1亿元。为什么利润出现如此大的变化？它给出的理由是，原来播下的虾夷扇贝存货异常，需要计提损失准备。此前，该公司在2014年就宣称，由于遭遇异常冷水团，导致价值7亿元的虾夷扇贝遭遇灭顶之灾，公司股价应声而落。作为投资者，就算懂得在投资前需要根据所有可得的信息全面评估，但也不可能直接潜到海底去对它养的扇贝探个究竟。

这两个案例告诉我们，根据会计信息做投资决策时，仍可能面临信息不对称。会计欺诈会严重误导投资者，使投资者不能恰当地评估和管理风险。

◎征信

除了监管，政府也利用现代信息技术将借款者的信用状况当作一种准公共产品向金融机构提供。为了弱化信息不对称给我国银行业带来的不利影响，2003年，央行成立了征信局，建立了征信系统。我国所有个人借款者（包括个人在学校获得的助学贷款和工作后的住房抵押贷款及偿还情况）的信用信息，在这个系统里都有完整的记录。若小王大学期间借过助学贷款，毕业后没有如期还本付息，要再申请其他贷款可就难了。

征信系统的应用，已经超越了金融范畴，它越来越多地被用来评价"人品"。2019年，央行副行长陈雨露就表示，征信已逐渐被用到了社会领域，很多女孩找男朋友，未来的岳母担心宝贝女儿遇人不淑，就要求男孩把个人征信报告拿来看看。不守信用的代价会越来越高，被列入失信人员名单的，可能在一段时间内坐不了飞机、高铁等。

◎监管

信息不对称是政府对金融监管的重要原因之一。在信息不对称产生后果越严重的领域，就越需要强化政府的监管。金融正是这样的领域，例如，信息不对称导致金融市场波动过于剧烈，以至于引发了金融危机，就可能使经济陷入全面的衰退之中。

正因为如此，政府无一例外地会对金融体系实施全方位的监管。比如，中国对金融机构就实行特许经营制度，并非"有钱就可任性"，不能随心所欲地注册和经营金融机构。不仅如此，政府还要求金融机构必须有充足的资本，使其有足够吸收损失的能力；金融机构管理人员也有任职资格的限制。对上市公司董事、高级管理人员、持股比例达到一定标准的股东，买卖本公司股票都有严格的约束；利用信息优势进行内幕交易，一旦被发现，甚至会有牢狱之灾。

2014年，银监会要求，银行发售普通个人客户理财产品时，需在宣传销售文本中公布所售产品在"全国银行业理财产品登记系统"的登记编码。该编码具有唯一性，客户可依据该编码在"中国理财网"查询产品信息，未在理财产品登记系统登记的一律不得销售。登记编码的格式都是统一的。在中国理财网通过查询登记编码来验明理财产品的真伪，是最简单可靠的办法。

第十四章
富贵险中求：逃不掉的风险

第十三章讲了信息不对称带来的种种问题。我们在金融活动中面临的一些风险，就有相当一部分是由信息不对称引起的。但风险绝不仅仅来自信息不对称，而且，风险的表现形式也多种多样。虽然人们不喜欢风险，但又无法逃避风险，在投资理财中，就不得不与风险共存。

没有十拿九稳的事：风险

有人说，在这个世界上，唯一确定的，就是死亡和税收。

但是，即便是死亡，也是不确定的。人们会在多大年纪、因何种原因而故去，都是不确定的。实际上，确定性只是相对的，不确定性是绝对的。人们总是被不确定性笼罩着。你购买了一件商品，也无法保证商品没有瑕疵；将钱放出去做投资，再精明的人也无法保证能够按时收回本金并获利。

风险是不讨人喜欢甚至是令人厌恶的，就像人们不喜欢生病一样。人们都希望避免风险，或使风险最小化。要规避风险，首先要弄清什么是风险。

学过概率的人一谈起金融，可能会一本正经地说，收益的波动或方差（标准差），就是不确定性，就是风险。通俗地讲，方差是资产价格的波动性，这是对风险在概率上的定义。波动性是否可以衡量或反映一种资产的风险呢？

在此，先给大家列出中国上市的股票 A 和 B 在 2008 年年初至 2019 年 9 月初月度收益率的波动性（收益率的方差）。在此期间，股票 A 和 B 的月度收益率方差分别约为 90.6 和 49。

按照收益率的方差来定义风险，显然股票 A 的风险要比 B 的风险高很多。但在此期间，一直持有更高波动性的 A 的投资者，获得了数十倍的收益；一直持有波动性低的股票 B 的投资者，收益率为 -77%！他们不仅没有赚到钱，甚至亏了不少本金。

A 和 B 分别是哪只股票呢？A 是贵州茅台，B 是中国石油。

这个例子就告诉我们，收益率的方差或波动性，并不能恰当地定义风险。事实上，波动性并不是大多数投资者所关心的风险。很难相信，投资者在设定价格和预期收益时，需要考虑的风险是其收益率的波动性。

对风险的常见定义，是把风险等同于未来的不确定性。这样来定义风险当然没有错，但不够准确。谁能对未来的事有 100% 的把握。能够神机妙算、运筹帷幄的诸葛亮，也不能预料到关羽会放走曹操，更不能料到关羽大意失荆州和马谡失街亭。笼统地将不确定性定义为风险，并不符合我们在投资理财中对风险的切身感受。比如，买了股票后，上涨 20% 和上涨 5%，实际上是有很大区别的，但一般人并不把只上涨 5% 视为风险，毕竟，在这一次投资中，无论多少，都有斩获。因此，不确定性只是风险的必要条件而非充分条件，并不是所有的不确定性都是风险。

实际上，人们通常是将损失而非收益增加的不确定性看作风险，或将收益率相对预期收益率的不利偏离称作风险。因此，马克斯在《投资最重要的事》中指出，风险就是损失的可能性，而且人们拒绝投资的主要原因就是担心亏本。这样定义，更符合人们的切身感受。

风险只存在于未来，而未来会怎样，是不确定的。人们承担风险与否的决策，建立在常态再现的期望之上。我们常说，做"最坏的打算"，但结果往往显示，没有"最坏"，只有"更坏"，原来预期的坏的结果还不够坏。

至于风险与收益的关系，正统的金融学总是讲"高风险、高收益"，这好像是一个硬币的两面，正如人们常说的"不入虎穴，焉得虎子"。然而，试图靠承担更高的风险来获得更高的收益，本身就可能带来极高的风险。若高风险的投资能够可靠地产生更高的收益，那它也就不是风险了。因此，恰当的表述应当是，为了吸引资本，风险更高的投资，必须提供更好的收益前景、更高的预期收益，但绝不意味着，更高的预期收益必然是囊中之物。

在金融学里，那些风险计量模型往往以一定的概率分布及其方差来度量风险，尤其是，假定不确定事件发生的概率服从正态分布，即有利的和不利的事件，在平均水平的两边呈钟形对称分布。但对金融风险而言，一个对称分布的不确定事件，即便不利的事件发生了，也不会是真正的风险。因为这些确切的概率分布范围内的不利事件，投资者（尤其是金融机构）会采取相应的措施，比如，在定价中要求相应的风险补偿、计提损失准备金或增加资本来吸收实际发生的损失。

是故，真正的风险在于，那些认为极小概率或原本认为不可能发生的事，恰恰发生了，而且带来了灾难性的后果。这就是金融圈所说的"尾部风险"。它有两个基本特征：发生的可能性极低；一旦发生，就会带来巨大（或灾难性）的损失。只有同时具备这两点，才会构成尾部风险。毕竟，买彩票中500万元大奖的可能性极低，但谁也不会认为这是尾部风险；喝水被噎死，就是尾部风险。

尾部风险最常见的同义语就是"黑天鹅"。苏格兰哲学家休谟指出，我们看到的白天鹅再多，也没法推断所有天鹅都是白的，只要看到一只黑色天鹅，就足以推翻天鹅是"白色"的论断。休谟旨在说明，经验观察受到样本局限性的影响，并不能得到完全可靠的结论。塔勒布所著的《黑天鹅》一书中，借黑天鹅来表示，极小概率的事件发生了，而且带来了超出预期的巨大损失。所以，你跟做股票的朋友聊天，祝他遇到黑天鹅，就跟你见到渔民祝他翻船一样，是犯大忌了。

我们常说，不怕一万，就怕万一，就是尾部风险的白话表述。所谓"一万"，实际上就是指某一事件发生的可能性极大，对这种大概率发生的事件，人们往往会做充分的心理和物质上的准备和应对措施。比如，夏天的霹雳导致建筑物失火或受损，就是发生概率"一万"的事件，鉴于此，所有的建筑物都会安装避雷针。打雷时，待在大树下会被雷击，也是一个"一万"的事件，稍有常识的人，都不会在雷雨时待在树下。类似地，在投资理财中，明知对方是骗子，或怀疑他极可能是骗子，又有谁还会把钱交给他呢？

所谓"万一"，实际上就是指那些在人们看来不太可能发生的事，最终还是发生了。而且，它一旦发生，就会带来不可控制的损失甚至灾难。中国还有句古话"淹死的都是会游泳的人"。这是在说，溺水身亡对会游泳的人就是"万一"的小概率事件，是一个尾部风险。游泳者事先或许认为，自己泳技高超，绝不溺水，艺高人胆大，最终，疏忽大意，就溺水了。

火烧赤壁的故事可谓家喻户晓。赤壁之战中，曹操屡屡中了周瑜的计策，但最终让曹操兵败赤壁的，却是尾部风险使然。在我看来，火烧赤壁比黑天鹅更恰当地阐释了尾部风险的实质。

在火烧赤壁之前，曹操先是中计斩了自己手下善于水战的两员大将，又中了庞统的连环计，将浮于长江水面上的所有战船用铁环连锁。庞统的连环计还是被徐庶看穿了，只不过，徐庶因其母被曹操所骗，誓不为曹操出谋划策，借故逃往了西北。但曹操麾下还有其他高人，程昱就曾告诉曹操，"船皆连锁，固是平稳；但彼若用火攻，难以回避。不可不防"。

曹操如何回答的呢？他说："程昱你虽有远虑，但究竟是只知其一，不知其二。"

曹操为什么这样说呢？原来，就地理位置而言，曹操处于长江北岸，周瑜处于长江东南岸。长江北岸在隆冬时节刮西北风，夏天才刮东南风。

于是，曹操信心满满地给程昱上了一课，"凡用火攻，必借风力。现在这个隆冬季节，鱼都快冻死了，只有西北风，哪来东南风？周瑜小儿若要火攻，那只有把他自己活活烧死的份。若是十月八月，我早提防了"。言外之意，这还会用你来提醒？

曹操有没有道理呢？有。根据他掌握的知识，隆冬时节刮东南风，是极小概率的事件，曹操甚至认为，这是根本不可能发生的事，因而他在决策时，排除了刮东南风的可能。但这恰恰是他面临的巨大尾部风险，正是"万事俱备，只欠东风"。没想到，诸葛亮神通广大，在七星坛"借来了"东南风。后来真的刮起了东南风，曹操因此而大败赤壁，狼狈不堪。

可见，曹操兵败赤壁，实则是一个尾部风险。

具体而言，风险的表现形式是多种多样的，我们大体可分为信用风险、市场风险、流动性风险和操作风险等。下面我们就逐一道来。

背信弃义：信用风险

信用风险

　　信用风险是金融与投资活动的主要风险，它是指交易对手不能如期履约而带来的本息或资本利得损失风险，通常也叫违约风险。"说话不算数""食言"等，就是我们在人际交往中面临的信用风险。

　　信用违约事件早已有之。战国末期，周赧王打算发兵攻秦，无奈军饷不足，于是，他向富人借钱以充军饷，而且立了券，约定班师回朝之日，以战胜的虏获，连本带息偿还。这表明，那时我国已经有了"战争债"。无奈面对强秦，其他诸侯人人自危，无力自保，无法帮助周赧王抗秦，周赧王出兵一番，徒费无益，没有得到战利品去偿还他发行的战争债。结果，那些富人个个都拿着契券，聚集到宫门口来索债。周赧王没办法偿还，构成了实质性信用违约，觉得非常惭愧，他就跑到高台之上，逃避债务。后人就把周赧王逃债的高台叫"避债台"。我们今天所说"债台高筑"，大概就与周赧王的信用违约有关。

　　在金融与投资活动中，信用风险主要源于不完全信息，或是对未来的无知。由于人们无法对未来做出完美的预测，宏观经济和市场环境发生了与预想相反的变化，现金流无法满足还债之需，即便有还债之心，也无还债之力，于是就发生了违约。违约风险是银行面临的主要风险之一。

　　除了违约风险，信用风险的另一种表现形式就是信用降级风险。也就是，借款人借得资金（或发行债券）后，评级机构降低了对它的信用评级。由于宏观经济或行业环境变化、企业治理结构不完善或产品竞争力下降，导致企业经营状况和盈利能力下降，虽然还没有出现不能按时还本付息的实质性违约,但其偿债能力实际在下降。若评级公司敏感地捕捉到了这些信息,就会在跟踪评级中下调对借款人的信用评级,债券收益率就会相应地上升,债券价格就会下跌,给债券投资者带来损失。

导致违约风险的,既有客观因素,也有主观因素。客观因素主要是因经济、经营环境变化,使借款者没有还款的经济能力或还款能力下降而导致其信用级别下降。主观因素则是借款者一开始就没有还款意愿,或恶意逃废债。刘备集团借荆州,一开始就没打算归还给东吴,所以是恶意逃废债。

经营风险

经营风险是与借款人经营现金流相关的风险。借款人还款最终要依赖于它在经营中产生现金流的能力,很难想象,一家经营困难重重、现金流不足的企业会有良好的偿债能力。由于对未来不可完全预知,企业经营的现金流入和流出都具有不确定性。

企业经营状况既取决于国际国内的宏观经济大环境、行业性质,也取决于企业自身的市场竞争力和管理效率。在宏观经济衰退期,经济增长率和收入水平下降,社会总需求下降,导致企业销售收入下降,企业经营风险就会上升,信用风险也会随之增加。当然,在宏观经济波动中,不同行业受到的影响也是有差别的。一般而言,在经济下行或衰退中,有些行业的需求就下降得更多,其产品价格出现大幅下跌,经营状况迅速恶化;一旦宏观经济有所好转,其产品价格可能出现明显反弹,经营状况又会得到改善或恢复。钢铁、有色、能源等周期性行业都具有这样的特征。在宏观经济下行中,周期性行业受到的打击会更大,信用风险就会更严重一些。非周期性行业需求相对稳定、产品价格也不会随宏观经济变化而大幅波动,企业经营会相对稳定。食品、零售、医药等都属于典型的非周期性行业。

在同样的宏观经济环境下，同一个行业的不同企业经营状况也可能千差万别。在周期性行业中，即便在宏观经济衰退中，也依然会有经营状况好的企业；反之，在非周期性行业中，即便在宏观经济好的环境中，也会有财务表现很差的企业。企业自身的经营战略、研发投入、新技术和新产品的开发能力、新市场的开拓能力等都直接影响了其发展前景。对于技术变化非常快的行业，若企业对新技术变化的反应迟钝，那它的市场份额就会很快被那些迅速抢占了技术制高点的企业所占有，导致其经营状况恶化。这样的例子不胜枚举。如全球电子消费品行业中的手机巨头诺基亚、日本的电子企业索尼等，都因没能适应新技术的发展而拱手相让了自己的市场份额，以至于出现了经营上的亏损，不得不断臂求生。20世纪，柯达胶卷风靡全球，大街小巷都能看到"柯达冲印"，但数码技术革命，把柯达逼入了绝境。

财务风险

公司经营状况最终会反映到其财务报表上来。一些主要财务指标可较好地刻画借款者的还款能力。比如，资产负债率、现金流和短期债务比率等。

资产负债率，就是企业的债务与其总资产之间的比率。若一家企业的总资产为100亿元，但有80亿元负债，我们说它的资产负债率是80%，若负债只有50亿元，那资产负债率就是50%。资产负债率越高，偿债压力越大，信用状况就会相对弱一些。与资产负债率等价的还有净资产。净资产越高，不仅意味着企业的杠杆率会越低，而且一旦借款者违约被清算，依靠净资产来偿还的债务更有保障。

衡量借款者现金流的指标主要有经营活动现金流、投资活动现金流和筹资活动现金流。经营活动现金流一般是指企业主营业务活动现金流流入与其支出所产生的现金流流出之间的差额。经营活动现金流越大，偿债能力会越强，信用风险相对越低。一般而言，大企业和成熟企业的经营活动现金流会较高，初创或处于成长期的企业，经营活动现金流就比较低甚至没有。与经营活动现金流高度相关的是安全边际，即，营业收入在足够偿还公司债务时可以下降的最大百分比。显然，一个营业收入下降20%还不会影响其偿债的企业，比营业收入下降10%就会影响偿债的，具有更高的安全边际。

投资活动现金流是企业固定资产或金融资产投资所带来的现金流，例如，企业变现其持有的股票，就是典型的投资活动现金流。发行股票、债券或从银行借款等也能带来现金流，这便是筹资活动现金流。在既定时期内，通过借新债还旧债这种拆东墙补西墙的办法，也能避免违约。但这种只有输血功能没有造血功能的现金流，会使未来偿债压力更大，以它作为偿债资金来源，只能作为权宜之计。

短期债务比率，顾名思义，就是偿还期在一年以内的债务占总债务的比重。短期债务比率越高，借款者在未来较短的时间内面临的偿债压力会越大。流动比率是指流动资产与流动负债之间的比率，用来衡量企业流动资产在短期债务到期以前，可以变为现金用于偿还负债的能力。流动比率越高，借款者的资产变现能力越强，短期偿债能力也越强；反之则弱。对于一个流动比率为2∶1的借款者，就意味着它的流动资产是流动负债的两倍，它在短期内变现一半的流动资产，就足以保证全部的流动负债得到偿还。

债权保障

债权保障也会影响投资者面临的信用风险。债权保障主要有两个方面，首先是合约中对债权人利益的保护条款，其次是一旦发行人违约，对债权人的司法保障。

债务合约中的债权保障是一种事先约定的信用风险防范机制，主要分为限制类和事件类条款。限制类条款以禁止型或财务指标维持型条款，约束发行人在经营、财务方面不能过于激进，尽可能地避免债券发行人出现道德风险。比如，当资产负债率达到临界值时，债权人就要求提前清偿债务。事件类条款则主要是在发行人信用状况发生重大变化时，赋予债权人一定控制权或要求提前清偿的权利。事件类条款最重要的是交叉违约及加速清偿。

违约的传统定义，是指发行人不能对到期债务还本付息的行为。由于一家企业往往会发行多种期限的债务，因此，即便企业对当下到期的债务已不能还本付息，但对明年到期的债务还没有被视为违约，这显然对持有剩余期限较长的债权人是不利的。于是，就引入了"交叉违约"条款，发行人没能按时对到期债务还本付息的话，那就意味着，他对其所有未到期债务都同时出现了违约。这样，那些持有期限较长的债权人也可提前采取措施，维护自己的债权。

有了交叉违约条款，就有了加速清偿，即发行人对到期债务违约时，其余未到期债务也随之提前进入本息清偿。交叉违约条款可使债权人在知悉发行人违约时，尽早参与债务处置并采取因应措施；加速清偿保障了同一发行人发行的不同期限债券的债权人平等享有债权利益。

一旦出现债务违约，债权的司法保障至关重要。司法救济是在债务发生实质性违约，通过一般手段求偿未果时对债权人的最后保护机制。司法保障在于，严格约束发行人的履约责任，一旦出现违约，债权人可通过司法途径有效地追偿债权。若缺乏对债权人的司法保障，那许多发行人就会恶意逃废债，加剧信用风险。司法的执行力对信用风险也有较大影响，若有关合同等都能够得到有效强制执行，便可通过破产等手段来保障债权人的权利。"赢了官司赔了钱"，就不是对债权人的有效保障，这也会恶化信用风险。

合约不完备

合约不完备也会产生信用风险，影响债权人对自己的权利主张。

"一湖酒与一河鹅"的故事，就讲到了合约不完备的问题。

大书法家王羲之为官某地时，一个年轻人前来向他告状。原来，年轻人家境贫寒，一无所有，他父亲临终前，曾向当地的乡绅要一小块荒地作为墓地，乡绅同意了，但条件是拿"一壶酒"作为交换。老人去世后，年轻人给乡绅送去了一壶酒。谁知乡绅冲着他大吼："明明说好了，要用'一湖酒'，怎么只送'一壶酒'？"

年轻人被逼无奈，只得到王羲之处告状。王羲之了解实情后，便来到乡绅家。乡绅盛情款待，并提出让他写几个字。王羲之并不推辞，笔走龙蛇。乡绅非常高兴，问王羲之该如何表示感谢呢？

"一河（当地"活"、"河"同音）鹅。"王羲之顺口说出。

"那算得了什么？"乡绅暗自高兴。

第二天，乡绅便提着一只活鹅送去。王羲之马上拉下了脸说："怎么只送来一只鹅？"

"您不是说一活鹅么？"

"是一河鹅，不是一活鹅！"

"鹅不是以'河'计数的，应该以'只'计数！"乡绅辩解道。

"既然鹅以只计数，难道酒是用湖来计的吗？"王羲之反问。

乡绅哑口无言，从此再也不敢向年轻人去讨酒了。

这个故事虽是鞭挞那些恃强凌弱、欺压百姓的地主阶级，但从金融角度来讲，它也说明，合约的不完备（在本故事中因发音而引起的对合同文本的歧义），会让人们面临信用风险。

刺激又紧张：市场风险

受种种不同因素的影响，金融市场价格瞬息万变，所以，市场风险也叫价格风险。当然，不同金融市场风险的表现形式有所差异。

利率风险

债券的市场价格风险主要是由利率变动引起的。我们在前面已经讲过，债券价格随着市场利率上升而下跌，随着利率下降而上涨，债券的市场风险与利率之间是反向变动的，是故，债券的市场风险也被称为利率风险。

有些债券采用浮动利率。浮动利率通常是某种基准利率加上固定利差。因此，基准利率变动时，债券利率也会跟着变化，导致债券价格随基准利率变动而波动。基准利率会随宏观经济和市场环境变化而波动，一切可能影响到基准利率水平的因素，都可能会影响债券的利率和价格。这种由基准利率变化而导致债券利率和价格波动的风险，通常又叫"基准风险"。

汇率风险

现在是开放的全球经济体系，大量贸易与资本在各国之间流动，需要不同货币之间的兑换。两种货币之间的兑换比率，就是汇率。在开放经济中，汇率波动可能导致汇率风险，即由于汇率的意外变动给一国政府、企业、居民等带来损失的风险。

汇率既受汇率体制的影响，也受外汇市场供求关系的影响。在固定汇制下，一国货币的汇率在较长时间内都不会或只发生极小变化，这时，就谈不上汇率风险。但在固定汇制下，本币往往会被高估，一旦受投机攻击，本币汇率就可能会意外地急剧贬值，这就会给本币持有者带来极大的损失。1997年的亚洲金融危机，就是因为东南亚一些国家长期实行固定汇率，本币被高估，最终，汇率在一夜之间崩盘，引发了一场席卷东南亚的金融危机。在浮动汇制下，本币汇率受外汇市场供求关系的变化总在不断地变动，这就会时时给外汇市场参与者带来相应的损益。

汇率风险源于货币错配。即一国政府、企业或居民的资产与负债、收入与成本以不同货币计值的状态。

设想有一家企业，产品主要出口美国，价格以美元计。但它所有人工、资本和原材料投入都是国内的，以人民币计值，它就出现了货币错配。

货币错配对它有什么影响呢？假设美元与人民币之间的汇率为6.5，这家企业出口能够获得1亿美元销售收入，折算人民币为6.5亿元。这家企业在国内的生产总成本为5.5亿元，即它获得毛利润为1亿元。

若人民币升值了，假设到了6.2，且它在美国销售额依然为1亿美元，折算人民币就只有6.2亿元了，由于在国内成本没有变化，人民币升值使其利润减少了3 000万元。

若资产和负债以不同货币计值，这种货币错配会使其资产或负债对汇率变动十分敏感。

假设一家美国机构以3%的利率发行了1亿美元债券，然后投资于人民币债券。若现在美元与人民币的汇率为6.5，那它就有6.5亿元投资于中国。若中国债券年利率为5%，一年后，本息总额就为6.825亿元。

假设一年后，人民币升值了，比如说，它对美元的汇率升到了6.25，则以人民币计值的债券本息换回美元，就是1.092（6.825/

6.25）亿美元，再还3%的美元利息，该机构获得了6.2%的净收益。反之，若一年后人民币兑美元汇率变成了7，该笔投资本息换回美元后，就只有0.975（6.825/7）亿美元了，再还3%的美元利息，该机构亏损了5.5%。

股票、期货与期权价格波动风险

相对于利率、汇率波动而言，股票、期货与期权的价格波动性更大。

在一个正常的交易日里，许多股票波动几个百分点是再正常不过的事了。有的国家（地区），证券交易所并没有涨跌停限制，一家公司发布重大利好消息时，其股价在一天可能上涨超过100%；但若出现利空消息，股价在一天之内下跌80%也是有可能的。1987年10月，美国的道琼斯工业平均指数在一天中下跌了25%；在美国次贷危机期间，道琼斯工业平均指数从15 000点左右下跌至6 000点左右；其间，中国上证综指则从6 124点跌至1 600多点，跌幅达70%左右。这种涨跌的变化，使幸运的人一夜暴富；不幸的人在一夜间输了个精光。

一位自谦为"白交易"的人，写了一首词，叫《江城子·股殇》，很好地刻画了股票市场的风险，引用如下：

十年炒股两茫茫，先亏车，后赔房；千股跌停，无处话凄凉！纵有涨停应不识，人跌傻，本赔光。牛市幽梦难还乡，睡不着，吃不香。望盘无言，唯有泪千行！布衾多年冷似铁，秋无获，冬夜长。

金融衍生品，由于其高杠杆性，市场风险就更大了。期货的市场风险就直接摧毁了英国老牌商业银行——巴林银行。该行由巴林爵士于 1763 年创建于伦敦，是世界首家"商业银行"。由于善于变通、富于创新，它很快在国际金融领域获得巨大成功。后来，巴林银行主要从事投行和证券交易业务。其在新加坡负责期货交易的经理尼克·里森当时年仅 28 岁，他从日本大阪和新加坡的股票交易所买卖日经股指期货，利用两地时不时出现的差价而牟利。

1993 年，里森为巴林银行赚了一笔，随后，从 1994 年秋开始，他在上司和同行的溢美之词中大肆投机，一发不可收拾。结果，1995 年 2 月，里森在日经 225 股指期货和利率期货交易中出现达 4 亿英镑之巨的亏损。这让一家历史悠久的英国老字号银行，毁于一旦，只得宣布破产。

期权的杠杆性丝毫不弱于期货。尤其是，在期权交易中，期权卖方负有满足买方行权请求的义务，当期权标的产品价格出现有利于期权买方的变动时，也就对应着，期权卖方所承受的市场风险在一同上升。

在这里，期权卖方所承受的市场风险要远远高于期权买方面临的风险，这与保险是一样的。期权买方相当于投保人，付出的期权费就相当于支付的保险费，投保者的最大损失就是保费，期权买方最大的损失就是付出的期权费。保险公司发生损失的单一客户的赔付额，可能会远远超过其收到的保费，同样的原理应用到期权交易中，期权卖方承担的风险损失可能远远超过其所收到的权利金。

中航油新加坡公司在原油期权交易中的遭遇，就充分说明了期权交易面临的市场风险。2004 年伊拉克战争结束，油价涨到 30 美元后，陈某认为，石油价格会回落至战争前的水平。于是，中航油开始大量卖出"看涨期权"，其交易对手方就是买入"看涨期权"。

假设当时约定的履约价格是 40 美元/桶，期权合约到期时，若中航油的交易对手方行权，中航油就必须以 40 美元/桶的价格如数向对手方卖出原油。若国际市场油价低于40美元/桶，那它的交易对手方就不会履约，中航油就净赚得卖出"买入期权"合约的期权费。

但是，油价并没有如陈某所预料那样随伊拉克战争的结束而回落，反而因美国持续的低利率政策在很短时间内就上涨到了60美元。这显然对中航油的交易对手方是有利的，对手方会要求行权，以40美元/桶的价格从中航油买入，转手以60美元/桶的价格卖掉，每桶可获利20美元。中航油则相反，它必须先从市场上以60美元的价格买入，再以40美元的价格卖给它的对手方，每桶净亏20美元。由于石油价格上涨，中航油无力支付保证金，卖出的"看涨期权"爆仓了，净亏空超过了5亿美元。

回撤与恢复

投资者都希望避免损失，或希望已经获得的收益率能够在比较长的时间内得到保持。但正所谓"人算不如天算"，回撤率就成了一个重要的风险指标，它是指一段连续的损失区间的收益率，在投资组合管理中，也经常用回撤率来衡量其风险。

当投资组合收益率回撤，人们又总希望它能恢复到自己期望的收益率水平。恢复时间是指从一个单一回撤率或最大回撤率回到初始收益状态所需要的时间。恢复时间越快，意味着一旦市场出现了与原来预期相反的变动，那它也会以较快的时间出现反向修正，投资者所受的损失就能以较快的速度得到弥补。反之，若恢复时间较长，则意味着一旦出现较大的回撤，投资者就可能会遭受实际的损失。

2007年正值中国股票市场的牛市之峰，中国石油上市受到投资者的狂热追捧，上市当日其股价便达到48元。在"大象跳舞"的狂欢中，许多投资者不惜重金买入，随后，其股价一路下跌，十之有八的财富就此蒸发。那些被深套其中的投资者便自我安慰，将它"留给儿子做彩礼"或"给女儿陪嫁",但其股价恢复遥遥无期,投资者的账面损失便转化成了实实在在的亏损。

因此,在投资中,我们在考虑市场波动带来损失的风险时,应侧重考虑:当市场出现系统性下跌时,它会下跌多少?收益会回撤多少?一旦市场企稳,它的价格又会在多长时间后恢复到自己所期望的水平并创出新高?

不同金融交易面对市场价格波动带来损失后,是否能够恢复到原来价位的灵活性,取决于两个根本因素:金融工具能够产生现金流的能力和合约的期限。

时间对价格恢复具有决定性影响,金融衍生工具尤其如此。所有金融衍生工具都有事先约定的履约时间,合约剩余期限越短,收益大幅回撤或出现巨额亏损后,就越有可能恢复不了。中航油为什么在期权交易中会出现巨额亏损,不仅因为原油价格出现了与它原来预期相反的走势,还因为期权的到期日都比较短。事实上,在2020年春,受新冠肺炎疫情的冲击,国际原油价格一度为负。若中航油卖出的"买入期权"期限能够长达16年,那它就不会因错误判断和错误的交易策略而倒闭了。

烫手山芋:流动性风险

流动性风险的生物学现象

有这样一个故事,在森林里,一头熊向两位探险者发起了袭击。两位探险者真正的风险不在于熊的出现,而在于谁跑得更快,跑得快的可以逃过熊的袭击,跑得慢的会成为熊的美餐。

更现实的情况是,在非洲大草原上,一群野牛正在优哉游哉地啃着青草，享受阳光。正在猎食的狮子悄悄向它们靠近，然后发起袭击。牛群受到惊吓，四处奔散。结果，跑得最慢的那头牛，成了狮子的美餐。

这两个故事告诉我们，面对不利事件发生的时候，群体中的每一个个体承担的风险其实并不一样。跑得快的那个人或牛，就把风险转嫁给了那个相对跑得慢的人或牛来最终承担了。

流动性风险是指没有足够的高流动资产或无法获得外部流动性支持以满足即时现金需求而带来的风险。资产流动性风险是指无法按照合意的条件及时将所有的某类资产转换为现金，或由于市场活动不充分或市场中断，无法按照现行市场价格或以与之相近的价格及时对冲或卖出资产头寸所产生的风险。正如非洲草原上的故事说明的，在市场面临下降时，那些嗅觉灵敏者，能够先于他人而卖出，他所承担的流动性风险和市场风险就比较小。

流动性螺旋与黑洞

金融市场可能存在流动性螺旋，使市场流动性持续好转或恶化。流动性螺旋源于交易机制的设计而导致市场的正反馈或者负反馈交易。

正反馈交易是指当金融市场价格下跌时而卖出资产，在价格上涨时大举买入某种资产。人们通常所说的"追涨杀跌"就是对正反馈交易的经典刻画。负反馈交易则是当某种金融资产价格下跌时买入该资产，而当价格上涨时则卖出该资产。因此，负反馈交易有利于抑制价格的过度流动，而正反馈交易则会助长金融市场价格的上涨或下跌。

理解了金融市场的正、负反馈交易，就可以理解流动性螺旋了。它是指，当某类金融资产价格出现初始的变动时，因正反馈交易而自发导致该类金融资产价格朝着该方向进一步变化，导致更多的流动性需求或流动性剩余。

导致流动性螺旋的市场核心机制包括杠杆与保证金交易、止损或平仓线。

首先是杠杆与保证金交易。

在一些资产的交易中，可通过信用机制而放大交易总额，这就是杠杆交易。股票市场中的融资融券、期货市场中的保证金交易，都属于典型的杠杆交易。在杠杆交易中，若市场价格出现与预期一致的走势，就会大幅度提高本金的收益率。例如，在股票融资交易中，张三最初存入100万元的保证金，融资比例为1∶1，假如他以10元的价格买入了股票A，共计买入20万股，那他买入总金额就达到了200万元。若股票价格上涨至12元，那他的投资收益率将达到40%。

若张三在期货交易中投入了100万元，保证金比率为10%，那他实际上就可成交1 000万元的某种期货合约。若他看多该期货合约而真的买了1 000万元合约，当该期货合约上涨10%时，他的本金收益率会达到100%。在杠杆交易中，若金融资产的价格出现了与投资者预期一致的变化，就会使收益率成倍地上升。于是他利用浮盈加仓，浮盈越多，可加仓就越多，这会导致期货价格螺旋式上涨。

但张三没有如此幸运。假如他融资买入股票200万元后，股票价格不仅没有上涨反而下跌了，比如下跌了8%至9.2元，这时，他的本金净值就只剩下84万元了。但券商不会因为他亏损了就减少要他偿还的融资额。融资额加上利息，他的负债就超过100万元。由于保证金比率要求是1∶1，这时，他需要向账户补充保证金。若他没有其他现金用于补充保证金，那就只好卖出股票。他卖出股票补充保证金，可能导致股票价格进一步下跌，又增加了对保证金的额外需求。这就是流动性螺旋产生的机制之一。期货的保证金交易也会产生类似的流动性螺旋。

导致流动性螺旋的另一个机制就是止损或平仓线。

止损是指，当金融资产的价格跌至设定的某一价格水平时，为了防止价格进一步下跌带来更大损失，及时卖出该资产的行为，设定的这个价格就是平仓线。很多交易者都设有止损位或平仓线。当众多交易者都采取止损或平仓行为时，就会导致价格和市场流动性进一步下降。在中国股票市场中，一些上市公司股东往往会以所持股票做质押，从银行获得信贷，这就是股票质押贷款。银行为了控制信用风险，就会设置平仓线。当股票价格触及平仓线时，若借款者没有其他途径补充资金，银行就会卖出被质押的股票。这就可能使股价进一步下跌。

市场流动性风险不仅会通过流动性螺旋而被放大，还可能因为市场中的不完全信息和恐慌情绪的蔓延而产生流动性黑洞。

流动性黑洞是指，当市场参与者对市场或交易对手失去信心时，绝大多数参与者争先恐后卖出其所持有的某些资产，导致该类资产价格急剧下跌，正常市场存在的流动性会很快枯竭。当出现流动性黑洞时，就无法形成合理的资产价格，金融市场陷入极度混乱，金融资产的价值会被流动性黑洞所吞食。2015年中国股灾时，"千股跌停、千股停牌"，就是典型的流动性黑洞。

乌龙指：操作风险

在金融活动中，操作风险也是很常见的风险之一。通俗定义，操作风险是指由不完善的内部程序、员工和信息系统，以及外部事件所造成损失的风险。操作风险虽不像市场风险那样频繁，但一旦出现，也会带来极大的损失。

法航447的教训

我们来看看法航447的操作风险带来的后果。

法航447原定2009年6月1日由巴西里约热内卢飞往巴黎。但该航班在巴西圣佩德罗和圣保罗岛屿附近坠毁。法国民航安全调查分析局2012年公布的最终调查报告认为，飞行员的不当操作和空客A330机型的技术隐患，是导致事故的主要原因。

该航班由迪布瓦担任机长，另外两名副驾驶是罗伯特和博南。尽管罗伯特飞行时数是博南的两倍以上，但机长仍让博南主控，自己离开驾驶舱小睡去了。随后，飞机进入热带风暴系统的外缘，使满载的飞机无法攀升更高，冲入了云层。

突然，一股疑似由电力变压器发出的奇异气味，充斥了驾驶舱，温度也突然升高了。这时，安装在飞机外部探测温度的空速管被冻住了，报警声响起了，自动驾驶仪已经被断开，飞行员必须手动驾驶飞机。

然而，博南失去了理智。尽管外部温度异常升高使飞机无法安全上升，他仍将操纵杆向后拉，试图迫使飞机急速攀升。对受过专业训练的飞行员博南而言，这样的操作是极其不当的，"若他想让飞机攀升并水平飞行，就会失速"。就在博南后拉操纵杆的同时，接连响起了报警声，预示着他们正在偏离既定高度，飞机正在失速。当处于临界速度时，机翼失去攀升动力，飞机会急速下降。

当飞机失速时，正确的操作是将操纵杆向前推，以便使飞机俯冲，重新获得速度。但从始至终，博南都将操纵杆向后拉。他想提高机速并攀升，离开危险空域。但这是在空气极为稀薄的37 500英尺（11 430米）高空，发动机获得的推力大幅减少，机翼的浮力降低，将机头抬升至一定角度时，并不能使飞机攀升，反而会导致飞行高度下降。结果，在发动机满负荷运转下，飞机开始冲向大海。

与波音客机的控制器不同，空客的侧面操纵杆是不同步的，若右座的飞行员将操纵杆后拉，左座的飞行员是不知道的。尽管报警提示

第十四章　富贵险中求：逃不掉的风险

飞机正在下降，但罗伯特并不知道，博南一直在将操纵杆后拉，结果，博南一直抓着操纵杆不放，以至于机头始终高高在上，飞机几乎无法有效提速。气流持续冲击飞机，机翼几乎难以保持水平，飞机朝大海快速垂直下落，最终坠入了大西洋，酿成了法航成立以来最严重的空难。

乌龙指

金融操作风险不在少数。2013年某证券公司的乌龙指事件，让市场震惊不已。2013年8月16日11时05分，某证券公司在进行ETF申赎套利交易时，因程序错误，其所使用的策略交易系统以234亿元巨量申购180 ETF成分股，实际成交72.7亿元，引起沪深300、上证综指等指数和权重股大幅波动，上证综指瞬间上涨超过5%，部分ETF成分股甚至直奔涨停。不明就里的投资者心潮澎湃，似乎致富梦想终于要实现了，最后发现，不过是黄粱美梦。

该证券公司策略投资部自营业务使用的策略交易系统，包括订单生成和订单执行两个部分，均存在严重的程序错误。其中，订单生成系统中ETF套利模块的"重下"功能（用于未成交股票的重新申报），在设计时，错误地将"买入个股"写成"买入ETF一篮子股票"。订单执行系统错误地将市价委托订单的股票买入价格默认为"0"，系统对市价委托订单是否超出账户授信额度不能进行正确校验。

由于长期没有将策略投资部纳入公司风险控制体系，技术系统和交易控制缺乏有效管理。订单生成系统中ETF套利模块的设计，由策略投资部交易员提出需求，程序员一人开发和测试。策略交易系统开发完成至实盘运行，从未实盘启用过"重下"功能，未及时发现严重的程序错误。结果，错误生成的订单中，先后有234亿元陆续进入上交所系统，其中有72.7亿元实际成交，其余161.3亿元订单被上交所交易系统自动取消。

该证券公司在异常交易事件发生后，根据该公司关于"系统故障导致交易异常时应当进行对冲交易"的规则，开始卖空股指期货合约，获利7 414万元。同时，转换并卖出 180 ETF 2.63 亿份、50 ETF 6.89 亿份，规避损失1 307万元。两项交易获利和避免损失合计8 721万元。

该公司及相关人员在考虑对冲风险、调剂头寸，降低可能产生的结算风险时，采取了错误的处理方案，构成内幕交易、信息误导、违反证券公司内控管理规定等多项违法违规行为。最终，中国证监会没收其违法所得8 721万元，并处以5倍罚款，罚没款金额总计超过5亿元。对主要责任人罚款60万元并终身禁入证券和期货市场；停止该公司证券自营业务（固定收益证券除外），暂停审批其他新业务。

这就是中国股票市场涉及金额最大的一笔操作风险。

不同表现形式的操作风险

在金融活动中，操作风险表现在多个层面。操作风险首先可能因交易技术的不完善或漏洞而生，某证券公司的乌龙指事件，就是此类操作风险。信息系统不完善、技术人员操作不当或违规操作，都可能造成损失。例如，错误输入买进或卖出价格而导致买入价过高或卖出价过低，错误输入买进或卖出的数量或者交易代码，都是个人投资者经常面临的操作风险。

随着金融市场越来越复杂，产品越来越多样，许多机构都采取了量化自动交易策略，它们依赖于特定的模型和参数而自动下达买入或卖出指令。其成效取决于模型和参数的有效性。若模型和参数没有恰当地刻画市场特征或没有根据市场变化而及时地加以修正，那么，依据模型而进行交易就可能产生巨大的损失。这就是模型风险。

当市场出现趋势性转折时，模型风险往往是致命的。美国长期资本管理公司就是一个惨痛的教训。在市场趋势平稳的时期，长期资本管理公司利用计算机模型曾经获得了十分可观的收益率。在它的管理者中，有因发明复杂定价模型而获得诺贝尔奖的经济学家，但 1998 年俄罗斯政府宣布违约，导致了长期资本管理公司破产。事后在总结教训时，长期资本管理公司的负责人说，"计算机没有预料到俄罗斯政府会违约"。

操作风险也可能因内外部欺诈而产生。内部欺诈是金融机构自己的工作人员伪造信息或越权交易等形成的风险。金融机构内部人员与外部人员内外勾结进行利益输送就是典型的内部欺诈产生的操作风险。某银行的一位金库管理人员，曾在两年多的时间里陆续将金库中的现金偷盗出来，借给他朋友使用，总额超过 3 000 万元。

因内外部欺诈而产生的操作风险在金融市场活动中也不少见。2016 年 11 月和 12 月，中国债券市场大幅下跌，一个重要原因就在于，某证券公司原来的几名员工私刻"萝卜章"，以公司名义与对手方进行债券交易，结果，债券市场价格大幅下跌给公司造成了 10 亿元左右的损失。2013 年中国债券市场的反腐风暴，揭露了机构的债券交易员之间通过各种结构化的债券产品，以其所在机构的损失为代价，为自己或亲属购买的大量结构化产品提供高额收益。

风险的相互转化与传染

风险的相互转化

不同形式的风险并不是相互割裂的，而是相互转化的。认识到这一点，非常重要。

首先，信用风险会导致或强化市场风险和流动性风险。若企业经营状况恶化导致其信用级别下降或出现违约，那么，它发行在外的债券价格就会下跌。经营或财务状况恶化、不合理的公司治理（如大股东侵占上市公司的资产）相伴随的信用风险，往往也会导致公司股价大幅下跌。随着债券或股价下跌，投资者出手要找到合适的买家，则会比较困难，市场流动性也会下降，变现时就会遭受预想不到的损失。

例如，盛运环保。该公司起初是一家生产输送机械和环保产品的企业，但它通过收购转变成一家垃圾焚烧发电企业，并在 2013 年后在全国多个城市进行圈地式扩张，这给它带来了沉重的债务负担。2018 年 10 月，它的一笔短期融资债券无法按时兑付，引发了其信用风险的多米诺骨牌效应。这一违约事件导致其股价连续暴跌，并最终在 2020 年退市。这提醒投资者，购买那些高资产负债率，发行了大量债券的公司股票，会承担更大的市场风险。

其次，市场风险也可能导致信用风险或者恶化流动性风险。金融资产价格下跌会导致其持有者的净值和投资活动现金流下降、杠杆率上升，这正是影响信用风险的重要因素之一。在场外金融市场中，市场价格大幅下跌可能导致购买者不交付价款的交易对手风险。资产价格下跌还会加剧市场流动性风险。尤其是，市场价格下跌过快时，市场可能完全失去流动性，要变现金融资产，可能无法找到愿意买入的交易对手。

流动性风险可能会加剧市场风险和信用风险。设想这样一种情况，某基金管理公司突然面临大量的赎回请求，它又没有其他途径来满足赎回需要。为了应对突发性的流动性需求，它就不得不卖掉其持有的债券、股票等。流动性需求越大，它需要变卖的债券或股票就越多，这就会对债券或股票价格产生更大下跌的压力。类似地，当一家企业需要变现其金融资产来满足其偿债的支付要求，而市场流动性又比较糟糕时，就可能直接导致该企业违约。

操作风险也会带来市场风险。像前面描述的乌龙指事件，不仅导致沪深股指短时间内的剧烈波动，也导致了股指期货价格的波动。当事件趋于明朗时，股票价格回落带动了股指期货价格回落，给那些激进的多头投资者带来不小的损失。

金融风险的多面性

由于各类风险之间会相互影响和转化，风险便具有了以下几个方面的特征。

第一个特征是"复杂性"。

金融结构更加多元化、金融工具更加复杂化，使得风险具有复杂性和隐蔽性。例如，对于资产支持债券风险的识别与评估，就较单个证券或金融合约的识别与评估要复杂得多。风险已如此复杂，即便是专业的金融机构，甚至是该工具的创设者，也未必能很好地识别。2008年破产的美国华尔街五大投行之一——雷曼兄弟，购买了大量他自己承销发行的证券化产品，没能识别这些产品潜在的巨大风险，让在历史上曾成功逃过多次金融危机的雷曼兄弟，消失在2008年的危机之中了。

风险的复杂性意味着金融活动中存在蝴蝶效应。19世纪初，拉普拉斯试图证明行星运行是纯机械性的，也是可预测的。之后，他认为，分子和行星一样，遵循经典力学原理。若清楚每个分子的位置和运动速度，就能追踪其路径，进一步说，他认为，可根据力学原理精确地预测自然界和未来。

但洛伦兹证明，微小误差通过不断累积，最终会对非线性动态系统产生极大影响。1961年，他用简易计算机开发并试验了天气动态模型。在一次试验中，他决定再次检验曾得到的结果。为节约时间，他并没有从头开始运行程序，而是挑选了计算机已经输出的一个中间节点作为新试验起点。其输入值与原来的模拟值完全相同，新的模拟结果理论上也应与原来相同。出人意料的是，新一轮程序运行结果完全不同，起初差异还非常小，然后越来越大，最后竟然大相径庭了。

这给洛伦兹以极大启发，他得出结论认为，因为一些微小差异可能使系统变得不稳定，起始状态的细微差异，将发展为完全不同的状态。这意味着，无论开始天气预报多么精确，总是存在误差，最终将导致不可预测的结果。在洛伦兹动态系统里，我们无法毫无误差地测量所有事物，预测无疑将是经典的蝴蝶效应：一些无法测量的微小误差，会影响人类在更大范围内预测的能力。正所谓"差之毫厘，谬以千里"。这就是蝴蝶效应。

第二个特征是"紧耦合性"。

紧耦合是工程学术语，它是指，工程上程序的各个组成部分环环相扣，它们之间的连接不容有任何差错。火箭的发射就是紧耦合程序，从点火、离开控制塔到空中飞行，任何环节的一个不利干扰或小错误，都可能导致火箭发射失败。

布克斯塔伯在《金融的魔鬼》一书中，以卓别林出演的《摩登时代》中的装配线为例，说明了紧耦合的作用原理。在那部剧中，一次失误导致一个又一个杂乱的东西堆成一大堆，装配线的环节与其他环节紧耦合，每一个操作都立即引发下一个反应，任何小的差错，都会使问题越搞越大，没有任何紧急停止的按钮可用。

我们回到火烧赤壁的故事上来。火烧赤壁阐明了许多金融原理，比如，前面提到，曹操被周瑜火攻而惨败，本质上是一个尾部风险。但这个尾部风险给曹操带来灾难性的影响，还是通过紧耦合而发生作用的。

众所周知，北方士兵不习于水战，俱生呕吐之疾，死亡不少，曹操为此苦闷异常。恰在这时，庞统来了，他先夸赞曹操用兵之精，搞得曹操都不好意思。他们一同去参观曹军水寨，庞统又奉承，"您用兵如神，周瑜克期必亡"。

接下来，庞统假装喝高了，酒后吐真言，"您的水军患病不少啊，需要有良医来治治。丞相教练水军之法甚妙，可惜不全"。庞统还拍拍胸脯向曹操保证："只需一策，大小水军就不会上吐下泻了。"曹操正求之不得："你有什么妙计？"庞统说："大江之中，潮生潮落，风浪不息；北方士兵不惯乘舟，受此颠簸，便生疾病。若将大船小船各皆配搭，三十或五十为排，用铁环连锁，上面再铺上阔板，不用说人如履平地，就是北方战马也能往来驰骋。"曹操一听心想："高，高，真高！"即时传令，让军中铁匠连夜打造连环大钉，锁住船只。

结果如何呢？曹操兵败的关键在两个方面：隆冬时节刮起东南风这个尾部风险，将战船连锁，强化了紧耦合性和风险的传染性。

大学是典型的非紧耦合性的例子。大学管理无疑非常复杂，在中国，常见的大学有数十个院系，学生在各系选择课程。为了学业，学生必须根据大学要求完成不同课程。但大学管理中也常常出现问题，如课表发生冲突、课程被取消、学生缺课或考试挂科。

尽管有很多问题发生，但这并不影响大学的正常运转，不会因为张三缺课或挂科，就导致其他诸多同学也跟着缺课或挂科的连锁事件。虽然大学系统肯定有其复杂性，但它并不是紧耦合的，学生与学生之间、系与系之间的关系是松散的。

紧耦合恰恰是现代金融体系的一个突出特征，金融体系任何一点的风险爆发，都可能导致系统性的风险传播与扩散。过去我们常常讲，金融体系的"资金链"断了，就会发生系统性风险，这就是金融的紧耦合的表现之一。在20世纪90年代初，中国大量的"三角债"就是紧耦合的表现，那时，企业与企业之间形成大量的债权债务关系，结果，一家企业的债务拖欠，就会造成拥有其债权的企业对另一家企业的拖欠。随着金融工具越来越复杂化、利用金融产品进行投资和管理风险的企业、机构和居民越来越多，杠杆上升，金融的紧耦合性越来越强。2015年6月的股灾，就是在中国资本市场发生的现货市场与股指期货市场、杠杆化交易与非杠杆化交易之间的紧耦合。金融的紧耦合性，使风险更易于传染。

因此，现代金融风险的第三个特征就是"传染性"。

随着金融风险的复杂化、金融活动紧耦合性的强化，某一方面的金融风险可能很快地传染到其他方面。金融风险既可能在国内不同的金融市场、金融机构之间传染，也可能在不同国家之间传染。例如，就国内金融风险的传染性而言，借款者违约风险大幅上升，会导致股市大幅下跌；某家银行流动性压力骤然上升，会导致货币市场利率大幅攀升，并最终使债券市场和股票市场大幅下挫。2013年6月中国的钱荒，就导致了债券市场在随后半年中大幅下跌，也导致了股市约20%的下跌。就金融风险的国际传染而言，大国的金融风险暴露会使其他国家的市场剧烈动荡。美国次贷危机就迅速导致全球金融市场大幅下挫。

周旋于虎狼之间：应对风险

有了风险，就需要对风险进行管理。应对和管理风险的方法有许多。

蟑螂告诉你：粗略风险管理很重要

在生物学环境中，衡量一种生物对未知风险适应性的最佳标尺就是该物种的存活时间。某一物种已存活了几亿年，表明它应对未知风险的能力就很强。《金融的魔鬼》一书就用生物学的例子，说明了这一点。

蟑螂就是一例。蟑螂的非凡之处不仅在于存活的时间较长，而且它凭借的只是简单的防御机制：当空气中出现微小震动时，就逃离那里。因为，在蟑螂看来，可能是正在接近的掠食者造成了震动。蟑螂的风险管理法则如此简单，仅仅依赖于其神经系统，不需经过大脑的本能反应，从感知空气震动的毛发直接传导至控制其腿部运动的神经节。

事实上，许多物种在行为选择时有意忽略繁杂信息，并非经过周密计算后而做出最优选择，时常表现出粗略行为。大山雀在寻食时，并不会只寻找那些营养价值较高但数量较少的食物，也会去捕捉营养价值较低但易于获得的食物。显然，当食物源发生意想不到的变化时，它能提高物种的存活率。

布克斯塔伯指出，粗略行为模式虽不是最佳选择，但对更大范围内不可预知的环境而言，却是令人满意的选择。若某一物种生存在特定的小环境之中，或许会遵循一种特定的行为准则，严重依赖于它对其生存环境的狭窄认知。然而，若外界变化超越了该物种经验，那么，等待它的，只能是灭绝。精确且专注地应对已知风险，实际上会降低应对未知风险的能力。

惹不起，躲得起：避免风险

为了避免潜在的风险造成实实在在的损失，办法之一就是躲避风险，即不参与任何不确定性的活动。为了防止自己患上病毒性流行感冒，可以不与患有此类病的人接触，这就是有意识地躲避风险。同样，在投资管理中，对不是十拿九稳的项目不投资，就是躲避风险的策略。

躲避风险固然可以较好地保存资产的价值，但风险越低，收益也就越低，因此，躲避风险也就意味着失去了赚钱的机会。所谓"不入虎穴，焉得虎子"就是这个意思。为了获取一定的收益，必须承担相应的风险。

更何况，风险无处不在。我们常说"躲得了初一，躲不过十五"，用在风险上就是，"躲得了这种风险，躲不过那种风险"。比如，某位投资者认为买股票、买债券会面临市场下跌的风险，就决定将所有的钱存到银行里或完全搁在家里，这是不是意味着就没有风险了呢？实际上这位投资者依然面临着通胀的风险，即物价水平上涨使存款或现金越来越不值钱了！

因此，逃避是消极的风险管理态度，十分不可取。

不要把鸡蛋放在一个篮子里：风险分散化

多样化的投资组合，可以比较有效地分散风险，我们经常说，"不要把鸡蛋放在一个篮子里"，其实就是讲分散化的好处。分散化可在不减少预期收益率的情况下，降低资产的整体风险暴露。

资产分散化不仅可以分散信用风险、非系统性的市场风险，也能够分散流动性风险。若持有的资产过于集中，那么，在需要现金满足支付需要时，变现配置过于集中化的资产就需要卖出更多的该资产，这就会对市场价格产生更大的影响。正因为如此，金融机构通常会对行业、单一客户的资产配置有集中度的限制和监管。例如，单一集团客户授信集中度为最大一家集团客户授信总额与资本净额之比，不应高于15%。单一客户贷款集中度为最大一家客户贷款总额与资本净额之比，不应高于10%。

尽管分散化可分散部分风险，但集中投资也并非一无是处。马克·吐温在《傻瓜威尔逊》里就写道："听呀，傻子说，'别把所有的鸡蛋放在一个篮子里'，这句话的意思是，分散你的金钱和注意力。可是，聪明人说，'把全部的鸡蛋放在一只篮子里。而且，看好那只篮子'。"

那么，在投资管理中，有没有一个最优的分散化程度呢？

凯利优化原理就回答了该问题。凯利优化原理的公式是：

$$2p - 1 = x$$

其中 p 是胜算概率，x 为投资比例。

举例来说，若胜算概率为 55%，你就应该押上 10% 的筹码；若胜算概率为 70%，那就押上 40%；若胜算概率为 100%，那就押上 100%。

凯利优化原理对集中投资是有吸引力的工具。但有几点需要特别注意。首先，无论是否使用凯利优化原理的公式，都应该做好长期打算。其次，谨慎使用杠杆，即便你认为有 120% 的把握，也不要借钱来押注。最后，在玩大概率游戏时，最大的风险就是过度押注。若你判断有 70% 的胜算而实际上仅有 55%，你实际上就面临巨大风险。

因此，可采用"半数凯利模式"或"部分凯利模式"来控制风险。例如，根据凯利优化原理，你本来可用 50% 的资金，但实际只用 25%。这就为投资提供了更好的安全边际。

把坏东西让给他人：转移与交易风险

尽管不确定性让人心里不踏实，但好在人类中偏有一些人和机构是风险偏好者，愿意承担风险，但前提是，你得给他相应的回报。这样，那些不愿意承担风险的人，就可在支付一部分费用后，把风险转移或卖给那些愿意主动承担风险的人。这也是人类合作的一种方式。

转移与交易风险的方式多种多样。保险就是人们最熟悉的风险交易方式。投保者在支付保费后，就将约定的风险损失转移给保险公司来承担。当然，并非所有风险损失都可以通过保险转移给保险公司，可以通过保险来转移的风险，叫可保风险。这在第三章讲过。

与购买保险相类似转移和交易风险的方式，就是购买期权。至于期权的原理，我们在第五章详细介绍过了，不再赘述。

失之东隅，得之桑榆：风险对冲

对冲就是对同一种资产采取两种方向相反的交易策略，以一个方向交易的盈利来抵补另一个方向交易的损失。对冲交易的目的纯粹是为了规避风险，并不是为了资产增值，因为这样一种交易在规避了风险的同时，也放弃了赚取收益的机会。

1929年大危机期间，丘吉尔到美国时访问纽约证券交易所。当他看到股票市场下跌时，认为这是一个买入股票的绝好时机。他跃跃欲试。于是，在纽约证券交易所总裁的陪同下，他开设了一个股票账户。他立即买了股票。可当他买入后，股价还是不断地下跌，他看得都有些傻眼了。到当天收盘时，他买入股票损失惨重。可是，收盘后，他的账户总体处于平衡状态，没有亏钱，也没有赚头。

原因何在？

因为那位总裁知道，丘吉尔十有八九会亏损。为了保住丘吉尔的面子，他吩咐交易的一位工作人员，当丘吉尔这头买入股票时，就在丘吉尔的账户上如数买空这些股票。这样，丘吉尔在股票现货上多头的损失，刚好被交易所安排的空头的盈利所抵消。

这是风险对冲的一个经典案例。

第十五章
危机魅影：破灭的泡沫

金德尔伯格曾说，金融危机就像美女，虽然难以定义，但当她一出现，人们马上就会识别出来。不过，美女是人人都想看的，衡量美女的外在指标之一就是回头率。而金融危机却是令人厌恶的，它吞噬着社会财富，制造混乱，甚至让有些人失去了生命，金德尔伯格的"美女说"，不过证明是"红颜祸水"，不妨更恰当地纠正为"金融危机就像女魔头"。金融危机其实就是泡沫的破灭。历史上那些著名的泡沫，都以破灭而告终，破坏性之大，无论如何书写，都是不为过的。

郁金香泡沫

当人们谈起泡沫与危机时，就要从郁金香谈起。郁金香原产于土耳其，直到16世纪中叶才传到西欧。1593年，一位植物学教授把一些稀有植物带到莱登，其中就有郁金香。

在此后10年左右的时间里，郁金香受到了荷兰人的追捧。尤其是，郁金香感染了花叶病的病毒后，其花瓣便会呈现色彩对比强烈的"碎色"纹路或烈焰，华美异常，惊艳群芳。荷兰人非常珍惜受到感染的郁金香球茎，称之为奇异球。不过，染上了病毒的郁金香球茎很脆弱，极大降低了其再生率，供应受到限制。

渐渐地，郁金香球茎热潮开始了。起先，球茎商只预测，来年哪种色彩的郁金香最受欢迎，就像服装生产商预测来年的流行款一样。然而，要预测花卉的色彩十分困难，人们要种出更斑斓奇异的郁金香，有很大的不确定性。经历最初价格上涨后，人们便开始大量囤积，球茎价格螺旋式疯涨，球茎越昂贵，视之为聪明投资的人便越多。麦基在《大癫狂》中就描述，人人都想象着，荷兰人会永远保持对郁金香的狂热。

在郁金香热初期，就有人认为，郁金香价格不可能再涨了，但那些大胆买入了的人，却在郁金香价格迅速上涨中大发其财。那些犹疑不绝者，追悔莫及。谁又能抗拒仅仅因郁金香价格大涨而实现暴富的诱惑呢？于是，自1634年至1637年年初，人们开始拿土地、珠宝、家具等财产来换取郁金香球茎。

在郁金香狂热中，人们还创设了金融衍生工具——"买入期权"，它赋予其投资者在约定的时间内，以约定的价格买入郁金香球茎的权利。比如，若一个郁金香球茎的当前市价为100荷兰盾，购买一份一个球茎的买入期权，需支付20荷兰盾。若球茎价格涨到200荷兰盾，期权持有者就会行权：以100荷兰盾买入球茎，再以当前200荷兰盾卖出，行权后，得到80荷兰盾的收益。期权可以让那些没多少本钱的人也能参与郁金香的买卖。

郁金香泡沫使人们将郁金香球茎视为珍宝，但还是有人"有眼无珠"，将昂贵的郁金香球茎当洋葱吃掉，那一口吃下去的，既不是郁金香球茎，也不是洋葱，而是金钱。一名远航归来的水手告诉富商，有一船新货到岸了。为了酬谢水手，富商请他吃一顿上等的红鲱鱼大餐。水手看到富商的柜子上放着洋葱似的食物，拿来当红鲱鱼的佐料吃了。

他做梦也没想到，以当时这个"洋葱"的价格，足以养活整整一船船员一年。水手为此付出了惨重代价，最终遭受了好几个月的牢狱之灾。

1635年，郁金香泡沫达到了狂热的程度。《伟大的博弈》称，一种叫"奇而得"的郁金香，单株就卖到了1 615弗罗林（Florins，荷兰货币单位）。若你对这个价格没什么概念的话，比较一下其他商品价格就清楚了。17世纪初，在荷兰，一头公牛的价格是480弗罗林；1 000磅（1磅≈0.45千克）奶酪值120弗罗林。买一株郁金香所付出的价格，足以买3头公牛或13 000磅奶酪。《西方文明的另类史》说，有人愿出闹市区12公顷的地产，换取一个特种郁金香球茎。还有人愿出4头肥牛、8头肥猪、2箱红酒、4箱啤酒、1 000磅奶酪，换取一个叫"总督"的郁金香球茎。1637年年初，普通郁金香球茎的价格在一月内暴涨近20倍；一个叫"永远的奥古斯都"的郁金香球茎，最疯狂时可卖到5 500荷兰盾，这相当于彼时5万美元的黄金。木匠和农夫也来买郁金香了，人们成天做着靠郁金香发财的美梦！

但好景不长。1637年，一位在狂热中清醒过来的荷兰人拒绝以原先约定的价格购买郁金香，成了压垮郁金香泡沫的最后一根稻草，人们的信心很快就崩溃了，郁金香价格一泻千里。在泡沫崩溃后，一个叫"白色王冠"的郁金香球茎的价格仅为其峰值5%左右，结果，相当多的人因已倾其所有，换回了几个郁金香球茎，祖祖辈辈积累下来的巨额财富，一夜之间因郁金香投资而化为了泡影。

狂热是悲剧的种子！郁金香泡沫破灭打开了危机的潘多拉魔盒，自此，金融危机便不定期地来人间走一遭。

南海泡沫

与郁金香泡沫齐名的是南海泡沫，只不过，郁金香泡沫发生在荷兰，南海泡沫发生在英国。南海是成立于 1711 年的一家英国公司。它一成立，便接下了 1 000 万英镑的政府债务，并将其转换成自己的股份。作为承接英国政府债务的条件，南海公司不仅可按年从政府那里收取利息，还垄断了英国与南美洲的殖民地贸易，取得了在南美洲贩卖奴隶的专营权。人们相信，南海公司会凭此特权而赚取巨额财富，因而对南海公司的股票情有独钟。

但从一开始，南海公司就以牺牲他人为代价来获取利益。南海公司采取了一个办法，人们只要持有由南海公司承接的政府债务，都可直接将政府债券换成南海公司的股票。那时，英国政府正面临信用上的考验，其债券价格跌落至了远低于其面值的 55 英镑。事先知道南海计划的人，便悄悄大量买进政府债券，然后按面额换成南海公司的股票。尽管南海公司的董事没有任何从事南美贸易的经验，但他们在伦敦租下了金碧辉煌的办公楼，摆上奢华的办公桌椅，以此传达良好的公司形象。此后几年中，虽然南海公司不断增发股票，稀释了股利，英国与西班牙交战又使贸易萎缩，但南海公司的股价坚如磐石。

1719 年 12 月，有消息称，英国与西班牙的战事即将结束，往来南美的贸易将畅通无阻，会极大促进南海公司贸易业务的发展。于是，南海公司的董事决定，充分利用公司声誉，为金额高达 3 100 万英镑的全部政府债务融资。就在英国议会就此展开讨论之时，南海公司的股票火箭般地从 130 英镑涨到了 300 英镑。

南海计划的支持者都获得了一个期权，他们无须支付任何费用，便可得到一定数量的南海公司股票。若股价上涨，他们可将股票直接回售给南海公司。1720 年 4 月，南海公司以每股 300 英镑的价格发行新股，认购者可分期付款，首付 60 英镑，余下的分 8 次支付。面对南海公司股价大幅攀升的财富效应，不用说普通老百姓，就连英国王室也经不住诱惑而认购了南海公司的股票。

为了满足大众对股票的渴求，南海公司宣布，再以每股 400 英镑的价格增加新股发行量。不出一个月，其股价便涨到了 550 英镑。于是，南海公司决定，再次增加新股发行量，这次认购首付率为 10%，且一年之内不用再支付认购款，结果，南海公司的股价扶摇直上三千里，迅速升至了 800 英镑，继而很快突破了 1 000 英镑，投机热潮达到顶峰。

投资者开始寻找其他新项目。许多公司便顺势而为，向市场推出大量新股。新的融资计划层出不穷，一个比一个铺张浪费，一个比一个具有欺骗性，但每一个项目都包装得让投资者看到巨额的财富在向他们招手。然而，这些新发项目是十足的"泡沫"，《南海泡沫之歌》像流行曲一样在英国上下传唱：

> 星星在混乱的人群头顶闪耀，
> 袜带在乡村莽汉身上缠绕，
> 人们要不买卖，要不围观瞧热闹，
> 连新教徒也在和犹太人不断争吵。
> 高贵的夫人从四面八方驱车赶到，
> 好一通奔忙不辞辛劳，
> 为了股票不惜赌博冒险，
> 就算押上珠宝也毫无怨言。

南海泡沫破灭后，许多投机者遭受了令人难以置信的损失。这其中既有银行董事，也有物理学家。英格兰银行的董事贝克爵士损失了 34.7 万英镑而宣告破产；尚多斯公爵损失了 70 万英镑。苹果从树上落下来而得到"神谕"的牛顿，既是伟大的物理学家，还当过英国造币厂的厂长，聪明如斯，也在南海泡沫中遭受了很大的损失。

密西西比泡沫

约翰·劳是有数学天赋的爱丁堡人。成年后，他到了伦敦，嗜赌成性，结果赔了个精光。劳不仅爱赌，还贪色，竟与威尔逊的女朋友调情。情敌之间便展开了一场决斗。劳在决斗场杀死了威尔逊，警察随即逮捕了他，虽然蹲了监狱，但他后来成功逃到了欧洲大陆。

逃亡之路上他继续赌博，不过，他也喜欢学习。虽然赌博没能让他发财，更没有实现财务自由，但学习让他积累了丰富的知识，武装了头脑。他每到一个国家，都要研究一番该国的财政、贸易、货币与银行，逐渐形成了自己的理念：国家要繁荣，就必须发行纸币。

逃亡多年后，他又回到了爱丁堡。他看到，当时苏格兰的经济很不景气，作为见多识广的"专家"，他认为，苏格兰经济萎靡的根源在于货币供给太少，利率很高。因此，他开出的药方就是，增加货币供应量！他还建议苏格兰建立"土地银行"，以国家土地价值为基础，发行银行券，其持有者不仅可得到相应的利息，还拥有将银行券兑换成土地的权利。

但劳的建议没有得到政府的认可，原来的罪行也没得到赦免，他只好再次逃到欧洲大陆。江山易改，本性难移，他依旧嗜赌和贪色。有一位叫凯瑟琳的已婚女士与他私奔。约翰·劳带着凯瑟琳跑到了法国，接触到了法国上流社会，推销他"欧洲要繁荣就需要纸币"的理念，其中就有法国公爵菲利普·奥尔良。

当时，法国财政入不敷出，政府债务是财政收入的十多倍，让国王和大臣焦头烂额。1715年，挥霍无度的"太阳王"路易十四撒手人寰，继位的新国王是一位不谙世事的7岁孩童。就这样，奥尔良当上了摄政王，他想方设法重整法国财政，但收效甚微，没能解决沉重的债务负担。正当他一筹莫展之时，劳向他兜售"要繁荣就需要纸币"

的理念，似乎让他看到了救星。劳建议，设立一家银行来管理法国王室的收入，允许银行发行完全由贵金属或土地为支撑的银行券。真可谓一拍即合，奥尔良欣然同意了。

就这样，劳氏银行于1716年成立了，法国还宣布，人们必须用劳氏银行发行的银行券来纳税。那么，如何处置彼时法国政府头痛的债务问题呢？劳的办法就是"债转股"。一开始，他采取了一个"天才般的"办法，若要购买劳氏银行的股票，就必须用75%的政府债券来支付，其余25%则用硬币来支付。这样，劳氏银行替政府收回了债券，原来的债券持有者则将对法国政府的债权转换成了对劳氏银行的股权。但劳氏银行的股本总额毕竟太小，相对于庞大的政府债务余额，这样的债转股只是杯水车薪。

于是，他建议实施更大规模的债转股计划，以吸收全部政府债券。为此，他建议设立一家新公司，让它获得对法国殖民地密西西比和路易斯安那的贸易垄断权，但人们只能以政府债券购买该公司发行的股票。

奥尔良想，这真是一个绝好的主意！

密西西比计划就这样出炉了。1719年，密西西比公司获得了法国政府授予的特许权，包括：在密西西比、路易斯安那、中国、印度和南美享有贸易垄断权；为期9年的造币权和国家征税权；烟草专卖权等。它还获得了其他一些公司资产，如法属东西印度公司等。

有了这些特许权后，人们就自然地想象它能创造出惊人的利润。紧接着，该公司更名为"印度公司"，并向公众发行2 500万里弗尔股票，使公司总股本增至1.25亿里弗尔。劳宣称，公司预期红利将达到5 000万里弗尔，按1.25亿里弗尔的股本计算，这就意味着，年化股本收益率达40%。高预期收益率像一块巨大的磁铁，吸引着那些散在各处的铁屑，成群结队的人来争购股票，超额认购达到了6倍。由于新的股票供不应求，到了二级市场，价格就涨到了发行价的10倍，每股价格高达5 000里弗尔。

鉴于此，奥尔良和劳决定，增加15亿里弗尔的股票发行，这是前两次发行的12倍之多。即便如此，仍有3倍的超额认购。那时，法国刚刚摆脱困境，经济开始上涨，人们充满了乐观和激情，开始追求梦想的财富，巴黎的投机狂热四起。

大幅上涨的股价，确实让一些人的财富之梦变成了现实。印度公司股价在很短的时间里就从150里弗尔上涨到了8 000里弗尔。一位生病的投机商听到如此令人难以置信的价格，就打发他的佣人去以这个价格卖掉250股。当佣人来到市场，价格已经达到了10 000里弗尔。他卖掉250股后，交给主人200万里弗尔，然后，带着剩下的50万里弗尔离开了东家。根据《逃不开的经济周期》，波旁公爵在股票上赚的钱，足以让他在尚蒂伊重建一座无比奢华的宅第、从英格兰进口150匹上等的赛马、购买一大片土地。

然而，印度公司并没有像原先预想的那样赚得滚滚利润，股票价格很快就崩溃了，超过50万人亏了本，许多投资者破产了。

大萧条

变革的年代

20世纪20年代，美国通过技术革新、企业生产及管理的合理化，生产和资本的集中空前加速，经济迅速发展。到1929年，美国在资本主义世界工业生产的比重已达48.5%，超过了当时英、法、德所占比重总和。整个20世纪20年代美国都为顺差。世界黄金总储量为90亿美元，美国独占50亿美元。时任美国总统柯立芝声称，美国人民达到了"人类历史上罕见的幸福境界"。

那是一个发明创造、新技术不断得到应用推广的年代。汽车取代铁路，成为经济繁荣的发动机。1919年，全美拥有汽车752万辆，仅1920年剧增到2 650多万辆。1929年，平均5人就拥有1辆汽车。福特在纽约总部的车展吸引了100多万人来参观。1929年，汽车产值占全美工业总产值的8%，全国钢产量的15%用于汽车制造。1929年，西方各国81.7%的汽车为美国制造。汽车的发展带动了橡胶、制革、玻璃制造、钢铁、石油、化工、公路建设等相关产业。

汽车改变了人们的出行，无线电的广泛应用则改变了信息传播方式。1920年，西屋电气推出了无线收音机，美国无线电公司既是最大的收音机制造商，也是位居前列的广播公司，其利润从1925年250万美元增加到了1928年的2 000万美元，营业利润的增长带动其股价从1921年的1.5美元上涨到了1929年的114美元。《新政vs大萧条》这样写道："新发明正在改变家庭、工作和休闲。……正是在这个年代，美国人开始驾车在全国旅行，也正是在这个年代，他们开始更喜欢电话问候。"1927年，林德伯格独自驾驶飞机成功飞越大西洋，飞机制造和航空业又成为另一个兴奋点。随着好莱坞的电影从无声变成有声，电影业也吸引了投机者的关注。电机电器也大大发展，电冰箱在1921年还是新奇玩意儿，到1929年已成为家庭的标准配置。当然，与之相伴的还有能源革命。1900—1929年，电力生产由每小时60亿千瓦增加到1 170亿千瓦。石油工业方面，第一次世界大战结束时，年产8 600万桶，1929年年产4.39亿桶。

与技术革命相随的是管理革命。早在19世纪80~90年代，泰罗就着手研究工厂的管理。泰罗认为，企业管理的根本目的在于提高劳动生产率，他在《科学管理》中说，"科学管理如同节省劳动的机器，其目的在于提高每一单位劳动的产量"。泰罗制便应运而生，它以改进管理方式为切入点，生产的基本要素得以重组，社会达成了新的共识（即泰罗所谓的"心理革命"），培育并形成了新的社会阶层结构。

福特制采用装配线或流水线作业技术。这种技术先是在福特汽车公司采用，由于能大大提高生产效率，降低生产成本，所以在20世纪20年代初期，被应用于许多工业部门。早在1914年，福特就提出了"每天工作8小时付5美元工资"的举措，工人收入普遍提高。福特说，提高工资并不是对贫苦人的施舍，只是想把公司效率提高而产生的利润，让大家一起分享。作为一种管理方式的变革，福特制被广泛地应用于汽车生产中，既节省了时间，降低了成本，又增加了产量，提高了工人工资，也使汽车售价能为老百姓所接受，大规模生产和大众消费联系在一起了。福特说："标准化……使我们的生活变得比以往任何时候都要丰富多彩。这一点从前一直未被大家所认识，真是令人吃惊。"

高涨的股市

在20世纪20年代，华尔街确立了其在美国经济体系中不可替代的地位。经纪商成倍地增长，从1925年的706家增至1929年年底的1658家，日均股票交易量也随之大幅增加。随着股市的上涨，人们已不满足于用自己既有的钱来投资，保证金交易便随之兴盛。进入20世纪20年代后半期，保证金贷款与股市同步攀升。根据《金融投机史》，到1929年10月，经纪商和银行借给投资者的贷款总金额，大致相当于总市值的18%。《华尔街史》写道："银行和股市，将这个国家紧紧地连成一体。过度投机创造出膨胀的财富和繁荣的感觉，但是这一切都建筑在借贷的基础之上。"保证金贷款一向被认为是导致美国金融体系不稳定的一个因素，但柯立芝对股市信贷的迅速扩张一点不担心。

1927年，美国知名金融家拉斯科布就发表了《每个人都应该富裕》一文，鼓励中等收入家庭将储蓄投入股市。一年后，在全球金融学理论中久负盛名的耶鲁大学教授欧文·费雪称，"股票价格已经达到永远不会跌落的高地"。欧文·费雪找了许多证据来支持和强化他的观点，比如，在柯立芝任内，放宽了反垄断法，银行、铁路及公用事业公司纷纷合并，促进了规模经济和效率。《巴伦周刊》说，这是一个没有萧条的新时代。

当然，也有人对不断上涨的股市相当怀疑。股市从1927年开始节节攀升之时，当时的商务部部长胡佛批判华尔街为"疯狂投机的盛宴"，就连大企业也把利润中越来越多的部分用于股票投机而非生产。有一则故事说，约瑟夫·肯尼迪在1928年7月抛售了自己所持的股票，原因是，擦鞋匠都在向他夸耀自己是炒股高手。当市场一路高歌猛进之时，巴布森于1929年9月月初预言股市即将崩盘，他说，"工厂将会关门……工人将会失业……恶性循环将会愈演愈烈，后果将是严重的经济萧条"。然而，人们对未来过度乐观，对任何警告充耳不闻，甚至还有人称巴布森试图阻断他们的发财路，乃至后来，人们把市场崩盘称为"巴布森突变"。

崩溃与大萧条

繁荣并没有像欧文·费雪所说的那样"永远不会跌落"，危机总是在人们对未来一厢情愿的美好幻想中偷偷袭击，让人措手不及。1929年10月，以华尔街股票市场的大幅下跌为发端，在短短一个月之内，纽约股市就下跌了37%。随后，就如决堤的江水毁灭着经济和财富，道琼斯工业平均指数从最高时的380余点下跌到了1932年最低时的50点左右。格林斯潘和伍尔德里奇在《繁荣与衰退》中说："整条华尔街都变成了一座鬼城。"纽交所一个交易席位的价格，从崩盘前的55万美元跌落至6万多美元。股票崩盘导致成交量急剧萎缩，证券经纪公司亏损严重，没办法给员工支付工资，格林斯潘说，那些公司不得不给员工放"苹果假"，让那些过去衣鲜亮丽的白领到街边去卖苹果，以补贴家用。

股票市场下跌不仅仅是那些股票投资者的梦魇，美国银行业也遭遇了空前的挤兑，一发不可收拾。1929年年初，美国共有25 000多家银行，1933年就只剩14 700余家。银行体系的资产总量大幅缩水，货币供应下降，信贷紧缩，美国货币体系陷入混乱，乃至一些小镇和社区不得不发行自己的临时货币，供交易之需。

城门失火，殃及池鱼。股市下跌和银行倒闭潮，迅速导致实体经济崩溃。美国工业生产大幅下跌、失业攀升，物价下跌。其他工业化国家也纷纷陷入危机。1929—1932年美、英、法、德等国工业生产、价格指数和对外贸易均大幅下降了，而失业率大幅攀升，到处都是无家可归的人。比如，美国工业生产下跌了46%，德国下跌了41%；美国对外贸易减少了70%，失业增加了600%，德国对外贸易减少了61%，失业增加了232%。那真是至暗的年月，处处都有无家可归的人流浪。"销路阻滞，工厂停工，穷人空无所有。一切如云烟般消散。"至于总统，胡佛也不能乘汽车而改乘马车。

危机拯救

面对这场危机，胡佛采取了许多政策，但无力回天，罗斯福因此而击败胡佛成为美国总统。他上任之时，经济和金融极度瘫痪。在他第一次就职演说中这样描述道："……各级政府都遇到严重的收入短缺；叹交换手段难逃贸易长流冰封，看工业企业尽成枯枝残叶；农场主的产品找不到市场；千家万户多年的积蓄付诸东流。大批失业者面临严峻的生存问题，人们正以艰苦的劳动换取微薄的报酬。只有愚蠢的乐天派才能否认眼前的暗淡现实。"

在罗斯福看来，大萧条是由"身居高位而缺乏信誉"的"骗子"造成的，全国范围内的贪婪导致了萧条。他进一步说："我们中的许多人都向贪婪之神屈服过，投机的高额利润、不经过艰苦劳动就能暴富的事例诱使我们跨越了传统的障碍。"

那么，罗斯福如何摆脱大萧条，拯救濒临破产的资本主义？他的办法是"把新的政策带给美国人民"。具体到金融领域，就是"需要避免旧秩序弊端重新出现的两项保证：必须严格监督一切银行储蓄、信贷和投资，以制止利用他人存款进行投机活动；必须提供充分而有偿付能力的货币"。

于是，他入主白宫后，便推出了新政。新政以复兴、救济和改革为纲领，涉及诸多方面，比如，限制农业生产以维持农产品价格，制止农场主破产；运用行政干预，实行缓慢通胀，广泛建设公共工程，实施紧急救济和社会保险，扩大就业等。

新政金融改革的影响更为深远。

第一，挽救银行危机。为了解决银行货币荒，委托各联邦储备银行发行货币，授权复兴金融公司购买银行优先股，给它们提供流动资金。同时，对银行利率实施管制，银行不得对活期存款支付利息，并对储蓄和定期存款也设置了利率上限。是时，利率上限为2.5%。

第二，确立分业经营。1933年通过《格拉斯－斯蒂格尔法》，禁止联邦储备银行和加盟联邦储备制度的州银行（加盟银行），买卖流通有价证券，禁止承销新有价证券；主营股票、公司债券及其他证券的机构，不得吸收存款；除非得到联邦储备理事会的特别认定，任何从事证券业的人，不得在银行任职或任公司董事或高管。自此，美国正式确立了分业经营制度，一家金融机构只能在投资银行、商业银行和保险之间，任选其一。正是在这种背景下，摩根财团被拆分成了从事投资银行的摩根士丹利和从事商业银行的J.P.摩根。

第三，为避免挤兑，保障银行体系的稳定，于 1934 年成立了联邦存款保险公司（FDIC），实行存款保险。若某银行破产倒闭无力偿付存款时，则由存款保险公司给予相应的赔付。在此之前，美国一家银行的倒闭，很容易引起其他银行挤兑。存款保险相当于在银行之间建立了风险传染的免疫系统。货币主义的领袖人物弗里德曼称："联邦存款保险制度是 1933 年以来美国货币领域最重要的大事。"

第四，美元与黄金脱钩，放弃金本位制，使美元贬值。1933 年，罗斯福就禁止私人囤积价值超过 100 美元的黄金，并正式取消了金本位制。这也迅速波及了世界其他原来实行金本位制的国家，金本位制在全球土崩瓦解了。

美国在这次危机后确立的各项制度，深刻影响了美国后来几十年的金融发展，当然也为 20 世纪 80 年代初美国储蓄-贷款协会危机、2008 年的次贷危机埋下了伏笔。这是后话。

失去的 20 年：日本泡沫

泡沫兄弟：地产与股市

第二次世界大战后，日本经历了长达 40 多年的黄金增长期，让日本迅速跻身高收入国家之列。1991 年，日本人均 GDP 一度超越美国，其 GDP 占全球的 13%，仿佛属于日本的世纪正在来临。随着经济高速增长，在内外种种因素的影响下，在 20 世纪 80 年代，日元升值、土地泡沫催生了日本的股市泡沫。

20 世纪 80 年代中期，日本经济政策与美国正好相反。日本实行紧缩财政政策和宽松货币政策，美国则采取紧缩货币政策和宽松财政政策。美联储的高利率本意要抑制通胀，却导致美元升值，阻碍了出口，扩大了美国贸易逆差。

1985年9月，时任美国财长的贝克在曼哈顿广场酒店与日、德等主要经济强国财长举行会议，各国同意采取一致行动，促使美元对其他货币贬值，尤其是推动日元升值。随后几个月，美元与日元间的汇率就从会议之前的259（日元/美元）跌到了150以下。这意味着，日元购买力提高了40%以上。

自从1949年4月美国银行家道奇把日元兑美元的汇率定为360∶1后，布雷顿森林体系下，就一直维系着这一固定汇率。但在20世纪70年代和80年年初，美国通胀率高于日本，日元汇率不断被低估，这极大刺激了日本出口。然而，广场协议后的日元升值，使日本商品在国际市场上的价格越来越昂贵了，抑制了日本的出口和经济增长。1986年年初，日本经济增长跌落到2.5%以下，许多人认为，是"日元升值引发了经济衰退"，甚至发出警告，若日元对美元继续升值，日本经济将会出现空心化。于是，日本央行在1986年4次降低利率。

日本的宽松货币政策叠加日元升值的刺激，股票和土地价格一路高歌猛进，极大刺激了日本人的民族自满心。

众所周知，日本是个岛国，国土面积小、多山。人多地少的矛盾，终于在宽松货币政策和日元升值的双重影响下爆发了，其主要表现就是，土地与房地产价格的大幅上涨。

当然，任何一个国家或地区，只要有持续的经济和人口增长，都会伴随着房地产价格的上涨。这种现象，无疑在日元升值期间表现得淋漓尽致，1956—1986年，日本地价上涨了50倍。因为坚信地价再也不会下跌，日本的银行在提供贷款时，更乐意接受以土地作为抵押。就这样，土地价格与信贷之间就形成了正反馈效应，不断上涨的地价与信用之间，相互交织着螺旋式上涨。

在1986年，三井公司以6.1亿美元的天价买下了纽约曼哈顿的埃克森大厦。据传，为了让自己的名字载入《吉尼斯世界纪录》，三井总裁在埃克森的要价上多加了 2.6 亿美元。此后，日本人还大肆收购了其他美国代表性企业，其中，最著名的就是纽约洛克菲勒中心和好莱坞哥伦比亚影业公司。

到 1990 年，日本房地产总市值超过了 2 000 万亿日元，相当于全美国房地产价值的 4 倍；仅东京皇宫附近的地产总值，就超过了加州房地产价值。日本人甚至无不骄傲地说，卖掉东京，就足以买下整个美国。高地价刺激了建筑热潮，东京湾到处都是脚手架和起重机，乃至分析师有"起重机指数"之说。当日本电信电话公司在东京市中心大厦落成时，其租金高达每平方米 3 000 美元，它后来被称为"泡沫之塔"。

在地产享受狂欢的盛宴之时，股市也不甘寂寞。1986 年 8 月，日经指数超过 18 000 点，短短 8 个月内上涨近 40%。《远东经济评论》报道说："突然之间，股票成了日本街头巷尾最关心的话题。"但这一切，只是正餐前的开胃小菜。到了 20 世纪 80 年代末期，日本股价上涨的速度比企业盈余增长快 3 倍。纺织类股票的市盈率平均达到了 103 倍，服务类股票达到了 112 倍，海运类股票达到了 176 倍，农林类股票则达到了惊人的 319 倍。估值之高，令人咋舌，先前入市的投资者津津有味地享受着这一投机盛宴。

到 1989 年，日经指数逼近 4 万点，在 10 年左右的时间里，指数涨幅近 5 倍。野村证券甚至预测，日经指数会在 1995 年涨到 8 万点；《远东经济评论》也预测，日本股市在 1990 年将再创辉煌。在这场泡沫中，一位叫尾上缝的妇女赢得了她自己的地位。她于 1930 年出生于穷苦人家，早年曾在大阪做女招待。但她后来成了一位建筑公司高管的情人，她的情人在 20 世纪 60 年代中期帮她买下了两家餐馆，她一直稳定经营着餐厅 20 余年。凭着她情人的关系，她从 1987 年陆续借了大量的钱投入股市，很快成了包括日本兴业银行和第一劝业银行在内企业的最大个人股东。她又用所持股票去获得质押贷款，以买入更多股票，造就了她的杠杆螺旋，她也得到了"泡沫夫人"的雅号。

泡沫崩溃

1989年年底，三重野康取代墨田智，成为日本银行的新任总裁。中国人常说，新官上任三把火。即便三重野康没有三把火，但他至少烧了一把火，这就是提高利率，坚定地戳破股市泡沫。他在1990年连续5次提高利率，同年8月，日本央行利率达到了6%，长期债收益率达到了7%，而股票收益率还不足0.5%。

如果说，三重野康犹如悄悄压在日本股市泡沫这个骆驼背上的最后一根稻草，那么，《巴塞尔协议》要求日本的银行业机构提高资本充足率，则是"啪"的一声拍到它背后的大砖头。

1987年年底，国际清算银行在巴塞尔举行会议，各国央行的代表齐聚一堂，为银行资本制定新的国际标准。由于日本银行受到大藏省的保护，不会破产，所以传统上它们的资本充足率低于西方银行。外国银行业者担心，较低的资本金会让日本银行在全球银行业中获得不公平的竞争优势，因此，要求日本银行的资本充足率提高到传统的国际银行资本水平。结果，日本银行被迫在1993年春把资本充足率提高到了8%。

提高利率本来就具有信用紧缩之效，为了提高资本充足率，日本的银行业不得不开始主动缩减信贷。这个双重压力最终让日本股市如决堤的江水，一泻千里。到1992年8月，日经指数跌落至14 000点，较此前的38 000点的峰值下跌了近60%。到2000年，日本主要城市的土地价格指数仅为1990年的1/3。股市、房市双双大跌。

泡沫崩溃给日本经济带来了巨大的影响。首先是房价大幅下跌和楼市崩溃导致许多居民弃房断供，银行资产质量严重恶化，1992—1995年，日本商业银行的不良率从2%升到14%的高位，导致了包括大和银行在内的金融机构破产。为了修复资产负债表和维持资本充足率，商业银行不得不缩减贷款，信用快速萎缩。日本经济自此进入了"长期停滞"，2021年中国春节期间，日经指数才得以重返30 000点，离泡沫破灭前的高点，仍有20%多的差距。

不太平的新千年

新经济泡沫

技术革命会推动人类社会的进步，但在新技术革命应用的早期阶段，又往往会催生金融泡沫。2000年前后新经济泡沫的形成和破灭，就具有典型性。

20世纪90年代初，Mosaic浏览器及World Wide Web（万维网）的出现，意味着互联网时代的到来。1996年，对大部分美国上市公司而言，一个公开的网站已成为必需品。最初，人们只看见互联网具有即时世界性资讯等特性，但人们逐渐适应了网上的双向通信，并开启了以互联网为媒介的直接商务（电子商务）及全球性的即时群组通信。人们认为，这种以互联网为基础的新商业模式将会兴起，并期望成为首批以新模式赚到钱的人。

这种可低价在短时间接触世界各地，令传统商业模式包括广告业、邮购销售、客户关系等因此而改变。互联网成为一种新的最佳媒介，它可以即时把买家与卖家以低成本联系起来。互联网带来了各种不可想象的全新商业模式，并引来大批风险基金的投资，迅速形成了互联网泡沫。

在泡沫形成的初期，3个主要科技领域因此而得益，包括互联网网络基建（如World Com）、互联网工具软件（如Netscape，1995年12月IPO），以及门户网站（如雅虎，1996年4月IPO）。互联网商业模式依赖于持续的网络效应，以长期净亏损经营来获得市场份额为代价。在亏损期间，公司依赖于风险资本，尤其是首发股票（所募集的资金）来支付开销。这些股票的新奇性，加上公司难以估价，把许多股票推上了令人瞠目结舌的高度。

互联网公司通过网络效应来垄断。一小部分公司在互联网股市泡沫的初期上市，获得了巨大的财富，它们的成功助长了更为严重的泡沫。许多从未盈利甚至还没有任何收入的网络公司，也进行IPO。他们向高管和员工提供股票期权，这些人在公司IPO时马上就变成了百万富翁；许多人又把他们的新财富投资到更多的网络公司。

美国所有的城市都在建造网络化的办公场所，以吸引互联网企业。通信供应商，由于相信未来经济将需要宽带，债台高筑地购进高速设备、建设光纤线路以优化网络。生产网络设备的公司，比如思科，获利颇丰。类似地，在欧洲，像德国、意大利及英国等国的移动运营商花费了大量现金来购买3G牌照，投资远远超过了预测的现金流。

在2000年3月，以科技股为主的纳斯达克指数攀升到了5 048点，网络经济泡沫达到最高点（当天曾达到过5 132.52），比1999年翻了一番还多。但1999年至2000年年初，美联储持续提高利率，网络经济泡沫于2000年3月开始破裂，面对市场下跌，分析师却说这仅仅是股市做一下修正而已。然而，对高科技股的头部企业如思科、微软、戴尔等数十亿美元的卖单同时在3月13日（星期一）早晨出现，导致纳斯达克指数一开盘就从5 038点跌到4 879点，整整跌了3%。大规模的初始批量卖单引发了抛售的连锁反应：投资者、基金和机构纷纷开始清盘，2000—2002年，纳斯达克指数年度跌幅分别为39.29%、

21.05%和31.53%，到2002年，纳斯达克指数最低曾跌至1 108点，相对于2000年5 132点的高位，跌去了78%有余。互联网泡沫的崩溃在2000年3月到2002年10月抹去了技术公司约5万亿美元的市值。

指数如此，一些个股更是惨不忍睹，跌幅超过90%的比比皆是，亚马逊跌幅是92.7%、康宁和朗讯的跌幅分别是97.5%和98.2%，北电网络和价格在线的跌幅更是高达99.5%和98.9%（见表15-1）。不过，在这次互联网泡沫破灭后生存下来的公司，后来仍给投资者带来了异乎寻常的高回报，比如，亚马逊、微软、苹果等。

表15-1　几家代表性公司股票价格在网络泡沫崩溃前后的对比

单位：美元

股票	亚马逊	康宁	朗讯	北电网络	价格在线	雅虎
2000年最高价	75.25	113.33	74.93	143.62	165.0	238.5
泡沫破灭最低价	5.51	2.8	1.36	0.76	1.80	8.02
下跌幅度（%）	92.7	97.5	98.2	99.5	98.9	96.6

资料来源：马尔基尔，《漫步华尔街》，机械工业出版社，2012年。

次贷危机

屋漏偏逢连夜雨，新经济泡沫破灭的阴霾尚未散去，"9·11"事件给美国人的信心造成了重创。

为了刺激经济增长，美联储迅速采取行动，大幅度降低联邦基金利率，金融市场流动性异常宽松。同时，为了鼓励人们买房，美国的商业银行开发了一种信贷产品——次级抵押贷款，也就是，对信用评分较差的个人、首付低于20%甚至没有首付的人提供住房抵押贷款。在次级抵押贷款的助力下，美国房地产市场逐渐复苏，经济增长也摆脱了新经济泡沫破灭和"9·11"事件的拖累，一切似乎都步入正常、平稳的轨道，乃至经济学家称为"大和缓时代"。

在美国，住房抵押贷款大多被证券化了，即将非标准化的住房抵押贷款集中起来，细分为标准化的有价证券后，再卖给其他投资者（其中包括保险公司、投资银行等），这就是人们常说的MBS（抵押贷款支持证券）。事实上，美国的证券化产品结构日益复杂，被证券化的产品还可以再打包，再一次证券化。经过层层证券化后，人们根本不知道证券化产品的底层资产是什么，即便是专业的机构投资者甚至参与证券化过程的投资银行也难分辨其风险，更不用说普通老百姓了。

由于次级抵押贷款易于拿到，再加上低利率刺激，美国房地产价格逐渐上涨，人们在金融机构的借款也随之大幅上涨。实际上，许多人借取大量次级抵押贷款，就是希望在房价上涨后卖掉赚一笔，"只炒不住"。由于没有首付（或首付极低），购房者的房屋净值就完全依靠房价上涨了。房价上涨，借款者的净值增加，他们就会继续持有房产或择机卖掉，这对提供贷款的银行、抵押贷款证券化产品的持有者都不会有什么问题。

然而，一旦房价下跌，其净值很快就变成负数，借款者的道德风险增加，次级抵押贷款的违约率就会随之大幅上升，以次级抵押贷款为底层资产的证券化资产面临的信用风险也会跟着上升，抵押贷款证券持有者的资产质量就会严重下降，甚至变为有毒资产。

在实行3年左右的超低利率后，美国经济出现了明显的复苏，大宗商品价格上涨导致通胀预期升温，于是，美联储在2004—2006年连续多次提高利率。结果，美国房价开始普遍下跌，那些借取了次级抵押贷款的人，在房产上的净值很快就变成了负数，违约率普遍上升。他们对银行说，"房子我不要了，钱我也不还了"，把钥匙给银行后，就溜之大吉。

由于银行已经将次级抵押贷款打包卖出去了，借款者违约率上升，很快就传导到了抵押贷款债券市场上。2007年2月，汇丰控股在美次级房贷业务增提18亿美元坏账拨备，终于点燃了次贷危机的星星之火。随后，多米诺骨牌效应出现了，30余家次级抵押贷款公司被迫停业，演变成了次级抵押贷款的森林大火。同年7月，穆迪降低对总价值约52亿美元的399种次级抵押贷款债券的信用评级，8月美国住房抵押贷款公司申请破产保护，原本是机构投资者手中香饽饽的抵押贷款证券，立即变成了烫手山芋，甩也甩不掉。很快，欧洲、日本的众多金融机构也纷纷宣布卷入了美国次贷风暴。

2008年年初，国际上大型金融机构，如美林证券、花旗、瑞士信贷银行、美国银行等纷纷告急，它们遭受了少则20亿美元、多则逾100亿美元的损失。3月，原华尔街第五大投资银行——贝尔斯登，被摩根大通以2.4亿美元的低廉价格收购；6个月后，原来华尔街排名第四的投资银行雷曼兄弟也申请破产保护，其股价一落千丈，股东、员工都损失惨重。在危机冲击之下，美林证券被美国银行收购、雷曼兄弟破产、高盛转变成了银行控股公司，华尔街金融势力范围被空前大清洗。

次级抵押贷款违约及相关金融机构遭受的巨额损失，波及全球股票市场。美国道琼斯指数从危机前14 000余点，迅速下跌到6 000点，近60%的市值化为乌有，就连苹果、微软这样的大公司，又在2000年的新经济泡沫破灭后，再次被腰斩。从北美到南美、从欧洲到亚洲，没有哪个国家、哪个地区的股票市场，能够在次贷危机中幸免，所有投资者都如惊弓之鸟，哀鸿遍野。中国股票市场上证综指也从危机前的6 000余点在短时间内下跌到最低的1 600余点，市值蒸发了70%以上，投资者损失惨重。

实体经济活动也因股市暴跌而受重创。美国经济增长率从危机前的4%左右一度下降到2009年第二季度的-4.1%；失业率则由4.5%左右上升到10%以上。欧洲经济同样受次贷危机的沉重打击，经济增长率从危机前的近4%下降到2009年最低时的-5%左右，失业攀升，给欧洲国家的财政加上了沉重的负担，这埋下了后来欧洲债务危机的种子。亚洲经济也深受其害，中国经济增长率从危机前的10%以上急剧地下跌到2009年第二季度的6%左右。

为了应对危机的经济社会冲击，各国迅速采取了多种措施。美国和欧洲都对金融机构和金融市场采取了大规模的救助措施，比如，美国财政部直接认购房利美和房地美的优先股，美联储则对花旗、高盛和美国国际集团等提供数百亿美元的流动性救助，帮助它们渡过难关。此外，各国还采取了减税和扩大公共工程支出等宽松的财政政策，美国、欧洲等央行还采取了急剧降低利率、大规模购买资产的量化宽松货币政策。在诸多救助和刺激性的宏观经济政策后，金融市场，特别是股票市场开始扭转危机时的颓势，开启了新一轮波澜壮阔的牛市行情。

欧洲主权债务危机

在各国采取救助和量化宽松货币政策后，全球金融市场的信心逐渐恢复。当人们满怀希望地送别次贷危机的时候，另一场危机又不请自来。美国的次贷危机发端于老百姓在房贷上的违约，而这场新的危机则发端于欧洲一些国家的政府不讲信用，这就是2010年开始的欧洲主权债务危机。

欧洲主权债务危机是指欧元区的一些国家因无力偿还政府债务而引发的危机。1992年，欧盟成员国签署了《马斯特里赫特条约》，要求成员国严格限制财政赤字和政府债务水平，财政赤字不得超过GDP的3%，政府债务余额与GDP之比不超过60%。但在美国次贷危机中，为了拯救濒临瘫痪的经济，以高福利著称的欧洲国家支出大幅上升，财政赤字也随之水涨船高。

比如爱尔兰。随着房地产泡沫破灭，爱尔兰银行业遭受了大约1 000亿欧元的损失，加之在次贷危机中，其失业率从2006年的4%升至2010年的14%，导致在2007年尚有预算盈余的爱尔兰在2008年后急转直下，乃至2010年其财政赤字占GDP之比高达32%，爱尔兰政府被迫向欧盟和国际货币基金组织申请数百亿欧元的救助，国际评级机构大幅降低了爱尔兰的债务评级。

在21世纪的头几年里，希腊保持了欧元区最快的经济增长速度，但也伴随着大量的财政赤字。

2010年，奇高的预算赤字和债务负担率，最终让希腊、爱尔兰、意大利、葡萄牙和西班牙陷入了主权债务违约风险暴露的泥潭，并形成了对全球金融市场新一轮的冲击波。

2010年年初，贷放人要求希腊等具有高债务余额、财政赤字和经常账户逆差国家的债务支付更高的利率，导致这些国家的政府难以为其预算赤字再融资，结果进一步导致经济增长率下滑，政府债务余额与GDP之比进一步上升。同年4月，希腊政府向欧盟和国际货币基金组织申请450亿欧元的贷款，以满足它在当年其余时间里的需要。随后，标准普尔将希腊政府债务的评级降为"垃圾"，这导致希腊政府债务利率大幅飙升，进一步加剧了希腊政府的财政负担。为了削减预算赤字，希腊政府被迫采取了紧缩性的财政政策，结果导致了社会的动荡。

爱尔兰的危机与希腊有些不同，它的主权债务危机并不是源于政府过度的支出，而是因为它在次贷危机期间为6家爱尔兰银行提供了担保。

2010年夏，穆迪降低葡萄牙的主权债务评级，导致葡萄牙政府债务压力骤升，葡萄牙政府最终在2011年上半年向欧盟和国际货币基金组织申请总额达780亿欧元的一揽子救助。在其政府债务的评级被降低为"非投资级"之后,葡萄牙政府债务利率一度达到17%以上。

西班牙与爱尔兰有些类似。在危机之前,其政府债务与GDP之比只有60%,比德国还低20%,也不及法国和美国高。但在危机前,西班牙也经历了房地产市场的繁荣,为西班牙政府提供了大量税收。但当泡沫破灭后,西班牙政府花了大量资金用于救助其银行业。银行救助,加之经济下滑,使得西班牙的赤字和政府债务增加,结果也导致其主权债务评级被大幅下调,利率上升,加剧了债务负担。此外,发生危机的还有意大利和塞浦路斯,它们均因不堪重负的政府债务而造成了金融市场的剧烈动荡。

欧洲主权债务危机,使本来就受次贷危机沉重打击的欧洲经济雪上加霜。欧元区的失业率从2008年的7.5%左右上升到了2012年的12%以上。在次贷危机之后,欧元区的经济增长率虽然有所回升,但在欧洲主权债务危机之后,又明显下降,2012年第四季度的增长率下降到了-0.9%,陷入了衰退。

当然,欧洲主权债务危机影响的不只是欧元区,它拖累了美国经济的复苏进程,也极大影响了中国经济在2010年之后的表现,中国经济增长率同样明显下降,那些对欧洲市场依赖较高的企业也纷纷陷入麻烦。

中国股市的泡沫

超级泡沫:梦碎2008年

讲中国2008年的泡沫,就绕不开此次泡沫形成的几个重要因素。

第一,全球和中国的流动性过剩。2001年"9·11"事件迫使美联储迅速降低了利率,美元泛滥。在国内,则因为持续的国际收支双顺差导致国内货币供应与信贷规模持续扩张。高的货币供给与信贷增长率，几乎无一例外地会带动资产价格的大幅上涨。

第二，中国在20世纪90年代末推进了住房制度改革，创造了一个原本没有的超级大市场。在信贷的支持下，房地产市场的繁荣极大地提升了相关产业链的需求，在全球流动性过剩和新增的庞大需求双重作用下，钢铁、水泥和有色金属产品的价格，大幅上涨，相关公司的利润出现爆发式增长。

第三，2005年开始的股权分置改革。2000年，中国开始讨论减持国有股份，这增加了市场对股票市场扩容的担忧，结果带来了长达4年左右的熊市。但2005年股权分置改革进入实施阶段，原来的非流通股股东在给予流通股股东相应补偿后，便取得上市流通权，给流通股股东带来了极大的激励效应。

第四，人民币汇率改革。2005年7月，中国实施了人民币汇率机制改革，人民币汇率由此开启了长达近10年的单边升值，许多人认为，这导致人民币计价的资产都会因人民币升值而增加，因此，汇率改革会使中国资产进行价值重估。当然，人民币升值预期也加剧了资本流入，导致国内货币供应与信贷规模扩张。

2005年人民币汇率改革和紧随其后的人民币升值、股权分置改革的最终实施等变化，再叠加宏观流动性扩张和经济高增长，带来了一轮波澜壮阔的牛市，短短两年多时间，上证综指便从2005年6月初的998点涨至2007年10月16日的6 124点，增加5倍有余。持续上涨的股市使人们沉浸在一片乐观气氛之中。

然而，猎食的熊正在悄悄潜行。2007年，美国一些金融机构公告次贷上的损失，耗干了A股进一步上涨的动力。就像夏天暴风雨来临前一样，尽管黑云压顶，但乌云空隙间漏出的阳光，让很多投资者仍处于乐观和兴奋中。然而，泡沫的破灭总是超乎人们的想象，也让绝大多数人手足无措，只能坐以待毙。结果，2008 年上证综指跌幅高达 65% 有余，人们纸上的财富化为乌有，许多股票价格一去不复返，不少投资者遭受了永久性的损失。不过，随着政府采取了诸多应对措施，那些利润增长良好的公司，迎来了持续上涨。

杠杆牛之死：2015 年股灾

2008 年的泡沫破灭后，中国股票市场一直难有大的起色。直到 2014 年，股票市场才摆脱原来的萎靡之态。这一年，除了低迷徘徊数年之久的股票市场本身具有价值回归的内在要求，还有两个方面的外在因素刺激了股票市场的上涨。

第一，货币政策的转向。2009 年中国为刺激经济，采取了数万亿元的扩张性财政政策，并带动近 20 万亿元的信贷扩张，结果，房价大幅上涨，通胀率也明显上升。这迫使央行于 2011 年起采取了紧缩性的货币政策。2013 年政府承诺不采取扩张性的货币政策，在同年 6 月，货币市场上发生了"钱荒"，利率大幅攀升。但持续的紧缩和高利率，给经济带来了明显的压力，增长率持续下行，PPI（生产价格指数）经历了长达数年的负增长。于是，央行于 2014 年 6 月开始采取"定向调控"的货币政策，继而在 11 月降低存贷款利率，2015 年年初又连续降低法定存款准备金。一系列的宽松货币政策，增加了人们对市场的信心。

第二，人们对深化改革的预期。全面深化改革的各项举措稳定了市场预期，投资者信心明显增强，投资者期待着改革红利的释放。改革红利成为推动资本市场进一步健康发展的最强大动力。

在央行货币政策转变、改革预期的双重作用下，2014 年下半年股票市场就开始上涨，上涨的股市激发了人们对未来进一步上涨的预期。于是，那些不满足于仅仅通过自有资金赚钱的投资者，开始大规模地加杠杆。据不完全统计，各种途径的杠杆资金达 8 万亿元之巨。因此，这次牛市也被称为"杠杆牛"。

结果，创业板指数在不足一年的时间里上涨了近两倍，上证综指也在同期上涨了 1.5 倍左右，许多公司的市盈率高达数百倍，乃至有人高喊，约束股市的不是市盈率、市净率，而是"市梦率"，市梦率有多高，股市就能涨多高。

疯狂的加杠杆行为，尤其是疯狂的场外配资，引起了政府对股票市场风险的担忧。于是，在 2015 年 6 月，证监会开始清理场外配资，市场迅速崩溃了，上演了"千股跌停、千股停牌"的场景。所谓市梦率，到头来不过黄粱一梦！

我们从多次危机中学到什么

人们熟悉托尔斯泰的话："幸福的家庭都是相似的，不幸的家庭各有各的不幸。"这也特别适用于泡沫的形成及其破灭，每一次泡沫的形成都有相似的或共同的因素发挥作用，但泡沫破灭或资产价格在短时间内大幅下跌的具体原因，又千差万别。

首先，在经历资产价格大幅上涨之后，都不可避免地出现大幅跌落。任何一次股票市场在短时间内的大幅上涨，本身就积累着越来越多的危险因素。这提醒我们，当股票价格涨幅超乎常理后，再去买入，就无异于"刀口上舔血"，充当"接盘侠"了。

其次，心理因素对泡沫的形成和崩溃有着极重要的影响。金德尔伯格指出，投机狂热通常始于投机兴趣的移情作用。节节攀升的股价会诱使更多没有经验的投资者涌入，情绪极度兴奋，丧失理性。正如休谟所言："贪婪是一种普遍存在的欲望。"在投机狂热期间，跟风效仿、盲目轻信和赌博心理普遍存在，而在市场动荡中，则又因害怕损失而同样失去理智。

再次，泡沫的发生，既可能是因为新技术革命的推动，也可能是因为新市场、新产品的开拓带来的巨大新商业机会，抑或是因为央行超级宽松的货币政策。当然，也有可能是这三重因素交织在一起，相互作用而吹大了泡沫。实际上，每一次新技术、新产品的出现，都会在相关领域带来巨大的投资机会，也会带来相当大的资产泡沫，能在泡沫破灭中生存下来的企业，则几乎是赢家通吃，当然也给其投资者创造了丰厚的回报。

最后，泡沫破灭后的央行政策行动对市场信心的恢复发挥着极重要的作用。在多数情况下，当金融市场急剧下跌后，央行都会快速反应，迅速降低利率或提供流动性支持。其积极的方面在于，它能较快地恢复信心，维护市场的稳定。央行的救市意味着，它给人们创造了新的入市机会。但这又可能制造出一个新的、更大的泡沫。在新泡沫的形成中，那些具有明显业绩增长的技术前沿性的公司股票，则会出现新一轮的大幅上涨，直至下一个泡沫破灭的来临。

后记

本书相当一部分内容，我都曾在中国社会科学院大学各个层面的在职教育中为学生们讲授过。针对在职教育和培训中学生学历背景、工作背景多样性的特点，我不得不完全抛弃了为全日制学生讲授专业课的方法，试图建立一套有别于成熟的学院教材体系的系统，改变原来的知识结构、叙述与表达方式，既要将金融投资学知识系统化地介绍给学生，又要让他们觉得轻松、有趣。多年来的教学实践，收到了明显成效，得到了学生们的高度肯定和喜爱，甚至有学生直接向我提出：能不能把在课堂上所讲的内容独立成书？这让我感到，将课堂内容整理出书，是一件可以惠及更多读者的有意义的事情。于是，在积累了更多素材后，经过两年时间的写作与打磨，最终得以完成本书。

感谢中国社会科学院原副院长、国家金融与发展实验室理事长，我的恩师李扬先生提供的宽松研究环境，得以让我心无旁骛地写作本书，并抬爱为本书写了推荐！感谢清华大学五道口金融学院原院长张晓慧教授、中信建投证券股份有限公司总裁李格平博士、摩根士丹利中国首席经济学家邢自强博士联袂慷慨地推荐本书！感谢我所在的工作单位，中国社会科学院金融研究所的各位领导和同事对本书写作的大力支持！感谢创造机会让我讲授本书部分内容的各位老师，包括何德旭教授、胡滨教授、王小明教授、周茂清教授、贲友梅老师、胡春阳老师、宋伟健老师、芦娜老师、王敏老师、王平老师，等等！可以肯定的是，如果没有过去教学实践的努力，我也不会想到写作本书。

感谢过去曾聆听我课程的所有学生们！他们在课上课后的积极反馈，让本书的内容得以丰富和扩展；他们的高度认可，正是我乐于写作本书的动力。龚子澄在繁重的学业之余，为本书收集和整理了部分资料，付出了辛苦的劳动，在此一并致谢！感谢家人们的理解和支持，让我潜心于本书的写作。谨以此书献给任劳任怨、默默支持我的家人们！